Paris
1/9

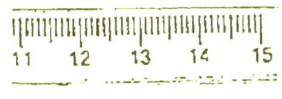

on-MLV

Contraste insuffisant:
NF Z 43-120-14

10
Bar — desc.

RÉPERTOIRE

DE LA

LITTÉRATURE

ANCIENNE ET MODERNE.

IMPRIMERIE DE E. POCHARD,
RUE DU POT-DE-FER, N° 14, A PARIS.

RÉPERTOIRE

DE LA

LITTÉRATURE

ANCIENNE ET MODERNE,

CONTENANT :

1° LE LYCÉE DE LA HARPE, LES ÉLÉMENTS DE LITTÉRATURE DE MARMONTEL, UN CHOIX D'ARTICLES LITTÉRAIRES DE ROLLIN, VOLTAIRE, BATTEUX, etc. ;

2° DES NOTICES BIOGRAPHIQUES SUR LES PRINCIPAUX AUTEURS ANCIENS ET MODERNES, AVEC DES JUGEMENTS PAR NOS MEILLEURS CRITIQUES, TELS QUE :

D'Alembert, Batteux, Bernardin de Saint-Pierre, Blair, Boileau, Chénier, Delille, Diderot, Dussault, Fénelon, Fontanes, Ginguené, La Bruyère, La Fontaine, Marmontel, Maury, Montaigne, Montesquieu, Palissot, Rollin, J.-B. Rousseau, J.-J. Rousseau, Thomas, Vauvenargues, Voltaire, etc.;

Et MM. Amar, Andrieux, Auger, Burnouf, Buttura, Chateaubriand, Duviquet, Feletz, Gaillard, Le Clerc, Lemercier, Patin, Villemain, etc.;

3° DES MORCEAUX CHOISIS AVEC DES NOTES

TOME DIXIÈME.

A PARIS,

CHEZ CASTEL DE COURVAL, LIBRAIRE-ÉDITEUR,

RUE DE RICHELIEU, N° 87;

ET BOULLAND ET Cie, PALAIS ROYAL, GALERIES DE BOIS, N° 254

M DCCC XXV.

RÉPERTOIRE

DE LA

LITTÉRATURE

ANCIENNE ET MODERNE.

Daru (Pierre-Antoine-Bruno, comte) est né en 1767, à Montpellier, où son père remplissait les fonctions de secrétaire de l'intendance. Une grande passion pour l'étude, quelques essais de poésie, et un emploi dans l'administration de la guerre, telles furent les occupations de sa jeunesse. Plus tard, il se vit appelé à de plus hautes fonctions, et acquit, par ses talents administratifs, une place distinguée parmi les hommes d'état dont s'honore la France. En 1801, une épître qu'il adressa à Delille commença sa réputation littéraire : quelque temps après il publia sa *Traduction en vers des poésies d'Horace*, et ensuite la *Cléopédie*, ou la *Théorie des réputations en littérature*, suivie du *Poème des Alpes*. Ces ouvrages qui obtinrent du succès, placèrent M. Daru au rang de nos bons poètes. Sa *Vie de Sully*, et son *Histoire de Venise*, qui parut en 1819, accrurent encore sa réputation. Cette histoire n'est pas moins remarquable par une profonde érudition que par la noblesse et l'énergie du style. M. Daru, nommé membre de l'Institut, le 27 mars 1807, à la place de Collin-d'Harleville, a été maintenu par l'ordonnance royale du 21 mars 1816. Sa traduction en vers des *OEuvres complètes d'Horace*, qui avait paru en 1804, 4 vol. in-8°, a été réimprimée en 1816, 2 vol. in-8°. M. Daru a publié dans la *Décade* plusieurs poésies d'une touche élégante et facile, entre autres *le Roi malade* ou *la Chemise de l'homme heureux*. (*Voyez* HORACE.)

DARWIN (ÉRASME) médecin et poète anglais, naquit le 12 décembre 1731, à Elston, dans le comté de Nottingham. Il y professa d'abord la médecine, et vint ensuite s'établir à Lichfield, où une guérison désespérée qu'il fit en arrivant, lui donna bientôt une grande réputation. Il forma dans cette ville une société d'amateurs de botanique; les travaux dont il s'occupait pour cette société l'engagèrent à composer un poëme sur cette science. Il y travailla pendant dix ans. Ce poëme intitulé *le Jardin botanique*, est divisé en deux parties, l'*Économie de la végétation*, et *les Amours des plantes*.

Darwin vint ensuite habiter Derby. C'est dans cette ville qu'il publia, en 1794, la *Zoonomie* ou *les Lois de la vie organique* (1801, 4 vol. in-8°). Cet ouvrage a été traduit en allemand par Braudis et en italien par Rasori. On a aussi de lui *la Phythologie*, ou *la Philosophie de l'agriculture et du jardinage*; *Plan de conduite pour l'éducation des femmes*, etc. Miss Seward a publié les *Mémoires de la vie de Darwin*, 1804, in-8°. Il mourut à Derby, le 18 avril 1802.

Le Jardin botanique a été réimprimé, pour la quatrième fois, en 1799, 2 vol. in-8°. *Les Amours des plantes* ont été traduites en français par M. Deleuze, 1799, in-12. Cet ouvrage a donné lieu à un autre poème qui a pour titre : *les Amours des angles;* c'est une parodie fort plaisante de celui de Darwin.

JUGEMENTS.

I.

On admire dans *le Jardin botanique* un plan original et hardi, une imagination brillante, une versification harmonieuse; mais on n'y trouve rien de cet intérêt aimable que produit le développement des passions, défaut qui a fait dire de lui « qu'il ne « faisait que voltiger autour du cœur, *sans y péné-* « *trer*, (*circùm præcordia ludit*). » L'auteur y prête cependant aux végétaux tous les sentiments, et même les formes et les habitudes humaines, et cela est poussé jusqu'au ridicule; mais ce qui excita l'indignation contre cet ouvrage, c'est un système qui tend évidemment à miner la religion naturelle même. La *Zoonomie* est un ouvrage où l'on trouve des vues ingénieuses, mais dont l'idée fondamentale est absurde. Darwin a voulu appliquer aux maladies le système de classification de Linné : c'est quelque chose du système d'*excitation* de Brown plus généralisé. On trouve peu de profondeur et de précision dans ses ouvrages philosophiques, et plus d'éclat que de sensibilité dans sa poésie. Sa manière d'écrire est remarquable en ce qu'il place ordinairement le verbe avant le nom, et en ce qu'il personnifie toujours les objets inanimés qu'il peint. Dans ses *Amours des plantes*, l'avoine est la belle *Avena*, et le chardon la charmante *Dipsaca*. Quoique sa manière d'écrire ait eu des imitateurs, et que l'on cite encore l'école *Darwinienne* en Angleterre et en Amérique, on a prouvé que Henry Brooke en avait donné avant lui le modèle dans un poème sur la *Beauté universelle*, publié en 1737. Il est vrai, et cela est assez rare, que Darwin a surpassé son modèle.

Suard, *Biographie universelle.*

II.

Quelques critiques anglais assignent à Darwin, une place distinguée parmi les poètes de leur nation; ils citent sur-tout comme un chef-d'œuvre son poème qui a pour titre *les Amours des Plantes*. Le titre de cet ouvrage a piqué ma curiosité, et je me suis empressé de le lire, persuadé qu'il méritait tous les éloges qu'on lui a donnés. J'ai été complètement trompé, et je me crois, en conscience, obligé d'en avertir le public.

Le système sexuel de Linné a servi de base à ce poème. Ce système, développé dans nos écoles, était susceptible d'être embelli par des fictions brillantes; l'idée en est très poétique; et les anciens, sans connaître la nature comme nous, semblaient déjà avoir pressenti cette découverte ingénieuse; mais ils avaient su s'arrêter aux limites fixées par le goût et la raison. Daphné changée en laurier, Clytie en tournesol, Thisbé en mûrier, présentent une fiction très heureuse : ces fictions ne passent point les bornes de la vraisemblance poétique ; et elles ont de plus l'avantage de donner aux tableaux de la nature des couleurs plus touchantes et plus animées. A l'aspect d'une plante que l'imagination des poètes représente comme ayant été autrefois un amant, une sœur, un frère malheureux, nous sommes plus portés à lui prêter les sentiments qui nous animent, et nous nous y intéressons davantage. Cette méthode était trop sage pour le poète Darwin, qui a dédaigné les exemples des anciens, et qui a voulu nous donner une nature de sa création. Ovide, qu'il appelle avec raison le plus grand magicien de la cour d'Auguste, avait métamorphosé les hommes en plantes ; le poète anglais métamorphose, au contraire, les plantes en hommes. D'après les anciens, l'âme de Daphné, de Clytie, de Pyrame, dormait, pour ainsi dire, ensevelie dans un arbre ou dans une fleur. Darwin fait sortir ces illustres morts de leurs poétiques cercueils ; il les ranime, il les ressuscite tous ; il peuple les champs et les bois de leurs ombres : dans son poème, les filles du Zéphire ne sont plus que des revenants, et ses tableaux sont une véritable *Fantasmagorie*.

Non-seulement il donne des sentiments aux plantes, mais il leur donne un visage et des formes humaines ; il leur prête toutes les passions et tous les usages des peuples civilisés ; il donne aux fleurs les caprices et les ridicules de nos petites maîtresses ; il donne partout un masque aux arbres des forêts ; il met partout du rouge à la nature ; ce qui fait entièrement perdre de vue le spectacle des champs et des bois, ce qui fait croire à chaque page que le poète a voulu peindre les hommes, et qu'il a pris ses personnages à Tivoli ou dans un bal de l'Opéra. Nous allons citer au hazard quelques exemples de ses métamorphoses. Le poète Darwin veut-il parler de la rose? « La *pensive Alcée*, dit-il, *est consumée* « *de vains désirs : semblable à la malheureuse Héloïse,* « *elle aime et gémit.* » On ne sait pas trop ce que cette belle phrase veut dire; mais on apprend dans les notes que les fleurs doubles qui font l'admiration des fleuristes, sont regardées par les botanistes, comme des productions monstrueuses. Dans ces sortes de fleurs, toutes les étamines sont changées en pétales, et elles sont stériles : telle est la *pensive Alcée*, autrement dite *la belle rose trémière*. Cette note ne nous explique pas bien clairement pourquoi la rose ressemble à Héloïse; le poète aurait dû au moins nous dire quel est l'Abailard de ce joli monstre végétal.

Passons à une autre : « La tête nonchalamment « appuyée sur son bras, Papavera repose dans une « mélancolique apathie; les songes fugitifs et les vi- « sions scintillantes de l'imagination se montrent « sous mille formes, passent légèrement au-dessus « de sa tête, avec le brillant et la rapidité des éclairs : « fixés par enchantement sur la pelouse veloutée « qui l'entoure, des jeunes gens sensibles et des « beautés touchantes soupirent avec douceur, flé- « chissent humblement les genoux et la regardent « d'un œil suppliant. » Vous me demandez, mon cher lecteur, quel est ce *Papavera*, qui se présente avec tant d'éclat, et qui semble être quelque sorcier ou quelque fée de l'empire végétal. Je vais vous satisfaire; mais donnez moi le temps de recourir aux notes; car on ne comprend rien au poème, qu'en lisant les commentaires. Ce poète Darwin ressemble presque aux ventriloques; on les voit, on est auprès d'eux dans un salon; et, lorsqu'on veut les entendre, on est obligé de prêter l'oreille à la porte ou à la cheminée: or, j'apprends dans les notes que *Papavera* entouré *de jeunes gens sensibles* et de *beautés touchantes*, est tout bonnement le pavot des jardins.

« Deux sœurs aimables, les belles Avena, condui-
« sent leurs troupeaux dans les plaines qui bordent
« la *Twed*. Elles se promènent d'un pied léger le
« long de la rive sinueuse; et, mêlant leur voix ar-
« gentine au son du chalumeau champêtre, elles
« éveillent les échos par des chants qu'Amour ins-
« pire, et dont la mélodie est analogue à leurs chas-
« tes désirs. » Je vais chercher le sens de cet amphigouri dans les notes, et là je lis que les graminées, telles que l'avoine, ont pour tiges des chalumeaux entrecoupés par des nœuds, et que les feuilles sont un excellent fourrage. J'ai été d'abord étonné de voir cet appareil poétique déployé pour l'avoine, qui peut être, il est vrai, un excellent fourrage, mais qui avait été jusqu'ici oubliée, même par les poètes allemands, qui ont coutume de parler de tout dans leurs descriptions. Mon étonnement a cessé, quand j'ai vu que Darwin embouchait aussi la trompette pour le chardon, pour la belle *Dipsaca*, qui se retire d'un *pas languissant* dans le fond des vallées,

et qui implore la rosée *d'une voix affaiblie. Quatre jeunes Sylvains*, touchés de ses plaintes, lui présentent une eau pure dans *des vases de crystal; heureuse et pénétrée de reconnaissance* en recevant ce trésor *de leurs mains*, elle mouille avec grace, *ses lèvres de corail*, dans la liqueur bienfaisante, qui ranime sa force et ses attraits.

Le lecteur n'aura pas sans doute manqué d'observer ici que Darwin met l'avoine et le chardon beaucoup au-dessus de la rose, dont il ne dit qu'un mot. On sait que ce poète était en Angleterre un partisan enragé de l'égalité; il est très possible qu'il eût l'intention de détrôner la reine des jardins, et de faire une révolution dans l'empire végétal. Le chardon, dans le poème de Darwin, a pris la place de la rose, du lis, du laurier, comme nous avons vu parmi nous, à certaines époques, le vice et l'ignorance usurper la place de la vertu et du talent. En faveur de la nouveauté, on passerait peut-être au poète cette petite révolution, si on pouvait comprendre au moins quelques passages de son livre; mais tout y est inintelligible pour les lecteurs vulgaires, et même pour les botanistes. Je n'ai cité que quelques exemples, et j'aurais pu en citer mille.

Les Amours des plantes me rappellent le calendrier de Fabre-d'Églantine, où l'on avait mis des légumes à la place des saints. Tel homme qui s'appelait *Pierre* ou *Joseph*, prenait le nom du *chou* ou du *navet*. Darwin a mis dans son poème des hommes à la place des légumes.

Les Amours des plantes ont eu trois éditions en

Angleterre; j'en suis effrayé pour le goût et même pour la raison; il est à craindre qu'on ne s'en tienne pas là. Vous verrez qu'on finira par trouver dans les plantes les *Caractères* de *Théophraste* et de *La Bruyère* : les fleurs auront leurs *Avares*, leurs *Misanthropes*, leurs *Philintes*, leurs *Femmes savantes*, leurs *Précieuses ridicules;* déjà elles se passionnent, elles se parlent, elles finiront par s'écrire; et nous verrons des romans en forme de lettres, où nous aurons à nous attendrir sur les malheurs de la *pervenche* ou de la *marjolaine*. Les arbres des forêts deviendront des personnages importants; les bois auront leurs Athénées et leurs sociétés savantes; la poésie nous y présentera des mathématiciens, des idéologues, et, qui pis est, des philosophes. Je ne sais quel fou a dit, dans le siècle dernier, que chaque animal avait à son tour le sceptre de la nature; le XIXe siècle ira beaucoup plus loin; il associera les plantes à l'empire de l'homme :

Chaque espèce, à son tour, a régné sur la terre,
Et le règne des choux est à la fin venu.

Ces réflexions peuvent faire rire, mais elles ont cependant un côté sérieux. J'ai remarqué qu'on avait beaucoup de penchant à adopter les systèmes les plus bizarres; et plus d'un philosophe qui refuse une âme au roi de la nature, paraît fort disposé à en donner une aux animaux et aux êtres les plus matériels. L'idée du sexe des plantes n'est pas nouvelle; on n'en a jamais tant parlé qu'aujourd'hui, et l'on peut en deviner la raison. Beaucoup de gens s'extasient sans cesse sur les sentiments qui unissent les plantes; ils en parlent très sérieusement, et non point comme les peintres et les poètes. Où veulent-ils nous conduire? A nous faire croire que la matière pense, qu'elle sent, et que l'homme qui pense et qui sent, n'est aussi que matière. Ils ne croient point à la poésie, quand elle chante les louanges de Dieu; mais ils sont toujours prêts à croire aux fictions les plus absurdes, quand elles viennent à l'appui de leur système plus absurde encore.

Michaud.

MORCEAUX CHOISIS.

I. Travaux d'Hercule.

L'invincible Hercule consacrant en tous lieux sa massue redoutable à la cause sublime de la vertu, sut allier les ressources de l'art à sa force indomptable, épouvanta, servit et protégea le monde étonné.

D'abord deux fiers serpents, à la voix de Junon, s'élancent dans le berceau du dieu pendant son sommeil. Éveillé par leurs affreux sifflements et par les cris des esclaves tremblantes, il saisit leur cou de ses mains vigoureuses, et les reptiles étouffés déroulent leurs nombreux anneaux. Bientôt il abat les sept têtes de l'hydre menaçante, et rougit le lac de Lerne des flots de leur sang : il presse Achéloüs avec une force irrésistible, et fait rebrousser dans son lit le fleuve rebelle; il enchaîne, malgré ses mugissements, le taureau monstrueux et le triple chien des enfers qui pousse d'horribles hurlements.

Ensuite il pénètre dans les vastes forêts de Némée, poursuit le lion dans son obscure caverne, saisit à la gorge le monstre mugissant, et d'un bras nerveux déchire sa gueule béante. Il enlève l'orgueilleux Antée des plaines maternelles, et presse dans ses fortes étreintes le géant qui se débat en vain. Déjà Antée renverse en arrière sa tête languissante, et abandonne ses cheveux aux vents; ses membres meurtris se roidissent, et il exhale sa vie dans les airs. Hercule observant les traces empreintes sur la fange sanglante, suit l'affreux Cacus dans son repaire homicide, et malgré les torrents de flamme que vomit le monstre, l'ensevelit sous les débris du rocher qui lui servait d'asyle.

Enfin, de ses bras puissants, il sépare la terre, entasse les montagnes sur les montagnes et les rochers sur les rochers, porte l'énorme Abyla sur les sables de l'Afrique, élève le sommet de Calpé sur les rivages de l'Europe, couronne de tours orgueilleuses les bords opposés, et d'une urne immense verse la mer entre les deux continents. Carybde mugit au milieu de ses tourbillons; l'aboyante Scylla ébranle au loin ses rivages tremblants; le Vésuve fait retentir ses cavernes d'un bruit terrible, et l'Etna tonne sur les vagues écumantes.

Économie de la Végétation, ch. I.

II. Les armées de Cambyse détruites par la famine et par les tourbillons de sable.

Quand la sévère justice du ciel s'arme pour punir de grands attentats, et frappe sur le trône couvert de pourpre les tyrans sanguinaires, Gnomes, terribles génies, vous étendez vos bras innombrables, et vous appelez la vengeance sur la tête du criminel.

Ainsi, lorsque Cambyse conduisait ses légions barbares des rochers de la Perse aux rivages consternés de l'Égypte, profanait les temples augustes et les bois sacrés, et, dans l'ivresse de la fureur, teignait le Nil de sang, arborait ses drapeaux orgueilleux sur les murs de Thèbes, et faisait entrer la destruction par ses cent portes, son armée marchait divisée en formidables bataillons, et la terre obscurcie disparaissait sous leurs nombreux essaims, qui s'étendaient depuis Memphis jusqu'aux plaines de l'aride Éthiopie, et jusqu'aux sables d'Ammon. Tandis qu'ils avancent lentement, les temples indignés s'ébranlent, et font entendre sous leurs voûtes de sourdes imprécations; les sombres bois de cyprès épaississent leurs ténèbres; des spectres hideux soulèvent leurs tombes; des murmures prophétiques s'échappent de la bouche du sphinx; la lyre de Memnon pousse des sons lugubres; des voix gémissantes sortent des pyramides, et les ombres de leurs cônes alongés paraissent plus effrayantes. Cependant les Perses marquent leur passage par des ruines : l'Impiété guide leurs escadrons, et la rapine marche à leur suite.

Gnomes, pendant qu'ils s'avancent, vous cachez les fruits amoncelés, les épis nourrissants, et les racines salutaires : vous dispersez les oiseaux voyageurs qui passent sur leur têtes : vous retenez dans les entrailles de la terre les insectes ailés : vous défendez à la nuit de rafraîchir le sable par sa rosée, et de vos mains vengeresses vous détournez les sources taries. Déjà plane sur le camp l'affreuse Famine; elle appelle toute sa race par ses hurlements, et agite ses cent bouches béantes; de ses ailes étendues elle couvre un espace de dix lieues, et dérobe presque la lumière du ciel : sur sa tête elle porte l'horrible Discorde, et entre ses ailes le Meurtre à la stature gigantesque : de sa chevelure épaisse, de ses plumes hérissées, tombent confondus des torrents de larmes et de sang; elle se balance dans les airs, allonge son cou immense, roule ses yeux étincelants, déploie ses serres de dragon, et moissonne, à chaque instant, de ses griffes d'airain, les troupes décimées.

Bientôt un vent impétueux siffle sur leurs têtes : le désert mouvant s'enfle et s'agite. Colorées par les feux pourprés du soleil, de vastes colonnes de poussière s'élèvent, se heurtent dans les airs, couvrent la plaine d'arcs rougeâtres, et de nombreux tourbillons rasent la terre.

En vain les Perses abaissent leurs armes éclatantes, et fléchissent leurs genoux devant les dieux courroucés; en vain ils tournent en cercle, se forment en carré, opposent tantôt le front, tantôt le dos à la tempête; percent le ciel de cris lamentables, serrent leurs lèvres desséchées, et ferment leurs yeux rouges de sang. Gnomes, vous dispersez dans les airs vos innombrables légions, vous volez sur l'aile de la tempête, et vous versez une pluie de cailloux. Le torrent furieux se précipite sans obstacle; les nuages suivent les nuages, et les montagnes pressent les montagnes : le désert tout entier s'ébranle, fond sur leurs têtes, ensevelit leurs membres, qui se débattent vainement : le guerrier monte sur le guerrier, les chameaux renversent les chameaux, les armées heurtent les armées, et les nations marchent sur les nations. Des monceaux de sable tombent en tournoyant, et un vaste océan de poussière couvre la plaine. Enfin la tempête s'appaise ; la Nuit incline son front d'ébène vers la terre, pour entendre les gémissements douloureux qui s'élèvent de son sein : la nature frémit d'horreur ; cette masse vivante s'agite encore quelques instants avec un effort convulsif..... et tout est tranquille *.

Ibid, ch. II.

III. Enlèvement de Proserpine.

Lorsque dans les bocages toujours verts de la Sicile, l'aimable Proserpine, égarée loin de sa mère, guidait, d'un pas infatigable, son jeune cortège sur les collines de l'Etna et dans les fertiles plaines d'Enna ; dépouillait d'une main active les bosquets odorants et les riantes prairies, dont les fleurs n'égalaient pas sa beauté ; soudain invisible dans l'ombre des forêts, le farouche Pluton s'élance, et saisit la vierge tremblante. Ses suivantes épouvantées abandonnent leurs bancs de verdure, laissent tomber de leurs voiles transparents les fleurs qu'elles ont cueillies, se pressent avec des cris douloureux autour de la nymphe qui se débat vainement, poursuivent le char, et invoquent le ciel. Le dieu ravi

* Voyez dans *les Trois Règnes de la Nature*, le même sujet traité par Delille. H. P.

serre Proserpine dans ses bras nerveux, l'alarme par
ses soupirs, et l'effraie par ses caresses : le char
roule dans des nuages de fumée ; les amours infernaux secouent leurs sombres ailes ; la terre entr'ouvre
son sein pour recevoir la nymphe éperdue, et une
beauté céleste brille dans la nuit éternelle.

Ibid, ch. IV.

IV. Élisa.

Élisa avait gravi la hauteur couronnée de forêts
qui domine les champs de Menden, pour être spec-
tatrice du combat. Elle cherchait d'un œil hardi,
dans la sanglante mêlée, celui qui lui était plus
cher qu'elle-même. De colline en colline, elle suivait les rapides mouvements de l'armée, et apercevait
ou croyait apercevoir la bannière de son époux. Elle
tenait par la main son jeune fils qui, charmé du bruit
lointain des armes, courait d'un pas agile : une fille
encore à la mamelle, enveloppée dans son voile,
reposait en paix sur son bras, au milieu des alarmes
de la guerre. Dans les yeux d'Élisa brillaient les
nobles flammes de l'honneur, et les vœux inquiets
de l'amour faisaient palpiter son sein.

L'intrépide beauté s'avançait toujours plus près :
elle découvrait, au milieu d'une épaisse fumée, le
panache flottant ; elle voyait sur le casque, près des
brillantes étoiles d'or, les chiffres d'amour mystérieux que ses mains avaient entrelacés. Elle entend
un cri triomphant : « Ils fuient, ils fuient ! Grand
« Dieu ! s'écrie-t-elle, il est sauvé ; la victoire est à
« nous. »

Soudain une balle traverse les airs en sifflant :

sans doute quelque furie l'avait lancée, et un démon la poussait : elle entr'ouvre les tresses ondoyantes qui ornent la tête d'Élisa, et pénètre dans son cou d'albâtre : un ruisseau de sang jaillit de ses veines, teint sa robe éblouissante, et rougit son beau sein.

« Hélas ! s'écrie-t-elle en tombant sur la terre, et en couvrant de baisers ses chers enfants, sans songer à sa blessure, ô mon cœur, ne cesse pas encore de palpiter ! attends, ô ma vie fugitive, attends, pour m'abandonner, le retour de mon époux. J'entends au loin les affreux hurlements des loups, et les cris du vautour affamé. L'ange de la pitié se détourne des sentiers de la guerre. O vous, chiens dévorants, épargnez leur âge débile ! sur moi, sur moi seule épuisez toute votre rage. » De ses bras languissants elle caresse encore une fois ses enfants, et en poussant un dernier soupir, les couvre de ses vêtements teints de sang.

L'impatient guerrier, avec l'effroi dans le cœur et toute l'ardeur de l'amour dans les yeux, vole d'une tente à l'autre, il fait retentir dans le camp le nom d'Élisa ; les échos répètent le nom d'Élisa sous les toiles mobiles : il marche dans les ténèbres à pas précipités, à travers des monceaux de cadavres, les morts et les mourants ; il parcourt la plaine et s'enfonce dans l'épaise forêt. Ciel ! Élisa sans vie, baignée dans son sang !

Mais son fils attentif a reconnu une voix chérie : il accourt les bras ouverts et les yeux brillants de joie : « Parle bas, s'écrie-t-il, en étendant ses faibles mains, Élisa dort sur le frais gazon. ma pauvre sœur presse en pleurant de ses doigts rougis et de ses lèvres avides le sein tari. Hélas ! nous mourrons tous deux de froid et de faim. Pourquoi pleures-tu? ma mère va bientôt se réveiller.

« Elle ne se réveillera plus, » répond le guerrier désespéré : il lève les yeux au ciel, frappe ses mains et soupire : étendu sur la terre, il s'abandonne un moment à ses douloureux transports, et couvre d'ardents baisers les lèvres inanimées de son amante. Soudain il se relève avec un mouvement convulsif, et toute la tendresse paternelle ranime son sein. « Grand Dieu! s'écrie-t-il, pardonne mes vœux sacrilèges. Voici des nœuds qui m'attachent encore à la terre, et c'est pour eux que je souhaite de vivre.» Il enveloppe dans son manteau ses enfants malheureux, et les presse, en gémissant, sur son cœur déchiré.

Les amours des Plantes, ch. III.

DAUNOU (PIERRE-CLAUDE-FRANÇOIS) est né à Boulogne-sur-Mer, en 1761. Pendant la révolution, et sous le règne de Napoléon, M. Daunou a rempli des fonctions importantes. A l'époque de la restauration, il perdit son emploi d'archiviste du royaume; mais il fut nommé principal rédacteur du *Journal des Savants*, et appelé à la chaire d'histoire au Collège de France, vacante par la mort de M. Clavier. Au milieu de ses fonctions civiles et politiques, il n'a jamais négligé la culture des sciences et des lettres. Il a publié divers ouvrages, notamment :

Influence de Boileau sur la littérature française, 1787, in-8°; *Éloge du général Hoche*, 1797, in-8°; *Mémoire sur l'origine, l'étendue et les limites de l'autorité paternelle*, 1788, in-4°; *Analyse des opinions diverses sur l'origine de l'imprimerie*, 1802, in-8°; des *Mémoires* insérés dans le recueil de l'Institut, etc. M. Daunou a donné une édition des *OEuvres de Boileau*, 3 vol. in-8° et in-12, et il l'a enrichie d'un discours préliminaire, de notes historiques et critiques et du texte des poètes latins imités par Boileau. (*Voyez* BOILEAU, p. 87 et suiv.) On lui attribue l'*Essai historique* sur la puissance temporelle des papes, 2 vol. in-8°, 4ᵉ édition, 1818.

DAVILA (HENRI-CATHERIN), fils d'un connétable du royaume de Chypre, naquit le 30 octobre 1576, au Sacco, village dans le territoire de Padoue, où son père était venu se réfugier, lorsque, en 1570, l'île de Chypre fut prise par les Turcs. Quoique les parents qu'il avait en Espagne y occupassent un rang distingué, Davila père n'obtint d'eux aucune protection pour rétablir sa fortune. Il se décida à aller à la cour de Catherine de Médicis, pour qui il avait des recommandations puissantes. Cette reine ne trompa point son espoir, et attacha trois de ses enfants à son service. Il les fit aussitôt venir de Padoue; et, satisfait du sort qu'il leur avait assuré, il retourna dans cette ville. Il eut, quelque temps après, un dernier fils à qui, par reconnaissance, il donna les deux noms du roi Henri III et de la reine

Catherine. C'est ce fils qui s'est rendu célèbre dans les lettres, par son *Histoire des guerres civiles en France*. Le jeune Davila fut amené à la cour de France à l'âge de sept ans. Après avoir fait ses études, il fut placé, en qualité de page, près de la reine-mère, qui l'accueillit avec bienveillance. Après la mort de sa protectrice et l'assassinat de Henri III, il embrassa la carrière militaire. La paix, qui fut faite en 1598, l'engagea à retourner à Padoue, près de son père, qu'il perdit bientôt par l'événement le plus funeste. Pendant son séjour à la cour de France, il avait recueilli un grand nombre de mémoires, de notes, de pièces originales, pour composer l'ouvrage historique qu'il n'entreprit que plusieurs années ensuite. Un duel le força de fuir à Venise dans un moment où cette république levait des troupes : l'occasion le fit de nouveau embrasser le métier des armes. Il fut chargé de plusieurs expéditions, et il s'en acquitta d'une manière si honorable, que le sénat l'en récompensa par une pension de cent cinquante ducats, réversible sur ses enfants, et par l'honneur de siéger près du doge dans les assemblées. Au milieu d'une vie si active, Davila composa l'ouvrage qui l'occupait depuis long-temps, et le fit paraître en quinze livres, sous le titre d'*Historia delle guerre civili di Francia di Henrico Caterino Davila, nella quale si contengono le operationi di quattro re', Francesco II, Carlo IX, Henrico III, et Henrico IV, cognominato il grande*, Venise, Tommasso Baglioni, 1630, in-4°. Peu de temps après la publication de cet ouvrage, Davila se rendait à Crême, dont il avait obtenu le commandement : arrivé au bourg Saint-Michel, près de Vérone, il fut tué d'un coup d'arquebuse dans une rixe qui s'était élevée entre ses gens et des muletiers; son fils aîné, qui l'accompagnait, se jeta sur l'assassin, et lui cassa la tête d'un coup de pistolet.

L'édition que Davila avait donnée de son *Histoire* était très fautive. On dit qu'il avait offert cet ouvrage à plusieurs libraires de Venise, qui l'avaient refusé : Baglioni fut le seul qui voulut s'en charger, et il ne s'en repentit pas. La vente fut si rapide, que l'édition fut enlevée en une semaine. Celles que l'on fit ensuite n'étaient guère plus correctes. L'édition de l'imprimerie royale, Paris, 1644, in-folio, fut revue avec soin, et effaça toutes les autres. Mais celle de Venise, 1733, 2 vol. in-folio, parut supérieure. La dernière et la meilleure est celle qui fait partie de la collection des classiques italiens, Milan, 1807, 6 vol. in-8°. Cet ouvrage a été traduit en français par J. Baudoin, Paris, 1642, 2 vol. in-folio, avec des sommaires et des notes marginales, et par l'abbé Mallet, Paris, 1757, 3 vol. in-4°.

JUGEMENT.

Il n'y a qu'une opinion sur le mérite de Davila, considéré comme écrivain. Son style, exempt des vices qui régnaient de son temps, sans être aussi pur que celui de Guichardin, est plus serré, plus concis, et brille en même temps par une admirable facilité. Sa manière de narrer, de disposer les événements, de les enchaîner l'un à l'autre, d'introduire ses personnages, de les faire agir et parler, de décrire les lieux, les villes, les champs de bataille, les faits d'armes, les assemblées, les conseils, la conduite des négociations, n'est pas moins louable que son style. Il paraît enfin avoir pris des soins extrêmes pour connaître la vérité, l'avoir puisée dans de bonnes sources, et l'avoir dite en général avec franchise. Mais cette franchise n'a pu manquer d'être quelquefois altérée par sa position et ses relations particulières, par les préjugés de son pays et de son siècle. Un Italien de ce temps-là ne pouvait tenir la balance égale entre les catholiques et les protestants. Un homme qui devait la fortune de sa sœur, de son frère, et le commencement de la sienne à Catherine de Médicis, à qui son nom même rappelait qu'il lui avait été, pour ainsi dire, consacré dès sa naissance, ne pouvait être un juge impartial de cette reine. On ne lui a pas reproché sans raison de se montrer trop prévenu pour elle. Il ne met en vue que son adresse et sa prudence, quand il faudrait laisser voir sa dissimulation profonde, sa perfidie, sa cruauté qui, sans parler de tout le reste, lui firent méditer, préparer pendant plus de deux ans, couvrir de dehors caressants, et faire exécuter au milieu des fêtes, le massacre de quarante mille Français. Il avoue pourtant dans un endroit que l'effusion du sang n'effrayait pas Catherine ; et, lorsque, à la fin du neuvième livre, après avoir raconté sa mort, il a tracé en beau son caractère, la conscience de l'historien reprenant enfin l'empire qu'elle aurait toujours dû avoir, il ajoute que cette reine fut accusée d'une insigne mauvaise foi, défaut commun, dit-il, de tous les temps, mais particulièrement dans ce siècle; qu'on lui reproche une avidité, ou plutôt un mépris pour le sang humain, plus grand qu'il ne convenait à la tendresse de son sexe (comme si cette avidité et ce mépris convenaient même à la dureté du nôtre); qu'enfin, dans beaucoup d'occasions, pour arriver à ses fins, elle parut regarder comme honnêtes tous les moyens qu'elle jugeait utiles, quoiqu'ils fussent en eux-mêmes véritablement iniques et perfides. Davila serait exempt de reproches, à l'égard de Catherine de Médicis, si, en racontant les différents actes de sa régence, il l'avait toujours peinte telle qu'elle est dans cet aveu tardif. Malgré quelques défauts graves, son *Histoire* reste avec les qualités éminentes qui la distinguent : ce qu'elle a de défectueux ne peut plus être d'aucun danger. Le cours des années a mis tout à sa place; et, comme il arrive toujours après un certain laps de temps, ce n'est plus tel ou tel historien qui peut nous tromper sur les faits; ce sont les faits bien connus qui nous servent à juger l'historien lui-même.

GINGUENÉ, *Biographie universelle*.

DÉCLAMATION ORATOIRE. « Chaque mouve-
« ment de l'âme, dit Cicéron, a son expression
« naturelle dans les traits du visage, dans le geste
« et dans la voix [*]. » (*De Orat.* III, 57.)

Ces signes nous sont communs avec d'autres animaux : ils ont même été le seul langage de l'homme avant qu'il eût attaché ses idées à des sons articulés, et il y revient encore dès que la parole lui manque ou ne peut lui suffire, comme on le voit dans les muets, dans les enfants, dans ceux qui parlent difficilement une langue, ou dont l'imagination vive ou l'impatiente sensibilité répugne à la lenteur des tours et à la faiblesse des termes. De ces signes naturels réduits en règle, on a composé l'art de la déclamation.

Quelqu'un a dit que la décence de la déclamation oratoire n'a lieu que dans le genre tempéré, et que dans le genre pathétique, l'accord le plus parfait de l'action avec la parole est l'impulsion et non pas la décence. Cependant le célèbre comédien Roscius disait en parlant de la déclamation tragique, *caput artis decere;* et il ajoutait que cela seul ne pouvait s'enseigner; *et tamen unum id esse quod tradi arte non possit.* (*De Orat.* I, 29.)

On a dit aussi que l'essentiel du discours consiste dans les choses, et que l'orateur ferait d'inutiles efforts pour donner, par sa déclamation, de l'énergie à des paroles qui n'en ont point. Cependant Démosthène, interrogé sur les parties essentielles à l'orateur, disait que la première était l'action, la seconde l'action, la troisième l'action; et Cicéron confirme, en la citant, cette réponse de Démosthène.

On a dit encore que, lorsque l'orateur attend le plus grand effet de la voix et du geste, pour l'obtenir il manque à la décence. Mais Cicéron, plus scrupuleux sur la décence qu'orateur ne le fut jamais, ne laissait pas de reconnaître que sans l'action le plus grand orateur n'était compté pour rien, et qu'avec elle un orateur médiocre était souvent mis au dessus des hommes les plus éloquents : « Actio in « dicendo una dominatur : sine hâc summus orator « esse in numero nullo potest; mediocris, hâc ins- « tructus, summos sæpè superare. » (*De Orat.* III, 56.)

Et ce n'est pas seulement l'opinion de l'un de ses interlocuteurs, c'est la sienne; car il répète, en parlant lui-même à Brutus : « Ut jam non sine causâ « Demosthenes tribuerit, et primas, et secundas, « et tertias partes actioni. Si enim eloquentia nulla « sine hâc, hæc autem sine eloquentiâ tanta est; « certè plurimùm in dicendo potest.* » (*Orat.* 17.)

L'écrivain que je réfute ici a fait consister la décence dans un maintien tranquille et composé. Mais s'il avait fréquenté le théâtre, il aurait vu que, dans les passions les plus violentes, l'action, la déclamation, le geste, l'accent de la voix, l'expression du visage ont leur mesure, leur choix, leur accord, leur décence. Phèdre dans son délire, Hermione dans ses emportements, Camille dans ses imprécations, Clytemnestre et Mérope dans leur douleur et leur effroi, Oreste même dans ses fureurs, observent la décence, et il n'y a rien dans leur action, dans

---

* « C'est à juste titre que Démosthène donnait à l'action le premier rang, et le second, et le troisième. En effet, si elle est indispensable à l'éloquence, et que même sans l'éloquence elle ait tant de pouvoir, quel rang ne mérite-t-elle point dans l'art de la parole ? »   (*Trad. de* M. J. V. Le Clerc.)

l'altération des traits de leur visage, dans les accents de leur voix, qui démente la dignité, les bienséances de leur état. Or être noblement et décemment égaré, furieux, désespéré, c'est là le difficile; et c'est là ce que Roscius appelait le point capital de la déclamation théâtrale : *caput artis*.

Combien cette règle n'est-elle pas plus rigoureuse encore et plus indispensable à l'égard de l'art oratoire? Aussi est-il prescrit à l'orateur de ne rien dire qu'avec décence, lors même qu'il veut émouvoir : *Nihil nisi ità ut deceat, et uti omnes moveat ità delectet.* (*De Orat.*)

Quant aux convenances de l'action, elles sont les mêmes que celles du langage. Il est certain que si une action véhémente est déplacée, elle est non-seulement inutile, mais ridicule : il faut donc qu'elle soit d'accord avec le sentiment qui doit animer l'orateur. Mais le sentiment, la passion, le mouvement de l'âme a deux expressions : l'une, celle de la parole, et l'autre, celle de l'action. Or il arrive très souvent que l'expression de la parole est faible, et celle de l'action pleine de force et de chaleur; en sorte que lorsqu'on vient à lire ce dont on a été violemment ému, on a peine à le reconnaître, parce que l'action n'y est plus. Le théâtre, la chaire, le barreau nous en fournissent mille exemples.

C'est ce que Cicéron, et avant lui Démosthène, avait observé. Crassus, dans le dialogue de Cicéron sur l'orateur (III, 56), rappelle le pathétique de C. Gracchus, lorsque, après que son frère eut été massacré, il disait en parlant au peuple : « Quo me

« miser conferam? quo me vertam? In Capitoliumne?
« at fratris sanguine redundat. An domum? matrem
« ut miseram lamentantemque videam et abjectam[*]?»
Il dit ces paroles, ajoute Crassus, avec des yeux, un
geste, si touchants, que ses ennemis ne pouvaient
retenir leurs larmes, et il demande pourquoi les
orateurs, qui sont les acteurs de la vérité même,
ont abandonné ces moyens aux histrions, qui n'en
sont que les imitateurs. La vérité sans doute, ajoute-
t-il, l'emporte sur l'imitation; et si elle savait, pour
se suffire, profiter de ses avantages, on n'aurait
plus besoin de l'art. Mais parce que l'émotion de
l'âme, lorsqu'elle est violente, nuit à l'action qui la
doit exprimer, par le trouble qu'elle y répand, il
faut de l'art pour démêler tous ces traits qui dans
la nature sont obscurcis et confondus, et pour n'en
prendre que ce qu'il y a de plus saillant et de plus
sensible. Il observe que chaque mouvement de
l'âme a une physionomie, un son de voix, un geste
qui lui est propre ; et que dans l'homme l'attitude,
les mouvements du corps, les traits de la figure,
l'organe de la voix sont comme les cordes d'un instrument, qui rendent tel ou tel accord selon le caractère de la passion qui les remue.

L'accent de la colère, dit-il, est perçant, rapide
et concis. Celui de la commisération et de la tristesse profonde est plein, flexible, entrecoupé,

---

[*] « Misérable où irai-je ? quel asyle me reste-t-il ? Le Capitole ? il est inon-
dé du sang de mon frère. Ma maison? j'y verrais une malheureuse mère
fondre en larmes et mourir de douleur. »

(*Trad. de* FENELON, *Dialogue sur l'Éloquence* , II.)

plaintif. (Remarquons qu'il est plein; et que ce mot serve de leçon aux comédiens et aux orateurs qui donnent à la plainte un accent grêle, un cri aigu, qui ne déchire que l'oreille). L'accent de la crainte est faible, tremblant, étouffé. Celui de la violence est fort et véhément, et d'une intensité pressante et menaçante. Celui de la volupté s'exhale avec effusion; il est doux, il est tendre, tantôt brillant de joie, tantôt abattu de langueur. Celui de l'affliction, quand la pitié ne l'amollit point, a un certain caractère de gravité, et une continuité de sons monotones et soutenus avec lenteur.

Or, ajoute Crassus, le geste doit se conformer à tous ces accents de la voix, et ce ne sont pas les mots, mais la chose et la totalité du sentiment et de la pensée, que l'action doit exprimer.

Quant à l'expression du visage, c'est là que tout se réunit. « Sed in ore sunt omnia. In eo autem
« ipso dominatus est omnis oculorum..... Animi
« enim est omnis actio; et imago animi vultus est,
« indices oculi... Quare oculorum est magna mode-
« ratio : nam oris non est nimiùm mutanda species,
« ne aut ad pravitatem aliquam deferamur. Oculi
« sunt, quorum tùm intentione, tùm remissione,
« tùm conjectu, tùm hilaritate, motus animorum
« significemus apte cùm genere ipso orationis. Est
« enim actio quasi sermo corporis, quo magis men-
« ti congruens esse debet. Oculos autem natura
« nobis, ut equo et leoni setas, caudam, aures,
« ad motus animorum declarandos dedit. Quare in
« hâc actione secundùm vocem vultus valet; is

« autem oculis gubernatur*. » (*De Orat.* III, 59.)

Ce beau passage de Cicéron me rappelle ce que j'ai entendu dire d'un prédicateur jésuite appelé Teinturier, médiocre quant à l'élocution, mais qui faisait plus d'effet en chaire que les hommes les plus éloquents. « Tant que j'aurai mes yeux, disait-il, je
« ne les crains pas. »

A l'égard de la voix, Cicéron (*de Orat.*, III, 61) observe encore que chaque voix a son *medium*, et que c'est dans ce ton moyen que l'orateur doit commencer, pour s'élever ensuite ou s'abaisser selon que le demandent l'accent de la nature et celui de la langue. Ceux qui n'ont pas l'oreille assez juste pour reprendre leur ton moyen ne trouvent plus dans l'élévation ou l'abaissement de la voix le même espace à parcourir; et c'est là tout simplement à quoi servait la flûte qu'employait l'orateur Gracchus **.

---

* « ..... Mais tout dépend de la physionomie, dont le pouvoir réside surtout dans les yeux...en effet, c'est l'âme qui donne de la force et de la vérité à l'action; l'âme dont le visage est le miroir, et dont les yeux sont les interprètes... il faut donc régler avec beaucoup de soin le mouvement des yeux : quant au visage même on ne peut en altérer les traits sans le rendre ridicule ou difforme. C'est en mettant dans ses regards de la force et de la douceur, de la vivacité ou de l'enjouement que l'on peut exprimer à la fois et la passion dont on est animé, et le caractère de son discours. L'action étant en quelque sorte le langage de corps, elle doit traduire exactement la pensée. Or la nature nous a donné les yeux pour exprimer ce que nous sentons, comme elle a destiné à la même fin les oreilles du cheval, la queue et la crinière du lion. Ainsi, dans l'action, après la voix, la physionomie est ce qu'il y a de plus puissant, et ce sont les yeux qui la gouvernent. » (Trad. de M. Gaillard, Cic. de M. J. V. Leclerc)

Quintilien (XI, 3) s'exprime presque de même : « Sed in ipso vultu plurimùm valent oculi, per quos maximè animus emanat. »   H. P.

** « C. Gracchus, dit Cicéron (*de Orat.* III, 60.) faisait cacher der-

J'ajouterai que chaque voix a aussi son étendue naturelle ou acquise, et, dans le haut comme dans le bas, une certaine échelle de tons au-delà desquels elle est forcée. Ainsi l'orateur doit connaître les facultés de son organe, et s'appliquer avec un soin extrême à ne donner jamais à sa déclamation des tons qui dans le bas seraient sourds, rauques, étouffés, ou qui dans le haut seraient grêles et glapissants à force d'être aigus. Quant à l'attitude et aux mouvements du corps, Cicéron en dit peu de chose qui nous convienne : « Status erectus et celsus.... nulla mol-
« litia cervicum, nullæ argutiæ digitorum..., trunco
« magis toto se ipse moderans, et virili laterum
« flexione, brachii projectione in contentionibus,
« contractione in remissis (*Orat.*, 18)**. » Et en effet, il est difficile de prescrire autre chose à l'orateur à l'égard du geste, si ce n'est de le modérer, et de se souvenir que, dans les mouvements mêmes les plus passionnés, il n'est pas un comédien.

Dans l'hypothèse théâtrale, l'acteur est le personnage même qui est malheureux, souffrant, tourmenté de telle passion : l'orateur au contraire n'est le plus souvent que l'ami, le confident, le témoin,

rière lui, lorsqu'il parlait en public, un musicien habile qui lui donnait le ton sur une flûte d'ivoire, et l'empêchait ainsi de trop baisser la voix, ou de s'abandonner à des éclats trop violents. » (Trad. de M. Gaillard, Cic. de M. J. V. Le Clerc.) Auln-Gelle, I, 11, transcrit ce passage célèbre, bien souvent expliqué, et sur lequel on ne s'accorde pas encore.   H. P.

** «..... Qu'il tienne le corps droit et élevé.. il ne penchera point la tête nonchalamment; il ne gesticulera pas avec les doigts...enfin qu'il règle tous les mouvements du corps, qu'il leur laisse toujours de la dignité. On étend le bras quand on parle avec force ; on le ramène, quand le ton est plus modéré. (Trad. de M. J. V. Le Clerc.)

le solliciteur, le défenseur de celui qui souffre. Alors il doit y avoir entre sa déclamation et celle de l'acteur la même différence que la nature a mise entre pâtir et compâtir : or on sent bien que la compassion est une passion affaiblie : ce n'est qu'un reflet de douleur. Celui qui fera la peinture d'une situation cruelle et désolante l'exprimera des plus vives couleurs : l'expression de la parole n'a pour lui d'autres bornes que celles de la vérité, que celles mêmes de la vraisemblance. Mais quant à la déclamation, elle doit se réduire, dans l'orateur, à ce qu'un tiers peut éprouver d'un malheur qui n'est pas le sien.

Supposez même que l'orateur plaide sa propre cause, ou qu'en parlant pour un autre que lui il ne laisse pas d'exprimer la passion qui lui est propre, comme l'indignation, la pitié, la douleur ; encore ne doit-il pas se livrer aux mêmes mouvements que l'acteur de théâtre. Son premier soin doit être de conserver, soit dans la tribune, soit dans la chaire, soit au barreau, son caractère de dignité, de bienséance, d'organe de la vérité, d'homme qui ne vient pas seulement émouvoir ou son auditoire ou son juge, mais l'instruire et lui présenter l'honnête, l'utile ou le juste. Il faut donc que dans les mouvements même les plus passionnés on s'aperçoive qu'il se possède dans toute son intégrité. C'est ce qu'on voit dans les péroraisons de Cicéron, où la douleur même qui lui arrache des larmes est décente et majestueuse : c'est ce qu'on voit dans les invectives de Démosthène, où, après une apostrophe soudaine, rapide et violente, il reprend de sang-froid le fil de son récit ou la suite de son raisonnement, semblable au sanglier qui d'un coup de défense éventre un dogue et poursuit son chemin. Un orateur qui s'abandonne et qui s'égare, comme on en voit souvent, perd ses droits à la confiance : car on n'en doit aucune au désordre des passions.

C'est peut-être une raison pour nous de ne pas regretter l'espace de la tribune ancienne et celui des chaires d'Italie. On voit par un mot de Cicéron que les orateurs de son temps abusaient quelquefois de la liberté de leurs mouvements : *Rarus incessus*, recommandait-il, *nec ità longus, excursio moderata, eaque rara* *. (*Orat.* XVIII.)

On dit que les prédicateurs d'Italie auraient souvent besoin de la même leçon. En France, la forme de nos chaires, et la situation de nos avocats au barreau, ne laissent que l'action du buste : c'en est assez pour les orateurs éloquents, et c'en est beaucoup trop encore pour les mauvais déclamateurs.

MARMONTEL, *Éléments de Littérature*.

---

* «..... Il peut faire quelques pas, mais rarement et sans trop s'écarter ; qu'il évite encore plus de courir dans la tribune. »

M. J. V. Le Clerc, qui traduit ainsi ce passage dit en note, que Cléon général athénien et orateur, qui avait une sorte d'éloquence véhémente, impétueuse, emportée, fut le premier chez les Grecs qui donna l'exemple d'aller et de venir sur la tribune en haranguant. Il y avait à Rome des orateurs qui couraient étourdiment tantôt d'un côté tantôt de l'autre. Cicéron dans le *Brutus* (XXXVIII), en louant l'action de l'orateur Antoine, parle du mouvement de ses pieds, de sa démarche, *supplosio pedis*, *incessus*. On peut voir sur ce sujet dans le Cicéron de M. J. V. Le Clerc, une excellente note (79) de M. Burnouf, à la suite de la traduction du *Brutus*.   H. PATIN.

DÉCLAMATION (RHÉTORIQUE). Ce mot se prend en mauvaise part, pour exprimer une fausse éloquence : chez les Grecs c'était l'art des sophistes ; il consistait sur-tout dans une dialectique subtile et captieuse, et s'exerçait à faire que le faux parût vrai, que le vrai parût faux, que le bien parût mal, que ce qui était juste et louable parût injuste et criminel, *et vice versá*; c'était la charlatanerie de la logique et de la morale. Qu'un sophiste proposât une chose facile à persuader, on se moquait de lui, avec quelque raison. A celui qui voulait faire l'éloge d'Hercule on demandait : *Qui est-ce qui le blâme!* Mais que le même homme se vantât de prouver ce jour-là une chose, et le lendemain le contraire; les Athéniens, *ce peuple écouteur*, allaient en foule à son école. La sagesse de Socrate fut l'écueil de la vanité des sophistes : il opposa à leur déclamation une dialectique plus saine et aussi subtile que la leur. Il les attirait de piège en piège jusqu'à les réduire à l'absurde; et son plus grand crime peut-être fut de les avoir confondus; d'avoir appris aux Athéniens, long-temps séduits par des paroles, le digne usage de la raison, l'art de douter, et de s'appliquer à connaître ce qu'il importait de savoir, le vrai, le bien, le beau moral, le juste, l'honnête et l'utile.

Chez les Romains, la déclamation n'était pas sophistique, mais pathétique; et au lieu de séduire l'esprit et la raison, c'était l'âme qu'elle essayait d'intéresser et d'émouvoir. Ce n'est pas que dans des ouvrages de morale, comme les *Paradoxes* de Cicéron et son *Traité sur la vieillesse*, on n'employât, comme chez les Grecs, une dialectique très déliée, à rendre populaires des vérités subtiles et souvent opposées aux préjugés reçus; c'était même ainsi que Caton avait coutume d'opiner dans le sénat sur des questions épineuses; mais cette subtilité était celle de la bonne foi ingénieuse et éloquente; c'était, quoi qu'en eût dit Aristophane, la dialectique de Socrate, et non pas celle des charlatans dont Socrate s'était joué.

La déclamation était à Rome l'apprentissage des orateurs; et d'abord rien de plus utile. Mais quand le goût, dans tous les genres, se corrompit, l'éloquence éprouva la révolution générale. Pétrone nous donne une idée de cette école d'éloquence, et des sujets sur lesquels les jeunes orateurs s'exerçaient dans son temps : « J'ai reçu ces plaies pour « la défense de la liberté publique; j'ai perdu cet œil « en combattant pour vous : donnez-moi un guide « pour me mener vers mes enfants, car mes jambes « affaiblies ne peuvent plus me soutenir. » Ces déclamations, qui semblaient si ridicules à Pétrone, pouvaient, selon Perrault, avoir leur utilité. « Comme « il faut rompre, dit-il, le corps des jeunes gens par « les exercices violents du manége, pour leur apprendre à bien manier un cheval dans une marche « ordinaire ou dans un carrousel, il ne faut pas « moins rompre, en quelque sorte, l'esprit des jeu« nes orateurs par des sujets extraordinaires et plus « grands que nature, qui les obligent à faire des « efforts d'imagination, et qui leur donnent la faci« lité de traiter ensuite des sujets communs et ordi-

« naires : car rien ne dispose davantage à bien faire « ce qui est aisé, que l'habitude à faire les choses « difficiles. » Ce raisonnement de Perrault est lui-même un sophisme : car un jeune dessinateur, qui n'aurait jamais copié que des modèles d'académie dans des attitudes contraintes et des mouvements convulsifs, serait très loin de savoir modeler ou peindre la Vénus pudique, ou l'Apollon, ou le Gladiateur mourant; et quand il s'agit de passer de la nature forcée à la nature simple et naïve, c'est abuser des mots que de dire : *Qui peut le plus peut le moins*. Dans tous les arts, en éloquence et en poésie, comme en peinture, l'exagération est le moins; et le plus, c'est la vérité, la convenance, la décence : c'est cette ligne dont parle Horace, au-delà et en-deçà de laquelle rien ne peut être bien.

Il est donc vrai qu'à Rome la déclamation corrompit l'éloquence; il est encore vrai qu'elle l'aurait décréditée quand même elle ne l'aurait pas corrompue. Elle la corrompit en ce que l'orateur, exercé à des mouvements extraordinaires, les employait à tous propos pour user de ses avantages : il accommodait son sujet à son éloquence, au lieu de proportionner son éloquence à son sujet. Mais cet exercice de l'art oratoire tendait sur-tout à le décréditer; car un peuple accoutumé à ce jeu des déclamations, où il savait bien que rien n'était sincère, devait aller entendre ses orateurs comme autant de comédiens habiles à lui en imposer et à l'émouvoir par artifice : ce qui devait naturellement lui ôter cette confiance sérieuse qui seule dispose et conduit à une pleine persuasion.

Nos avocats ont long-temps imité les déclamateurs : c'est le grand défaut de Le Maître, et ce qui corrompt dans ses plaidoyers le don de la vraie éloquence. Jusqu'à Patru et à Pélisson, les avocats eurent le défaut de Le Maître, et n'en eurent pas le talent. *Les Plaideurs* de Racine furent pour le barreau une utile et forte leçon ; et le ridicule attaché à la fausse éloquence en préserva du moins ceux qui, nés avec une raison droite et ferme, une sensibilité profonde et le don naturel de la parole, se sentirent doués du vrai talent de l'orateur.

Le goût de la déclamation n'est pourtant pas encore absolument banni de l'éloquence moderne; et l'éducation des collèges ne fait que le perpétuer. Rien de plus ridicule, dans nos livres de rhétorique, que les formules d'éloquence qu'on y donne sous le nom d'amplification, de chrie, etc.; et les exercices qu'on y fait faire aux jeunes gens ressemblent fort à ceux dont se moque Pétrone. Il y aurait, je crois, pour former des orateurs, une méthode plus raisonnable à suivre, que de faire déclamer des enfants sur des sujets bizarres ou absolument étrangers aux mœurs et aux affaires d'à présent : ce serait de prendre, parmi nos causes célèbres, celles qui ont été plaidées avec le plus d'éloquence, et de n'en donner aux jeunes gens que les matériaux, c'est-à-dire, les faits, les circonstances et les moyens, en leur laissant le soin de les ranger, de les disposer à leur gré, de les enchaîner l'un à l'autre; d'y mêler, en les exposant, les couleurs et les mouvements d'une éloquence naturelle, et de prêter à la vérité toutes les forces de la raison. Ce travail achevé, on n'aurait plus qu'à mettre sous les yeux du jeune homme la même cause plaidée éloquemment par un homme célèbre; et la comparaison qu'il ferait lui-même de son plaidoyer avec celui d'un Cochin, d'un Le Normand, d'un de Gènes, serait pour lui la meilleure leçon : au lieu que le thème d'un régent de collège, donné pour modèle à ses écoliers, est bien souvent d'aussi mauvais goût, de plus mauvais goût que le leur. *Voyez* RHÉTORIQUE.

Déclamation se prend aussi en mauvaise part dans l'éloquence poétique. Ce sont encore des moyens forcés qu'on emploie pour émouvoir, ou un pathétique qui n'est point à sa place: c'est le vice le plus commun de la haute poésie, et sur-tout du genre tragique. Il vient communément de ce que le poète n'oublie pas assez que l'action a des spectateurs; car toutes les fois que, malgré la faiblesse de son sujet, on veut exciter de grands mouvements dans l'auditoire, on force la nature, et on donne dans la déclamation. Si au contraire on pouvait se persuader que les personnages en action seront seuls, on ne leur ferait dire que ce qu'ils auraient dit eux-mêmes, d'après leur caractère et leur situation. Il n'y aurait alors rien de recherché, rien d'exagéré, rien de forcément amené dans leurs descriptions, dans leurs récits, dans leurs peintures, dans l'expression de leurs sentiments, dans les mouvements de leur éloquence; en un mot, il n'y aurait plus de déclamation.

Mais lorsqu'on sent du vide ou de la faiblesse dans son sujet, et qu'on se représente une multitude attentive et impatiente d'être émue, on veut tâcher de la remuer par une véhémence, une force et une chaleur artificielles; et comme tout cela porte à faux, l'âme des spectateurs s'y refuse : tout paraît animé sur la scène; et dans l'amphithéâtre tout est tranquille et froid.

« Le style, dit Plutarque, doit être comme le feu, « léger ou véhément, selon la matière. —Telle est la « chose, telle doit être la parole » disait Cléomène roi de Sparte : voilà les règles de l'éloquence; et tout ce qui s'en éloigne est de la déclamation.

MARMONTEL, *Éléments de Littérature.*

DÉCLAMATION THÉATRALE La déclamation naturelle donna naissance à la musique; la musique à la poésie; la musique et la poésie, à leur tour, firent un art de la déclamation.

Les accents de la joie, de l'amour et de la douleur, sont les premiers traits que la musique s'est proposé de peindre. L'oreille lui a demandé l'harmonie, la mesure et le mouvement; la musique a obéi à l'oreille : d'où la Mélopée. Pour donner à la musique plus d'expression et de vérité, on a voulu articuler les sons employés dans la mélodie, c'est-à-dire parler en chantant : mais la musique avait une mesure et un mouvement réglés ; elle a donc exigé des mots adaptés aux mêmes nombres : d'où l'art des vers. Les nombres donnés par la musique et observés par la poésie invitaient la voix à les marquer : d'où l'art *rhythmique*. Le geste a suivi naturellement l'expression et le mouvement de la voix : d'où l'art *hypocritique*, ou l'action théâtrale, que les Grecs appelaient *orchésis*, les Latins *saltatio*, et que nous avons pris pour la danse.

C'est là qu'en était la déclamation, lorsqu'Eschyle fit passer la tragédie du chariot de Thespis sur les théâtres d'Athènes. La tragédie, dans sa naissance, n'était qu'une espèce de chœur, où l'on chantait des dithyrambes à la louange de Bacchus ; et par conséquent la déclamation tragique fut d'abord un chant musical. Pour délasser le chœur, on introduisit sur la scène un personnage qui parlait dans les repos. Eschyle lui donna des interlocuteurs ; le dialogue devint la pièce, et le chœur forma l'intermède. Quelle fut dès lors la déclamation théâtrale ? Les savants sont divisés sur ce point de littérature.

Ils conviennent tous que la musique était employée dans la tragédie : mais l'employait-on seulement dans les chœurs, l'employait-on même dans le dialogue ? Dacier ne fait pas difficulté de dire : « C'était un assaisonnement de l'intermède, et non « de toute la pièce ; cela leur aurait paru mons- « trueux. » L'abbé Du Bos convient que la déclamation tragique n'était point un chant, attendu qu'elle était réduite aux moindres intervalles de la voix ; mais il prétend que le dialogue lui-même avait cela de commun avec les chœurs, qu'il était soumis à la mesure et au mouvement, et que la modulation en était notée. L'abbé Vatry va plus loin : il veut que l'ancienne déclamation fût un chant proprement dit. L'éloignement des temps, l'ignorance où nous sommes sur la prononciation des langues anciennes, et l'ambiguité des termes dans les auteurs qui en ont écrit, font naître parmi nos savants cette dispute difficile à terminer, mais heureusement plus curieuse qu'intéressante*. En effet, que l'immensité des théâtres, chez les Grecs et chez les Romains, ait borné leur déclamation théâtrale aux grands intervalles de la voix, ou qu'ils aient eu l'art d'y rendre sensible dans le lointain les moindres inflexions de l'organe et les nuances les plus délicates de la prononciation; que dans la première supposition ils aient asservi leur déclamation aux règles du chant, ou que dans la seconde ils aient conservé au théâtre l'expression libre et naturelle de la parole; les temps, les lieux, les hommes, les langues, tout est changé au point que l'exemple des anciens, dans cette partie, n'est plus d'aucune autorité pour nous.

A l'égard de l'action sur les théâtres de Rome et d'Athènes, l'expression du visage était interdite aux comédiens par l'usage des masques; et quel charme de moins dans leur déclamation! Pour concevoir comment un usage qui nous paraît si choquant dans le genre noble et pathétique a pu jamais s'établir chez les anciens, il faut supposer qu'à la faveur de

* Nous avons résumé, d'une manière à peu près complète, cette dispute dans une note de notre *Répertoire*, t. VIII, p. 410. H. P.

l'étendue de leurs théâtres, la dissonance monstrueuse de ces traits fixes et inanimés, avec une action vive et une succession rapide de sentiments souvent opposés, échappait aux yeux des spectateurs*. On ne peut pas dire la même chose du défaut de proportion qui résultait de l'exhaussement du cothurne ; car le lointain, qui rapproche les extrémités, ne rend que plus frappante la difformité de l'ensemble. Il fallait donc que l'acteur fût enfermé dans une espèce de statue colossale, qu'il faisait mouvoir comme par ressorts ; et dans cette supposition comment concevoir une action libre et naturelle ? Cependant il est à présumer que les anciens avaient porté le geste au plus haut degré d'expression, puisque les Romains trouvèrent à se consoler de la perte d'Ésopus et de Roscius dans le jeu muet de Pylade et de Bathille, et que ceux-ci firent chasser de Rome les acteurs de Pacuvius et de Térence : singularité qu'expliquera celui qui concevra mieux que moi comment une Hécube, une Polixène, une Iphigénie sous le masque d'un pantomime, sans l'éloquence de la parole, pouvait faire quelque illusion.

Nous ne savons pas, dira-t-on, ce que faisaient

* On peut consulter sur l'usage des masques, chez les anciens, et sur les effets qui devaient en résulter, *l'Onomasticon* du grammairien Julius Pollux ; Barthélemy, *Voyage d'Anacharsis* ; l'Abbé Dubos ; un mémoire de Boindin, *Académie des Inscriptions* tom. IV, pag. 132 ; un mémoire de M. Mongez *troisième Classe de l'Institut*, t. I, pag. 256 ; le traité de Ficorini, traduit en latin ; Vinklémann, t. I, p. 411 ; Schlegel, *Cours de Littérature dramatique*, etc. On trouvera aussi dans ces divers ouvrages des détails sur le cothurne et sur les autres pièces de l'habillement des acteurs anciens.

H. Patin.

ces pantomimes : cela peut être ; mais nous savons ce qu'ils ne faisaient pas. Nous sommes très sûrs, par exemple, que dans le défi de Pylade et d'Hylas, l'acteur qui triompha dans le rôle d'Agamemnon, quelque talent qu'on lui suppose, était bien loin de l'expression naturelle de ces trois vers de Racine :

Heureux qui, satisfait de son humble fortune,
Libre du joug superbe où je suis attaché,
Vit dans l'état obscur où les dieux l'ont caché !
(*Iphig. en Aul.* act. I. sc. 1.)

Ainsi, loin de justifier l'espèce de fureur qui se répandit dans Rome, du temps d'Auguste, pour le spectacle des pantomimes, nous la regardons comme une de ces manies bizarres qui naissent communément de la satiété des bonnes choses : maladies contagieuses qui altèrent les esprits, corrompent le goût et anéantissent les vrais talents. *Voyez* PANTOMIME.

On entend dire souvent qu'il n'y a guère dans les arts que des beautés de convention ; c'est le moyen de tout confondre : mais, dans les arts d'imitation, la première règle est de ressembler ; et cette convention est absurde et barbare, qui tend à corrompre ou à mutiler dans la peinture les beautés de l'original.

Telle était la déclamation chez les Romains lorsque la ruine de l'empire entraîna celle des théâtres. Mais après que la barbarie eut extirpé toute espèce d'habitude, et que la nature se fut reposée dans une longue stérilité, elle reparut telle que du temps de Thespis, dans sa simplicité grossière, et du moins avec l'avantage d'une sorte de vérité. C'est ici qu'il faut prendre dans son origine la différence de notre déclamation avec celle des anciens.

Lors de la renaissance des lettres en Europe, la musique y était peu connue : le rhythme n'avait pas même de nom dans les langues modernes ; les vers ne différaient de la prose que par la quantité numérique des syllabes divisées également, et par cette consonnance des finales que nous avons appelée *rime*, invention gothique, dont l'esprit et l'oreille n'ont pas laissé de se faire un plaisir. Mais heureusement pour la poésie dramatique, la rime, qui rend nos vers si monotones, ne fit qu'en marquer les divisions, sans leur donner ni cadence ni mètre. Ainsi, la nature fit parmi nous ce que l'art d'Eschyle avait tâché de faire chez les Athéniens, en donnant à la tragédie un vers aussi approchant qu'il était possible de la prosodie libre et variée du langage familier. Les oreilles n'étaient point accoutumées au charme de l'harmonie, et l'on n'exigea du poète ni des flûtes pour soutenir la déclamation, ni des chœurs pour servir d'intermèdes. Nos salles de spectacle avaient peu d'étendue : on n'eut donc besoin ni de masques pour grossir les traits et la voix, ni du cothurne exhaussé pour suppléer aux dégradations du lointain. Les acteurs parurent sur la scène dans leurs proportions naturelles; leur jeu fut aussi simple que les vers qu'ils déclamaient; et faute d'art, ils nous indiquèrent cette vérité qui en est le comble.

Nous disons qu'ils nous l'indiquèrent, car ils en

étaient eux-mêmes bien éloignés. Plus leur déclamation était simple, moins elle était noble et digne : or c'est de l'assemblage de ces qualités que résulte l'imitation parfaite de la belle nature. Mais ce milieu est difficile à saisir; et pour éviter la bassesse, on se jeta dans l'emphase. Le merveilleux séduit et entraîne la multitude : on se plut à croire que les héros devaient chanter en parlant; on n'avait vu jusqu'alors sur la scène qu'un naturel inculte et bas, on applaudit avec transport à un artifice brillant et noble.

Une déclamation applaudie ne pouvait manquer d'être imitée; et comme les excès vont toujours en croissant, l'art ne fit que s'éloigner de plus en plus de la nature, jusqu'à ce qu'un homme extraordinaire osât tout-à-coup l'y ramener : ce fut Baron, l'élève de Molière, et l'instituteur de la belle déclamation. C'est son exemple qui va fonder nos principes; et nous n'avons qu'une réponse à faire aux partisans de la déclamation emphatique : *Baron parlait en déclamant*, ou plutôt *en récitant*, pour parler le langage de Baron lui-même : car il était blessé du seul mot de déclamation. Il imaginait avec chaleur, il concevait avec finesse, il se pénétrait de tout. L'enthousiasme de son art montait les ressorts de son âme au ton des sentiments qu'il avait à exprimer. Il paraissait; on oubliait l'acteur et le poète : la beauté majestueuse de son action et de ses traits répandait l'illusion et l'intérêt. Il parlait; c'était Mithridate ou César : ni ton, ni geste, ni mouvement qui ne fût celui de la nature. Quelquefois familier, mais toujours vrai, il pensait qu'un roi dans son cabinet ne devait point être ce qu'on appelle un *héros de théâtre*.

La déclamation de Baron causa une surprise mêlée de ravissement : on reconnut la perfection de l'art, la simplicité et la noblesse réunies ; un jeu tranquille, sans froideur; un jeu véhément, impétueux avec décence; des nuances infinies, sans que l'intention de les marquer se fît sentir. Ce prodige fit oublier tout ce qui l'avait précédé, et fut le digne modèle de tout ce qui devait le suivre.

Bientôt on vit s'élever Beaubourg, dont le jeu, moins correct et plus heurté, ne laissait pas d'avoir une vérité fière et mâle. Suivant l'idée qui nous reste de ces deux acteurs, Baron était fait pour les rôles d'Auguste et de Mithridate; Beaubourg, pour ceux de Rhadamiste et d'Atrée. Dans *la Mort de Pompée*, Baron jouant César entrait chez Ptolomée comme dans la salle d'audience, entouré d'une foule de courtisans qu'il accueillait d'un mot, d'un coup d'œil, d'un signe de tête. Beaubourg, dans la même scène, s'avançait avec la hauteur d'un maître au milieu de ses esclaves, parmi lesquels il semblait compter les spectateurs eux-mêmes, à qui son regard faisait baisser les yeux.

Je passe sous silence les lamentations mélodieuses de mademoiselle Duclos, pour rappeler le langage simple, touchant et noble de mademoiselle le Couvreur, supérieure peut-être à Baron lui-même, en ce qu'il n'eut qu'à suivre la nature, et qu'elle eut à la corriger. Sa voix n'était point harmonieuse, elle sut la rendre pathétique : sa taille n'avait rien de majestueux, elle l'ennoblit par les décences : ses yeux s'embellissaient par les larmes, et ses traits par l'expression la plus vive du sentiment : son âme lui tint lieu de tout.

On vit alors ce que la scène tragique a jamais réuni de plus parfait, les ouvrages de Corneille et de Racine représentés par des acteurs dignes d'eux. En suivant les progrès et les vicissitudes de la déclamation théâtrale, j'essaie de donner une idée des talents qu'elle a signalés, convaincu que les principes de l'art ne sont jamais mieux sentis que par l'étude des modèles. Corneille et Racine nous restent; Baron et la le Couvreur ne sont plus : leurs leçons n'étaient écrites que dans le souvenir de leurs admirateurs : leur exemple s'est évanoui avec eux.

Nous ne nous arrêterons point à la déclamation comique : personne ne doute qu'elle ne doive être la peinture fidèle du ton et de l'extérieur des personnages dont la comédie imite les mœurs. Tout le talent consiste dans le naturel; et tout l'exercice, dans l'usage du monde : or le naturel ne peut s'enseigner, et les mœurs de la société ne s'étudient point dans les livres. Cependant je dois faire ici une observation qui m'a échappé en parlant de la tragédie, et qui est commune aux deux genres. C'est que, par la même raison qu'un tableau destiné à être vu de loin doit être peint à grandes touches, le ton du théâtre doit être plus haut, le langage plus soutenu, la prononciation plus marquée que dans la société, où l'on se communique de plus près;

mais toujours dans les proportions de la perspective, c'est-à-dire de manière que l'expression de la voix soit réduite au degré de la nature, lorsqu'elle parvient à l'oreille des spectateurs. Voilà, dans l'un et l'autre genre, la seule exagération qui soit permise : tout ce qui l'excède est vicieux.

On ne peut voir ce que la déclamation a été, sans pressentir ce qu'elle doit être. Le but de tous les arts est d'intéresser par l'illusion : dans la tragédie, l'intention du poète est de la produire ; l'attente du spectateur est de l'éprouver; l'emploi du comédien est de remplir l'intention du poète et l'attente du spectateur. Or, le seul moyen de produire et d'entretenir l'illusion, c'est de ressembler à ce qu'on imite. Quelle est donc la réflexion que doit faire le comédien en entrant sur la scène? La même qu'a dû faire le poète en prenant la plume. « Qui va « parler? quel est son rang? quelle est sa situation? « quel est son caractère? comment s'exprimerait-il, « s'il paraissait lui-même? Achille et Agamemnon se « braveraient-ils en cadence? » On peut m'opposer qu'ils ne se braveraient pas en vers, et je l'avouerai sans peine. Cependant, me dira-t-on, les Grecs ont cru devoir embellir la tragédie par le nombre et l'harmonie des vers : pourquoi, si l'on a donné dans tous les temps au style dramatique une cadence marquée, vouloir la bannir de la déclamation? Qu'il me soit permis de répondre qu'à la vérité priver le style héroïque du nombre et de l'harmonie, ce serait dépouiller la nature de ses graces les plus touchantes; mais que pour l'embellir, il faut prendre ses ornements en elle-même, et que l'un de ses ornements est la variété. Les grands écrivains l'ont bien senti, lorsqu'ils ont pris soin de varier le nombre et la cadence du vers héroïque; et voyez de combien de manières Racine l'a coupé pour le rendre plus naturel. Il n'est aucune espèce de nombre qui n'ait sa place dans le langage de la nature; il n'en est aucun dont elle garde servilement la périodique uniformité. La monotonie est donc vicieuse dans le style du poète, comme dans la déclamation de l'acteur; et le premier qui a introduit des interlocuteurs sur la scène tragique, Eschyle lui-même, pensait comme moi; puisque obligé de céder au goût des Athéniens pour les vers, il n'a employé que le plus simple et le moins cadencé de tous, afin de se rapprocher, autant qu'il lui était possible, de cette prose naturelle dont il s'éloignait à regret*. Voudrais-je pour cela bannir aujourd'hui les vers du dialogue? Non, puisque l'habitude nous ayant rendus insensibles à ce défaut de vraisemblance, on peut joindre le plaisir de voir une pensée, un sentiment, ou une image artistement enchassée dans les bornes d'un vers harmonieux, à l'avantage de donner pour aide à la mémoire un point fixe dans la rime, et de lui marquer dans la mesure un espace déterminé. *Voyez* VERS.

Remontons au principe de l'illusion. Le héros

* C'est une hypothèse un peu hasardée, que de prêter à Eschyle un regret, que jamais poète tragique n'avait éprouvé avant Lamotte. A cela près, ce que dit l'auteur sur le caractère du vers iambique est très juste. Voyez à ce sujet la note qui se trouve t. I, p. 377 de notre *Répertoire*, et le passage auquel elle se rapporte. H. PATIN.

disparaît de la scène dès qu'on y aperçoit le comédien ou le poète. Cependant, comme le poète fait penser et dire au personnage qu'il emploie, non ce qu'il a dit et pensé, mais ce qu'il a dû penser et dire, c'est à l'acteur à l'exprimer comme le personnage eût dû faire. C'est là le choix de la belle nature, et le point important et difficile de l'art de la déclamation. La noblesse et la dignité sont les décences du théâtre héroïque; leurs extrêmes sont l'emphase et la familiarité : écueils communs à la déclamation et au style, et entre lesquels marchent également le poète et le comédien. Le guide qu'ils doivent prendre dans ce détroit de l'art, c'est une idée juste de la belle nature. Il reste à savoir dans quelles sources le comédien doit la puiser.

La première est l'éducation. Baron avait coutume de dire « qu'un comédien devrait avoir été nourri « sur les genoux des reines : » expression peu mesurée, mais bien sentie.

La seconde serait l'exemple d'un acteur consommé; mais ces modèles sont rares, et l'on néglige trop la tradition, qui seule pourrait les perpétuer. On sait, par exemple, avec quelle finesse d'intelligence et de sentiment, Baron, dans le début de Mithridate avec ses deux fils, marquait son amour pour Xipharès et sa haine contre Pharnace. On sait que dans ces vers :

Princes, quelques raisons que vous me puissiez dire,
Votre devoir ici n'à point dû vous conduire,
Ni vous faire quitter, en de si grands besoins,
Vous le Pont, vous Colchos, confiés à vos soins;
(Act. II, sc. 2.)

il disait à Pharnace *vous le Pont*, avec la hauteur d'un maître et la froide sévérité d'un juge; à Xipharès, *vous Colchos*, avec l'expression d'un reproche sensible et d'une surprise mêlée d'estime, telle qu'un père tendre la témoigne à un fils dont la vertu n'a pas rempli son attente. On sait que dans ce vers de Pyrrhus à Andromaque :

Madame, en l'embrassant, songez à le sauver,
(Act. I, sc. 4.)

le même acteur employait, au lieu de la menace, l'expression pathétique de l'intérêt et de la pitié, et qu'au geste touchant dont il accompagnait ces mots, *en l'embrassant*, il semblait tenir Astyanax entre ses mains, et le présenter à sa mère. On sait que dans ce vers de Sévère à Félix :

Servez bien votre Dieu, servez votre monarque.
(*Polyeucte*, act. V, sc. 6.)

il permettait l'un et ordonnait l'autre, avec les gradations convenables au caractère d'un favori de Décie, qui n'était pas intolérant. Ces exemples, et une infinité d'autres qui nous ont été transmis par des amateurs éclairés de la belle déclamation, devraient être sans cesse présents à ceux qui courent la même carrière; mais la plupart négligent de s'en instruire, avec autant de confiance que s'ils étaient par eux-mêmes en état d'y suppléer.

La troisième (mais celle-ci regarde l'action, dont nous parlerons dans la suite), c'est l'étude des monuments de l'antiquité. Celui qui se distingue le plus aujourd'hui dans la partie de l'action théâtrale, et qui soutient le mieux par sa figure l'illusion du merveilleux sur notre scène lyrique, M. Chassé, doit la fierté de ses attitudes, la noblesse de son geste, et le bon goût de ses vêtements, aux chefs-d'œuvre de sculpture et de peinture qu'il a savamment observés. (Il y a long-temps que ceci est écrit.)

La quatrième enfin, la plus féconde et la plus négligée, c'est l'étude des originaux, et l'on n'en voit guère que dans les livres. Le monde est l'école d'un comédien, théâtre immense, où tous les états, toutes les passions, tous les caractères sont en jeu. Mais comme la plupart de ces modèles manquent de noblesse et de correction, l'imitateur peut s'y méprendre, s'il n'est d'ailleurs éclairé dans son choix. Il ne suffit donc pas qu'il peigne d'après nature, il faut encore que l'étude approfondie des belles proportions et des grands principes du dessin l'ait mis en état de la corriger.

L'étude de l'histoire et des ouvrages d'imagination est pour lui ce qu'elle est pour le peintre et pour le sculpteur. Que l'artiste qui voudra peindre Didon mourante, et l'actrice qui voudra la représenter, prennent leçon dans Virgile.

Illa graves oculos conata attollere, rursus
Deficit....
Ter sese attollens, cubitoque innixa levavit,
Ter revoluta toro est : oculisque errantibus alto
Quæsivit cœlo lucem, ingemuitque repertâ.
(*Æneid.* IV, 688.)

Dans la *Pharsale*, Afranius, lieutenant de Pompée, voyant son armée périr par la soif, demande à parler à César; il paraît devant lui, mais comment?

..... Servata precanti
Majestas, non fracta malis; interque priorem
Fortunam, casusque novos, gerit omnia victi,
Sed ducis, et veniam securo pectore poscit.

Quelle image et quelle leçon pour un acteur intelligent !

Lorsque j'ai parlé du rôle de Didon à la célèbre Saint-Huberti, je n'ai fait que lui traduire les endroits de Virgile où l'action est si vivement peinte : elle en a été profondément émue ; et à ce trait sublime, *et pallida morte futurâ*, j'ai vu son visage pâlir.

Les livres ne présentent point de modèles aux yeux, mais ils en offrent à l'esprit : ils donnent le ton à l'imagination et au sentiment ; et l'imagination et le sentiment le donnent aux organes.

On a vu des exemples d'une belle déclamation sans étude, et même, dit-on, sans esprit. Oui, sans doute, si l'on entend par esprit la vivacité d'une conception légère, qui se repose sur les riens, et qui voltige sur les choses. Cette sorte d'esprit n'est pas plus nécessaire pour jouer le rôle d'Ariane, qu'il ne l'a été pour composer les fables de La Fontaine et les tragédies de Corneille.

Il n'en est pas de même du bon esprit : c'est par lui seul que le talent d'un acteur s'étend et se plie à différents caractères. Celui qui n'a que du sentiment ne joue bien que son propre rôle ; celui qui joint à l'âme l'intelligence, l'imagination et l'étude, s'affecte et se pénètre de tous les caractères qu'il doit imiter, jamais le même, et toujours ressemblant : ainsi l'âme, l'imagination, l'intelligence et l'étude, doivent concourir à former un excellent comédien. C'est par le défaut de cet accord que l'un s'emporte où il devrait se posséder, que l'autre raisonne où il devrait sentir : plus de couleur propre au caractère, plus de vérité, plus d'illusion, et par conséquent plus d'intérêt.

Il est d'autres causes d'une déclamation défectueuse : il en est de la part de l'acteur, de la part du poète, de la part du public lui-même.

L'acteur à qui la nature a refusé les avantages de la figure et de l'organe veut y suppléer à force d'art; mais quels sont les moyens qu'il emploie? Les traits de son visage manquent de noblesse; il les charge d'une expression convulsive : sa voix est sourde ou faible; il la force pour éclater : ses positions naturelles n'ont rien de grand; il se met à la torture, et semble, par une gesticulation outrée, vouloir se couvrir de ses bras. Nous dirons à cet acteur, quelques applaudissements qu'il arrache au public : Vous voulez corriger la nature, et vous la rendez monstrueuse : vous sentez vivement ; parlez de même, et ne forcez rien : que votre visage soit muet; on sera moins blessé de son silence que de ses contorsions : les yeux pourront vous censurer; mais les cœurs vous applaudiront, et vous arracherez des larmes à vos critiques.

A l'égard de la voix, il en faut moins qu'on ne pense pour être entendu dans nos salles de spectacle; et il est peu de situations au théâtre où l'on soit obligé d'éclater : dans les plus violentes même, qui ne sent l'avantage qu'a, sur les cris et les éclats, l'expression d'une voix entrecoupée par les sanglots ou étouffée par la passion? On raconte d'une actrice célèbre, qu'un jour sa voix s'éteignit dans la déclaration de Phèdre : elle eut l'art d'en profiter; on n'entendit plus que les accents d'une âme épuisée de sentiment. On prit cet accident pour l'effort de la passion, comme en effet il pouvait l'être; et jamais cette scène admirable n'a fait sur les spectateurs une si violente impression. Mais dans cette actrice, tout ce que la beauté a de plus touchant suppléait à la faiblesse de l'organe. Le jeu retenu demande une vive expression dans les yeux et dans les traits, et nous ne balançons point à bannir du théâtre celui à qui la nature a refusé tous ces secours à la fois. Une voix ingrate, des yeux muets, et des traits inanimés, ne laissent aucun espoir au talent intérieur de se manifester au dehors.

Quelles ressources, au contraire, n'a point sur la scène tragique celui qui joint une voix flexible, sonore et touchante, à une figure expressive et majestueuse! et qu'il connaît peu ses intérêts, lorsqu'il emploie un art mal entendu à profaner en lui la noble simplicité de la nature!

Qu'on ne confonde pas une déclamation simple avec une déclamation froide : souvent elle n'est froide que pour n'être pas simple; et plus elle est simple, plus elle est susceptible de chaleur : elle ne fait point sonner les mots, mais elle fait sentir les choses; elle n'analyse point la passion, mais elle la peint dans toute sa force.

Quand les passions sont à leur comble, le jeu le

plus véhément est le plus vrai : c'est là qu'il est beau de ne plus se posséder ni se connaître. Mais les décences? les décences exigent que l'emportement soit noble, et n'empêchent pas qu'il ne soit excessif. Vous voulez qu'Hercule soit maître de lui dans ses fureurs! n'entendez-vous pas qu'il ordonne à son fils d'aller assassiner sa mère ? Quelle modération attendez-vous d'Orosmane? Il est prince, dites-vous : il est bien autre chose; il est amant, et il tue Zaïre. Hécube, Clytemnestre, Mérope, Déjanire, sont filles et femmes de héros : oui; mais elles sont mères, et l'on veut égorger leurs enfants. Applaudissez à l'actrice (mademoiselle Dumesnil) qui oublie son rang, qui vous oublie, et qui s'oublie elle-même dans ces situations effroyables; et laissez dire aux âmes de glace qu'elle devrait se posséder. Ovide a dit que l'amour se rencontrait rarement avec la majesté. Il en est ainsi de toutes les grandes passions : bien entendu que dans leurs accès mêmes les bienséances soient observées; et quant à leurs gradations, la règle de l'acteur est celle du poète : c'est au style à suivre la marche du sentiment; c'est à la déclamation à suivre la marche du style, retenue et contrainte, violente et impétueuse comme lui.

Une vaine délicatesse nous porte quelquefois à rire de ce qui fait frémir nos voisins, et de ce qui pénétrait les Athéniens de terreur ou de pitié : c'est que la vigueur de l'âme et la chaleur de l'imagination ne sont pas au même degré dans le caractère de tous les peuples. Il n'en est pas moins vrai qu'en nous la réflexion du moins suppléerait au sentiment, et qu'on s'habituerait ici comme ailleurs à la plus vive expression de la nature, si le goût méprisable des parodies n'y disposait l'esprit à chercher le ridicule à côté du sublime : de là cette crainte malheureuse qui abat et refroidit le talent de nos acteurs. *Voyez* PARODIE.

Il est dans le public une autre espèce d'hommes qu'affecte machinalement l'excès d'une déclamation outrée. C'est en faveur de ceux-ci que les poètes eux-mêmes excitent souvent les comédiens à charger le geste et à forcer l'expression, sur-tout dans les morceaux froids et faibles, dans lesquels, au défaut des choses, ils veulent qu'on enfle les mots : c'est une observation dont les acteurs peuvent profiter, pour éviter le piège où les poètes les attirent. On peut diviser en trois classes ce qu'on appelle les beaux vers : dans les uns, la beauté dominante est dans l'expression; dans les autres, elle est dans la pensée : on conçoit que de ces deux beautés réunies se forme l'espèce de vers la plus parfaite et la plus rare. La beauté du fond ne demande, pour être sentie, que le naturel de la prononciation; la forme, pour éclater et se soutenir par elle-même, a besoin d'une déclamation mélodieuse et sonnante. Le poète dont les vers réuniront ces deux beautés n'exigera point de l'acteur le fard d'un débit pompeux; il appréhendera, au contraire, que l'art ne défigure ce naturel qui lui a tant coûté. Mais celui qui sentira dans ses vers la faiblesse de la pensée ou de l'expression, ou de l'une et de l'autre, ne manquera pas d'exciter le comédien à les déguiser par le prestige de la déclamation : le comédien, pour être applaudi, se prêtera aisément à l'artifice du poète ; il ne voit pas qu'on fait de lui un charlatan, pour en imposer à la multitude.

Cependant, même parmi la foule, il est d'excellents juges dans l'expression du sentiment. Un grand prince souhaitait à Corneille un parterre composé de ministres d'état; Corneille en demandait un composé de marchands de la rue Saint-Denis. Il entendait par là des esprits droits et des âmes sensibles, sans préjugés, sans prétentions. C'est d'un spectateur de cette classe que, dans une de nos provinces méridionales, l'actrice qui joue le rôle d'Ariane avec tant d'âme et de vérité (mademoiselle Clairon) reçut un jour cet applaudissement si sincère et si juste. Dans la scène où Ariane cherche avec sa confidente quelle peut être sa rivale, à ce vers,

Est-ce Mégiste, Églé, qui le rend infidèle ?
(Act. III, sc. 5)

l'actrice vit un homme qui, les yeux en larmes, se penchait vers elle, et lui criait d'une voix étouffée : *C'est Phèdre, c'est Phèdre*. C'est bien là le cri de la nature qui applaudit à la perfection de l'art.

Le défaut d'analogie dans les pensées, de liaison dans le style, de nuances dans les sentiments, peut entraîner insensiblement un acteur hors de la déclamation naturelle. C'est une réflexion que nous avons faite, en voyant que les belles scènes de Corneille étaient constamment celles que l'on déclamait avec le plus de simplicité. Rien n'est plus difficile que d'être naturel dans un rôle qui ne l'est pas.

Comme le geste suit la parole, ce que j'ai dit de l'un peut s'appliquer à l'autre : la violence de la passion exige beaucoup de gestes, et comporte même les plus expressifs. Si l'on demande comment ces derniers sont susceptibles de noblesse, qu'on jette les yeux sur les *forces* du Guide, sur le *Pœtus* antique, sur le *Laocoon*, etc. Les grands peintres ne feront pas cette difficulté. « Les règles défendent, « disait Baron, de lever les bras au-dessus de la tête ; « mais si la passion les y porte, ils seront bien : la « passion en sait plus que les règles. » Il est des tableaux dont l'imagination est émue, et dont les yeux seraient blessés : mais le vice est dans le choix de l'objet, non dans la force de l'expression. Tout ce qui serait beau en peinture doit être beau sur le théâtre. Et que ne peut-on y exprimer le désespoir de la sœur de Didon, tel qu'il est peint dans l'Énéide ! Encore une fois, de combien de plaisirs ne nous prive point une vaine délicatesse? Les Athéniens, plus sensibles et presque aussi polis que nous, voyaient sans dégoût Philoctète pansant sa blessure, et Pylade essuyant l'écume des lèvres de son ami étendu sur le sable *. Mais après s'être plaint de ne pouvoir pas tout oser, il n'en faut pas moins se conformer aux mœurs pour s'attacher aux bienséances : *Caput artis decere.* (Cic., *De Orat.* I, 29.)

* Ces deux exemples ne sont pas tout-à-fait exacts. Dans le second qui se rapporte je pense à l'*Oreste* d'Euripide, il y a seulement erreur de nom, il faut substituer Electre à Pylade ; c'est elle qui prend auprès de son frère

L'abattement de la douleur permet peu de gestes ; la réflexion profonde n'en veut aucun ; le sentiment demande une action simple comme lui ; l'indignation, le mépris, la fierté, la menace, la fureur concentrée n'ont besoin que de l'expression des yeux et du visage : un regard, un mouvement de tête, voilà leur action naturelle ; le geste ne ferait que l'affaiblir. Que ceux qui reprochent à un acteur de né-

---

le triste soin dont parle ici Marmontel. Le premier exemple renferme une erreur plus grave. Je ne puis croire que Sophocle eût offensé les regards des Athéniens par le tableau repoussant que l'on indique ici. Il se contente de l'offrir à leur imagination avec cet art qui selon Boileau (*Art Poét.*),

Du plus affreux objet fait un objet aimable.

Lessing, dans son *Laocoon*, développe fort judicieusement ce passage remarquable du poète grec. Après avoir examiné si la poésie peut reproduire les objets qui excitent le dégoût, et fait voir que la peinture de ces objets peut fort bien s'allier avec le terrible et le pathétique, il trouve un exemple de ce genre de beauté dans la première scène du *Philoctète*. (V. 31 et suiv.)

« ..... Pyrrhus ne découvre dans la caverne aucunes provisions, aucune des commodités de la vie, si ce n'est un lit de feuilles sèches et froissées, une coupe informe de bois et un misérable foyer : tels sont les trésors d'un malheureux infirme et abandonné ! Comment le poète terminera-t-il ce tableau touchant et terrible ? par un trait de dégoût. Tout-à-coup Pyrrhus tressaille et s'écrie : « Ah !... des lambeaux mis à sécher ; ils sont pleins de « pus et de sang !... »   (*Trad.* de M. Vanderbourg, p. 227.)

Voici comme La Harpe a rendu ce passage de Sophocle. (act. I, sc. 1.)

PYRRHUS.

Nul homme ne se montre en ce lieu retiré.
Tout ce que j'aperçois, c'est un lit de feuillage,
Un vase d'un bois vil, et d'un grossier ouvrage...

ULYSSE

Ce sont là ses trésors.

PYRRHUS.

Des rameaux dépouillés...
Que dis-je ? des lambeaux que le sang a souillés.
Ah ! dieux !

H. PATIN.

gliger le geste dans les rôles pathétiques de père, ou dans les rôles majestueux de rois, apprennent que la dignité n'a point ce qu'ils appellent des *bras*. Auguste tendait simplement la main à Cinna, en lui disant : *soyons amis*. Et dans cette réponse,

Connaissez-vous César pour lui parler ainsi ?
(*Pompée*, act. III, sc. 2.)

César doit à peine laisser tomber un regard sur Ptolémée.

Ceux-là sur-tout ont besoin de peu de gestes, dont les yeux et les traits sont susceptibles d'une expression vive et touchante. L'expression des yeux et du visage est l'âme de la déclamation : c'est là que les passions vont se peindre en caractères de feu; c'est de là que partent ces traits qui nous pénètrent lorsque nous entendons dans *Iphigénie*,

.... Vous y serez, ma fille ;
(Act. II, sc. 2.)

dans *Andromaque* ;

Je ne t'ai point aimé, cruel ! qu'ai-je donc fait ?
(Act. IV, sc. 5.)

dans *Atrée*,

Reconnais-tu ce sang ? etc.
(Act. V, sc. 8.)

Mais ce n'est ni dans les yeux seulement, ni seulement dans les traits, que le sentiment doit se peindre : son expression résulte de leur harmonie; et les fils qui le font mouvoir tiennent tous au siège de l'âme. Lorsque Alvarez vient annoncer à Zamore et à Alzire l'arrêt qui les a condamnés, cet arrêt funeste est écrit sur le front du vieillard, dans ses regards abattus, dans ses pas chancelants : on frémit avant de l'entendre. Lorsque Ariane lit le billet de Thésée, les caractères de la main du perfide se répètent comme dans un miroir sur le visage pâlissant de son amante, dans ses yeux fixes et remplis de larmes, dans le tremblement de sa main. Les anciens n'avaient pas l'idée de ce degré d'expression; et tel est parmi nous l'avantage des théâtres peu vastes et du visage nu. Le jeu mixte et le jeu muet devaient être encore plus incompatibles avec les masques. Mais il faut avouer aussi que la plupart de nos acteurs ont trop négligé cette partie, l'une des plus essentielles de la déclamation.

Nous appelons jeu mixte ou composé l'expression d'un sentiment modifié par les circonstances, ou de plusieurs sentiments réunis. Dans le premier sens, tout jeu de théâtre est un jeu mixte : car dans l'expression du sentiment doivent se fondre, à chaque trait, les nuances du caractère et de la situation du personnage : ainsi, la férocité de Rhadamiste doit se peindre même dans l'expression de son amour; ainsi Pyrrhus doit mêler le ton du dépit et de la rage à l'expression tendre de ces paroles d'Andromaque, qu'il a entendues, et qu'il répète en frémissant :

C'est Hector....
Voilà ses yeux, sa bouche, et déjà son audace;
C'est lui-même, c'est toi, cher époux, que j'embrasse.
(Act. II, sc. 5.)

Rien de plus varié dans les détails que le monologue de Camille, au quatrième acte des *Horaces*; mais sa douleur est un sentiment continu qui doit être comme le fond de ce tableau. Et c'est là que triomphe l'actrice qui joue ce rôle avec autant de vérité que de noblesse, d'intelligence que de chaleur (c'était la sublime Clairon). Le comédien a donc toujours au moins trois expressions à réunir, celle du sentiment, celle du caractère et celle de la situation : règle peu connue et encore moins observée.

Lorsque deux ou plusieurs sentiments agitent une âme, ils doivent se peindre en même temps dans les traits du visage et dans les accents de la voix, même à travers les efforts que l'on fait pour les dissimuler. Orosmane jaloux veut s'expliquer avec Zaïre; il désire et craint l'aveu qu'il exige ; le secret qu'il cherche l'épouvante, et il brûle de le découvrir : il éprouve de bonne foi tous ces mouvements confus, il doit les exprimer de même. La crainte, la fierté, la pudeur, le dépit, retiennent quelquefois la passion, mais sans la cacher : tout doit trahir un cœur sensible. Et quel art ne demandent point ces demi-teintes, ces nuances d'un sentiment répandues sur l'expression d'un sentiment contraire, sur-tout dans les scènes de dissimulation, où le poète a supposé que ces nuances ne seraient aperçues que des spectateurs, et qu'elles échapperaient à la pénétration des personnages intéressés ! Telle est la dissimulation d'Atalide avec Roxane, de Cléopâtre avec Antiochus, de Néron avec Agrippine. Plus les personnages sont difficiles à séduire par leur caractère et leur situation, plus la dissimulation doit être profonde, et plus par conséquent la nuance de la fausssété est difficile à ménager. Dans ce vers de Cléopâtre,

C'en est fait, je me rends, et ma colère expire;
(*Rodogune*, act. IV, sc. 3.)

dans ce vers de Néron,

Avec Britannicus je me réconcilie,
(Act. IV, sc. 2.)

l'expression ne doit pas être celle de la vérité; car le mensonge ne saurait y atteindre : mais combien ne doit-elle pas en approcher! En même temps que le spectateur s'aperçoit que Cléopâtre et Néron dissimulent, il doit trouver vraisemblable qu'Antiochus et Agrippine ne s'en aperçoivent pas; et ce milieu à saisir est peut-être le dernier effort de l'art de la déclamation. Laisser voir la feinte au spectateur, c'est à quoi tout comédien peut réussir; ne la laisser voir qu'au spectateur, c'est ce que les plus consommés n'ont pas toujours le talent de faire.

De tout ce qu'on vient de dire, il est aisé de se former une juste idée du jeu muet. Il n'est point de scène, soit tragique, soit comique, où cette espèce d'action ne doive entrer dans les silences. Tout personnage introduit dans une scène doit y être intéressé; tout ce qui l'intéresse doit l'émouvoir; tout ce qui l'émeut doit se peindre dans ses traits et dans ses attitudes : c'est le principe du jeu muet; et il n'est personne qui ne soit choqué de la négligence de ces acteurs, qu'on voit, insensibles et sourds dès qu'ils cessent de parler, parcourir le spectacle d'un œil indifférent et distrait, en attendant que leur tour vienne de prendre la parole.

En évitant cet excès de froideur dans les silences du dialogue, on peut tomber dans l'excès opposé. Il est un degré où les passions sont muettes : *ingentes stupent*. Dans tout autre cas, il n'est pas naturel d'écouter en silence un discours dont on est violemment ému, à moins que la crainte, le respect, ou telle autre cause ne nous retienne. Le jeu muet doit donc être une expression contrainte et un mouvement réprimé. Le personnage qui s'abandonnerait à l'action devrait, par la même raison, se hâter de prendre la parole : ainsi, quand la disposition du dialogue l'oblige à se taire, on doit entrevoir, dans l'expression muette et retenue de ses sentiments, la raison qui lui ferme la bouche.

Une circonstance plus critique est celle où le poète fait taire l'acteur à contre-temps. On ne sait que trop combien l'ambition des beaux vers a nui à la vérité du dialogue (*Voyez* DIALOGUE). Souvent un personnage qui ne demanderait, en suivant la nature, qu'à couper la parole à son interlocuteur, se voit condamné au silence, uniquement pour laisser achever une tirade brillante. Quel est pour lors le parti que doit prendre l'acteur que le poète tient à la gêne? S'il exprime par son jeu la violence qu'on lui fait, il rend plus sensible encore ce défaut du dialogue, et son impatience se communique au spectateur; s'il dissimule cette impatience, il joue faux, en se possédant où il devrait s'abandonner. Quoi qu'il arrive, il n'y a point à balancer; il faut que l'acteur soit vrai, même au péril du poète.

Dans une circonstance pareille, l'actrice qui joue Pénélope (mademoiselle Clairon) a eu l'art de faire, d'un défaut de vraisemblance insoutenable à la lecture, un tableau théâtral de la plus grande beauté. Ulysse parle à Pénélope sous le nom d'un étranger. Le poète, pour filer la reconnaissance, a obligé l'actrice à ne pas lever les yeux sur son interlocuteur. Mais à mesure qu'elle entend cette voix, les gradations de la surprise, de l'espérance et de la joie, se peignent sur son visage avec tant de vivacité et de naturel; le saisissement qui la rend immobile tient le spectateur lui-même dans une telle suspension, que la contrainte de l'art devient l'expression de la nature. Mais les auteurs ne doivent pas compter sur ces coups de force, et le plus sûr est de ne pas mettre les acteurs dans le cas de les corriger.

Encore un mot sur le jeu muet dans les silences de l'action, partie essentielle et souvent négligée de l'imitation théâtrale. La nature a des situations et des mouvements que toute l'énergie des langues ne ferait qu'affaiblir, dans lesquels la parole retarde l'action et rend l'expression traînante et lâche. Les peintres, dans ces situations, devraient servir de modèles aux poètes et aux comédiens. L'*Agamemnon* de Timanthe, le *Saint Bruno en oraison* de Le Sueur, le *Lazare* de Rembrant, la *Descente de croix* du Carrache, sont des morceaux sublimes dans ce genre. Ces grands maîtres ont laissé imaginer et sentir au spectateur ce qu'ils n'auraient pu qu'énerver, s'ils avaient tenté de le rendre. Homère et Virgile avaient donné l'exemple aux peintres. Ajax rencontre Ulysse aux enfers; Didon y rencontre Énée; Ajax et Didon n'expriment leur indignation que par le silence. Il est vrai que l'indignation est une passion taciturne; mais elles ont toutes des moments où le silence est leur expression la plus énergique et la plus vraie.

Les acteurs ne manquent pas de se plaindre que les poètes ne donnent point lieu à ces silences éloquents, qu'ils veulent tout dire, et ne laissent rien à l'action: les poètes gémissent, de leur côté, de ne pouvoir se reposer sur l'intelligence et le talent de leurs acteurs, pour l'expression des réticences; et en général, les uns et les autres ont raison. Mais l'acteur qui sent vivement trouve encore dans l'expression du poète assez de vides à remplir.

Baron, dans le rôle d'Ulysse, était quatre minutes à parcourir en silence tous les changements qui frappaient sa vue, en entrant dans son palais.

Phèdre apprend que Thésée est vivant. Racine s'est bien gardé d'occuper par des paroles le premier moment de cette situation.

> Mon époux est vivant, Œnone, c'est assez.
> J'ai fait l'indigne aveu d'un amour qui l'outrage;
> Il vit: je ne veux pas en savoir davantage.
> (Act. III, sc. 3.)

C'est au silence à peindre l'horreur dont elle est saisie à cette nouvelle, et le reste de la scène n'en est que le développement.

Phèdre apprend de la bouche de Thésée qu'Hippolyte aime Aricie. Qu'il me soit permis de le dire : si le poète avait pu compter sur le jeu muet de l'actrice, il aurait retranché ce monologue :

Il sort : quelle nouvelle a frappé mon oreille ? etc.
(Act. IV, sc. 5.)

et n'aurait fait dire à Phèdre que ce vers, après un long silence :

Et je me chargerais du soin de le défendre !

Nos voisins sont plus hardis, et par conséquent plus grands que nous dans cette partie. On voit sur le théâtre de Londres, Barnweld, chargé de pesantes chaînes, se rouler avec son ami sur le pavé de sa prison, étroitement serrés l'un dans les bras de l'autre : leurs larmes, leurs sanglots, leurs embrassements sont l'expression de leur douleur.

Mais dans cette partie comme, dans toutes les autres, pour encourager et les auteurs et les acteurs à chercher les grands effets, et à risquer ce qui peut les produire, il faut un public sérieux, éclairé, sensible, et qui porte au théâtre de *Cinna* un autre esprit qu'à ceux d'*Arlequin* et de *Gille*.

La manière de s'habiller au théâtre contribue plus qu'on ne pense à la vérité et à l'énergie de l'action. *Voyez l'article suivant.*

MARMONTEL, *Éléments de Littérature.*

DÉCORATION. Parmi les décorations théâtrales, les unes sont de décence, et les autres de pur ornement. Les décorations de pur ornement sont arbitraires, et n'ont pour règles que le goût. On peut en puiser les principes généraux dans l'étude de l'architecture, de la perspective, du dessin, etc. Je me contenterai d'observer ici que la décoration la plus capable de charmer les yeux devient triste et effrayante pour l'imagination, dès qu'elle met les acteurs en danger : ce qui devrait bannir de notre théâtre lyrique ces vols si mal exécutés, dans lesquels, à la place de Mercure et de l'Amour, on ne voit qu'un malheureux suspendu à une corde, et dont la situation fait trembler tous ceux qu'elle ne fait pas rire.

Les décorations de décence sont une imitation de la belle nature, comme doit l'être l'action dont elles retracent le lieu. Un homme célèbre en ce genre en a donné au théâtre lyrique, qui seront long-temps gravées dans le souvenir des connaisseurs. De ce nombre était le péristyle du palais de Ninus, dans lequel, aux plus belles proportions et à la perspective la plus savante, le peintre avait ajouté un coup de génie bien digne d'être rappelé.

Après avoir employé presque toute la hauteur du théâtre à élever son premier ordre d'architecture, il avait laissé voir aux yeux la naissance d'un second ordre qui semblait se perdre dans le ceintre, et que l'imagination achevait : ce qui prêtait à ce péristyle une élévation fictive double de l'espace donné. C'est dans tous les arts un grand principe que de laisser l'imagination en liberté : on perd toujours à lui circonscrire un espace; de là vient que les idées générales, n'ayant point de limites déterminées, sont les sources les plus fécondes du sublime.

5.

Le théâtre de la tragédie, où les décences doivent être bien plus rigoureusement observées qu'à celui de l'opéra, les a trop négligées dans la partie des décorations. Le poète a beau vouloir transporter les spectateurs dans le lieu de l'action; ce que les yeux voient dément à chaque instant ce que l'imagination se peint. Cinna rend compte à Émilie de sa conjuration, dans le même salon où va délibérer Auguste; et dans le premier acte de *Brutus* deux valets de théâtre viennent enlever l'autel de Mars pour débarrasser la scène. Le manque de *décorations* entraîne l'impossibilité des changements, et celle-ci borne les auteurs à la plus rigoureuse unité de lieu : règle gênante, qui leur interdit un grand nombre de beaux sujets, ou les oblige à les mutiler. (Des changements heureux sont arrivés depuis ces observations.)

Il est bien étrange qu'on soit obligé d'aller chercher au théâtre de la farce italienne un modèle de décoration tragique. Il n'est pas moins vrai que la prison de Sigismond en est un qu'on aurait dû suivre. N'est-il pas ridicule que, dans les tableaux les plus vrais et les plus touchants des passions et des malheurs des hommes, on voie un captif ou un coupable avec des liens d'un fer-blanc léger et poli? Qu'on se représente Électre dans son premier monologue, traînant de véritables chaînes dont elle serait accablée : quelle différence dans l'illusion et dans l'intérêt! Au lieu du faible artifice dont le poète s'est servi dans le *Comte d'Essex* pour retenir ce prisonnier dans le palais de la reine, supposons que la facilité des changements de décoration lui eût permis de l'enfermer dans un cachot ; quelle force le seul aspect du lieu ne donnerait-il pas au contraste de sa situation présente avec sa fortune passée ? On se plaint que nos tragédies sont plus en discours qu'en action : le peu de ressources qu'a le poète du côté du spectacle en est en partie la cause. La parole est souvent une expression faible et lente ; mais il faut bien se résoudre à faire passer par les oreilles ce qu'on ne peut offrir aux yeux.

Ce défaut de nos spectacles ne doit pas être imputé aux comédiens, non plus que le mélange indécent des spectateurs avec les acteurs, dont on s'est plaint tant de fois. Corneille, Racine, et leurs rivaux n'attirent pas assez le vulgaire, cette partie si nombreuse du public, pour fournir à leurs acteurs de quoi les représenter dignement : la ville elle seule pourrait donner à ce théâtre toute la pompe qu'il doit avoir, si les magistrats voulaient bien envisager les spectacles publics comme une branche de la police et du commerce.

Mais la partie des décorations qui dépend des acteurs eux-mêmes, c'est la décence des vêtements. Il s'est introduit à cet égard un usage aussi difficile à concevoir qu'à détruire. Tantôt c'est Gustave qui sort des cavernes de Dalécarlie avec un habit bleu céleste à parements d'hermine ; tantôt c'est Pharasmane qui, vêtu d'un habit de brocard d'or, dit à l'ambassadeur de Rome :

La nature marâtre, en ces affreux climats,
Ne produit, au lieu d'or, que du fer, des soldats.

(*Rhadamiste*, act. II, sc. 2.)

De quoi donc faut-il que Gustave et Pharasmane soient vêtus? L'un de peau, l'autre de fer. Comment les habillerait un grand peintre? Il faut donner, dit-on, quelque chose aux mœurs du temps. Il fallait donc aussi que Lebrun frisât Porus et mît des gants à Alexandre? C'est au spectateur à se déplacer, non au spectacle; et c'est la réflexion que tous les acteurs devraient faire à chaque rôle qu'ils vont jouer : on ne verrait point paraître César en perruque carrée, ni Ulysse sortir tout poudré du milieu des flots. Ce dernier exemple nous conduit à une remarque qui peut être utile. Le poète ne doit jamais présenter des situations que l'acteur ne saurait rendre, telles que celle d'un héros mouillé. Quinault a imaginé un tableau sublime dans Isis, en voulant que la furie tirât Io par les cheveux hors de la mer : mais ce tableau ne doit avoir qu'un instant : il devient ridicule si l'œil s'y oppose; et la scène qui le suit immédiatement le rend impraticable au théâtre.

Aux reproches que nous faisons aux comédiens sur l'indécence de leurs vêtements, ils peuvent opposer l'usage établi, et le danger d'innover, aux yeux d'un public qui condamne sans entendre et qui rit avant de raisonner. Nous savons que ces excuses ne sont que trop bien fondées; nous savons de plus que nos réflexions ne produiront aucun fruit. Mais notre ambition ne va point jusqu'à prétendre à corriger notre siècle; il nous suffit d'apprendre à la postérité, si cet ouvrage peut y parvenir, ce qu'auront pensé dans ce même siècle ceux qui, dans les choses d'art et de goût, ne sont d'aucun siècle ni d'aucun pays. (Lorsque je parlais ainsi dans l'*Encyclopédie*, j'étais injuste en n'osant espérer les changements que je désirais aux décorations théâtrales. Mais je dois dire, pour mon excuse, qu'il n'y avait alors aucune apparence à la révolution qui arriva quelque temps après.)

Le plus difficile et le plus nécessaire était de dégager le théâtre de cette foule de spectateurs qui l'inondaient, et qui laissaient à peine aux acteurs l'étroit espace qui séparait les deux balcons de l'avant-scène. On a peine à concevoir aujourd'hui que *Mérope*, *Iphigénie*, *Sémiramis* aient été jouées comme au centre d'un bataillon de spectateurs debout, qui remplissaient le fond du théâtre, et qui obstruaient les coulisses, au point que les acteurs n'entraient et ne sortaient qu'à travers cette foule, qu'ils perçaient difficilement. Rien de plus contraire à la pompe et à l'illusion de la scène : aussi l'ombre de Ninus, écartant une troupe de petits-maîtres pour se montrer, ne fut-elle d'abord qu'un objet de plaisanterie; et la plus théâtrale de nos tragédies, *Sémiramis*, tomba. Mais l'habitude et l'intérêt des comédiens perpétuaient un abus si barbare ; et il subsisterait peut-être encore, si M. le comte de Lauragais, par une libéralité dont les arts et les lettres doivent conserver la mémoire, n'avait déterminé les comédiens à renoncer au bénéfice de ce surcroît de spectateurs.

Le théâtre une fois libre, avec un peu de soin, de dépense et de goût dans les nouvelles décorations, il fut aisé de rendre la scène plus décente.

Mais le changement des habits était un article important : il exigeait des frais considérables ; on n'osait pas même y penser, lorsque la célèbre Clairon, qui avait le droit de donner l'exemple, fit la première le sacrifice de ses riches vêtements de théâtre; et dans Idamé, dans Roxane, dans Didon, dans Électre, enfin dans tous ses rôles, prit le costume du pays et du temps. Ce changement fut applaudi comme il devait l'être; et dès lors tous les acteurs furent forcés de se vêtir sur ce modèle : plus de paniers pour les dames grecques et romaines, plus de chapeaux à grands panaches pour Mithridate et pour Auguste *, plus de tonnelets aux cuirasses, plus de manchettes, plus de gants à frange, plus de perruques volumineuses pour les héros de l'antiquité. Chacun parut en habit convenable; et

---

* Voltaire, dans son *Commentaire* sur le *Cinna* de Corneille (act. II, sc. 1.), parle fort plaisamment de la ridicule affectation des comédiens d'alors, dans l'habillement, dans la déclamation, et dans les gestes, etc...... « On voyait « dit-il, Auguste arriver avec la démarche d'un matamore, coiffé d'une « perruque carrée qui descendait par-devant jusqu'à la ceinture; cette per- « ruque était farcie de feuilles de laurier, et surmontée d'un large chapeau « avec deux rangs de plumes rouges. Auguste ainsi défiguré par des bateleurs « gaulois sur un théâtre de marionnettes, était quelque chose de bien étrange; « il se plaçait sur un énorme fauteuil à deux gradins, et Maxime et Cinna « étaient sur deux petits tabourets. La déclamation ampoulée répondait par- « faitement à cet étalage ; et sur-tout Auguste ne manquait pas de regarder « Cinna et Maxime de haut en bas avec un noble dédain, en prononçant ces « vers :

« Enfin tout ce qu'adore en ma haute fortune
« D'un courtisan flatteur la présence importune...

« Il faisait bien sentir que c'était eux qu'il regardait comme des courtisans « flatteurs... » H. PATIN.

notre grande actrice eut la gloire d'avoir mis la première, sur la scène tragique française, de la décence et de la vérité.

Mais un autre exemple qu'elle donna, et qui ne fut pas imité de même, ce fut de réformer la déclamation, en même temps que les habits. Jusque-là elle avait eu trop de déférence pour un ancien système de déclamation emphatique, où l'on prenait l'enflure pour de la dignité. En se voyant réellement vêtue comme Idamé, comme Roxane, comme Didon, Électre, Aménaïde, elle parut se demander à elle-même de quel ton elles avaient parlé; et sans déroger à la noblesse de ses rôles, elle sut rendre la déclamation tragique à la fois majestueuse et naturelle, évitant d'un côté l'emphase, de l'autre la familiarité; aussi éloignée du ton bourgeois que du ton ampoulé; sans aucune affectation et sans aucune négligence; sans rien outrer et sans rien affaiblir; d'un accord parfait dans l'action de son geste et de son visage, d'une justesse inaltérable, d'une sûreté infaillible à saisir toutes les nuances de l'expression dans des variétés infinies et des degrés inappréciables; si accomplie enfin, que tout ce que l'envie a pu lui reprocher, a été de n'avoir laissé dans l'art aucune des incorrections qui appartiennent à la nature : reproche qu'on ne s'était pas encore avisé de faire aux sculpteurs qui nous ont donné l'Antinoüs et l'Apollon.

Marmontel, *Éléments de Littérature*.

DÉFINITION. La définition oratoire est un vaste champ pour l'éloquence. C'est par elle que se discutent presque toutes les questions de droit : car lorsqu'on est d'accord sur l'existence du fait et sur sa cause, il ne s'agit plus que d'examiner quelle en est la nature, et d'en déterminer la qualité relativement à la loi.

Clodius a été tué par les esclaves de Milon; mais est-ce là un meurtre prémédité et volontaire, ou seulement le cas de la défense personnelle? Le fait est convenu. La qualité du fait est la question qui s'agite.

Muréna s'est rendu agréable au peuple; mais ce qu'il a fait pour lui plaire, est-ce le crime de corruption? Est-ce là *briguer les suffrages?* C'est ce qui reste à décider.

Ce fut à Rome une cause célèbre que celle que plaida Carbon pour la défense de L. Opimius, accusé, après son consulat, du meurtre de C. Gracchus. L'action était notoire. Mais lorsqu'il s'agissait du salut de la république, le consul, en vertu d'un décret du sénat, n'avait-il pas eu droit d'ordonner qu'on fît main basse sur un séditieux? ou, dans ce péril même, devait-il respecter la loi qui protégeait tout citoyen qu'elle n'avait pas condamné? « Licueritne, ex se- « natusconsulto, servandæ reipublicæ causâ ? » C'était là le point contesté. Il s'agissait de définir le droit de la sûreté de l'état, et ce que le consul appelait le danger, le salut de la république; de savoir jusqu'où s'étendait l'autorité du sénat, et le devoir du consul lui-même entre un décret du sénat et la loi.

Une cause non moins fameuse fut celle du tribun

DÉFINITION.

C. Norbanus, plaidée par Antoine. Ce tribun était accusé d'avoir excité une sédition contre Servilius Cæpio, lequel, après s'être laissé battre par les Cimbres et chasser de son camp, avait perdu dans sa déroute le reste de l'armée romaine. L'orateur soutenait non-seulement que, dans la douleur et l'indignation où était le peuple, la sédition avait été si violente qu'il n'avait pas été possible au tribun de la réprimer; mais que toutes les séditions n'étaient pas punissables, qu'il y en avait de légitimes, et que celle-ci était du nombre. Ainsi, la cause du tribun devenait la cause du peuple. C'est cet endroit du plaidoyer d'Antoine que l'orateur Crassus, dans le dialogue de Cicéron, vantait comme un prodige d'éloquence : « Potuit hic locus, tam anceps, tam « inauditus, tam lubricus, tam novus, sine quâdam « incredibili vi ac facultate dicendi tractari[*]. » (*De Orat.* II, 28.)

Antoine va lui-même expliquer comment la cause fut plaidée. « Ni Servilius (son adversaire) ni moi, « dit-il, ne nous attachâmes à définir, à la manière « des philosophes, *lucidè breviterque ;* nous expli- « quâmes l'un et l'autre le plus amplement qu'il « nous fut possible ce que c'était que porter atteinte « à la majesté publique. » (Car c'était le crime en question.) *Quantùm uterque nostrum potuit, omni copiá dicendi dilatavit quid esset majestatem minuere.* (*De Orat.*, II, 25.)

[*] Pour traiter une matière si délicate, si hardie, si difficile, si neuve, ne fallait-il pas une force et un talent incroyables? (*Trad.* de TH. GAILLARD, Cic de J. V. Le Clerc.)

Après avoir touché légèrement et en peu de mots la loi *Majestatis*, il environna sa définition, si j'ose m'exprimer ainsi, d'ouvrages extérieurs qu'il fallait forcer pour arriver au corps de la place. « Omnium « seditionum genera, vitia, pericula collegi, eam-« que orationem ex omni reipublicæ nostræ tem-« porum varietate repetivi; conclusique ità ut dice-« rem, etsi omnes molestæ semper seditiones fuis-« sent, justas tamen fuisse nonnullas et propè « necessarias..... Neque reges ex hâc civitate exegi, « neque tribunos plebis creari, neque plebiscitis « toties consularem potestatem minui, neque pro-« vocationem, patronam illam civitatis ac vindicem « libertatis, populo romano dari sine nobilium dis-« sensione potuisse *. » (*De Orat.*, II, 48.)

Alors il ajouta que, si tant de séditions avaient été permises pour le salut de la république, il ne fallait pas faire un crime au tribun Norbanus d'un soulèvement qui n'avait eu qu'une trop juste cause. De là les mouvements d'indignation et de douleur qu'il réveilla dans l'âme de tous les citoyens à qui la défaite de Cæpion avait coûté la perte de leurs enfants et de leurs proches ; de là cette révolution dans l'auditoire et dans les juges, que les suppli-

---

* « J'accumulai, dit-il, tous les genres de séditions, et leurs vices et leurs périls, et je tirai mes inductions de tous les temps divers de notre république : d'où je conclus que quoique toute espèce de sédition fût toujours affligeante, cependant il y en avait eu, et en assez grand nombre, qui avaient été justes et presque nécessaires ; et qu'il n'aurait été possible ni de chasser les rois, ni de créer les tribuns, ni de modérer la puissance des consuls par les décrets du peuple, comme on avait fait tant de fois, ni d'établir ce droit d'appel la sauvegarde des citoyens et le vengeur de la liberté, sans se résoudre à voir quelque dissension entre le peuple et la noblesse. »

cations, la douleur et les larmes d'un orateur pénétré lui-même achevèrent de décider. *Voyez* PATHÉTIQUE.

En éloquence, définir, c'est donc amplifier, accumuler les traits, les exemples, les circonstances qui caractérisent la chose, la présenter du côté favorable à l'opinion qu'on en veut donner, et animer le tableau qu'on en fait non-seulement des couleurs les plus vives, mais de tout ce que le mélange des ombres et de la lumière peut ajouter à leur éclat. *Voyez* AMPLIFICATION.

Je ne dis pas qu'une définition rigoureuse ne soit quelquefois un moyen tranchant; mais il faut pour cela qu'elle soit évidemment juste et inattaquable dans tous les points. Encore a-t-elle, par sa brièveté même, l'inconvénient d'échapper aux juges, si on ne prend pas soin de l'appuyer, au moins pour lui donner le temps de se graver dans les esprits. « In sensum et in mentem judicis intrare non « potest : ante enim præterlabitur quàm percepta « est[*]. » (*De Orat.* II, 25.)

Au reste, tous les genres d'éloquence n'exigent pas les mêmes précautions que le plaidoyer, où l'agresseur et le défenseur doivent être sans cesse en garde, et frapper et parer presque du même temps. Ainsi, la définition, qui dans le genre judiciaire est le centre de l'action, et qu'il faut munir de tous côtés de toutes les forces de l'éloquence,

---

[*] Elle ne pénètre pas dans l'esprit du juge qui l'oublie, avant même de l'avoir saisie F.

est moins critique et moins périlleuse dans le genre de l'éloge ou de la délibération. Mais lors même qu'elle n'est pas le centre d'une place forte, elle est au moins le frontispice ou le vestibule d'un palais ou d'un temple ; et l'éloquence y doit réunir la pompe et la solidité.

Dans l'oraison pour Marcellus, Cicéron, en parlant à César de ses devoirs, après avoir défini la gloire : « Gloria est illustris ac pervagata multorum « et magnorum, vel in suos, vel in patriam, vel « in omne genus hominum fama meritorum * », développe ainsi sa définition en l'appliquant à César lui-même : « Nec vero hæc tua ducenda est, quæ « corpore et spiritu continetur. Illa, inquam, illa « vita est tua, quæ vigebit memoria sæculorum om- « nium, quam posteritas alet, quam ipsa æternitas « semper tuebitur **. » Voilà pour l'étendue et la perpétuité ; voici pour la solidité et la pureté de la gloire : « Obstupescent posteri certè imperia, pro- « vincias, Rhenum, Oceanum, Nilum, pugnas in- « numerabiles, incredibiles victorias, monumenta, « munera, triumphos audientes et legentes tuos. « Sed nisi hæc urbs stabilita tuis consiliis et insti- « tutis erit, vagabitur modo nomen tuum longè « atque latè ; sedem quidem stabilem et domicilium

---

* « La gloire est une renommée éclatante et répandue au loin, pour de grands et nombreux services qu'on a rendus aux siens, à sa patrie, ou à l'humanité. » (*Disc. pour Marcellus*, chap. VIII.)

** « N'appelle pas ta vie le souffle qui t'anime. Ta vie est celle qui sera florissante dans la mémoire de tous les siècles, que la postérité prendra soin de nourrir, que l'éternité même prendra soin de défendre.» (*Ibid.* chap. IX)

DÉFINITION.

« certum non habebit * ». Voilà ce qui s'appelle définir magnifiquement.

Nos orateurs modernes ont connu l'art de rendre les définitions éloquentes. Je vais en citer deux exemples, pris tous les deux de cette *Oraison funèbre de Turenne*, qui fait la gloire de Fléchier. Voici comment il définit la valeur véritable, celle de son héros.

« N'entendez pas par ce mot (de *valeur*) une
« hardiesse vaine, indiscrète, emportée, qui cher-
« che le danger pour le danger même, qui s'expose
« sans fruit, et qui n'a pour but que la réputation
« et les vains applaudissements des hommes. Je
« parle d'une hardiesse sage et réglée, qui s'anime
« à la vue des ennemis, qui dans le péril même
« pourvoit à tout, prend tous ses avantages ; mais
« qui se mesure avec ses forces; qui entreprend
« les choses difficiles, et ne tente pas les impossi-
« bles; qui n'abandonne rien au hasard de ce qui
« peut être conduit par la prudence; capable enfin
« de tout oser quand le conseil est inutile, et prête
« à mourir dans la victoire, ou à survivre à son
« malheur en accomplissant ses devoirs. »

L'autre définition est celle d'une armée.

« Qu'est-ce qu'une armée ? dit l'orateur : c'est un

---

* « La postérité sera frappée d'étonnement sans doute, en lisant ou en entendant raconter de toi des empires soumis, des provinces conquises, le Rhin, l'Océan, le Nil asservis, des batailles sans nombre, d'incroyables victoires, les monuments, les titres, les triomphes qui attesteront ta gloire. Mais si cette ville n'est rétablie par tes conseils et par tes sages institutions, ton nom sera bientôt comme errant et vagabond dans l'univers, sans avoir de demeure stable ni de domicile assuré. » (*Ibid.* chap. IX.)

« corps animé d'une infinité de passions différen-
« tes, qu'un homme habile fait mouvoir pour la
« défense de sa patrie : c'est une troupe d'hommes
« armés qui suivent aveuglément les ordres d'un
« général dont ils ne connaissent pas les intentions :
« c'est une multitude d'âmes, pour la plupart viles
« et mercenaires, qui, sans songer à leur propre ré-
« putation, travaillent à celle des rois et des conqué-
« rants: c'est un assemblage confus de libertins qu'il
« faut assujettir à l'obéissance ; de lâches qu'il faut
« mener au combat; de téméraires qu'il faut retenir ;
« d'impatients qu'il faut accoutumer à la constance.»

Avec moins de développement et d'étendue, le poète ne laisse pas de définir le plus souvent à la manière de l'orateur.

L'ambassadeur d'un roi m'est toujours redoutable.
Ce n'est qu'un ennemi, sous un titre honorable,
Qui vient, rempli d'orgueil ou de dextérité,
Insulter ou trahir avec impunité.
(Voltaire, *Brutus*, act. I, sc. 1.)

Quels traits me présentent vos fastes,
Impitoyables conquérants ?
Des vœux outrés, des projets vastes,
Des rois vaincus par des tyrans ;
Des murs que la flamme ravage,
Un vainqueur fumant de carnage,
Un peuple au fer abandonné ;
Des mères pâles et sanglantes,
Arrachant leurs filles tremblantes,
Des bras d'un soldat effréné.
(J.-B. Rousseau, *Ode à la Fortune*.)

DÉFINITION.

Ce dernier tableau de la strophe est précisément ce que Quintilien a oublié dans la description beaucoup plus ample qu'il a faite du saccagement d'une ville.

En fait de définitions poétiques, rien n'est au-dessus de celle de la constance de l'homme juste, telle qu'Horace l'a donnée :

Justum et tenacem propositi virum,
Non civium ardor prava jubentium,
  Non vultus instantis tyranni
    Mente quatit solida ; nec Auster,
Dux inquieti turbidus Adriæ;
Nec fulminantis magna Jovis manus.
  Si fractus illabatur orbis,
    Impavidum ferient ruinæ*.
            (Od. III, 3.)

Les poètes eux-mêmes définissent assez souvent à la manière des philosophes, quant à l'exactitude et à la précision ; mais en images ou en sentiment, avec la langue poétique.

---

*   Le juste en ses desseins toujours inébranlable,
Reste calme au milieu d'une foule coupable
Dont les cris menaçants commandent les forfaits.
Ni le farouche aspect d'un tyran plein de rage,
Ni l'aquilon qui gronde et prélude à l'orage,
  De son cœur ne troublent la paix.
Si le bras enflammé du maître du tonnerre
Des hauteurs de l'Olympe a menacé la terre,
Il verra sans pâlir l'approche du danger.
Bien plus ; que le ciel tombe et que le sol s'entrouvre ;
Tout froissé des débris dont l'univers le couvre,
  A la peur il reste étranger.
        Trad. de De Wailly.

DÉFINITION.

Ce vieillard, qui d'un vol agile,
Fuit toujours sans être arrêté,
Le Temps, cette image mobile
De l'immobile éternité.
(J.-B. ROUSSEAU, III, 2.)

Qu'un ami véritable est une douce chose!
Il cherche vos besoins au fond de votre cœur;
Il vous épargne la pudeur
De les lui découvrir vous-même :
Un songe, un rien, tout lui fait peur,
Quand il s'agit de ce qu'il aime.
(LA FONTAINE, Fables, VIII, 11.)

Et qui jamais définira mieux la mort du sage, que le même poète ne l'a fait en un vers?

Rien ne trouble sa fin; c'est le soir d'un beau jour.
(Philémon et Baucis.)

La plupart des définitions poétiques ne sont que des descriptions : les poètes en sont pleins, singulièrement Ovide et La Fontaine, le premier dans ses Métamorphoses, le second dans ses Fables; et l'on a peine à concevoir, en lisant notre fabuliste, que d'une langue assez peu favorable aux peintures physiques, il ait tiré cette multitude de traits fins, délicats et justes dont il a formé ces définitions. On en verra dans une seule fable deux exemples inimitables : car le pinceau de La Fontaine est malheureusement perdu.

Un souriceau tout jeune, et qui n'avait rien vu,
Fut presque pris au dépourvu.

Voici comme il conta l'aventure à sa mère.
J'avais franchi les monts qui bordent cet état,
  Et trottais comme un jeune rat
  Qui cherche à se donner carrière :
Lorsque deux animaux m'ont arrêté les yeux ;
   L'un doux, bénin, et gracieux ;
 Et l'autre turbulent et plein d'inquiétude.
   Il a la voix perçante et rude,
  Sur la tête un morceau de chair,
Une sorte de bras dont il s'élève en l'air
   Comme pour prendre sa volée,
   La queue en panache étalée.

 Qui ne reconnaît pas le coq ?

   Sans lui j'aurais fait connaissance
 Avec cet animal qui m'a semblé si doux.
   Il est velouté comme nous,
Marqueté, longue queue, une humble contenance,
Un modeste regard, et pourtant l'œil luisant.
   Je le crois fort sympathisant
 Avec messieurs les rats ; car il a des oreilles
   En figure aux nôtres pareilles.
     (Fables, VI, 5.)

 Le chat peut-il être mieux peint ?

 Le caractère de la définition poétique, ainsi que de la définition oratoire, est de ne peindre son objet que dans son rapport avec l'intention de l'orateur et du poète : de là vient que de la même chose il peut y avoir plusieurs définitions différentes, et dont chacune aura sa vérité et sa justesse relative. Vingt dessinateurs placés autour du modèle font vingt figures différentes ; le même paysage produira différents tableaux, selon les points de vue et les aspects que les peintres auront choisis; la diversité des situations morales produit la même variété dans les définitions oratoires ou poétiques : au lieu que la définition philosophique doit être entière et invariable, c'est-à-dire embrasser la totalité de l'objet, au moins dans son essence, en présenter l'idée et complète et distincte, lui ressembler dans tous les points, et ne ressembler qu'à lui seul. Le philosophe n'a point de situation particulière et momentanée; il tourne autour de la nature.

Enfin, soit en poésie, soit en éloquence, un mérite essentiel de la définition, c'est l'à-propos. Tout ce qui d'un seul mot se fait concevoir nettement, pleinement et sans équivoque, n'a pas besoin d'être défini. Ce n'est qu'à éclaircir, à développer ou à circonscrire une idée, que l'on doit employer la définition; et il en est de cette partie de l'art d'écrire, comme de toutes les autres : pour avoir sa beauté réelle, et pour satisfaire à la fois le goût et la raison, elle doit contribuer à la solidité de l'édifice dont elle est l'ornement : bien entendu que, selon le genre, elle peut tenir plus ou moins du luxe ou de l'utilité; car il en est de l'éloquence et de la poésie comme de l'architecture : tel genre est plus restreint au nécessaire, tel autre accorde plus à la magnificence et à la décoration.

A l'égard des définitions philosophiques, elles sont d'un usage d'autant plus fréquent dans les choses mêmes les plus familières, que les hommes ne

DÉFINITION. 85

sont jamais en contradiction que pour n'avoir pas défini, ou pour avoir mal défini. L'erreur n'est guère que dans les termes. Ce que j'assure d'un objet, je l'assure de l'idée que j'y attache : ce que vous niez de ce même objet, vous le niez de l'idée que vous y appliquez. Nous ne sommes donc opposés de sentiments qu'en apparence, puisque nous parlons de deux choses différentes sous un même nom. Quand vous lirez clairement dans mon idée, quand je lirai clairement dans la vôtre, vous affirmerez ce que j'affirme, je nierai ce que vous niez; et cette conciliation des idées ne s'opère qu'au moyen des définitions.

Il y en a qui donnent à penser ; il y en a d'autres qui en épargnent la peine. Du nombre des premières sont celles-ci, qu'Aristote nous a données. « Le « juste et l'utile sont en commun. La prudence est « la vertu de la raison, dirigée au bonheur. La vo- « lupté est le seul bien que l'on désire pour lui- « même. Un bien d'opinion est celui dont on ne fe- « rait aucun cas, s'il fallait l'avoir en secret. »

Du nombre des dernières sont celles-ci, du même philosophe. « La tyrannie est une monarchie sans « limites. La magnanimité est une bienfaisance qui « veut agir en grand. La mélancolie est à la fois dou- « leur et volupté : douleur, dans le regret; volupté, « dans le souvenir. »

Or, on sent bien que celles qui demandent de la méditation ne sont pas du genre oratoire. Tout y doit être facile à saisir et à pénétrer d'un coup d'œil. L'auditeur n'a le temps ni d'hésiter ni de réfléchir.

La pensée, en volant comme la parole, doit jeter sa lumière et laisser son impression. Ceci peut distinguer l'éloquence parlée de l'éloquence écrite.

MARMONTEL, *Eléments de Littérature*.

DELAVIGNE (JEAN-FRANÇOIS-CASIMIR) né au Hâvre en 1794, annonça de bonne heure des dispositions heureuses pour la poésie. Dans le cours de ses études, il se fit connaître par quelques essais qui donnaient des espérances qu'il a entièrement réalisées. En 1811, il fit paraître un *Dithyrambe sur la naissance du roi de Rome*. Si l'on remarque que le jeune poète n'avait à cette époque que dix-sept ans, on sera justement surpris du rare talent dont ce petit ouvrage est déjà la preuve : un épisode épique, *Charles XII à la Narva*, un *Dithyrambe sur la mort de J. Delille*, un poème sur *la Découverte de la vaccine*, et une *épître sur les Inconvénients attachés à la culture des lettres*, qui obtint un accessit au concours de l'Académie française, en 1817; tels furent les essais par lesquels le jeune Casimir préludait à des travaux plus remarquables et plus dignes de son talent. La publication de ses premières *Messéniennes*, fixa sur lui l'attention des amateurs de la belle poésie, et bientôt la représentation des *Vêpres Siciliennes*, tragédie en cinq actes, qui obtint un grand succès, le fit regarder comme un de nos auteurs dramatiques qui donnaient le plus d'espérances. Elles furent confirmées par l'apparition des *Comédiens*, comédie en cinq actes et en vers, jouée au second Théâtre-Français. L'idée de cet ouvrage lui fut inspirée par les contrariétés, les dégoûts qu'il essuya au premier Théâtre-Français, où il avait d'abord porté sa tragédie des *Vêpres Siciliennes* qui n'y fut reçue qu'à correction, et qu'il retira pour la faire jouer à l'Odéon. On doit, dans l'intérêt de l'art, se féliciter d'une injustice à laquelle nous devons une aussi piquante comédie, remplie de vers heureux qui rappellent souvent la verve de *la Métromanie*. *Le Paria*, tragédie en cinq actes, fut représenté en 1820; le style est la partie brillante de cette pièce qui paraît une composition plus épique que dramatique. M. Delavigne, dont les succès devaient un peu faire envie au théâtre qui l'avait d'abord dédaigné, n'eut pas de peine à obtenir une réconciliation : il présenta au premier Théâtre-Français sa comédie de *l'École des Vieillards*, en cinq actes et en vers; le succès brillant et mérité dont elle jouit encore, a assigné à cet ouvrage, dès son apparition, une place distinguée parmi les bons ouvrages dramatiques de notre siècle. M. Delavigne a publié depuis de *Nouvelles Messéniennes*, une *épître à M. de Lamartine*, et une *Ode sur la mort de lord Byron*. Voilà les titres sur lesquels repose jusqu'à présent la réputation littéraire de M. Casimir Delavigne; mais sa jeunesse et la facilité de son talent poétique nous en promettent d'autres encore plus brillants.

JUGEMENT.

Les *Vêpres Siciliennes* furent le début de M. Casimir Delavigne. On remarqua, dans cette tragédie, de la force, de la chaleur, de l'intérêt, des situations dramatiques; deux rôles, parfaitement tracés, celui du conspirateur Procida et celui de Lorédan, son fils. Le jeune écrivain avait habilement mis en action ce qui n'était qu'en récit dans le *Brutus* de Voltaire. Aussi, le serment des conjurés inspira-t-il toujours cette terreur qui donne des angoisses comme la douleur. On aperçut bien quelques défauts dans la contexture de l'ouvrage; la *siesta* du gouverneur, qui semble aller se reposer pour laisser à la conspiration le moyen de s'établir tranquillement dans le palais, ne fut jamais regardée comme un moyen susceptible de justification; mais la critique judicieuse ne pouvait s'empêcher de remarquer aussi avec quelle habileté l'auteur, qui était encore dans la première jeunesse au moment de la conception de sa tragédie, avait su éviter les écueils d'un sujet pareil au sien sur une scène française. Il fallait pour cela beaucoup d'art; et si l'art fait partie des heureuses inspirations du talent, il est plus encore le fruit du temps et de la maturité. Quatre-vingts représentations de suite ont confirmé le succès des *Vêpres Siciliennes*.

Dans les *Comédiens*, le poète s'était mis lui-même en scène; et, par ce moyen, il avait créé une situation neuve et vraie au théâtre, celle des rebuts et des dégoûts qu'un jeune auteur éprouve, quand il lui faut lutter avec les dédains, les rivalités, les prétentions et les caprices des acteurs. Voltaire l'avait esquissée, dans ces vers du *Pauvre Diable* :

> Tout ranimé par ce ton didactique,
> Je cours en hâte au parlement comique,

Bureau de vers, où maint auteur pelé
Vend mainte scène à maint acteur sifflé.
J'entre, je lis d'une voix faible et grêle
Le triste drame écrit pour la Denèle.
Dieu paternel! quels dédains! quel accueil!
De quelle œillade altière, impérieuse,
La Dumesnil rabattait mon orgueil!
La Dangeville est plaisante et moqueuse,
Elle riait : Granval me regardait
D'un air de prince, et Sarrazin dormait;
Et renvoyé penaud par la cohue,
J'allai gronder et pleurer dans la rue.

Le public, épousant la cause de son jeune favori, adopta sa comédie, écrite d'ailleurs avec une rare élégance, semée de traits heureux, étincelante de verve, et ne manquant pas de gaieté. Sans attirer la foule comme les *Vêpres Siciliennes*, cette pièce fut constamment suivie : on la revoit toujours avec plaisir. On y désira généralement plus de force comique, une peinture plus vive des ridicules, surtout dans la délibération du parlement dramatique. Mais les connaisseurs, frappés d'abord de la souplesse du talent de l'auteur, crurent reconnaître en lui, à certains signes, une vocation plus grande encore pour la comédie que pour la tragédie; ils prévirent qu'il n'en resterait pas à son début dans le premier de ces deux genres.

Casimir Delavigne, se délassant de ses grandes compositions par d'autres travaux, a publié successivement plusieurs chants lyriques, sous le nom de *Messéniennes*. On admira, dans les premières, une poésie riche, élevée, harmonieuse, et par fois des traits sublimes; mais on vit avec peine quelques ornements brillantés que l'auteur paraissait affectionner, et semblables à une parure moderne sur la tête d'une vierge de Raphaël. Ce défaut parut bien plus sensible encore dans sa seconde *Messénienne*. Entraîné par les souvenirs de la fable, et par les riantes images que la Grèce attacha aux divinités représentées par le ciseau de ses Phidias, le jeune poète perdit de vue la majestueuse douleur qui devait régner dans les plaintes d'un Français, indigné de l'enlèvement des chefs-d'œuvre conquis par la victoire et rassemblés dans un temple où leur réunion ajoutait à l'idée de la puissance du génie de l'homme dans les créations des arts. Les vers de Casimir sur Mars, Apollon et Vénus étaient les plus beaux du monde; Delille, à l'école duquel ils appartenaient, n'en eût désavoué aucun; mais la raison ne pouvait approuver que ceux qui exprimaient avec vérité les mouvements excités par la situation. Il ne faut jamais oublier que toutes les compositions doivent offrir un caractère plus ou moins dramatique, pour plaire à des Français. La conviction de cette vérité aurait ajouté beaucoup de prix aux poèmes lyriques de J.-B. Rousseau. L'ode était dramatique chez les anciens; je n'en veux pour preuve que l'effet des chants de Pindare aux jeux olympiques, et les chœurs des tragédies de Sophocle, d'Euripide, mais sur-tout d'Eschyle. Je ne connais rien de plus propre à émouvoir que la peinture du départ d'Hélène, qui laisse après elle le deuil à son époux, la désolation à la Grèce, et porte à Troie la guerre et la ruine. Au reste, Delavigne n'a besoin, pour sentir la justesse de ce conseil, que de se rappeler la cause du succès de sa belle *Messénienne sur Parthénope*. Cette ode ressemble à une grande scène; aussi a-t-elle emporté tous les suffrages. Puisque j'ai entrepris d'avertir l'auteur, je lui recommanderai une attention sévère sur le choix des rimes dans la poésie lyrique. L'ode du *Jeune Grec*, malheureuse excursion dans le genre romantique, qui ne convient pas à son genre d'esprit franc, naturel, manquait entièrement d'harmonie, par la répétition de rimes qui laissaient tomber le vers, sans que le son pût en rester dans les oreilles comme les traits d'une agréable musique. Les autres pièces qui accompagnaient celle de *Parthénope*, méritaient souvent de leur être comparées.

La tragédie du *Paria* n'avait aucune vérité de mœurs et de caractères; trompé par l'éloquent rêveur qui nous a donné la *Chaumière Indienne*, et par quelques autres déclamations prétendues philosophiques, l'auteur ne connaissait pas le fond du sujet qu'il avait à traiter. Jeune, aventureux, plein de fougue et d'audace, il a donné carrière à son imagination ; et, au lieu d'une tragédie fondée sur l'observation des mœurs, il nous a présenté, comme Voltaire l'a fait tant de fois, un roman tout entier de sa composition. Même dans l'ordre d'idées où Delavigne s'était placé, le rôle du père de son héros péchait contre toute vraisemblance; ce rôle, profondément médité, pouvait à lui seul racheter ou du moins excuser, par des beautés d'un ordre supérieur, le vice des fondements de la pièce ; conçu avec trop de légèreté, énervé par de molles descriptions, dénué d'énergie, sans aucune chaleur dramatique, il a toujours ralenti l'intérêt et refroidi la scène ; pour comble de malheur, c'est dans le même rôle que l'auteur avait laissé voir ces moyens factices qui amènent de force une situation, parce que l'on a manqué de ressources pour la produire naturellement. Jamais Casimir n'a autant oublié la raison que dans cet ouvrage ; cependant ses efforts ont été couronnés d'un succès que l'envie elle-même ne pourrait nier. D'où vient ce prodige, au milieu d'un peuple qui porte une si grande sévérité jusque dans le plus vif de ses plaisirs ? Voici l'explication de l'énigme : il y avait de la profondeur dans le grand-prêtre, brûlé intérieurement d'une ambition irritée par les rigueurs d'un long silence. Sa fille Néala offrait plus d'une ressemblance avec Esther, et des graces nouvelles que l'auteur avait empruntées à l'âge, aux mœurs, aux habitudes, au ministère de la jeune vierge prête à quitter le culte du soleil pour les délices d'un amour innocent. Le caractère du fils de Paria ne manquait point de force dramatique : la passion de la gloire, l'ivresse du triomphe accrue par l'espérance d'être sorti de l'humiliation d'un opprobre injuste, sa passion pour Néala, l'aveu terrible qu'il est obligé de lui faire avant de s'unir à elle pour jamais, ses combats avec un père obstiné à condamner un hymen dont il redoute les fatales conséquences, la catastrophe qui le fait tomber de la plus haute fortune dans un abîme dont la mort est le terme, produisirent de profondes émotions; mais, il faut l'avouer, la cause du triomphe fut presque tout entière dans les séductions du talent. Soit que le public eût attendu beaucoup de luxe dans un sujet oriental, soit que nous nous rapprochions du goût des Grecs, et que la poésie ait pour nous un nouvel attrait, tout le monde fut ébloui de l'éclat, de la magnificence de cette jeune muse, tantôt inspirée par l'Apollon Pythien, tantôt par cet amour naïf qui a la persuasion sur les lèvres; ici, par le génie de l'épopée; là, par Melpomène. Il est vrai que, graces à une heureuse exception au vice du genre, les nombreuses descriptions de l'auteur étaient animées d'une certaine flamme qui vient de la verve, et les spectateurs cédaient volontiers à leur entraînement, parce qu'ils n'éprouvaient point de fatigue. Delavigne seul peut-être de nos jours, avait les moyens d'exercer une telle puissance; mais, il faut le lui dire avec franchise, encore un succès pareil, il était perdu pour le théâtre, et même pour la poésie lyrique. Ambitieux d'effets dus à la magie des vers, il eût désappris son art et reculé dans la carrière où il vient de rentrer par un triomphe.

Sans doute il aura fait en silence de profondes réflexions, et reconnu les vices de sa manière dans *le Paria*; sans doute il aura pratiqué le conseil qu'on lui a donné, de beaucoup méditer et d'écrire peu : en effet, sa nouvelle composition n'offre aucun des défauts de ses autres ouvrages. Mieux conduite que les *Vêpres Siciliennes*, plus dramatique et plus animée par l'intérêt que la pièce des *Comédiens*, purgée de tous les vices du *Paria*, plus élégante et plus vraie dans le style, *l'École des Vieillards* atteste un progrès réel, et un progrès d'autant plus précieux qu'il promet d'autres ouvrages marqués du même caractère.

Essayons maintenant de justifier nos éloges et nos prédictions par une analyse rapide et succincte de l'ouvrage.

Veuf et possesseur d'une fortune immense, Danville, ancien armateur du Hâvre, âgé de soixante ans, a épousé une jeune personne, qui lui a apporté pour dot l'esprit, la beauté, un cœur sensible, et les graces d'un heureux caractère. Danville est au comble de la félicité; mais il a retenu dans sa maison l'aïeule d'Hortense, madame Saint-Clair, femme à prétention. Amie du grand monde, qu'elle ne connaît pas, idolâtre des plaisirs bruyants, elle presse chaque jour sa petite-fille de venir les chercher dans la capitale, leur véritable théâtre. Danville, aveuglé par sa passion, se rend aux désirs de sa jeune femme, et l'envoie à Paris, sous la garde d'un Mentor peu fait pour inspirer la confiance. Il va plus loin encore, il remet cinquante mille francs à Hortense, devenue sa trésorière. A la vérité, il devait la suivre de près; mais des affaires le retiennent encore pendant deux mois au Hâvre. Il arrive enfin, et reçoit en même temps plusieurs leçons des imprudences qu'il a commises.

Son fils, abandonné à lui-même, a fait de mauvaises affaires ; c'est ce qu'on apprend par un vieux camarade de Danville, receveur-particulier, comptable rigide, mais ami vrai, qui tait le nom du coupable par un reste de ménagement. Il faut vingt mille francs pour sauver le jeune homme : le père ne les a pas, mais il va les demander à sa femme. Qu'elle surprise ! le trésor conjugal est vide. Danville se fâche du train qu'on a pris, de l'excès des dépenses qu'on a faites. Hortense entreprend de se justifier, et le fait avec d'autant plus de succès, que le juge est gagné d'avance. La raison de Danville ne se rend pas, mais son cœur cède. La discussion entre le mari et la femme est pleine de traits comiques qui sortent de la situation ; l'auteur y a mis très habilement en scène l'ascendant irrésistible d'une jeune femme sur un vieillard, dont l'âme encore ardente ressemble au feu caché sous une cendre trompeuse. Persuadé, mais non pas convaincu, Danville sort pour aller demander à son banquier les 20,000 francs promis à l'excellent Bonnard.

Au second acte, Danville rentre furieux ; ses deux banquiers et son notaire sont à la campagne jusqu'au lundi suivant. Pour soulager son chagrin, il s'est rendu aux Tuileries, où il n'a pu voir sa femme qu'en perspective, à travers des flots d'admirateurs, parmi lesquels il a reconnu et remarqué un jeune homme plus attentif que tous les autres. Madame Saint-Clair lui apprend que c'est le duc Delmar, parent du ministre des finances. Ce duc, qui a eu l'occasion de voir Hortense au Hâvre, demeure dans l'hôtel où madame Saint-Clair a eu l'imprudence de chercher un logement pour elle et sa petite-fille. Au nom du duc Delmar, la jalousie de l'époux commence à poindre. Bonnard accourt, impatient de toucher les 20,000 francs promis. Danville, qui n'a pu les avoir, élude la question, et c'est alors qu'il apprend le nom de celui auquel Bonnard s'intéresse si vivement. Danville, frappé d'un coup de foudre, a recours à son ami, et triomphe enfin de sa résistance. La leçon donnée au vieillard amoureux est bien forte; mais elle ne produit pas un assez grand effet sur lui, ou plutôt cet effet ne se prolonge pas assez; le père ne reparaît plus dans le reste de la pièce : un souvenir de sa faute et des conséquences qu'elle a failli avoir, était au moins nécessaire ; et par exemple, au dénouement, le faible mais sensible Danville devait dire à Hortense : Tu te racommoderas avec mon fils, tu promettras de toujours l'aimer ; et Hortense devait jurer avec bonne foi, sauf à tenir sa promesse si la nature humaine le permet.

Dans ce moment, le duc se présente chez Hortense pour l'inviter à un bal donné par le ministre, son parent. Danville, auquel il fait d'abord la proposition, la reçoit très sèchement. Hortense, restée seule avec son mari, s'efforce de le persuader. Il est impossible de déployer plus d'innocentes séductions que ne le fait la jeune femme. La beauté qui connaît son empire, *conscia formæ*, l'amour qui prie, l'esprit qui joue avec le sentiment pour plaire encore plus sûrement, la familiarité tendre, qui prête de la grace aux moindres paroles, tout se réunit pour subjuguer Danville; cependant il résiste, et l'acte finit par une querelle assez vive.

Au troisième acte, Hortense, rebelle au joug de l'hymen, qu'elle a senti pour la première fois, a mis son habit de bal; Danville reparaît. Vaincu par des réflexions qui viennent de son cœur, entraîné par une passion impérieuse à tout âge et sur-tout au sien, alarmé du premier chagrin qu'il ait causé à sa jeune épouse, il vient donner la permission tant désirée. Hortense, toute disposée à la mutinerie, est émue de ce retour, et renonce, quoique avec un peu de peine, au plaisir qu'elle se promettait. Mais, en l'absence de Danville, le duc revient; il presse, il prie, il conjure; madame Saint-Clair unit ses instances à celles du séduisant orateur: il ne s'agit que d'écrire un mot à Danville. Hortense oublie toutes ses promesses; elle part. Danville de retour, et plein des espérances du bonheur qu'il se promet pour la soirée, reçoit la lettre de sa femme; il se croit joué: il est furieux, et part pour rejoindre Hortense au bal du ministre.

A peine Hortense a mis le pied dans la salle du bal, qu'elle sent toute l'étendue de sa faute; elle a entrevu son mari, qui ne lui a point parlé. Déchirée de remords, elle est rentrée chez elle; une voiture arrive : sans doute c'est celle de Danville. La porte s'ouvre, le duc paraît : il apporte la nomination de Danville à une place de receveur-général ; voilà un prétexte pour cacher ses desseins, et le moyen de transition pour arriver à la déclaration de son coupable amour. Il tombe aux genoux de la jeune

7

épouse. Hortense, éperdue, hors d'elle-même, lui répond avec horreur : « Je vous dis que vous m'é-« pouvantez! » et le pousse, par ses gestes, par ses paroles désordonnées, dans un cabinet dont elle referme la porte. Danville entre; une scène tragique par sa nature même, mais sans sortir des bornes que la comédie peut atteindre, a lieu entre Hortense et son époux. Elle sort; Danville appelle le duc; les voilà en présence. Ici commence une autre scène, tracée avec un talent supérieur, une énergie inexprimable, et une égale élévation de sentiments de la part des deux personnages. Un duel est inévitable. Le duc laisse échapper les mots de cheveux blancs :

Vous auriez dû les voir avant de m'outrager !

s'écrie Danville; réponse vraiment sublime, et telle que le grand Corneille en a semées plus d'une fois, même dans la comédie. Voilà de quelle manière finit le quatrième acte.

Au cinquième, le duel a eu lieu; Delmar a désarmé son adversaire, et pleinement justifié Hortense. Cependant, ni les procédés, ni les paroles du duc qui a reconnu sa faute, n'ont dissipé les soupçons de Danville; une lettre qu'Hortense écrivait au séducteur, plus étourdi que corrompu, les détruit entièrement, et produit une réconciliation parfaite. Mais la jeune femme, frappée des dangers qu'elle a courus, craignant elle-même les séductions du monde et les illusions de son âge, décide facilement Danville à la ramener dans sa province, où Bonnard, qui a sauvé l'honneur du fils, viendra quelquefois embellir le bonheur des deux époux.

Cette pièce fait le plus grand honneur au talent de Casimir Delavigne, sous plus d'un rapport. Vue du côté moral, elle offre une leçon utile à la vieillesse, sans l'immoler à la risée publique, sans acheter les applaudissements aux dépens d'un âge qu'on ne saurait trop respecter. Comme observation de mœurs, elle est vraie et prise dans la nature même. Le receveur Bonnard sent tout-à-fait la bonne et franche comédie, qui fait rire par la vérité de la peinture. Le caractère de Danville me paraît tracé de main de maître; ce mélange de passion, de faiblesse, de courage, de vieil honneur, compose un rôle neuf au théâtre. Quant à la jeune femme, on ne saurait trop s'étonner qu'un écrivain si jeune encore ait pu lire ainsi dans le cœur des femmes, et former de cent traits épars un tout si vrai, si charmant, si propre à séduire. Hortense réunit tout ce qu'on peut désirer, la candeur, l'esprit, la sensibilité, la grace, l'aimable enjouement, un cœur pur, une volonté pleine d'innocence, mais elle est jeune et belle, son époux a soixante ans, le jour où elle fera la comparaison d'un homme de son âge avec cet époux, les dangers sont certains. Que dis-je? c'est parce que la comparaison est faite, qu'Hortense elle-même veut fuir Paris. Aussi, est-ce un trait de génie que sa prière à Danville pour retourner au Hâvre.

Je voudrais pouvoir dissimuler que madame de Saint-Clair, rôle mal conçu et plus mal exécuté, gâte un si bel ouvrage; heureusement l'auteur en a fait disparaître les défauts les plus choquants; il lui serait facile de les effacer tous avec un peu de travail. Mais comment ne pas pardonner quelques fautes dans un ouvrage étincelant de beautés du premier ordre ? Comme l'exposition est facile et claire! que d'esprit et de gaieté dans le premier acte, que de grace et d'élégance dans le second! quelle chaleur entraînante, quelle puissance dramatique dans le quatrième! avec quelle adresse le poète est encore parvenu à fournir le reste de sa carrière, en soutenant l'intérêt par d'autres moyens, après des explosions si vives, qui n'avaient pas laissé aux auditeurs le temps de respirer!

Je n'ai point assez d'éloges pour le style. Brillant et naturel, plein de traits comiques, toujours conforme au caractère du personnage, image fidèle de la conversation animée, il s'élève parfois à la plus grande hauteur. La pièce des *Comédiens,* que le public avait trouvée bien écrite, est à une distance immense de l'*École des Vieillards.* Cet ouvrage restera certainement au théâtre; mais il pourrait perdre beaucoup à n'être plus représenté par les deux acteurs inimitables qui jouent les deux premiers rôles.

P. F. Tissot.

MORCEAUX CHOISIS.

1. Mort de Jeanne d'Arc.

A qui réserve-t-on ces apprêts meurtriers?
Pour qui ces torches qu'on excite?
L'airain sacré tremble et s'agite....

D'où vient ce bruit lugubre? où courent ces guerriers,
Dont la foule à longs flots roule et se précipite?

      La joie éclate sur leurs traits;
      Sans doute l'honneur les enflamme;
Ils vont pour un assaut former leurs rangs épais;
      Non, ces guerriers sont des Anglais
      Qui vont voir mourir une femme.

      Qu'ils sont nobles dans leur courroux!
Qu'il est beau d'insulter au bras chargé d'entraves!
La voyant sans défense, ils s'écriaient, ces braves:
      « Qu'elle meure! elle a contre nous
Des esprits infernaux suscité la magie.... »
      Lâches, que lui reprochez-vous?
D'un courage inspiré la brûlante énergie,
L'amour du nom français, le mépris du danger,
      Voilà sa magie et ses charmes:
      En faut-il d'autres que des armes
Pour combattre, pour vaincre et punir l'étranger?

Du Christ, avec ardeur, Jeanne baisait l'image;
Ses longs cheveux épars flottaient au gré des vents:
Au pied de l'échafaud, sans changer de visage,
      Elle s'avançait à pas lents.

Tranquille elle y monta; quand, debout sur le faîte,
Elle vit ce bûcher qui l'allait dévorer,
Les bourreaux en suspens, la flamme déjà prête,
Sentant son cœur faillir, elle baissa la tête,
      Et se prit à pleurer.

      Ah! pleure, fille infortunée!
      Ta jeunesse va se flétrir,
      Dans sa fleur trop tôt moissonnée!
      Adieu, beau ciel, il faut mourir!

Tu ne reverras plus tes riantes montagnes,
Le temple, le hameau, les champs de Vaucouleurs;
  Et ta chaumière, et tes compagnes;
Et ton père expirant sous le poids des douleurs.

Après quelques instants d'un horrible silence,
Tout-à-coup le feu brille, il s'irrite, il s'élance....
Le cœur de la guerrière alors s'est ranimé;
A travers les vapeurs d'une fumée ardente,
  Jeanne encor menaçante,
Montre aux Anglais son bras à demi consumé.
  Pourquoi reculer d'épouvante?
  Anglais, son bras est désarmé;
La flamme l'environne, et sa voix expirante
Murmure encore: O France! ô mon roi bien aimé!

Qu'un monument s'élève aux lieux de ta naissance,
O toi, qui des vainqueurs renversas les projets!
La France y portera son deuil et ses regrets,
  Sa tardive reconnaissance;
Elle y viendra gémir sous de jeunes cyprès;
Puissent croître avec eux ta gloire et sa puissance!

Que sur l'airain funèbre on grave des combats,
Des étendards anglais fuyant devant tes pas,
Dieu vengeant par tes mains la plus juste des causes!
Venez, jeunes beautés, venez, braves soldats;
Semez sur son tombeau les lauriers et les roses!

Qu'un jour le voyageur, en parcourant ces bois,
Cueille un rameau sacré, l'y dépose, et s'écrie:
A celle qui sauva le trône et la patrie,
Et n'obtint qu'un tombeau pour prix de ses exploits!
      Messéniennes.

II. Le massacre des Français à Palerme.

Du lieu saint, à pas lents, je montais les degrés,
Encor jonchés de fleurs et de rameaux sacrés.
Le peuple, prosterné sous ces voûtes antiques,
Avait du Roi-Prophète entonné les cantiques ;
D'un formidable bruit le temple est ébranlé.
Tout-à-coup sur l'airain ses portes ont roulé.
Il s'ouvre ; des vieillards, des femmes éperdues,
Des prêtres, des soldats, assiégeant les issues,
Poursuivis, menaçant, l'un par l'autre heurtés,
S'élancent loin du seuil à flots précipités.
Ces mots : Guerre aux tyrans ! volent de bouche en bouche ;
Le prêtre les répete avec un œil farouche ;
L'enfant même y répond. Je veux fuir, et soudain
Ce torrent qui grossit me ferme le chemin.
Nos vainqueurs, qu'un amour profane et téméraire
Rassemblait pour leur perte au pied du sanctuaire,
Calmes, quoique surpris, entendent sans terreur
Les cris tumultueux d'une foule en fureur.
Le fer brille, le nombre accablait leur courage...
Un Chevalier s'élance, il se fraie un passage ;
Il marche, il court ; tout cède à l'effort de son bras...
Et les rangs dispersés s'ouvrent devant ses pas.
Il affrontait leurs coups sans casque, sans armure...
C'est Montfort ! à ce cri succède un long murmure.
« Oui, traîtres, ce nom seul est un arrêt pour vous !
« Fuyez ! » dit-il, superbe, et pâle de courroux ;
Il balance dans l'air sa redoutable épée,
Fumante encor du sang dont il l'avait trempée.
Il frappe... Un envoyé de la Divinité
Eût semblé moins terrible au peuple épouvanté.
Mais Procida paraît, et la foule interdite

Se rassure à sa voix, roule et se précipite;
Elle entoure Montfort; par son père entraîné,
Lorédan le suivait, muet et consterné.
. . . .
Du vainqueur, du vaincu les clameurs se confondent;
Des tombeaux souterrains les échos leur répondent.
Le destin des combats flottait encor douteux;
La nuit répand sur nous ses voiles ténébreux.
Parmi les assassins je m'égare ; incertaine,
Je cherche le palais, je marche, je me traîne.
Que de morts, de mourants ! Faut-il qu'un jour nouveau
Éclaire de ses feux cet horrible tableau ?
Puisse le soleil fuir, et cette nuit sanglante
Cacher au monde entier les forfaits qu'elle enfante !
Les Vépres Siciliennes, act. V, sc. 3.

III. Le grand-prêtre des Brames se plaint du fardeau des grandeurs et de la vanité des sciences.

Le voilà donc, ce trône où j'ai voulu m'asseoir !
Composer ses regards, veiller sur son visage,
Affecter la froideur d'une insensible image,
O tourment ! que mon front, lassé de ses splendeurs,
Se courbe avec dégoût sous le poids des grandeurs !
Que le temple, et sa pompe, et sa triste harmonie,
Ont fatigué mes sens de leur monotonie !...

Oui, j'ai long-temps pâli sur ces tables antiques,
Des quatre âges du monde infaillibles chroniques,
Et tant d'écrits savants, entassés dans nos murs,
Ont chargé mon esprit de leurs dogmes obscurs.
Après trente ans d'efforts, j'ai percé dans les ombres
Des caractères saints, des figures, des nombres ;
Les éclats de la foudre et le cri des oiseaux
Ont d'oracles certains payé mes longs travaux.

Qui d'un vol plus hardi consultera les astres
Sur des succès futurs ou de prochains désastres,
Et d'un songe équivoque envoyé par les dieux
Lira d'un œil plus sûr l'avis mystérieux?
Science que j'aimais, séduisante chimère,
Ta coupe inépuisable à ma bouche est amère;
Tes charmes sont trompeurs, et tu m'as enivré
Sans étancher la soif dont je suis dévoré.
Quoi! tout est vain?...........
S'il échappe à nos mains, ce pouvoir qui nous pèse,
Il nous laisse un regret que nul charme n'appaise,
Un vide, un vide affreux que rien ne peut combler.
De sa vieillesse oisive on se sent accabler;
Un je ne sais quel vague empoisonne l'étude,
Corrompt de nos plaisirs l'innocente habitude;
Alors il faut mourir!....
Le Paria, act. II. sc. 2.

IV.

VICTOR, *à Floridore*.

Est-ce trop présumer de votre complaisance,
Que d'implorer de vous un moment d'audience?

FLORIDORE, *à Granville*.

Vous permettez?

GRANVILLE.

Comment!...

FLORIDORE.

Veuillez-donc vous asseoir.
(*Granville s'assied et les observe.*)
(*A Victor.*)
Je suis à vous. J'écoute.

VICTOR, *se contenant à peine.*

On m'a donné l'espoir
Qu'oubliant des débats que moi-même j'oublie...

FLORIDORE.

De quoi donc s'agit-il ? de votre comédie ?
Je ne la joûrai pas.

VICTOR.

Observez cependant
Que les bureaux, Monsieur, s'ouvrent dans un instant.

FLORIDORE.

Comment donc, sur l'affiche on n'a pas mis de bande ?

VICTOR.

Non, le public attend.

FLORIDORE.

Que le public attende.
Je ne la joûrai pas.

VICTOR.

Si...

FLORIDORE.

J'y suis résolu.

VICTOR.

Si je sacrifiais ce qui vous a déplu...

FLORIDORE.

Mon rôle, j'en suis sûr, ne fera pas fortune.

VICTOR.

Pourquoi ?

FLORIDORE.

Pour cent raisons.

VICTOR.

Je n'en demande qu'une.

FLORIDORE.

Si j'en veux jusqu'au bout détailler les défauts,
Je ne finirai pas...

VICTOR.

Mais encore...

FLORIDORE.

Il est faux.
Je prête au ridicule enfin dans votre ouvrage.

VICTOR, *se laissant emporter par degrés.*

Ce n'est pas vous, Monsieur, mais votre personnage.

FLORIDORE.

Tenez, d'un bout à l'autre il le faudra changer.

VICTOR.

Y songez-vous, ô ciel !

FLORIDORE.

C'est à vous d'y songer.
En tout cas, il ne peut qu'y gagner, ce me semble.

VICTOR.

Valût-il cent fois mieux, que deviendra l'ensemble?

FLORIDORE.

Ce n'est pas mon affaire.

VICTOR, *hors de lui.*

Eh ! c'est la mienne à moi.
A quel titre, après tout, par quelle étrange loi,
Usurpant sur mon sort un pouvoir despotique,
M'osez-vous en tyran dicter votre critique?
Quand je vous lus ma pièce, elle obtint votre voix ;
Il fallait exercer la rigueur de vos droits.
Ai-je demandé grace? Un éloge unanime
Sur vos scrutins flatteurs consigna votre estime.
Les démentirez-vous ? et votre jugement

Balancera-t-il seul le commun sentiment?
Ce qui vous parut bon vous semble pitoyable;
Votre humeur peut changer; mais l'art reste immuable,
Mais des torts de l'auteur l'ouvrage est innocent.
Vous redoutez pour vous le revers qui m'attend?
Ne peut-on siffler l'un, sans déshonorer l'autre?
C'est mon ouvrage enfin qu'on donne, et non le vôtre.
Et savez-vous, Monsieur, par quels soins, quels ennuis,
Quel sacrifice entier de mes jours, de mes nuits,
Par quels travaux sans fin, qu'ici je vous abrège,
J'ai payé d'être auteur le fâcheux privilège?
Ce rôle que proscrit votre légèreté
Je l'ai conçu long-temps, et long-temps médité.
Ces vers, dont votre goût s'irrite et s'effarouche,
Ne sont pas sans dessein placés dans votre bouche.
Mais non, de juger tout le droit vous est acquis,
Et c'est à tout blâmer que brille un goût exquis.
Jugez donc, sans appel prononcez au théâtre,
Et recueillez l'encens d'une foule idolâtre,
Quand poussés par l'humeur, ou par votre intérêt,
Vous portez au hasard votre infaillible arrêt;
Notre partage à nous, misérables esclaves,
Est de bénir vos lois, d'adorer nos entraves,
Et de prendre pour nous en toute humilité
Les affronts d'un sifflet par vous seul mérité.

FLORIDORE.

C'est éloquent, d'honneur! le dépit vous inspire:
Ce ton pourrait blesser, s'il ne faisait pas rire.
Vous vous plaignez de nous; d'où vient? Le comité
Reçoit votre grand œuvre à l'unanimité;
Après six ans au plus, par faveur singulière,
Le comité consent à le mettre en lumière.
On répète vos vers, et pendant cinq grands mois

On fatigue pour vous sa mémoire et sa voix.
Un passage déplaît, je demande, j'exige,
Dans son intérêt seul, que monsieur le corrige;
Monsieur prend feu soudain, c'est un bruit, des éclats...
On juge toujours mal quand on n'approuve pas,
Je le sais; mais pourtant c'est fort mal reconnaître
Les bontés que pour vous on a laissé paraître.

VICTOR.

Vos bontés! secourez ma mémoire en défaut:
Où sont donc ces bontés que vous prônez si haut?
Écouter les auteurs qui vous en semblent dignes;
Quel généreux effet de vos bontés insignes!
Un rôle qui vous plaît est par vous accepté;
Il doit vous faire honneur, n'importe, c'est bonté.
Dans l'espoir qu'un succès doublera vos richesses,
Vous poussez la bonté jusqu'à jouer nos pièces;
J'eus tort de l'oublier, et vous avez raison;
Je suis ingrat, Monsieur, comme vous êtes bon.

FLORIDORE.

Tout beau, Monsieur l'auteur! Comment, du persiflage!
Nous saurons vous forcer à changer de langage;
Nous verrons qui de nous doit faire ici la loi.
On ne vous joûra pas.

VICTOR.

Qui l'empêchera?

FLORIDORE.

Moi.

VICTOR.

Vous!

FLORIDORE.

Moi-même, et je cours...

DELAVIGNE.

VICTOR, *en fureur*.

Restez, il faut m'entendre.
A chercher vos mépris m'aurait-on vu descendre,
Sans cet espoir secret qu'enfin la vérité
Devait en me vengeant consoler ma fierté.
Certes, c'est une audace étrange et merveilleuse,
Qu'elle ait pu violer votre oreille orgueilleuse;
Mais quoi que vous fassiez, vous ne la fuirez pas :
Pour vous en accabler je m'attache à vos pas.
(*Il le saisit par le bras.*)
De l'art où vous brillez quand vous plaidez la cause,
Vous nous exagérez les devoirs qu'il impose;
Mais les remplissez-vous? Que sont-ils devenus?
A quoi les bornez-vous, ces devoirs méconnus?
A promener vos fronts de couronne en couronne,
Du Midi dans le Nord, du Rhin à la Garonne,
A guider sur le cours un char bien suspendu,
Signer chez le caissier quand son compte est rendu,
A bâtir des châteaux, à planter des parterres,
A courir mille arpents sans sortir de vos terres,
Et vivant en seigneurs, de la cour éloignés,
A remplir de vous seuls un bourg où vous régnez!

FLORIDORE.

Monsieur...

VICTOR, *le retenant par le bras.*

Vous m'entendrez. Oui, par votre indolence
Le théâtre avili marche à sa décadence.
Que de vieux manuscrits, qui sont encor nouveaux,
Dans vos cartons poudreux ont trouvé leurs tombeaux!
Que d'enfants inconnus du vivant de leurs pères
En paraissant au jour sont nés sexagénaires,
Et mutilés par vous quand vous nous les offrez,
Réduits à votre taille, énervés, torturés,

Ne rendent à l'oubli qui soudain les réclame,
Que des corps en lambeaux, sans vigueur et sans âme!
Contre tant de dégoûts que peuvent les auteurs?
Désespérés enfin d'un siècle de lenteurs,
Ils ravalent leur muse aux jeux du vaudeville,
Aux tréteaux de la farce où votre orgueil l'exile.
Ainsi périt en eux, dès leurs premiers essais,
Le germe des beaux vers et des nobles succès.
Tout périt; vous frappez notre littérature
Dans sa gloire passée et sa splendeur future...
Je le sais, ma franchise est un crime à vos yeux;
Je vois que je me perds; mais j'aime cent fois mieux
Tenir du travail seul une obscure existence,
En creusant un sillon vieillir dans l'indigence,
Sans espoir de repos, de fortune et d'honneur,
Que mendier de vous ma gloire ou mon bonheur.
Adieu.

GRANVILLE, *se levant, ramène Victor, et lui dit froidement en montrant Floridore.*

Monsieur joûra.

FLORIDORE.

Moi!

VICTOR.

Monsieur!

GRANVILLE.

Lui, vous dis-je.

FLORIDORE.

Jamais.

VICTOR.

En ma faveur vous feriez ce prodige?
Quoi, sans condition?

GRANVILLE.

La seule que j'y mets,
C'est de vous assurer si vos acteurs sont prêts.
Pour monsieur, rien ne presse, il entre au second acte.
Allez donc ; mais sur l'heure, ou bien je me rétracte.

VICTOR.

J'obéis...

GRANVILLE, *lui tendant la main.*

Touchez là... mon cher, embrassons-nous.

VICTOR, *se jetant dans ses bras.*

Ah ! Monsieur l'inspecteur, j'étais perdu sans vous.
Les Comédiens, act. IV, sc. 5*.

V.

DANVILLE.

L'hymen a des douceurs que ta vieillesse ignore.

BONNARD.

Il a tel déplaisir qu'elle craint plus encore.
Je ne suis pas de ceux qui font leur volupté
Des embarras charmants de la paternité,
Pauvres dans l'opulence, et dont la vertu brille
A se gêner quinze ans pour doter leur famille ;
De ceux qu'on voit pâlir, dès qu'un jeune éventé
Lorgne en courant leur femme assise à leur côté,
Et, geoliers maladroits de quelque Agnès nouvelle,
Sans fruit en soins jaloux se creuser la cervelle.
Jamais le bon plaisir de madame Bonnard,
Pour danser jusqu'au jour, ne me fait coucher tard,
Ne gonfle mon budget par des frais de toilette ;

* Cette scène est écrite de verve d'un bout à l'autre : c'est d'elle qu'on peut dire : *Facit indignatio versum.* C'est bien un poète qui parle, et un poète outragé. Il y a là toute l'éloquence de M. de l'Empirée, avec un peu moins d'éclat peut-être, mais avec plus de mordant et d'énergie.   A.

DELAVIGNE.

Et jamais ma dépense, excédant ma recette,
Ne me force à bâtir un espoir mal fondé
Sur le terrain mouvant du tiers consolidé.
Aussi, sans trouble aucun, couché près de ma caisse,
Je m'éveille à la hausse ou m'endors à la baisse.
A deux heures je dîne : on en digère mieux.
Je fais quatre repas comme nos bons aïeux,
Et n'attends pas à jeun, quand la faim me talonne,
Que ma fille soit prête, ou que ma femme ordonne.
Dans mon gouvernement despotisme complet :
Je rentre quand je veux, je sors quand il me plaît ;
Je dispose de moi, je m'appartiens, je m'aime,
Et sans rivalité je jouis de moi-même.
Célibat ! célibat ! le lien conjugal
A ton indépendance offre-t-il rien d'égal ?
Je me tiens trop heureux, et j'estime qu'en somme
Il n'est pas de bourgeois, récemment gentilhomme,
De général vainqueur, de poète applaudi,
De gros capitaliste à la Bourse arrondi,
Plus libre, plus content, plus heureux sur la terre,
Pas même d'empereur, s'il n'est célibataire.

DANVILLE.

Et je te soutiens, moi, que le sort le plus doux,
L'état le plus divin, c'est celui d'un époux
Qui, long-temps enterré dans un triste veuvage,
Rentre au lien chéri dont tu fuis l'esclavage.
Il aime, il ressuscite, il sort de son tombeau :
Ma femme a de mes jours rallumé le flambeau.
Non, je ne vivais plus : le cœur froid, l'humeur triste,
Je végétais, mon cher, et maintenant j'existe.
Que de soins ! quels égards ! quels charmants entretiens !
Des défauts, elle en a ; mais n'as-tu pas les tiens ?
Tu crains pour mes amis les travers de son âge ?

J'ai deux fois plus d'amis qu'avant mon mariage.
Ma caisse dans ses mains fait jaser les railleurs !
Je brave leurs discours ; je suis riche, et d'ailleurs
Une bonne action que j'apprends en cachette
Compense bien pour moi les rubans qu'elle achète.
Hortense a l'humeur vive; et moi ne l'ai-je pas ?
Nous nous fâchons parfois ; mais qu'elle fasse un pas,
Contre tout mon courroux sa grace est la plus forte.
Je n'ai pas de chagrin que sa gaîté n'emporte.
Suis-je seul ? elle accourt ; suis-je un peu las ? sa main,
M'offrant un doux appui, m'abrège le chemin.
J'ai quelqu'un qui me plaint quand je maudis ma goutte ;
Quand je veux raconter, j'ai quelqu'un qui m'écoute.
Je suis tout glorieux de ses jeunes attraits ;
Ses regards sont si vifs ! son visage est si frais !...
Quand cet astre à mes yeux luit dans la matinée,
Il rend mon front serein pour toute la journée ;
Je ne me souviens plus des outrages du temps :
J'aime, je suis aimé, je renais, j'ai vingt ans.
L'École des Vieillards, act. I, sc. 1.

DÉLIBÉRATIF. Les anciens n'étaient pas contents de leur division de l'éloquence en trois genres. Ils devaient être encore moins satisfaits des noms qu'ils y avaient attachés. Ils appelaient *délibératif* un genre où l'orateur prouvait de toutes ses forces qu'il n'y avait point à délibérer. Ils appelaient *démonstratif* un genre où la louange et la satire exagéraient tout, et ne démontraient rien, que la faveur ou que la haine. Ils appelaient *judiciaire* un genre qui ne tendait qu'à démontrer, et ne faisait que soumettre l'affaire à la délibération des juges. On voit par là combien ces trois genres étaient peu distincts l'un de l'autre*.

Les anciens avaient cependant plus de moyens que nous de distinguer les différents usages de la parole. Avec une ou deux syllabes ajoutées à leur verbe *loqui*, parler, ils disaient : parler ensemble et en particulier, *colloqui*; parler de loin, parler haut, *eloqui*; parler à quelqu'un, ou à une assemblée particulière, *alloqui*; parler alternativement et en controverse, *interloqui*; parler à une multitude dont on était environné, *circumloqui*. Ils auraient donc pu appeler *elocutio* l'éloquence vague, sans auditoire et sans objet présent, comme celle des philosophes; *allocutio*, celle qui s'adressait à une personne, ou à un auditoire peu nombreux, comme à César ou au sénat; *circumlocutio*, celle qui s'adressait à tout un peuple; *collocutio*, l'éloquence de la scène ou du dialogue; et *interlocutio*, l'éloquence du plaidoyer.

Au lieu de ces distinctions, que la langue leur suggérait, ils en ont fait qui ne sont point exactes. Ils ont d'abord distingué l'éloquence des questions et celle des causes, et ils en ont fait deux genres, l'indéfini et le fini, quoique celui-ci, dans leur sens, soit aussi inséparable du premier que le ruisseau l'est de sa source. Ils ont abandonné l'indéfini aux

---

* Cela peut être vrai, mais la critique des noms donnés par les anciens à ces trois genres me paraît bien puérile. Il n'y avait rien que de très naturel à nommer *délibérative* l'éloquence qui se produisait dans les délibérations publiques; *judiciaire*, celle dont on faisait usage dans les tribunaux. Quant au mot *démonstratif*, Marmontel en force le sens en le traduisant par *qui démontre*. Cela veut dire en latin, *qui montre*, *qui expose* et paraît assez bien convenir à un genre dont la louange et la satire sont l'objet. H. PATIN.

8.

sophistes et aux rhéteurs, et ont subdivisé le fini comme nous venons de le voir. L'usage a prévalu; et Cicéron lui-même en adoptant cette division, assigne à chacun des trois genres son caractère et son objet. « In judiciis, æquitas; in deliberationibus, uti-« litas; in laudandis aut vituperandis hominibus, « dignitas : » et ailleurs il embellit encore le genre délibératif, en lui donnant pour objet l'honnête aussi bien que l'utile.

Le délibératif est donc ce genre d'éloquence où il s'agit de faire prendre à un peuple, à une assemblée, une résolution; de déterminer la volonté publique pour le dessein qu'on lui propose, ou de la détourner du dessein qu'elle a pris.

Observons bien que ce n'est pas l'orateur qui délibère, comme le mot semble le dire : rien n'est plus positif, rien n'est plus décidé que l'avis personnel de Démosthène dans les *Philippiques*, et que l'avis de Cicéron dans les *Catilinaires* ou dans l'oraison pour la loi *Manilia*. Mais c'est à l'assemblée de délibérer d'après l'avis de l'orateur; et ce que disait à Solon le scythe Anacharsis, en parlant d'Athènes, n'est que trop souvent vrai par tous pays : *Les sages parlent, et les fous décident.*

Si c'est dans un sénat, dans un conseil que l'on harangue, il faut parler en peu de mots, avec une dignité simple, d'un ton grave et sentencieux, en marquant à cette assemblée une confiance modeste pour l'opinion qu'on lui propose; mais plus de confiance encore en elle-même, pour ses lumières et pour ses vertus.

DÉLIBÉRATIF.

Le ton impérieux y serait déplacé; le langage des passions, les grands mouvements de l'éloquence y sont rarement en usage; la douleur même et l'indignation y doivent être concentrées, sans violence et sans éclat.

Les chanteurs italiens (qu'on me permette la comparaison) distinguent trois sortes de caractères de voix; et le seul qui soit pathétique, ils l'appellent *voce di petto*. C'est avec cette voix et ce langage qui lui est analogue, qu'un orateur passionné doit opiner dans un sénat, ou dans un conseil souverain. La voix *de gorge* et la voix *de tête* y font du bruit, et rien de plus. « Suadere aliquid aut « dissuadere, gravissimæ mihi videtur esse personæ. « Nam et sapientis est consilium explicare suum de « maximis rebus; et honesti et diserti, ut mente « providere, auctoritate probare, oratione persua- « dere possit. Atque hæc in senatu minore apparatu « agenda sunt. Sapiens enim est consilium ; multis- « que aliis dicendi relinquendus locus. Vitanda etiam « ingenii ostentationis suspicio*. » (Cic. *De Orat.* II, 82.)

On sent combien serait éloigné du caractère de

---

* Si jamais l'orateur doit imposer par la dignité de son caractère, c'est lorsqu'il conseille une chose ou en dissuade. C'est au sage à exposer son opinion sur les intérêts importants; c'est à l'homme de bien, doué du talent de la parole, à prévoir par son génie, a convaincre par son autorité, à persuader par ses discours. On doit s'énoncer avec moins d'appareil dans les délibérations du sénat; car c'est une assemblée de sages, où il faut laisser à chacun la liberté de parler à son tour. On doit sur-tout éviter de faire parade de son talent.

Traduction de M. Gaillard, *Cic.* de J. V. Le Clerc.

cette éloquence l'enthousiasme d'un jeune écervelé qui, dans les délibérations d'un corps, ne porterait qu'une âme pétulante, une imagination fougueuse, un esprit faux, une ignorance présomptueuse, une langue sans frein, une résolution impudente de se faire craindre et payer.

Le champ vaste et libre de l'éloquence du genre délibératif, c'est ce que les Romains appelaient *concio*, la harangue adressée au peuple : *Concio capit omnem vim orationis.* Elle doit être imposante et variée : *gravitatem varietatemque desiderat.* Ou il s'agit de mener les hommes par le devoir; et alors c'est dans les principes de l'honnête et du juste qu'elle puise ses forces : ou il s'agit de les déterminer par l'intérêt; et leurs passions sont alors les ressorts qu'elle fait mouvoir. « Quæ verò referun-
« tur ad agendum, aut in officii disceptatione ver-
« santur....; cui loco omnis virtutum et vitiorum est
« silva subjecta : aut in animorum aliquâ permo-
« tione aut gignendâ, aut sedendâ, tollendâve trac-
« tantur. Huic generi subjectæ sunt cohortationes,
« objurgationes, consolationes, miserationes, om-
« nisque ad omnem animi motum et impulsio, et,
« si itâ res feret, mitigatio*. (Cic. *De Orat.* II, 30.)

L'honneur, la gloire, la vertu, l'orgueil national,

---

* Celles qui se rapportent à la pratique ont pour objet de fixer des règles de conduite... elles embrassent aussi tout l'ensemble des vertus et des vices, ou bien elles traitent des passion de l'âme, soit pour les exciter, soit pour les calmer et les éteindre. Ce genre renferme les exhortations, les consolations, les plaintes qui surprennent la pitié; enfin tout ce qui peut éveiller quelque émotion dans l'âme, ou lui rendre le calme et la paix.

Traduction de M. Gaillard.

les principes de l'équité, ceux du droit naturel sur-tout, peuvent beaucoup sur l'esprit des peuples; et souvent on les détermine en leur présentant vivement ce qu'il y a de juste, d'honnête, de louable, de vertueux à faire. Souvent on les détourne d'une résolution, en leur montrant qu'elle est criminelle et honteuse. Mais avouons qu'il est encore plus sûr de faire parler l'utilité publique, sur-tout, dit Cicéron, lorsqu'il est à craindre qu'en négligeant ses avantages le peuple ne risque aussi de perdre son honneur ou sa dignité. « In suadendo nihil est « optabiliùs quàm dignitas.... Nemo est enim, præ- « sertim in tam clarâ civitate, quin putet expeten- « dam maximè dignitatem : sed vincit uti litas ple- « rumque, quum subest ille timor, eâ neglectâ, ne « dignitatem quidem posse retineri*. » (De Orat. II, 82.)

Lorsque l'utilité publique et la dignité sont d'accord, l'éloquence populaire a tous ses avantages; et c'étaient les deux grands moyens de Démosthène en excitant les Athéniens à s'opposer à l'ambition de Philippe. Mais souvent elles sont contraires; et l'orateur fait valoir l'une ou l'autre, selon l'impulsion qu'il veut donner aux esprits. D'un côté, richesse, puissance, accroissement de force, succès où la fortune fera trouver la gloire en subjuguant l'opinion, si en ne

---

* Dans les délibérations publiques, ce que l'orateur doit chercher avant tout, c'est l'honneur de l'état.... Il n'est personne en effet, sur-tout dans une ville aussi illustre que Rome, qui ne préfère à tout la dignité de la république : cependant l'utilité l'emporte souvent, lorsqu'on craint, en la négligeant, de compromettre l'honneur de l'empire.

Traduction de M. GAILLARD.

consultant que la raison d'état on se détermine par elle ; et au contraire, imprudence ou faiblesse de sacrifier le bien public, et de vouloir aux dépens de l'état se montrer juste ou généreux. De l'autre côté, tout ce qui recommande les actions honnêtes et louables sera employé par l'orateur : « Qui ad di-« gnitatem impellit, majorum exempla, quæ erunt « vel cum periculo gloriosa, colliget ; posteritatis « immortalem memoriam augebit ; utilitatem ex « laude nasci defendet, semperque eam cum digni-« tateesse conjunctam*. » (*De Orat.* II, 82.)

A dire vrai, Cicéron fait ici le rôle de Machiavel ; et l'un enseigne en éloquence, ainsi que l'autre en politique, à réussir *per fas et nefas*. Mais pour traiter ainsi les affaires publiques, l'orateur doit avoir acquis une connaissance profonde et du passé et du présent, et, par l'un et l'autre, un regard pénétrant et prolongé dans l'avenir. Du passé, les exemples et les autorités, monuments de l'expérience ; du présent, la constitution de l'état, sa situation actuelle, ses relations, ses intérêts, ses principes de droit public, ses facultés et ses ressources ; de l'avenir, les précautions, les espérances et les craintes, les risques, les obstacles et les périls, l'importance et la conséquence des bons et des mauvais succès, les mouvements de la politique et ceux de la fortune à calculer

---

* S'il soutient le parti de l'honneur, il rassemblera toutes les circonstances où nos ancêtres ont préféré le péril avec la gloire, il présentera dans tout son éclat le souvenir immortel de la postérité, il soutiendra que l'utilité naît souvent de la gloire même, et est toujours inséparable de l'honneur.

Traduction de M. GAILLARD.

et à prévoir, les intérêts à concilier, les révolutions à craindre et du dedans et du dehors; en un mot, la balance de évènements à tenir dans ses mains et à faire pencher, du moins pour le moment, vers le parti qu'on se propose : telle est l'office de l'orateur : l'impossible ou le nécessaire sont ses moyens les plus tranchants. « Inciditur enim omnis jam de-« liberatio, si intelligitur non posse fieri, aut si « necessitas affertur.* » *De Orat.* II, 82.)

Mais ce qui était vrai à Rome, et ce qui l'est peut-être encore chez tous les peuples éclairés, c'est que ce genre d'éloquence politique est celui de tous qui demande le plus et la connaissance des hommes, et les grands talents de l'orateur, et sa dignité personnelle.

« Quand il s'agit, dit Cicéron, de donner un con-
« seil sur la chose publique, c'est d'abord et princi-
« palement la chose publique qu'il faut connaître;
« mais pour persuader une assemblée de citoyens,
« il faut connaître aussi les mœurs de la cité; et
« comme ces mœurs changent souvent, il faut savoir
« aussi changer de ton et de langage. Enfin, eu égard
« à la dignité d'un grand peuple, à la gravité de la
« cause publique, et aux mouvements d'une multi-
« tude assemblée, c'est là sur-tout que l'éloquence
« doit déployer ce qu'elle a de plus élevé, de plus
« éclatant, *grandius et illustrius;* c'est là qu'elle doit
« rassembler tout ce qu'elle a de plus propre à re-

---

* Car toutes les difficultés de la délibération sont tranchées, s'il est prouvé qu'une chose est impossible, ou bien qu'elle est indispensable.

Traduction de M. Gaillard.

« muer et à dominer les esprits. » *Aut in spem, aut in metum, aut ad cupiditatem, aut ad gloriam concitandos; sæpe etiam à temeritate, iracundiâ, spe, injuriâ, invidiâ, crudelitate revocandos* *. (*De Orat.* II, 82.)

« Quel détroit, quelle mer pensez-vous, dit-il en-
« core, qui soit plus orageuse que l'assemblée du
« peuple? Non, l'une, dans son flux et son reflux,
« n'a pas plus de flottements, de trouble et d'agi-
« tation, que l'autre, dans ses suffrages, n'a d'in-
« constance, de tumulte et de révolutions diverses.
« Souvent il ne faut qu'un jour ou qu'une nuit pour
« donner une nouvelle face aux affaires; quelquefois
« même la moindre nouvelle, le moindre bruit qui
« se répand, est un vent subit qui change les esprits,
« et qui renverse les délibérations. »

Et cependant c'est là que l'orateur se sent naturlement élever au plus haut genre d'éloquence par la grandeur de son théâtre. *Fit autem ut, quia maxima quasi oratori scena videtur concio, naturâ ipsâ ad ornatius dicendi genus excitetur* **. (Ibid., 83.)
« Sans une multitude d'auditeurs, ajoute Cicéron,
« un orateur ne peut être éloquent. » Mais il recommande de prendre garde à ne pas exciter dans l'assemblée du peuple des acclamations fâcheuses,

* Il faut éveiller dans les âmes l'espoir ou la crainte, l'ambition ou l'amour de la gloire; souvent aussi les détourner de la témérité, de la colère, de la présomption, de l'injustice, de l'envie, de la cruauté.

(*Traduction* de M. Gaillard.)

** L'assemblée du peuple est le plus beau théâtre où puisse briller l'éloquence; aussi l'orateur est-il naturellement excité à déployer toutes les richesses de son art. (*Trad.* du même.)

comme il arrive quand l'orateur fait quelque faute remarquable : « Si asperè, si arroganter, si turpiter, « si sordidè, si quoquo animi vitio dictum esse aliquid « videatur; aut hominum offensione vel invidiâ... « aut res si displicet; aut si est in aliquo motu suæ « cupiditatis aut metus multitudo *. » (*De Orat.* II, 83.) Et à ces causes d'impatience et de rumeur parmi le peuple, il applique, selon les circonstances, le remède qui leur convient : « Tùm objurgatio, si « est auctoritas; tùm admonitio, quasi lenior objur- « gatio; tùm promissio si audierint, probaturos; tùm « deprecatio, quod est infimum, sed nonnunquàm « utile **. » (*Ibid.*) Une plaisanterie vive et prompte, un bon mot, qui, sans manquer de dignité, a de la grace et de l'enjouement, est quelquefois, dit-il, un excellent usage dans l'éloquence populaire. « Nihil « enim tam facile quam multitudo, à tristitiâ et sæpè « ab acerbitate, commodè, ac breviter, et acutè, et « hilarè dicto, deducitur ***. (*Ibid.*) »

Au reste, la grande règle, et peut-être l'unique règle de l'éloquence populaire, est de s'accommoder au naturel, au génie, au goût du peuple à qui l'on

* Si l'on remarque en vous de l'aigreur, de l'arrogance, de la bassesse, ou quelque autre vice de l'âme; si vous défendez des personnages que la haine publique poursuit... si la cause déplaît, enfin si l'auditoire éprouve quelque mouvement d'impatience ou de crainte. (*Trad.* de M. GAILLARD.)

** Les reproches, si l'autorité de son caractère les lui permet; les remontrances qui sont des reproches adoucis; la promesse de persuader ce qu'il avance, pour peu qu'on veuille l'écouter; la prière, le moins noble de ces moyens, mais qui est souvent utile. (*Trad.* du même.)

*** Rien ne se laisse plus facilement que la multitude, ramener du mécontentement, et même de la colère, par un mot enjoué et piquant, placé à propos et dit avec finesse. (*Trad.* du même.)

parle; et c'est ce que Démosthène et Cicéron me semblent avoir l'un et l'autre merveilleusement observé.

Le peuple athénien était plus délicat et plus sensible que le peuple romain aux charmes de l'élocution : ses écoles et son théâtre, la poésie et la musique, la culture de tous les arts l'avaient poli jusqu'à l'excès : et quoi qu'on lui dît, il fallait lui parler avec élégance. L'orateur même qui, comme il arrivait souvent à Démosthène, était obligé de monter sur-le-champ à la tribune, et d'y parler à l'improviste et d'abondance, avait à ménager des oreilles que Cicéron appelle *teretes et religiosas*. Un mot dur aurait tout gâté.

Le peuple romain était plus occupé des choses, et moins curieux des paroles, quoiqu'il le fût beaucoup plus encore qu'il n'appartenait à un peuple uniquement politique et guerrier. Mais il était fier, épineux, difficile sur tout ce qui touchait son orgueil, et par conséquent très sensible aux bienséances du langage, vu que les bienséances ne sont que des égards. Ce qu'il fallait respecter sur-tout, c'était l'opinion qu'il avait de lui-même. Indigne d'être libre, depuis qu'il se laissait corrompre, il n'en était que plus jaloux de cette idée de liberté qu'il portait dans ses assemblées. A des factieux mercenaires qui ne demandaient qu'à se vendre, et que les grands achetaient à vil prix, il fallait parler de liberté, de dignité, de majesté publique; à ceux qui avaient laissé massacrer les deux Gracques, et Sylla mourir dans son lit, il fallait parler comme aux Romains du temps de Publicola ; et si l'éloquence romaine n'eût pas été adulatrice, ce n'eût pas été l'éloquence.

Le peuple d'Athènes était vain, mais d'une vanité dont il riait lui-même. (*Voyez* SATIRE.) Il était léger, mais docile; d'une imagination vive, mais mobile comme le sable, où les impressions se gravent aisément et s'effacent de même; et sur le théâtre et dans la tribune, il trouvait bon, comme un enfant aimable, mais incorrigible, qu'on lui reprochât ses défauts.

Aristophane et Démosthène auraient été mal reçus à Rome; et Cicéron, à qui l'on reprochait d'être flatteur et de manquer de nerf, n'était que ce qu'il fallait être pour persuader les Romains. Il savait mieux qu'un autre employer à propos la véhémence et l'énergie; mais ce n'était jamais au peuple que l'invective s'adressait. Ce qu'il a répété souvent, *que Rome n'était pas la république de Platon*, est l'excuse de sa mollesse. Il pratiquait cette maxime qu'il nous a lui-même tracée, d'imiter la prudence d'un médecin habile : « Sicut medico diligenti,
« priusquam conetur ægro adhibere medicinam,
« non solum morbus ejus cui mederi volet, sed
« etiam consuetudo valentis et natura corporis
« cognoscenda est : sic equidem quum aggredior
« ancipitem causam et gravem, ad animos judicum
« pertractandos, omni mente in eâ cogitatione cu-
« râque versor, ut odorer quam sagacissimè possim,
« quid sentiant, quid existiment, quid exspectent,
« quid velint, quo deduci oratione facillimè posse
« videantur*. » (*De Orat.* II, 44.)

---

* J'imite le médecin habile, qui, avant de prescrire aucun remède à son

Démosthène connaissait de même son auditoire, et le ménageait moins. Il reprochait au peuple d'Athènes d'aimer la flatterie et de se laisser prendre aux adulations de ses orateurs corrompus; de se laisser amuser, endormir par leur manège et par leurs mensonges; d'oublier du matin au soir les avis les plus importants; de se plaire à entendre calomnier ceux qui l'avaient le mieux servi; de s'amuser dans les places publiques à écouter les nouvellistes, tandis que son honneur, sa liberté, sa gloire, son salut demandaient les plus promptes résolutions. « Ne voulez-vous jamais, leur dit-il, faire autre chose « que d'aller par la ville vous demander les uns aux « autres : *Que dit-on de nouveau?* Que peut-on « vous apprendre de plus nouveau que ce que vous « voyez? Un homme de Macédoine se rend maître des « Athéniens et fait la loi à toute la Grèce. *Philippe* « *est-il mort?* dira l'un; *non*, répondra l'autre, *il* « *n'est que malade.* Eh! que vous importe, Athé- « niens, que Philippe vive ou qu'il meure? Quand « le ciel vous en aurait délivrés, vous vous feriez « bientôt vous-mêmes un autre Philippe. »

« Athéniens, leur dit-il ailleurs, il ne dépend pas « de vos orateurs de vous rendre bons ou mauvais, « mais il dépend de vous de rendre bons ou mauvais

malade, s'informe avec soin, non-seulement de la nature de sa maladie, mais encore de son tempérament, et du régime qu'il suit en bonne santé. Ainsi, quand je suis chargé d'une cause douteuse, et qu'il me paraît difficile de maîtriser l'esprit des juges, j'emploie tous mes efforts, toutes mes pensées, toute ma pénétration à deviner leur opinion, leurs secrets sentiments, ce qu'ils désirent, ce qu'ils attendent de moi, de quel côté l'orateur peut plus facilement les entraîner. (*Trad.* de M. GAILLARD.)

« vos orateurs ; car aucun d'eux ne s'avisera de vous
« donner de mauvais conseils, s'il n'est pas sûr de trou-
« ver parmi vous des auditeurs qui l'applaudissent. »

Ces peuples étaient l'un et l'autre sensibles aux grands intérêts du bien public et de la gloire ; et ils avaient tous les deux un caractère d'héroïsme prompt et facile à s'exalter : plus moral pourtant dans Athènes, plus généreux et plus humain, tenant plus, pour me faire entendre, de la sensibilité pure et de la bonté naturelle; plus politique dans les Romains, et tenant plus du despotisme et de l'esprit de domination.

Le peuple romain était naturellement féroce; il fallait l'adoucir, l'apprivoiser : une éloquence insinuante et persuasive était celle qui lui convenait : ce fut l'éloquence de Cicéron. Le peuple d'Athènes était sensible et doux, mais léger, distrait, dissipé : il fallait le fixer, l'assujettir, le dominer par une éloquence pressante, vigoureuse et rapide, pleine de force et de chaleur : ce fut celle de Démosthène. Je ne parle pas de la différence des sujets, qui devait influer encore sur le génie et la manière de l'orateur : mais j'ose dire que l'un et l'autre étaient à leur place; et je ne doute point que Démosthène à Rome n'eût tâché d'être Cicéron, et que dans Athènes Cicéron n'eût tâché d'être Démosthène.

Il le fut par la véhémence dans la seconde de ses *Philippiques*. On sait qu'il appelait ainsi ses harangues contre Marc-Antoine, par allusion à celles de Démosthène contre Philippe; et en effet il y plaidait de même la cause de la liberté, mais devant un sénat qui n'en était plus digne, et qui n'avait plus ni cœur ni tête en état de la soutenir. Ce nom de *Philippiques* fut de mauvais augure. Rome avait encore plus dégénéré qu'Athènes : et un zèle mal secondé coûta la vie à l'un comme à l'autre orateur.

On voit par là que c'est dans le moment critique où les républiques se corrompent qu'on y a besoin de l'éloquence : plus tôt, la vertu se suffit et n'attend pas qu'on la harangue ; plus tard, l'esprit de faction, la cupidité, la frayeur, l'intérêt n'entendent plus rien. L. Brutus, qui chassa les Tarquins, ne dit qu'un mot, et Rome fut libre. M. Brutus, l'assassin de César, fit une harangue élégante et faible, qu'il n'eut pas l'assurance d'aller prononcer à Rome ; et Cicéron lui-même eut beau dans sa vieillesse rappeler toute sa vigueur : le remède arrivait quand la maladie était mortelle. Rome, au lieu du meilleur des rois qu'elle avait dans César, se donna trois tyrans.

Mais à l'égard de nos temps modernes, quels peuvent être et l'office et le lieu de l'éloquence populaire? Quel est le pays de l'Europe où, lorsqu'il s'agit de la paix, de la guerre, de l'élection d'un magistrat, du choix d'un général d'armée, etc., un citoyen ait le droit qu'il avait à Rome, de demander au peuple une audience, et de lui dire son avis? Quelle est la cité où, à chaque évènement public et important, le peuple et le sénat s'assemblent ; comme dans Athènes, où la tribune soit ouverte à qui veut y monter, et où l'on entend un hérault demander à haute voix : « Quel citoyen au-dessus de cinquante « ans veut haranguer le peuple ? et qui des autres

« citoyens veut parler à son tour ? » (Eschine, *Contre Ctésiphon*.)

Dans les communes d'Angleterre on voit une ombre de cette liberté. Je dis une ombre, parce que l'assemblée n'est pas celle du peuple, mais celle de ses députés; et la différence est énorme : car s'il est possible d'abuser tout un peuple par la séduction, il est possible aussi de l'éclairer par l'éloquence; mais sur des députés gagnés par d'autres voies, l'éloquence ne peut plus rien; et ce qui doit décourager l'orateur anglais, c'est de savoir que les voix sont comptées, et que souvent la délibération est prise avant qu'il ait ouvert la bouche.

Ce qui ressemble le plus aujourd'hui à l'éloquence populaire des anciens, c'est l'éloquence de la chaire : car l'auditoire est ce peuple libre à qui l'on donne à délibérer, non pas sur l'intérêt public et politique, mais sur l'intérêt personnel que la nature et la religion ont attaché, pour tous les hommes, à la pratique du devoir et à l'amour de la vertu. On peut voir à l'article ÉLOQUENCE DE LA CHAIRE, que, du côté des passions, elle n'a pas les mêmes ressorts à mouvoir que l'éloquence de la tribune; mais en revanche elle a cet avantage, que le prédicateur est dispensé par son caractère de tout ménagement, de tout respect humain; qu'il tient l'orgueil, les vices, les passions de l'auditoire comme enchaînés autour de lui; qu'une nation est à ses pieds, et qu'il peut la traiter comme un seul pénitent qui viendrait à genoux implorer le ministre des miséricordes et des vengeances. Voilà tout ce qui reste au monde de l'éloquence populaire; voilà dans quelles mains est remise la cause de l'humanité, sinon dans ses rapports avec la politique, au moins dans ses rapports avec les mœurs. C'est un bienfait de la religion bien précieux et bien signalé. Puisse la dédaigneuse frivolité de notre siècle ne pas décourager les hommes appelés par leur zèle et par leurs talents au ministère de la parole! puisse la sagesse des gouvernements y attacher une estime égale au bien qu'il fait aux mœurs publiques, lorsqu'il est dignement rempli! puissent-ils aussi quelquefois permettre à la philosophie d'être éloquente, en rappelant aux hommes leurs droits, leurs devoirs réciproques, et leurs intérêts les plus chers!

MARMONTEL, *Eléments de Littérature.*

DÉLICATESSE. Comme il y a deux sortes de perception, il y a deux sortes de sagacité, celle de l'esprit et celle de l'âme. A la sagacité de l'esprit appartient la finesse : à la sagacité de l'âme appartient la délicatesse du sentiment et de l'expression. Ni les nuances les plus légères, ni les traits les plus fugitifs, ni les rapports les plus imperceptibles, rien n'échappe à une sensibilité délicate : tout l'intéresse dans son objet.

Ainsi, la délicatesse de l'expression consiste à imiter celle du sentiment, ou à la ménager : ce sont là ses deux caractères.

Pour imiter la délicatesse du sentiment, il suffit que l'expression soit naïve et simple : les tendres alarmes de l'amour, les doux reproches de l'amitié, les inquiétudes timides de l'innocence et de la pudeur donnent lieu naturellement à une expression délicate : c'est l'image du sentiment dans son ingénuité pure; il n'y a ni voile ni détour. Tel est le caractère de ce vers de Marot :

> Je l'aime tant que je n'ose l'aimer.

Les fables de La Fontaine sont remplies de traits pareils. Celle des deux pigeons, celle des deux amis, sont des modèles précieux de cette délicatesse de perception dont un cœur sensible est l'organe.

> Un songe, un rien, tout lui fait peur,
> Quand il s'agit de ce qu'il aime.

Mais si la délicatesse de l'expression a pour objet de ménager la délicatesse du sentiment, soit en nous-mêmes, soit dans les autres, c'est alors que l'expression doit être ou détournée ou demi-obscure : l'on désire être entendu, et l'on craint de se faire entendre : ainsi l'expression est pour la pensée, ou plutôt pour le sentiment, un voile léger et trompeur, qui rassure l'âme et qui la trahit. Un modèle rare de cette sorte de délicatesse est la réponse de cette seconde femme à son mari qui ne cessait de lui faire l'éloge de la première : « Hélas, Monsieur, qui « la regrette plus que moi ! » Didon a tout fait pour Énée, elle voudrait qu'il s'en souvînt; mais elle craint de l'offenser en lui rappelant ses bienfaits. Voici tout ce qu'elle ose en dire (*Æneid.* IV, 317) :

> Si bene quid de te merui, fuit aut tibi quidquam
> Dulce meum.

Racine est plein de traits du même caractère:

ARICIE, *à Ismène.*

Et tu crois que pour moi, plus humain que son père,
Hippolyte rendra ma chaîne plus légère,
Qu'il plaindra mes malheurs?
(*Phèdre*, act. II, sc. 1.)

LA MÊME, *à Hippolyte.*

N'était-ce point assez de ne me point haïr?
(*Ibid.* act. II, sc. 2.)

Et PHÈDRE *au même.*

Quand vous me haïriez, je ne m'en plaindrais pas.
(*Ibid.* act. II, sc. 5.)

Et ATALIDE, *à Zaïre.*

Ainsi, de toutes parts les plaisirs et la joie
M'abandonnent, Zaïre, et marchent sur leurs pas.
J'ai fait ce que j'ai dû; je ne m'en repens pas.
(*Bajazet*, act. III. sc. 2.)

Madame Deshoulières dit, en parlant à la verdure :

Si je viens vous presser de couvrir ce bocage,
Ce n'est que pour cacher aux regards des jaloux
Les pleurs que je répands pour un berger volage.
Ah! je n'aurai jamais d'autre besoin de vous.

Dans aucun de ces exemples la bouche ne dit ce que le cœur sent; mais l'expression le laisse entrevoir; et en cela la finesse et la délicatesse se ressemblent. Mais la finesse n'a d'autre intérêt que celui de la malice ou de la vanité; son motif est le soin de briller et de plaire: au lieu que la délicatesse a l'intérêt de la modestie, de la pudeur, de la fierté, de la grandeur d'âme : car la générosité, l'héroïsme ont leur délicatesse comme la pudeur. Le mot de Didon que j'ai cité,

Si benè quid de te merui...

est le reproche d'une âme généreuse. « Vous êtes « roi, vous m'aimez, et je pars, » est le reproche d'une âme sensible et fière. Le mot de Louis XIV à Villeroi, après la bataille de Ramillies : « Monsieur « le maréchal, on n'est plus heureux à notre âge, » est un modèle de délicatesse et de magnanimité.

Comme la délicatesse ménage la pudeur dans les aveux qui lui échappent, et la sensibilité dans les reproches qu'elle fait, elle ménage aussi la modestie dans les éloges qu'elle donne.

De nos jours, une grande reine demandait à un homme qu'elle voyait pour la première fois, s'il croyait, comme on le disait, que la princesse de .... fût la plus belle personne du monde. Il lui répondit : « Madame, je le croyais hier. »

On demandait à Pyrrhus, roi d'Épire, quel était le meilleur joueur de flûte de son royaume : « Po- « lyperchon, répondit-il, est le meilleur de mes gé- « néraux. » Quoi de plus digne et en même temps de plus délicat que cette réponse ?

« Monseigneur, vous avez travaillé dix ans à vous « rendre inutile, » disait Fontenelle au cardinal Dubois. Ce trait de louange si délicat, et si déplacé, avait aussi tant de finesse, que les libraires de Hollande le prirent pour une bévue de l'imprimeur de Paris, et mirent : *à vous rendre utile.*

La délicatesse n'est jamais si flatteuse que lorsqu'elle est un mouvement de sensibilité échappé sans réflexion : l'on en voit un exemple dans ces mots d'un officier qui tremblait en parlant à Louis XIV, et qui, s'en étant aperçu, lui dit avec chaleur : « Au moins, Sire, ne croyez pas que je « tremble de même devant vos ennemis. »

Mais la délicatesse de l'expression, dans le rapport de l'écrivain avec le lecteur, est un artifice comme la finesse. Celle-ci consiste à exercer la sagacité de l'esprit, celle-là consiste à exercer la sensibilité de l'âme : et il en résulte deux sortes de plaisirs ; l'un d'apercevoir dans l'écrivain cette faculté précieuse ; et l'autre, de se dire à soi-même qu'on en est doué comme lui, puisqu'on le sent comme il l'a senti.

Rien de plus ingénieux que le naturel de cette épigramme de l'*Anthologie* si bien traduite par Voltaire :

Laïs déposant son miroir dans le temple de Vénus :

Je le donne à Vénus, puisqu'elle est toujours belle.
    Il redouble trop mes ennuis.
Je ne saurais me voir dans ce miroir fidèle,
Ni telle que j'étais, ni telle que je suis.

Mais il y aurait eu, ce me semble, plus de délicatesse à ne faire dire à Laïs que ce premier vers :

Je le donne à Vénus, puisqu'elle est toujours belle.

Il faut avouer cependant qu'une expression trop délicate court le risque de n'être pas sentie, et pour frapper la multitude il faut des traits plus prononcés.

Quelqu'un disait à Voltaire que dans la tragédie

de *Rome sauvée*, lorsque César raconte au Sénat la défaite de Catilina, il y aurait eu dans sa modestie plus de délicatesse à ne pas ajouter ce vers :

Permettez que César ne parle point de lui.
(Act. V, sc. 3.)

Vous auriez raison, dit Voltaire à l'homme de lettres qui lui faisait cette observation, si je n'avais écrit que pour des hommes tels que vous.

La délicatesse est toujours bien reçue à la place de la finesse; mais la finesse à la place de la délicatesse manque de naturel et refroidit le style : c'est le défaut dominant d'Ovide. Ce qui intéresse l'âme nous est plus cher que ce qui aiguise l'esprit : aussi permettons-nous volontiers que l'on sente au lieu de penser; mais nous ne permettons pas de même de penser au lieu de sentir.

MARMONTEL, *Éléments de Littérature.*

DELILLE (JACQUES). L'Auvergne avait donné à la France l'immortel chancelier de L'Hôpital; Pascal, à la religion et aux sciences; Marmontel et Thomas, à la littérature : il manquait à sa gloire de produire un grand poète : Delille y naquit, à Aigue-Perse, le 22 juin 1738. Sa célébrité commença avec ses études classiques : elles furent brillantes, et couronnées, en rhétorique, par des succès qui renouvelèrent, pour le collège de Lisieux, l'époque mémorable des triomphes de Thomas au concours général. Delille y remporta, en 1754, le prix d'honneur des *Nouveaux*, le second de discours français, le premier de vers, et le premier de version grecque [*]. L'année suivante, nouvelles conquêtes du prix d'honneur et des premiers de discours français et de vers latins. Celui d'éloquence latine, proposé à l'émulation des jeunes candidats au professorat, fut également remporté par Delille, trois ans après, et confirma ses droits au titre qu'il sollicitait dans l'université. Mais tous les rangs s'y trouvaient alors remplis, et il se vit forcé d'accepter, au collège de Beauvais, les humbles fonctions de maître élémentaire; « Et celui, dit à ce sujet un « de ses plus dignes panégyristes [**], qui devait un « jour enrichir notre langue poétique, se vit ré-« duit à donner à des enfants des leçons de syn-« taxe latine. »

Cependant, la destruction du corps célèbre qui occupait la plupart des collèges de la France, ayant bientôt laissé celui d'Amiens à la disposition de l'autorité séculière, Delille y fut appelé. Il ne nous reste d'autre monument de ses études et de ses travaux, pendant son séjour dans cette ville, qu'un *Discours sur l'éducation*, remarquable sur-tout par l'expression des sentiments monarchiques qui devaient être mis dans la suite à de si rudes épreuves, sans se démentir jamais dans la conduite ni dans le cœur du chantre de *la Pitié*.

---

[*] Il n'y avait point encore de prix fondé pour la version latine; il ne le fut qu'en 1759.

[**] M. Delambre, discours prononcé sur la tombe de Delille, le 6 mai 1813.

Cependant le jeune professeur fut ramené bientôt sur un théâtre plus digne de lui. L'université de Paris venait d'obtenir la fondation d'un corps d'agrégés, destinés à remplacer les professeurs absents ou malades. Les titres que réunissait Delille le dispensaient de toutes les épreuves; il lui suffit de se présenter pour être admis, et obtenir la chaire de troisième au collège de la Marche.

Il n'était jusqu'alors connu comme poète, que par quelques-unes de ces pièces qui s'oublient aussi vite que la circonstance qui les inspire, ou le concours académique qui les couronne. Cependant les connaisseurs avaient distingué, dans l'*Épître* à M. Laurent*, du nombre, de l'harmonie, un excellent ton de versification, et sur-tout une merveilleuse aptitude à rendre avec une fidélité pleine d'élégance les procédés des arts mécaniques, sans qu'il en coûte rien à la vérité de l'expression, rien à la fierté si dédaigneuse de notre langue poétique. On admira, on cita déjà comme modèle du genre et du style didactique, ces vers sur l'ancienne machine de Marli :

   Près du riant Marli,
Que Louis, la nature, et l'art, ont embelli,
S'élève une machine, où cent tubes ensemble
Versent dans des bassins l'eau que leur jeu rassemble.
Élevés lentement sur la cime des monts,
Leurs flots précipités roulent dans les vallons;

---

* A l'occasion d'un bras artificiel qu'il avait composé pour un soldat invalide. Cet habile mécanicien était père de M. Laurent de Villedeuil, ministre sous Louis XVI.

Raniment la verdure, ou baignent les Naïades,
Jaillissent dans les airs, ou tombent en cascades.

C'est ainsi que préludait l'auteur à son immortelle traduction des *Géorgiques*, depuis long-temps déjà le grand objet de ses travaux, qui en est devenue la récompense la plus flatteuse, et qui en sera vraisemblablement l'un des monuments les plus durables. La nouveauté, la hardiesse périlleuse de l'entreprise, mais le mérite sur-tout de l'exécution, fixèrent d'abord tous les yeux sur le poète, qui, à l'âge de trente ans, enrichissait la langue et la littérature françaises d'un chef-d'œuvre qui eût étonné le siècle même auquel les prodiges littéraires coûtaient si peu. On sait, et c'est Delille lui-même qui nous l'apprend[*], qu'à peine sorti de rhétorique, le jeune traducteur alla trouver Louis Racine pour lui soumettre quelques fragments de son ouvrage. Le fils du grand Racine, l'auteur du poème de *la Religion*, recula, doublement frappé de l'extrême jeunesse du poète et de l'audace de son projet. « *Les Géorgiques*, s'écria-t-il d'un ton
« sévère; c'est la plus téméraire des entreprises!
« Mon ami, M. Lefranc, l'a tentée, et je lui ai prédit
« qu'il échouerait. » Racine consentit cependant à entendre la lecture proposée, et le timide élève avait à peine récité une trentaine de vers, que le juge désarmé l'arrêta tout-à-coup en lui disant :
« Non-seulement je ne vous détourne plus de votre
« projet, mais je vous exhorte à le poursuivre. »

---

[*] Voyez la préface de *l'Homme des Champs*.

Delille poursuivit en effet, et la double prophétie de Racine reçut son entier accomplissement; mais il ne fut témoin ni de la défaite de son ami, ni du triomphe de son jeune rival; il était mort depuis six ans, quand *les Géorgiques* parurent, à la fin de 1769.

Au milieu du concert d'applaudissements et d'éloges qu'excitait de toutes parts le phénomène de cette traduction vraiment *originale*, suivant l'expression de Frédéric II, s'éleva la voix d'un critique encore inconnu, mais devenu formidable par cette attaque même; et qui essayait ainsi contre Delille les armes destinées à se mesurer bientôt après avec Voltaire lui-même. Clément de Dijon apporta, dans ses *Observations critiques sur les Géorgiques* de Delille, tout l'enthousiasme d'un admirateur passionné de Virgile, et la sévérité pédantesque, la minutieuse diligence d'un professeur qui, du haut de sa chaire, et la férule en main, corrige le devoir d'un écolier. Toujours sûr d'avoir raison quand il rapproche deux langues entre lesquelles il y a l'immensité; quand il compare, non pas un morceau d'une certaine étendue au morceau qui lui répond dans la traduction, mais quand il oppose le vers au vers, quelquefois même l'hémistiche à l'hémistiche, il abuse de ses forces et de ses avantages pour accabler le traducteur, vaincu d'avance par la supériorité reconnue de son modèle. Il eût été plus juste, plus digne d'une critique impartiale, de lui savoir gré de ses efforts si souvent heureux, de cette élégance continue, de cet emploi d'une foule de termes, exclus jusqu'alors de la langue des poètes, et surpris de s'y voir accueillis avec honneur; de ne chercher enfin dans cette traduction, qu'un beau poème français sur le même sujet qui avait inspiré à Virgile un si beau poème latin. Le comble de l'art et le prodige du talent, dans le traducteur, étaient d'avoir fait lire et aimer Virgile de ceux même qui connaissaient à peine de nom son chef-d'œuvre des *Géorgiques*, et d'avoir placé sur la toilette et entre les mains des femmes, celui peut-être de tous les ouvrages anciens qui devait, par la nature de son sujet, prétendre le moins à cet honneur [*]. Voilà ce qu'il convenait de faire, et ce que n'a point fait Clément. Sa critique cependant ne fut point inutile à Delille. Il fit habilement son profit de ce qu'il y trouva de bon; et il en est résulté de nombreuses corrections de détail, et des améliorations sensibles dans l'ensemble de l'ouvrage.

Avant lui, Marolles, Segrais, et Martin, avaient traduit en vers *les Géorgiques* de Virgile; on l'avait oublié depuis long-temps : on s'en ressouvint alors, pour y rechercher avec une curieuse malignité quelques hémistiches que le Virgile français avait eu le courage de retirer du fumier de nos vieux Ennius. La traduction de Lefranc parut après celle de Delille, et la prédiction de Louis Racine fut pleinement confirmée [**].

---

[*] Ce prodige vient d'être tenté de nouveau et avec succès dans la Traduction en vers de *Lucrèce*, par M. de Pongerville.

[**] MM. Raux et de Cournand furent encore moins heureux, il y a quel-

Cependant, malgré les critiques de Clément, ou plutôt à cause de ces mêmes critiques, la traduction nouvelle des *Géorgiques* plaçait son auteur, dans l'opinion publique, au premier rang de nos poètes français. La Harpe en parlait avec les plus grands éloges dans le *Mercure*; et Voltaire écrivait à l'Académie française : « Rempli de la lecture des *Géorgi-*
« *ques* de M. Delille, je sens tout le prix de la diffi-
« culté si heureusement surmontée ; et je pense
« qu'on ne pouvait faire plus d'honneur à Virgile
« et à la nation. Le poème des *Saisons* et la traduc-
« tion des *Géorgiques* me paraissent les deux meil-
« leurs poèmes qui aient honoré la France, après
« l'*Art poétique*.

« Le petit serpent de Dijon (Clément) s'est cassé
« les dents à force de mordre les deux meilleures
« limes que nous ayons.

« Je pense, Messieurs, qu'il est digne de vous de
« récompenser les talents en les faisant triompher
« de l'envie.

« M. Delille ne sait point quelle liberté je prends
« avec vous ; je désire même qu'il l'ignore, etc. »

4 mars 1772.

Peu de temps après, Delille fut en effet nommé à l'Académie française ; mais, sur le motif allégué de la trop grande jeunesse du poète *, quoiqu'il eût

---

ques années : on ne remarqua, dans le premier, que l'excès de confiance avec laquelle il critiquait son devancier, et substituait, sans façon, ses vers aux siens ; dans le second, que l'affectation ridicule de ne pas même faire mention de Delille.

* « Trop jeune ! s'écriait à ce sujet un prélat ami de Delille : il a près de
« deux mille ans ; il est de l'âge de Virgile. »

alors trente-quatre ans, le roi ne crut pas devoir confirmer l'élection pour le moment. Delille fut élu de nouveau deux ans après, et Louis XV se plut alors à réparer par des témoignages particuliers de sa bienveillance, ce que le refus avait eu de désobligeant. Cet acte de justice fut un des derniers du règne de ce monarque, frappé bientôt après de la maladie dont il mourut, le 10 mai de cette même année.

Delille succédait à la Condamine *. Ce fut une bonne fortune pour le récipiendaire d'avoir à suivre l'intrépide voyageur dans ses courses aventureuses; de franchir avec lui les Cordilières du Pérou, à travers quatre cents lieues de chemins impraticables; de descendre la fameuse rivière des Amazones; et de trouver à chaque pas, dans la vie toute poétique d'un héros presque fabuleux pour nous, quoique notre contemporain, de nouvelles mœurs, des sites nouveaux à peindre, ou des dangers nouveaux à décrire. L'auteur se trouvait là dans son véritable élément; aussi l'effet de ce brillant morceau fut-il prodigieux sur l'assemblée nombreuse qui l'écoutait; on croyait entendre déjà, dans l'orateur, le poète de l'*Imagination*.

Le grand succès des *Géorgiques* avait décidé pour toujours la vocation de Delille, et déterminé la direction de son talent vers le genre descriptif, qu'il a singulièrement étendu, mais dont on a quelquefois abusé depuis. Quelques vers du poème qui

---

* Il fut reçu et prononça son discours le 11 juillet 1774.

venait d'associer si honorablement son nom à celui de Virgile *, lui donnèrent l'idée première de celui des *Jardins*, ouvrage qu'il n'a jamais surpassé, quant aux ornements de détail et à la poésie du style. Conçu d'abord sous le titre assez vague de *la Nature champêtre*, ce joli paysage était connu long-temps avant sa publication, soit par les lectures de l'auteur à l'Académie française, soit par celles dont il charmait les cercles les plus distingués de la cour et de la ville. Il en avait lu les deux premiers chants à la réception de M. de Malesherbes (16 févier 1775); et voici le jugement qu'en porta dès lors La Harpe, ami de Delille, et partisan déclaré de son talent : « L'abbé Delille a lu deux chants d'un poëme sur « *la Nature champêtre*, ouvrage dont les idées sont « un peu usées, mais plein de détails charmants **. »

Il ajoute un peu plus loin : « Vous trouverez dans « ce poëme une couleur plus aimable, plus douce, « quoique moins pure que celle que vous avez pu « remarquer dans les *Géorgiques* ***. »

L'ouvrage parut enfin en 1783 sous les auspices du prince si heureusement caractérisé par l'épithète du poète dont la reconnaissance éclatait en ces termes :

Et toi, d'un prince aimable, ô l'asyle fidèle,

---

* Atque equidem, extremo ni jam sub fine laborum
Vela traham, etc.
Géorg. IV, 116.
Si mon vaisseau, long-temps égaré loin du bord, etc.

** *Corresp.*, tom. I, let. xii.
*** *Corresp.* tom. I, let. xiv.

Dont le nom trop modeste est indigne de toi *,
Lieu charmant, offre-lui tout ce que je lui doi,
Un fortuné loisir, une douce retraite.
Bienfaiteur de mes vers, ainsi que du poète **,
C'est lui qui, dans ce choix d'écrivains enchanteurs,
Dans ce jardin, paré de poétiques fleurs,
Daigne accueillir ma muse. Ainsi, du sein de l'herbe,
La violette croît auprès du lis superbe.
Compagnon inconnu de ces hommes fameux,
Ah! si ma faible voix pouvait chanter comme eux,
Je peindrais tes jardins, le dieu qui les habite,
Les arts et l'amitié qu'il y mène à sa suite.
Beau lieu, fais son bonheur! et moi, si quelque jour,
Grace à lui, j'embellis un champêtre séjour,
De mon illustre appui j'y placerai l'image ***;
De mes premières fleurs je lui promets l'hommage;
Pour elle, je cultive et j'enlace en festons
Le myrte et le laurier, tous deux chers aux Bourbons;
Et si l'ombre, la paix, la liberté m'inspire,
A l'auteur de ces dons je consacre ma lyre.

C'était alors l'hommage du talent à la puissance; quinze ans après, tout avait bien changé pour le prince qui inspirait de si nobles sentiments et de si beaux vers, tout, excepté le cœur et le langage de son poète, qui lui répétait en 1796:

Grand prince, tendre ami, chevalier magnanime,
Modèle de la grace, exemple de l'honneur!

* Le joli jardin de *Bagatelle*.

** Monseigneur le comte d'Artois lui avait donné l'abbaye de Saint-Severin : bénéfice *simple*, qui n'exigeait point l'engagement dans les ordres sacrés.

*** In medio mihi Cæsar erit.
Géorg. III, 16.

Tu t'en souviens peut-être : aux jours de mon bonheur,
Je chantai tes bienfaits ; et quand la tyrannie
Nous faisait de son joug subir l'ignominie,
J'en atteste le ciel, dans ces moments d'effroi,
Je m'oubliais moi-même, et volais près de toi.
Oui ; d'autres lieux en vain bénissaient ta présence :
Le doux ressouvenir ne connaît point d'absence.
Au milieu de l'exil et de l'adversité,
Toujours tu fus présent à ma fidélité.
Malheur et Pitié, ch. IV*.

L'époque du poème des *Jardins* fut pour Delille celle de la gloire, de la fortune, et de tous les genres de succès. Recherché avec empressement de tout ce qu'il y avait de plus distingué par les talents, le rang et la naissance, il apportait dans leur société, dit une femme de beaucoup d'esprit** une gaieté si vraie, si jeune, si naive, et pourtant si ingénieuse, que l'homme supérieur et le grand poète se retrouvaient à chaque instant, et comme malgré lui, dans l'homme aimable.

L'un des plus honorables amis que sa brillante réputation et ses qualités personnelles aient acquis et conservés à Delille, fut le comte de Choiseul-Gouffier. Peu de grands seigneurs ont su réunir et concilier au même degré la politesse de l'homme de cour, les graces et l'esprit de l'homme du monde, avec l'amour éclairé des arts, et les connaissances variées du savant de profession. Un autre Choiseul avait illustré son ministère par la protection et les

---

* Tel était le titre primitif de l'ouvrage ; mais la censure impériale en exigea la suppression.
** Madame du Molé.

encouragements accordés aux lettres, et par sa constante bienveillance pour l'abbé Barthelemy; M. de Choiseul-Gouffier voulut, à son exemple, honorer son ambassade à Constantinople en la rendant utile aux sciences et aux lettres; elle le fut sur-tout à la poésie. Delille y alla chercher ces belles inspirations que l'on retrouve à chaque page du poème de *l'Imagination*. Trop voisin des beaux climats de la Grèce pour ne pas visiter des lieux si chers aux Muses, il s'embarqua sur un bâtiment qui relâcha au rivage d'Athènes. Au retour, le canot où était l'ambassadeur et sa suite fut poursuivi par deux forbans qui étaient sur le point de l'atteindre. Au milieu de la consternation et du silence de tout l'équipage, Delille donna des marques de sang-froid et même de gaieté, dont toutes les gazettes parlèrent dans le temps. « Ces coquins-là, disait-il, ne s'attendent pas « à l'épigramme que je ferai contre eux. »

A son retour d'Athènes, Delille passa l'hiver à Constantinople, et presque tout l'été suivant dans la délicieuse retraite de Tarapia, vis-à-vis l'embouchure de la mer Noire. Quel spectacle enchanteur se déployait incessamment sous ses yeux! Ces innombrables vaisseaux qui entrent de la mer Noire dans le Bosphore, et du Bosphore dans la mer Noire; cette foule de barques légères qui se croisent sans cesse sur ce bras de mer, et lui donnent un air si animé! Sur le bord opposé, les superbes prairies d'Asie, ombragées de beaux arbres, traversées par de belles rivières, et ornées d'un nombre infini de kiosques. C'est dans ces beaux lieux qu'il passait toutes ses matinées, travaillant à son poème de *l'I-magination.* C'est là, s'écriait-il dans l'ivresse de l'ins-piration,

C'est là que, s'entourant de tout ce qu'elle adore,
L'imagination est plus active encore.
Là, tout parle ou de vers, ou de gloire, ou d'amour;
Tout est dieux ou héros. Une barque, en un jour,
Parcourt sur cette mer, en merveilles féconde,
Cent lieux plus renommés que tous les dieux du monde.
Mène-moi, dieu des arts, vers ta chère Délos, etc.
Imagination, ch. IV.

Ce ne fut cependant pas *vers Délos*, c'est en France que le dieu des arts ramena bientôt son poète favori pour le rendre aux fonctions qu'il remplissait avec tant d'éclat, soit dans l'université, soit au collège de France. Mais elles ne tardèrent pas à être troublées par les orages politiques excités dans notre malheureuse patrie.

Delille quitta Paris en 1794, et se retira à Saint-Diez, patrie de madame Delille, où il reprit et acheva cette traduction de l'*Énéide*[*], qui, malgré quelques traces de foiblesse et de négligence, difficiles, impossibles peut-être à éviter dans une tâche aussi longue, aussi laborieuse, n'en restera pas moins une portion durable de la gloire de son auteur; un monument qui honore à la fois les muses du Tibre et celles de la Seine, et que Delille seul était capable d'élever.

---

[*] Commencée depuis plus de vingt ans, puisqu'il en avait lu le quatrième chant, dans une séance publique de l'Académie, en 1775, et récité des fragments à Voltaire.

Après environ un an de séjour dans les Vosges, le traducteur de Virgile s'éloigna définitivement de la France, toujours en proie à l'orageuse anarchie, et se réfugia à Bâle. Il s'y trouvait en 1796, lors de la fameuse retraite de Moreau, et du bombardement d'Huningue. Il se rendait souvent, dit-on, sur les bords du Rhin, pour y jouir de ce grand et terrible spectacle des fureurs industrieuses de l'homme; et c'est après avoir suivi de l'œil le jeu et les effets de la bombe, qu'il les reproduisait dans ces vers:

De son lit embrasé tantôt l'affreuse bombe
En longs sillons de feu part, s'élève, et retombe;
Se roule, se déchire avec un long fracas;
De son globe de fer disperse les éclats;
Poursuit, menace, atteint la foule épouvantée,
Et couvre au loin de morts la terre ensanglantée.

Chaque pause de son exil devait donc être signalée par quelque production également honorable pour son talent ou pour son caractère. En Suisse, il étudiait et peignait la nature dans ses tableaux les plus hardis, dans ses effets les plus imposants; il chantait *la Pitié* à la cour et sous les yeux du duc de Brunswick, et traduisait à Londres *le Paradis perdu*: accueilli, fêté par-tout, moins encore comme le premier poète français du siècle, que comme l'un des hommes qui portait dans la société le plus de grace et d'amabilité, et qui avait donné de si nobles garanties de son attachement aux principes monarchiques.

Lorsqu'une organisation nouvelle eut réuni en 1795, sous la dénomination générale d'*Institut national*, les débris épars des quatre académies, supprimées sous le règne de l'égalité, Delille fut invité à venir reprendre sa place au milieu de ses anciens confrères. Il répondit sans balancer au ministre qui lui apprenait sa nomination : « Je me suis si bien « trouvé de mon obscurité et de ma pauvreté, du-« rant le règne de la terreur, que j'y reste attaché, « ne fût-ce que par reconnaissance. On m'annonce « que ce refus pourra m'attirer quelques persécu-« tions. Si cela arrive, je dirai comme Rousseau : « *Vous persécutez mon ombre.* » Ce ne fut qu'en 1802 que, cédant enfin aux vœux de ses nombreux amis, et de tout ce qui était digne alors d'un nom en littérature, il consentit à revoir Paris, et à rendre son poète à la France. Son retour avait été précédé, l'année d'auparavant, par la publication de l'*Homme des champs;* mais les jours de la justice avaient fini pour Delille avec ceux de la faveur. Noblement infidèle à la cause qui avait triomphé, et transfuge de la France, par suite même de son attachement pour elle, il ne fut et ne dut plus être qu'un ennemi de son pays aux yeux de ceux qui venaient de l'asservir ; et, désormais aveugle pour les beautés de détail, semées avec une profusion nouvelle dans ses derniers ouvrages, la critique n'y chercha, n'y releva que des fautes. Ce n'était plus le poète qu'elle poursuivait ; c'était le Français dévoué à ses anciens maîtres ; c'était le chantre de leurs illustres infortunes, dont elle s'efforçait d'étouffer la voix sous les clameurs injurieuses de l'envie et de la médiocrité[*]. Elle renouvela contre l'*Homme des champs*

___
[*] Il faut excepter néanmoins du nombre de ces critiques, MM. de

les critiques autrefois élevées contre le poème des *Jardins;* elle se montra *sans pitié* pour *la Pitié* *, et ne pardonna au poète ni ses beaux vers, ni surtout cette inébranlable fermeté de sentiments qui avait bravé les menaces de la terreur, et qui sut résister aux séductions du pouvoir impérial. Tout en effet fut mis en usage par Napoléon pour obtenir quelques accords au moins d'une lyre invariablement dévouée aux Bourbons : le poète fut inflexible; richesses, dignités, décorations, tout fut offert : tout fut noblement refusé.

Rendu tout entier à sa noble indépendance, et au commerce paisible des muses et de l'amitié, Delille songea à faire jouir les lettres françaises des richesses conquises sur les littératures étrangères; et il publia son *Paradis perdu*. Cette production étonnante, cette traduction bien plus *originale* encore que celle des *Géorgiques*, ne fut pas d'abord appréciée parmi nous tout ce qu'elle valait. Sa destinée fut un moment celle du poème anglais; mais, comme Milton aussi, son traducteur se releva bientôt dans l'estime publique, et y prit le rang qu'il conservera à jamais. C'est l'anglais sous les yeux, qu'il faut lire le poème français, si l'on veut apprécier à la fois et tout le talent du poète traducteur, et l'étendue des services qu'il rend à son original. On ne saurait croire avec quel art il saisit un trait heu-

Féletz, Auger, Laya, l'auteur de cette notice, et quelques autres gens de lettres, qui ont toujours et hautement rendu au talent et au caractère de Delille la justice due à l'un et à l'autre.

* Allusion à une brochure intitulée : *Point de pitié pour la Pitié*, qui parut quelque temps après le poème, en 1803.

reux, une belle image, une grande pensée, quand
elle se présente, pour la développer et l'étendre en
vers harmonieux; avec quelle sûreté de goût il passe
légèrement sur les détails qui répugneraient à la
délicatesse française ; avec quel bonheur il rend
supportable ce qu'il lui est impossible de supprimer
entièrement; rien enfin, rien n'égale son attention
scrupuleuse à faire valoir les beautés réelles de son
auteur, à pallier adroitement ses défauts. Ajoutez à
cela le mérite d'un style plein de force et de véhémence dans les premiers chants; de grace, de mo-
lesse et d'abandon, dans les amours d'Adam et d'Ève;
de vigueur enfin et d'énergie, dans la description
des combats. L'inspiration se fait sentir d'un bout
à l'autre de l'ouvrage; aussi fut-il écrit tout de verve,
et dans la chaleur rapide d'une composition achevée
en moins de quinze mois [*] ; c'est une des causes
sans doute de la supériorité reconnue de la traduction du *Paradis* sur celle de l'*Énéide*, mais ce n'est
pas la seule. Ici, le poète traducteur n'était aux
prises qu'avec le sujet lui-même; il pouvait s'abandonner sans crainte à toute la liberté d'une verve
originale, et restait maître du choix et de l'emploi
de ses couleurs, bien sûr d'avance qu'il réussirait
mieux, à proportion qu'il s'éloignerait davantage
d'un modèle que le goût n'a pas toujours dirigé.
Dans Virgile, au contraire, le comble du bonheur
et du triomphe eût été de reproduire fidèlement,

---

[*] Ce fut à la suite de cet effort vraiment prodigieux, qu'il éprouva une première attaque de paralysie : aussi disait-il que Milton avait pensé lui coûter la vie.

non-seulement le dessin général de chaque tableau, mais le fini d'une exécution où chaque détail est soigné avec cette perfection qui désespère d'autant plus le traducteur, qu'il la sent mieux, et qu'il est plus capable d'en approcher. En un mot, Delille s'était asservi le génie de Milton en le traduisant; mais celui de Virgile, ou plutôt de la langue latine, subjuguait malgré lui le traducteur français.

Un autre fruit du séjour du poète à Londres, fut une seconde édition du poème des *Jardins*, enrichi de nouveaux épisodes, et de la brillante description des parcs qu'il avait eu l'occasion de voir en Allemagne et en Angleterre. L'épisode d'Abdolonyme, arraché malgré lui aux doux loisirs de la vie champêtre, et replacé par un autre Alexandre au trône de ses ancêtres; ce tableau vraiment prophétique d'une restauration déjà dans nos vœux, mais encore si loin de notre espoir, acheva de donner au poème tout l'attrait d'un nouvel ouvrage, qui conservait, en les enrichissant encore, toutes les beautés du premier.

Des vastes champs qu'il venait de parcourir avec Virgile et Milton, Delille s'élança sur leurs pas aux sources où eux-mêmes avaient puisé; et il chanta l'*Imagination*. Les fragments qu'il en avait récités à l'Académie française [*] avaient dès lors excité une attente proportionnée à la réputation du poète et au mérite de l'ouvrage; mais dès lors aussi les juges éclairés avaient reconnu et signalé le vice radical

[*] A la réception de MM. Choiseul-Gouffier et Bailli, en 1784; et à la séance publique de la Saint-Louis, 1789.

du poème, le défaut absolu de plan et de marche*; la nullité ou le peu d'adresse de certaines transitions. « Je n'ai encore vu dans tout ce que j'ai entendu, écri- « vait La Harpe, que *des morceaux* qui ne tiennent à au- « cun ensemble, à aucun résultat. Mauvaise méthode, « qui a produit le plus grand défaut de son poème « des *Jardins;* et qui résultait (suivant le même cri- « tique) de l'extrême dissipation du grand monde « qui ne permit plus à Delille, depuis le succès des « *Géorgiques*, de composer que *par morceaux dé-* « *tachés*. » L'un des critiques qui porta dans l'exa- men de cette importante production le plus de goût, de justesse, et de cette bienveillance éclairée que l'amitié guide, mais n'égare pas, M. de Féletz, ob- serve avec raison** que ces parties si *distinctes* (aux

---

* Ce reproche, périodiquement renouvelé à l'apparition de chaque nou- veau poème de Delille, a été combattu, ce me semble, d'une manière extrê- mement ingénieuse, par M. Auger. « Dans tout poème, dit l'habile critique, « qui n'appartient pas au genre narratif, et dont toutes les parties ne peuvent « pas être distribuées suivant un ordre de faits établi par l'histoire ou indiqué « par la fable, ou enfin réglées par le poète lui-même, le plan, c'est-à-dire « la division du sujet, la distinction des divers objets dont il se compose, « et le rang que ces objets doivent occuper entre eux, à raison de la filiation, « de l'analogie ou de l'importance, sont souvent la chose la plus arbitraire, « quelquefois la moins essentielle, et toujours la plus amèrement critiquée. « Je suis, en mon particulier, convaincu d'une chose, c'est qu'ordinairement « le sujet d'un poème didactique est un tout, dont naturellement les parties « se pénètrent et se confondent de telle façon, qu'on ne peut jamais établir « entre elles qu'une distinction et une hiérarchie purement artificielle; que « le soin de la variété et des oppositions heureuses doit être, à cet égard, la « règle la plus importante du poète; et qu'enfin, quoi qu'il fasse, il se trou- « vera toujours nombre de gens qui lui prouveront, par belles raisons, que « les objets pouvaient être mieux distribués, parce qu'en effet, ils pouvaient « l'être de plusieurs autres manières, toutes également bonnes peut-être. »

** Voyez *le Spectateur français*, tom. IX, p. 325 et suiv.

yeux toutefois et dans la préface de l'auteur), le sont cependant « quelquefois si peu, que tels ta-« bleaux qu'on voit développés dans un chant, pour-« raient tout aussi bien être transportés dans un « autre, et peut-être y seraient mieux placés, etc. Je « ne puis reconnaître, ajoute-t-il bientôt, pour sujet « heureux, et pour plan régulier d'un poème étendu, « que celui dont mon esprit peut apercevoir les « bornes et les limites, et dans lequel je vois le « poète s'avancer insensiblement vers la fin de son « ouvrage, et le finir réellement, non parce qu'il « ne veut plus faire de vers, mais parcequ'il ne « doit plus en faire. » Rien de plus judicieux que ces observations, et que la conclusion sur-tout, que jamais ces conditions ne se trouveront réunies dans un sujet aussi étendu, aussi vague que l'*Imagination*; ajoutons, et aussi stérile pour tout autre, par l'excès même de sa fécondité. Mais notre poète était là dans son élément; et l'on peut dire que la brillante déesse qui l'avait si souvent et si bien inspiré, ne l'abandonna pas dans cette circonstance. Le critique que je me fais un plaisir de citer encore, en donne une raison aussi vraie qu'ingénieuse. « C'était, « dit-il, à la muse flexible et brillante de Delille « à s'emparer de ce sujet. Il y a de grands traits de « ressemblance entre les caractères de sa poésie et « les divers emblêmes sous lesquels on nous repré-« sente l'Imagination ; personne ne pouvait mieux « que lui la revêtir de cette robe *semée de mille cou-« leurs, et étincelante de brillants* (que lui prête le « poète allemand *Zacharie*); il n'avait qu'à la revêtir

« de son style. » C'est ce qu'il a fait, et ce que l'on admire sur-tout dans une foule de passages où il semble s'être fait un plaisir de se créer des difficultés, pour se donner bientôt celui de les vaincre avec une prodigieuse facilité. On entendit avec surprise la politique, la morale, la métaphysique, parler le langage de la poésie, sans déroger cependant à la gravité du leur; et l'on fut forcé de reconnaître qu'il n'était plus rien que la langue poétique ne pût exprimer par l'organe de Delille, avec autant de justesse que d'élégance et d'harmonie.

Les ouvrages de Delille se succédaient dans le public avec une rapidité dont profitait la malignité de ses ennemis pour accuser le poète d'une dangereuse précipitation, ou d'une facilité malheureuse. On affectait d'oublier qu'il rompait alors un silence de trente ans, et qu'il ne publiait d'ailleurs que des ouvrages annoncés, ou connus même en partie depuis long-temps. *Les Trois Règnes*, par exemple, qui suivirent de près *l'Imagination*, avaient été, comme nous l'avons vu, commencés en 1794, et ils ne parurent que quatorze ans après, en 1808. On y admira l'inépuisable fécondité d'une muse qui, après avoir déjà prodigué tant de trésors dans les poèmes précédents, en trouvait encore à sa disposition; savait reproduire les mêmes tableaux avec des couleurs nouvelles; se répéter, sans se copier servilement, et redire encore bien ce qu'elle avait déjà très bien dit. C'était la grace et la facilité du pinceau d'Ovide, avec plus de fermeté dans la touche, plus de variété dans le coloris, et de vérité dans l'expression. Quelques personnes regardent même le poème des *Trois Règnes*, comme le triomphe du genre descriptif, et le chef-d'œuvre de Delille, dans ce même genre.

Ce peintre si habile, et le plus souvent si heureux dans le tableau, ne réussit pas moins quelquefois dans le simple *portrait*. Je n'en veux, et n'en donnerai pour preuve, que cette foule d'originaux, observés avec tant de finesse, et dessinés avec tant d'esprit dans le poème de *la Conversation* : dans cette espèce de revue générale des vices, des ridicules, et des travers qui circulent habituellement dans ce qu'on appelle la société. Le bon esprit, le naturel heureux de Delille, l'avaient constamment préservé de cette sorte de contagion; il n'avait retiré de son commerce avec le grand monde, que cet excellent ton, cette politesse exquise, dont il était resté la tradition vivante, et qui, malgré l'âge et ses infirmités, retenait encore avec tant de charme autour de lui tout ce que Paris comptait alors d'hommes d'esprit et de femmes aimables. Quant aux préceptes sur l'*Art de converser*, personne encore n'était plus capable que lui de traiter la matière *ex professo*; et pour peindre *le conteur aimable*, l'esprit *conciliant et tolérant, l'éloignement pour la malignité et la satire*, il lui suffisait de se peindre lui-même. Mais laissons parler ici un écrivain qui, toujours digne et toujours honoré de l'amitié de Delille, a été plus à portée que nous de l'apprécier sous le rapport des qualités sociales. « Je ne sais si je me trompe, dit « M. de Féletz, mais quelque amateur que je sois

« du talent flexible, varié et fécond de M. Delille,
« je m'étonne peut-être plus encore des ressources
« inépuisables de sa conversation; et j'oserai dire
« qu'il a été plus heureusement doué encore comme
« homme d'esprit que comme grand poète. Il me
« paraît avoir été unique et sans rival dans l'art d'as-
« saisonner une conversation de tout ce qui en fait le
« charme; de la varier à l'infini, de l'animer par les
« saillies les plus heureuses, les propos les plus lé-
« gers, les reparties les plus vives et les plus inatten-
« dues; par des compliments sans fadeur, des rail-
« leries sans amertume, des anecdotes contées avec
« une grace particulière ; et de la rendre souvent
« instructive et intéressante par des idées justes et
« sérieuses, par des traits lumineux et profonds[*]. »

Delille n'était plus, lorsque l'amitié rendait à sa mémoire ce noble et véridique témoignage; une dernière attaque d'apoplexie venait d'enlever, dans la nuit du 1er au 2 mai 1813, « l'homme le plus
« spirituel, le plus grand poète, et l'un des carac-
« tères les plus honorables du siècle. » Une année d'existence de plus, ajoutée à sa longue et honorable carrière, eût comblé les vœux de l'illustre vieillard, en le rendant témoin du retour de ses princes chéris, et du triomphe de la légitimité. Son corps resta exposé pendant plusieurs jours sur un lit de parade, dans l'une des salles du collège de France; sa tête était ceinte d'une couronne de lauriers. Le 6 mai, à midi, le cortège, composé des membres de l'institut et de l'université, de MM. les

[*] *Journal de l'Empire*, 4 mai 1813.

professeurs du collège, et grossi d'un concours nombreux d'hommes de lettres, d'étudiants, et d'artistes, partit pour se rendre à l'église Saint-Étienne-du-Mont. Les rues étaient inondées d'une foule immense; les fenêtres, garnies de spectateurs. Les élèves de Delille avaient sollicité et obtenu la faveur de porter le cercueil de leur maître; et MM. Regnaud de Saint-Jean-d'Angely, le comte de Ségur, de l'Académie française, Villaret, évêque de Casal, chancelier de l'université, et Delambre, secrétaire perpétuel de l'Académie des sciences, portaient les quatre coins du drap mortuaire. Après la cérémonie religieuse, le cortège marchant aux flambeaux, traversa constamment une foule considérable pour se rendre au cimetière du P. Lachaise, où l'avait devancé un concours non moins nombreux. Le corps fut placé près du lieu destiné à lui servir de sépulture; et l'Académie française, le collège de France, l'université, et les élèves du célèbre professeur, saluèrent son ombre de leurs derniers adieux.

Delille avait donné lui-même l'idée, et tracé en quelque sorte le plan du monument où il désirait que reposât un jour sa dépouille mortelle. Il disait à madame Delille, en 1806, dans l'Épitre dédicatoire du poème de l'*Imagination* :

Ma plus chère espérance et ma plus douce envie,
  C'est de dormir au bord d'un clair ruisseau,
A l'ombre d'un vieux chêne ou d'un jeune arbrisseau.
Que ce lieu ne soit pas une profane enceinte ;
Que la religion y repande l'eau sainte ;
Et que de notre foi le signe glorieux,

Où s'immola pour nous le rédempteur du monde,
M'assure, en sommeillant, dans cette nuit profonde,
   De mon réveil victorieux.

Ces pieuses intentions ont été remplies par sa veuve, aussi fidèlement que les circonstances locales l'ont permis; et le monument, digne en tout du grand poète dont il renferme les cendres révérées, l'est aussi de l'épouse qui, en s'imposant tous les frais du mausolée, n'a point voulu qu'aucun secours étranger pût réclamer sa part du devoir touchant dont s'acquittait sa tendresse envers son époux. On y lit pour toute inscription ces simples mots :
JACQUES DELILLE.

Quel éloge ils renferment, en retraçant à la pensée cette longue et brillante suite de titres de gloire qui porteront le nom de Jacques Delille à la postérité, avec ceux de J. Racine, de Boileau, de La Fontaine, et de Voltaire! Sans être précisément comparable à aucun d'eux, pris en particulier, on reconnaît facilement, dans la manière habituelle de Delille, l'alliance quelquefois forcée, le plus souvent heureuse, des manières différentes de ces quatre grands maîtres dans l'art d'écrire en vers *.

* En voici un exemple entre autres : il s'agit du château de Meudon, et des bois qui l'environnaient :

   Hélas ! ces bois sacrés, ces bosquets ne sont plus !
   Par le fer destructeur je les vois abattus;
      Abattus au printemps !

Il me semble que ce dernier trait, et le tour qui l'exprime, sont bien dans le génie de La Fontaine

On conçoit sans peine qu'il est difficile qu'un style qui se compose de la combinaison étudiée de tant d'autres styles, ait un cachet particulier, une certaine originalité de caractère; et qu'appliqué surtout à des sujets essentiellement divers, il n'en résulte pas fréquemment un contraste pénible pour le lecteur entre le fond des idées et les couleurs du langage. C'est un inconvénient que n'a pas toujours évité Delille, mais qu'il a su pallier avec un art infini; et quoique le chantre des *Jardins* se retrouve encore par intervalles dans le traducteur de l'*Énéide*, du *Paradis*, et même de l'*Essai sur l'homme*, on ne peut nier cependant que chacune de ces grandes compositions poétiques se distingue par des traits particuliers de force et d'énergie dans Milton; de mollesse et de flexibilité dans Virgile; de précision philosophique enfin dans le chef-d'œuvre de Pope.

Cette dernière traduction, quoique publiée sept ou huit ans après la mort de son auteur, est néanmoins l'un des premiers ouvrages dont se soit occupé Delille après *les Géorgiques*. Un traité conclu en 1769 avec le libraire Bleuet, en fait mention comme déjà avancée, et en état d'être livrée à l'impression avec la seconde édition du poème de Virgile. Il paraît avoir ensuite indéfiniment ajourné ce projet, puisque l'apparition même de la traduction de Fontanes, publiée pour la première fois en 1783, n'engagea point Delille à faire paraître la sienne, ni même à prendre date de la priorité. C'est donc sur sa tombe que fut déposé ce dernier monument de sa gloire comme traducteur; et, par une destinée aussi étrange que déplorable, ce fut également à la lueur des flambeaux qui éclairaient les funérailles de M. de Fontanes, que parut la nouvelle édition, qu'il retouchait avec tant de soins, et depuis si long-temps, de son *Essai sur l'Homme.*

Nous venons de parcourir sur les pas de Delille une époque à jamais mémorable dans l'histoire des lettres françaises. Jetons maintenant un coup d'œil rapide sur l'ensemble de cette belle carrière poétique, commencée, fournie, achevée avec tant d'éclat : arrêtons-nous un moment devant la plus vaste collection de vers dont le génie d'un seul homme ait encore enrichi notre langue, et essayons de fixer les idées sur le vrai caractère d'un grand talent, trop loué par les uns, trop déprécié par les autres, pour occuper encore sa véritable place dans l'opinion publique. Nous n'avons point dissimulé dans le cours de cette notice l'influence que la conduite politique de Delille dut avoir sur les jugements contemporains; mais, affranchie du joug plus ou moins impérieux des circonstances, et placée à une élévation où le nuage des passions ne saurait plus offusquer la justesse de son regard, la postérité examinera moins les sujets en eux-mêmes, que la manière dont le poète les a traités; et elle proclamera sans balancer Delille l'un de nos plus habiles versificateurs, et le premier de nos poètes didactiques. Personne, depuis Boileau, n'a su maîtriser, comme Delille, notre vers alexandrin, et lui donner tous les caractères, lui imprimer toutes les sortes de mouvements dont il est susceptible : c'est le cachet particulier de son talent, et qui le distingue sur-tout de L. Racine et de Saint-Lambert, tous deux versificateurs corrects et harmonieux. Mais le chantre de *la Religion* ne paraît avoir ni mesuré l'étendue, ni rempli la majesté de son sujet : une grande quantité de beaux vers, et des morceaux entiers qui décèlent le poète, n'empêchent pas qu'il ne manque, en général, de coloris et de variété dans la marche et le mouvement du style. Ce n'est pas le coloris qui manque au peintre des *Saisons*; mais ce coloris est froid et monotone; et le vernis philosophique que l'auteur s'est efforcé de répandre sur tout le poème, achève de glacer le lecteur. C'est, quant à la fermeté du style et à la facture du vers, un ouvrage qui rappelle l'école de Boileau, mais altérée déjà par celle de Voltaire, et laissant entrevoir le goût faux et le mauvais esprit qui allaient être ceux du siècle. La langue poétique perdait chaque jour quelque chose de la correction difficile, de la sévère élégance où elle était parvenue; mais elle étendait d'ailleurs le cercle de ses attributions; elle tenta d'exprimer, et elle exprima heureusement, des choses jusqu'alors rebelles à la poésie. Les philosophes l'entendirent, avec une surprise qui les charma, parler leur propre langue; et peut-être les découvertes du grand Newton durent-elles aux beaux vers de Voltaire une partie de leur célébrité parmi nous. Presque exclusivement consacrée autrefois à la peinture des passions ou des ridicules, la poésie devint la langue des sciences physiques et morales, et même des arts mécaniques : mais elle dut créer des formes nouvelles pour rendre de nouvelles idées ; et le genre descriptif fut le genre dominant, le genre par excellence.

Delille ne pouvait donc paraître dans des circonstances plus favorables au développement et au triomphe de son talent : il sentit tout le prix de la position, il s'en empara, et fit époque lui-même dans une grande époque. Son exemple et ses succès entraînèrent bientôt à sa suite une foule de disciples, séduits par l'apparente facilité d'un genre qui dispense à peu près du travail d'inventer, d'ordonner un sujet, et dont la grande affaire est sur-tout le mécanisme du vers. Ce genre est tombé depuis dans un étrange discrédit : la mode, dont le caprice tyrannise les lettres comme bien d'autres choses, a remplacé le *descriptif* par le *romantique*, qui tombera à son tour : mais quelle que soit la nature du genre auquel ils appartiennent, les bons ouvrages restent ; et *les Jardins*, *l'Imagination*, feront les éternelles délices des amateurs de beaux vers et de descriptions pittoresques, tandis que les traductions des *Géorgiques*, de l'*Énéide*, et du *Paradis perdu*, ont consacré pour toujours le nom de Delille avec ceux de Virgile et de Milton [*].

AMAR.

[*] L'auteur de cette notice prépare depuis long-temps une nouvelle et magnifique édition des Œ*uvres de Delille*, dont les trois premiers volumes ont déjà paru. C'est, sous le rapport de l'exécution typographique, de la correction des textes, du luxe des gravures et des vignettes ; un monument qui fait le plus grand honneur au goût et au zèle du libraire-éditeur, M. L. G. Michaud. F.

JUGEMENTS.

I.

M. Delille obtint et mérita la première place parmi nos traducteurs en vers. Il ouvrit, en France, aux talents que le travail n'épouvante pas, une carrière ouverte en Italie par Annibal Caro, en Angleterre par Dryden; carrière pénible, étendue, honorable, que Pope, si riche de son propre fond, n'a pas dédaigné de parcourir. Les *Géorgiques* de Virgile fondèrent la réputation de leur élégant traducteur.

Pour la composition, pour le ton général, pour les détails, rien ne ressemble moins à l'*Énéide* que *le Paradis perdu*. La perfection de Virgile et l'inégalité de Milton opposaient au traducteur des difficultés diversement effrayantes; mais rien ne pouvait intimider un écrivain qui a si profondément étudié les secrets de notre versification et les inépuisables ressources de la langue poétique. Dans l'*Énéide*, quelle foule de beautés à rendre présentaient le sac de Troie, les amours de Didon, la descente d'Énée aux enfers; ces trois chants célèbres, le modèle et le désespoir des poètes épiques! Quelle foule de beautés encore semées, répandues, prodiguées dans les autres chants! Le discours de Junon, la tempête soulevée par Éole, et se calmant à la voix de Neptune, l'épisode d'Andromaque, les jeux célébrés en Sicile, la cour d'Évandre, l'épisole d'Euryale et Nisus, le conseil des dieux, les harangues de Drancès et de Turnus, et les combats imités d'Homère. La traduction de tous ces brillants morceaux porte l'empreinte plus ou moins marquée du talent de M. Delille : on y trouve ce qui fait les poètes, l'éloquence des expressions, le choix des images, et le charme puissant des beaux vers.

Il semble avoir réuni tous les suffrages dans sa traduction du *Paradis perdu*. Non-seulement on y a distingué de célèbres morceaux rendus avec un talent consommé, le début, par exemple, et cette invocation majestueuse à laquelle on peut assigner le premier rang parmi les invocations épiques, le conseil tenu par les démons, les énergiques discours de Satan, le chant si pur et si vanté des amours d'Adam et Ève, et la touchante apostrophe du poète à cette lumière éternelle qui ne brillait plus pour lui ; mais on a reconnu encore que les bizarreries, semées en foule dans l'original, étaient adoucies avec art, ou supprimées dans la copie. Aussi, nombre de lecteurs éclairés regardent-ils la traduction du *Paradis perdu* comme supérieure en général à celle de l'*Énéide*. Si leur sentiment est fondé, cette supériorité vient sans doute de ce qu'il est plus facile d'embellir Milton, quand il n'est pas sublime, que d'égaler constamment les beautés de Virgile, dont c'est déjà beaucoup d'approcher. Quoi qu'il en soit, ces deux ouvrages soutiennent avec honneur la renommée de M. Delille. Que d'autres lui reprochent d'avoir négligé tel mot, d'avoir modifié telle image, qu'ils veuillent lui enseigner le latin, l'anglais, et le ramener impérieusement à la traduction littérale, système vicieux en prose, et ridicule en vers, nous ne suivrons pas leur exemple. Copier servilement des formes étrangères, c'est travestir à la fois sa propre langue et l'auteur que l'on interprète; ce n'est pas traduire, c'est calomnier. Voulez-vous faire un portrait ressemblant? saisissez la physionomie. Voulez-vous rendre fidèlement un classique, en conservant toutes ses pensées? écrivez, s'il est possible, comme il eût écrit dans votre langue; car ce n'est point le mot, c'est le génie qu'il faut traduire.

M. Delille, en composant autrefois le poème des *Jardins*, avait suivi les traces de Virgile et de Boileau. Il les suit encore dans *l'Homme des Champs*. Les poèmes de *la Pitié* et de *l'Imagination* se rapprochent des formes didactiques de Lucrèce, non pour le style, mais pour la composition générale. Quant aux détails de ces trois poèmes, ils appartiennent presque toujours au genre descriptif, invention moderne sur laquelle nous hasarderons bientôt quelques réflexions. En obtenant beaucoup de succès, *l'Homme des Champs*, a essuyé beaucoup de critiques : il en est de trop sévères, d'autres qui semblent judicieuses. Ce qui a surpris bien des lecteurs, et ce qui peut décourager ceux qui auraient du goût pour la vie champêtre, c'est que, pour devenir un homme des champs dans le sens du poète, il faut commencer par avoir une opulence très peu commune au sein des villes. Il ne paraît pas que, dans les *Géorgiques*, Virgile se soit fort occupé des grands propriétaires; et, quoiqu'il dédie son poème à Mécène, et qu'il invoque après son début la divinité d'Auguste, ce n'est pourtant pas à l'empereur, ni à son favori, qu'il veut enseigner l'agriculture. Le poème de *la Pitié*, malgré des tirades brillantes, est, de tous les ouvrages de Delille, celui dont le succès a été le plus contesté; mais le poème de *l'Imagination* a réuni tous les suffrages. On sait par cœur les vers éloquents sur J.-J. Rousseau, l'hymne à la beauté, l'épisode touchant de la sœur grise, l'épisode si célèbre des catacombes, et dix morceaux qui portent le cachet de la même supériorité. Là, plus inégal que dans le poème des *Jardins*, M. Delille nous y paraît aussi plus riche, et nous croyons pouvoir placer ce bel ouvrage au premier rang de ses compositions originales. L'auteur y déploie, comme partout, le genre de talent qui lui est propre, celui d'exceller dans le difficile : les détails les plus techniques ne peuvent résister à son art. Sont-ils minutieux, il leur donne de l'importance; sont-ils arides, il les féconde; sont-ils bas; il les ennoblit. Une idée paraît-elle impossible à rendre, c'est là précisément qu'il triomphe, et tous les obstacles s'aplanissent devant les idées du poète.

Après tant d'éloges, quelque scepticisme nous sera permis. Le scepticisme, souvent nécessaire en philosophie, n'est pas toujours inutile en littérature. M. Delille s'est fait admirer par les formes d'une versification savante et variée avec un art infini; usant même de beaucoup de libertés dans les ouvrages qu'il a fait paraître durant l'époque actuelle, il se permet jusqu'aux enjambements que Malherbe avait bannis des vers français. Racine a constamment observé la règle posée par Malherbe. Boileau, peu content de s'y soumettre, a cru devoir la consacrer dans son *Art Poétique* comme un perfectionnement remarquable, et parmi les titres de gloire du vieux fondateur de notre poésie. M. Delille a pensé autrement; il prodigue aussi les coupes singulières et les effets d'harmonie imitative. Aux enjambements près, qu'il est difficile d'admettre, tout est bien là, sauf l'excès. Mais, puisque M. Delille est le chef d'une école, puisque son exemple fait autorité, les principes d'une saine critique nous ordonnent d'élever ici plusieurs questions que nous soumettons à son expérience éclairée. En s'occupant trop de l'harmonie particulière, ne nuit-on pas à l'harmonie générale? On emploie les coupes extraordinaires pour éviter la monotonie de notre versification ; mais si on les emploie souvent, ne court-on pas le risque de tomber dans une autre monotonie, d'autant plus répréhensible, qu'elle est recherchée? Ne blâme-t-on pas ces compositeurs qui négligent la mélodie pour étaler leur science musicale ? Voit-on que, dans ses tableaux d'histoire, Raphaël fasse ressortir les muscles de ses personnages pour montrer qu'il sait dessiner? Et, sans nous écarter de la poésie, toutes les coupes de vers ne se trouvent-elles pas dans les ouvrages de Racine et de Boileau? Les coupes hardies s'y laissent à peine entrevoir. Pourquoi? Cela ne vient-il pas de ce qu'elles y sont toujours à leur place et distribuées avec une sage économie? Pour faire dire, voilà un beau travail, il faut être habile sans doute. Ne faut-il pas l'être encore davantage pour faire croire qu'il n'y a point de travail? Les plus savants efforts de l'art surpasseront-ils jamais ce naturel admirable qui caractérise les poètes du XVIIe siècle, et que Voltaire avait conservé? Nous n'affirmons rien; nous craignons de nous tromper; nous proposons seulement des doutes que M. Delille peut résoudre. Appliquées à des ouvrages tels que les siens, les critiques fondées sont de quelque utilité pour ses élèves, sans rien diminuer de sa gloire; mais elles doivent être circonspectes et mêlées d'hommages. Nous l'avons dit, nous le répétons avec plaisir : il a pris rang parmi les classiques.

Le poème des *Trois règnes de la Nature* est composé sur un plan très vaste, et divisé en huit chants, dont quelques-uns ont une étendue considérable. La lumière et le feu, l'air, l'eau, la terre, font le sujet des quatre premiers : les trois suivants sont consacrés aux minéraux, aux végétaux, au physique des animaux : leur moral et l'analyse de l'homme forment la matière du dernier. En suivant les traces de Buffon, l'auteur adopte un grand nombre d'idées de cette éloquent naturaliste. Elles étaient belles, et sont embellies. La marche du poète diffère en tout de celle de Lucrèce. Nous ne prétendons pas en faire un reproche à M. Delille, qui lui-même n'aurait dû reprocher à Lucrèce ni sa physique admise par les anciens, ni sa hardiesse philosophique applaudie de Virgile, ni le goût supérieur dont il a fait preuve en se bornant à exposer en beaux vers la théorie générale d'un système du monde. M. Delille est entré dans les détails des sciences naturelles, et même avec un succès qui agrandit notre poésie; peut-être aussi en dépasse-t-il les bornes, qui sont celles du beau. Il se permet quelquefois des vers hérissés de termes d'école et qui semblent purement techniques: d'autres détails le ramènent à ce genre descriptif, infini dans les objets qu'il embrasse, mais très limité dans ses formes, et dont le vice radical ne saurait plus être contesté, puisqu'il a pu résister enfin à toute l'habilité de M. Delille. C'est ce que prouvent quelques endroits de son poème, qui, dans ce genre, toutefois, présente plusieurs morceaux de maître : la charmante description du colibri, par exemple, et, dans une manière plus large, les descriptions du chien, du cheval, de l'âne, cet humble et laborieux serviteur, dont le nom ne fut pas dédaigné par la muse héroïque du chantre d'Achille. Mais l'auteur ne décrit pas seulement : il est peintre, car il est poète. Il sait rendre les grands effets de la nature, l'éruption d'un volcan, les désastres causés par un hiver rigoureux, les ravages d'une contagion. Après avoir peint un ouragan, voyez avec quel art il rattache à cette peinture effrayante un épisode qui la fait valoir encore, la destruction de l'armée de Cambyse. Observez comme, à l'occasion de l'aurore boréale, il interprète un phénomène par une fiction ingénieuse et dans le vrai goût de l'antiquité. Nous négligeons un épisode de Thompson, que M. Delille a traduit comme il sait traduire. Mais qui pourrait oublier un autre épisode aussi noble que touchant, celui des mines de Florence, de cet asyle souterrain, où deux chefs de partis contraires sont réunis, réconciliés et désabusés de l'ambition par l'infortune? Voilà des narrations animées, des tableaux vivants : là M. Delille est tout entier. Nous ne tenterons pas d'expliquer pourquoi d'amères censures lui sont aujourd'hui prodiguées par ceux même qui naguère lui prodiguaient des louanges exclusives. Plus juste, plus soigneux de la gloire nationale, fondée en si grande partie sur les monuments littéraires, nous rendons hommage à ce talent inépuisable qui, bravant la délicatesse outrée de notre langue poétique, a su vaincre ses dédains et la dompter pour l'enrichir; dont les défauts brillants sont et seront trop imités, mais dont les beautés, presque sans nombre, auront trop peu d'imitateurs; à qui nous devons huit poèmes; qui fut célèbre à son début; qui écrit depuis quarante ans, mais qui n'a fatigué que l'envie, et dont le nom restera fameux.

M. J. Chénier, *Tableau de la Littérature française.*

II.

La traduction des *Géorgiques* de Virgile par M. Delille, est le plus bel ouvrage du poète français, comme l'original est l'ouvrage le plus parfait du poète latin; c'est un ouvrage charmant, d'une correction rare, d'une facilité et d'une souplesse admirables, plein d'élégance, de grace et de charmes, qui suppose le goût le plus délicat et le plus fin, un sentiment exquis des mystères de notre versification, une connaissance approfondie des ressources de notre style poétique; enfin, toutes les qualités d'un vrai poète, le génie, l'imagination, la verve. Mais aussi, est-ce une véritable traduction? Y reconnaît-on le génie de Virgile, qui était si différent du génie de M. Delille? Virgile est simple, naturel, naïf même; son style n'a jamais rien d'ambitieux, de recherché, d'affecté : l'auteur latin distribue les ornements poétiques avec autant de mesure que de grace; riche sans profusion, économe sans avarice, précis sans sécheresse, raisonnable sans raideur, agréable sans fard et sans mignardise. L'imitateur français a substitué aux graces sévères, aux beautés mâles, imposantes et pures de l'original, à cette parfaite correction du trait, à cette sage noblesse du style, toujours renfermé dans les limites de la pensée, toujours fidèle à la vérité de la nature, des graces un peu maniérées, une espèce d'afféterie, de coquetterie, plus appropriées sans doute à la tournure de son talent, et peut-être plus conformes au goût de ses contemporains. On a dit de cette traduction, en rapprochant deux mots qui ne semblent pas faits pour aller ensemble, que c'est une *traduction originale;* et cela est très vrai; mais cela prouve que c'est une traduction où l'on trouve Delille, et point Virgile : l'auteur français et l'auteur latin sont deux grands poètes, mais très divers; et j'ose affirmer que quelque belle que soit, en elle-même, la traduction des *Géorgiques*, elle honore infiniment plus le talent du poète français, qu'elle ne fait connaître le génie, le goût et le style du poète latin : certes, je ne suis pas l'ennemi des traducteurs; je n'attaque que leurs prétentions.

Nul écrivain ne fut plus critiqué que M. Delille : son immortelle traduction fit naître des volumes d'observations, dans un temps où on lisait, avec presque autant d'avidité les critiques, que les ouvrages mêmes.

Que n'a point souffert le poème des *Jardins* à sa naissance? Combien sa destinée fut orageuse! Cette charmante production ne triompha qu'avec peine des plus injustes dégoûts; on était presque généralement convenu de reprocher à l'auteur de la sécheresse, de la monotonie, le défaut de plan et de sensibilité. Nous n'avons plus le droit d'être si difficiles, sur-tout envers un écrivain de ce talent et de cette réputation : la multitude effroyable de mauvais vers et de mauvais ouvrages en tout genre qu'on a voulu nous faire admirer depuis dix ans, ne nous permet pas d'être plus sensibles aux imperfections qu'aux beautés du nouveau poème de M. Delille; les pygmées, dont on a voulu faire des géans, font paraître cet écrivain plus grand encore; en le comparant à cette foule de mirmidons littéraires qui assiègent toutes les avenues du Parnasse, comment songer à ce qui lui manque? comment épier les défauts d'une lyre si savante, quand notre oreille est tous les jours blessée par des fredons durs et barbares? Si un artiste de l'opéra se présentait parmi des ménétriers de village, l'organe, séduit par un charme inattendu, pourrait-il remarquer si l'instrument est bien d'accord?

Essayons, toutefois, de résister pour un moment à ce doux prestige, et ne craignons pas d'examiner avec quelque exactitude, un ouvrage qui survivra à toutes les critiques. Il est impossible de dissimuler qu'on retrouve dans *les Géorgiques françaises*, le même genre de défauts qu'offre le poème des *Jardins*. On dirait que l'auteur, uniquement occupé des précieux détails de sa versification brillante, enivré de sa propre harmonie, croit pouvoir suppléer, par des vers bien faits et par des descriptions richement travaillées, au mérite d'un plan bien conçu, à la variété, à toutes les ressources inventées pour charmer l'ennui du genre didactique. Les divisions générales des *Géorgiques françaises* n'ont pas entre elles tout le rapport et toutes les liaisons qu'on pourrait désirer. Les transitions entre les morceaux particuliers sont raides et sèches; on conçoit à peine comment un auteur qui manie si habilement sa langue, qui est si fécond en tournures heureuses et faciles, dont les vers coulent avec tant d'aisance et de noblesse, tarit tout-à-coup, et s'arrête quand il faut passer d'une idée à une autre; on n'est pas moins surpris qu'un écrivain qui montre dans les formes de son style tant de flexibilité, de richesse et d'invention, ne crée presque jamais de ces fictions intéressantes qui détournent un moment le lecteur du but principal, pour l'y ramener avec un nouveau plaisir: on ne rencontre dans tout le poème qu'un seul épisode qui, même, n'est pas d'une invention très heureuse; nulle digression, sans que la marche en soit plus rapide; presque aucune trace de cette imagination qui ne se borne point à peindre par l'harmonie ou l'expression des vers, mais qui rassemble de grands traits pour en former de grands tableaux. Oserai-je dire que ce nouveau poème n'offre pas même autant de beautés de détails que le poème des *Jardins?* La diction ne m'en paraît pas, à beaucoup près, aussi correcte : elle est toujours vive, spirituelle et brillante; mais cet éclat ne peut dérober à des yeux attentifs un grand nombre de taches; elles sont plus rares dans le poème des *Jardins*; par exemple, l'enjambement, qui a toujours été un des caractères principaux de la versification de l'auteur, me semble souvent employé mal à propos dans *les Géorgiques françaises*, et l'on sait que cette licence comme toutes les autres, devient un grand défaut quand elle cesse d'être une grace. On trouve cependant dans cet ouvrage des morceaux d'un goût exquis, d'une mélodie délicieuse, également agréables, et par le fond des idées, et par le fini du style; ces morceaux doivent, autant que la réputation de l'auteur, assurer le succès du poème.

La plupart des défauts qui tiennent à l'ordonnance et à la composition des *Géorgiques françaises*, viennent, si je ne me trompe, de la manière dont le poète a envisagé son sujet : il s'est emprisonné dans un cercle étroit où peuvent briller les étincelles de l'esprit, mais où l'imagination ne saurait se développer et s'étendre; il s'est contenté de faire naître quelques fleurs sur un terrain ingrat et stérile, et semble avoir dédaigné les grandes et imposantes richesses de la nature. Au lieu du spectacle des moissons, des vendanges, au lieu de cette magnificence rustique, qui est le vrai trésor de la poésie, il ne nous offre, comme il le dit lui-même, « qu'une agri-
« culture merveilleuse, qui ne se borne pas à mettre
« à profit les bienfaits de la nature, mais qui triom-
« phe des obstacles, perfectionne les productions
« et les dons indigènes, naturalise les races et les

« productions étrangères, force les rochers à céder
« la place à la vigne, les torrents à dévider la soie,
« ou à dompter les métaux, etc. » Il est évident qu'il
a craint de tomber dans des descriptions qui sont
devenues communes, mais qu'il était capable de ra-
jeunir : d'où il est résulté qu'en voulant éviter la
trivialité, il a rencontré la sécheresse. Ses peintures
sont jolies, mais petites et froides; ses villageois
ne sont que d'aimables citadins ; ses cultivateurs savants, délicats, raisonneurs, physiciens et même
métaphysiciens, ressemblent beaucoup aux bergers
de Fontenelle. Le poème a quatre chants, et le sujet
se trouve tout-à-coup épuisé à la fin du troisième. Le
quatrième est consacré à montrer aux poètes comment il faut peindre la nature; c'est un morceau
purement littéraire, qui ne tient pas essentiellement
au sujet; c'est une espèce de hors-d'œuvre ; car la
meilleure leçon que M. Delille pût donner aux poètes, c'était un ouvrage bien fait, rempli de grands
tableaux, plus capables que tous les préceptes d'enseigner l'art de voir et de peindre les beautés de la
campagne.

A la vérité, sans parler des anciens, Thompson
et Saint-Lambert n'ont presque rien laissé à faire en
ce genre; ils ont peint la nature dans ce qu'elle a de
plus grand, de plus sublime et de plus gracieux.
L'auteur français vous inspire le goût des occupations champêtres ; il en relève les tableaux par les
épisodes les plus intéressants; on ne peut le lire sans
aimer davantage la campagne. Le poète anglais vous
transporte dans tout l'univers; toutes les régions

deviennent tributaires de son génie; sa muse indépendante ne connaît point de patrie; tantôt sous les feux de la zone torride, tantôt sous les glaces du pôle, il présente à l'imagination étonnée les peintures le plus majestueuses : on ne peut le lire sans respecter davantage le grand œuvre de la création.

Il est étonnant qu'après ces écrivains qui ont épuisé la matière, M. Delille ait trouvé moyen d'en tirer encore des détails si riches et si brillants.

Jusqu'ici, les productions de ce poète, quoique frappées d'un vice radical d'incohérence, n'offraient pourtant, dans un ensemble vague et mal conçu, qu'un seul et même sujet; les parties n'étaient point distribuées, classées convenablement; les transitions étaient ou forcées ou nulles; l'ouvrage offrait une réunion de membres disloqués, disjoints, et ne formait point un corps régulier; mais l'objet était un, et, pour me servir d'un terme que semble appeler la nature de ce nouveau poème, la matière était *homogène*; aujourd'hui, c'est beaucoup mieux, et il y a un progrès sensible dans le poème des *Trois Règnes* : les parties n'en sont pas mieux arrangées entre elles, les couleurs n'y sont pas mieux fondues, les nuances et les transitions n'y sont pas ménagées avec un art plus délicat et plus religieux; mais la loi de l'unité s'y trouve bravée et violée avec bien plus de franchise et de bonne foi : sous le même titre, l'auteur nous présente un sujet double; et, ce qui ne lui était pas encore arrivé, il a rassemblé deux poèmes dans un seul poème. Cela peut faire espérer que son prochain ouvrage en contiendra au moins trois. Les quatre éléments sont le premier objet de ses chants; il célèbre d'abord le feu, ensuite l'air, puis l'eau, et enfin la terre; puis, dans une seconde partie, qui forme bien évidemment un ouvrage distinct et séparé, il décrit, dans quatre autres chants, les merveilles du règne minéral, du règne végétal et du règne animal, accordant à celui-ci un chant de plus qu'aux deux premiers. Toutefois, il paraît que la conscience poétique de M. Delille s'est troublée lorsqu'il a formé le dessein de violer si ouvertement une loi si antique et si sacrée; et il a consigné dans sa préface l'expression de ses remords; semblable, d'ailleurs, à un pécheur un peu endurci, il lui a fallu peu de chose pour le rassurer : engagé par un illustre savant, M. Darcet, à composer ce poème, il ne put lui cacher ses scrupules : le membre de l'Académie des sciences donna d'avance l'absolution au membre de l'Académie française; mais il est clair, qu'en fait de goût, M. Darcet était un casuiste relâché. M. Delille eût mieux fait de n'écouter que sa conscience, et de s'en rapporter à Horace et à Boileau. Au reste, on peut supposer qu'au lieu d'un seul poème, il nous en a donné deux à la fois; et quand il s'agit de ses ouvrages, on trouve l'application du proverbe : *Quod abundat, non viciat.*

M. Delille n'avait encore traité aucun sujet d'une manière aussi didactique : on lui a même fait le reproche de trop sacrifier, dans ses autres ouvrages, le principal aux accessoires, le solide au brillant, le fond et l'essence de la matière aux agréments coquets de la parure poétique. Peut-être ces observations sensées et justes l'ont-elles porté à mettre plus de sévérité dans la conception et dans la composition de ces deux nouveaux poèmes; mais on serait aujourd'hui tenté de lui faire un reproche contraire, soit qu'il n'ait pas su garder cette mesure précise qui écarte un excès sans en admettre un autre, et qui préserve de la sécheresse en bannissant la frivolité, soit que le sujet fût plus ingrat qu'il ne l'a cru, et plus rebelle à la poésie qu'il ne paraît au premier coup d'œil. Ce qu'il y a de certain, c'est qu'il est aussi difficile de lire avec plaisir la plupart des détails techniques de ces deux poèmes, que de n'y pas reconnaître cette souplesse de talent et cette facilité de versification qui est un des priviléges de M. Delille, et qui lutte toujours avec plus ou moins de bonheur contre les obstacles même qu'elle ne peut surmonter. Ce qu'il y a de certain encore, c'est que le plus grand nombre des lecteurs ne sauraient parcourir ces poèmes sans être arrêtés à chaque pas, et sans avoir besoin de recourir aux notes qu'on y a jointes très prudemment; défaut essentiel, puisque la poésie, qui doit toujours tenir l'imagination éveillée, l'assoupit et l'éteint nécessairement, quand, au lieu d'éclairer l'esprit d'une vive lumière, elle répand des nuages sur l'intelligence.

Mais ne serait-ce pas faire un exposé trop incomplet de son poème, que de n'y pas reconnaître de très rares beautés? Elles éclatent dans les morceaux d'ornement, même dans quelques descriptions techniques : quelles heureuses combinaisons de mots ! quelles coupes variées et piquantes ! quelle précision et quelle harmonie ! Cependant, on rencontre aussi des vers durs, et même des vers ridicules, des détails, non-seulement arides, obscurs et insipides (c'est le plus grand nombre), mais dégoûtants à l'excès, comme celui des *amours et de l'accouplement du crapaud;* les digressions, les épisodes ne sont pas tous également heureux : il en est de froids, de languissants, de bizarres, comme celui de l'*Aurore boréale*, au premier chant; d'usés, comme celui de *Musidore*, au troisième, copié de Thompson, forcé en quelques endroits, trop allongé dans d'autres, et qui ne se recommande que par quelques jolis vers, et un peu de gravelure. Concluons donc que ces derniers poèmes ressemblent à tous ceux de M. Delille; qu'on y trouve beaucoup à admirer, plus encore à reprendre; qu'ils sont inférieurs à leurs aînés sous le rapport du choix du sujet, de la perfection du style et de l'agrément de l'ensemble; et qu'en un mot ce sont des ouvrages faibles, qui n'ont pu être composés que par un talent très fort.

Dussault, Annales littéraires.

III

Les poètes allemands, qui ont plus d'imagination que de goût, doivent célébrer avec une sorte d'enthousiasme cette faculté brillante de l'esprit. Je trouve dans un petit poème de l'un d'eux, *les Quatre Heures du Jour*, par M. Zacharie, une allégorie ingénieuse, où elle est représentée sous des traits qui

lui conviennent assez bien. « Sa tête, dit-il, est
« ornée d'un panache, ses cheveux dorés (ce sont
« les plus beaux cheveux pour un Allemand) sont
« garnis de fleurs, et flottent dans les airs; sa robe,
« parsemée de mille couleurs, étincelle de brillants ;
« errant à pas perdus, et toujours égarée dans son
« vol incertain, tantôt elle s'élève dans les champs
« de l'Éther, tantôt elle se précipite de la cime des
« rochers, et s'élance à travers des flots mugissants;
« tantôt l'extase la transporte dans des mondes fan-
« tastiques, dans des prairies lumineuses, où elle
« entend la voix des Sirènes, et s'assied à la table des
« fées ; tantôt elle arrive par d'horribles déserts à
« d'antiques masures, où, couverte de crêpes et de
« lambeaux funèbres, elle vole parmi les tom-
« beaux. »

Si cette déesse légère, volage, capricieuse, dont
l'empire s'étend à tout, ou qui du moins veut tout
asservir à son domaine, pouvait être le sujet d'un
poème régulier, dont les différentes parties doivent
avoir une véritable liaison entre elles, dont les bornes
doivent pouvoir être déterminées, dont l'intérêt
doit être réel, et ne pas consister tout entier dans
l'agrément de quelques détails et la beauté même
d'un grand nombre de vers, sans doute c'était à la
muse légère, flexible et brillante de M. Delille à
s'en emparer. Il y a de grands traits de ressemblance entre les caractères de sa poésie et les divers emblêmes sous lesquels on nous représente
l'Imagination : personne ne pouvait mieux que lui
la revêtir de cette robe *semée de mille couleurs*, et

étincelante de brillants; il n'avait qu'à la revêtir de son style. Ainsi que l'Imagination, un peu *incertain* dans sa marche ou dans son vol, il s'élève, il s'abaisse, se précipite, s'égare sur mille objets divers, se perd quelquefois, se retrouve ensuite avec beaucoup d'art, se plaît dans la variété des tons, des couleurs, des ornements, aime sur-tout les contrastes et les oppositions, les recherche avec un peu de soin et d'affectation, et ne manque guère de faire succéder dans ses tableaux, aux prés émaillés de fleurs, aux *prairies lumineuses*, aux merveilles de l'art, *aux enchantements des Fées, aux concerts des Sirènes*, les sables arides, les horribles déserts, les images funèbres, le silence des solitudes et l'horreur des tombeaux.

Ce sujet était donc éminemment propre à faire ressortir les qualités brillantes de l'esprit, du style et de la poésie de M. Delille; mais il était très propre aussi à faire ressortir les défauts qu'on lui reproche communément dans la conception de ses ouvrages, dans la liaison des parties, dans l'ordre et la conduite de l'ensemble : et il devait également lui plaire sous ces deux rapports; car les plus grands poètes aiment leurs qualités et leurs défauts; ils se complaisent dans la manière et le ton général qui les distinguent, et par conséquent dans les sujets qui y sont parfaitement accommodés. On doit donc s'attendre à trouver dans le poème de *l'Imagination* (et certes on ne sera point trompé dans cette attente), les tableaux les plus riches et les plus habilement diversifiés, les descriptions les plus poé tiques et les plus variées, les contrastes les plus ingénieux et les plus agréablement distribués, le plus grand art dans la facture, le mécanisme et la coupe des vers; enfin, la plus grande variété d'ornements et d'objets. Mais cette variété produit quelquefois de la confusion; les transitions sont brusques ou peu heureuses; les parties ne sont pas toujours assez habilement liées entre elles : le fil qui devait les réunir, et que l'esprit de M. Delille, plus analytique et plus philosophique que ne l'est ordinairement celui des poètes, semble suivre assez bien dans le plan sommaire qu'il trace lui-même de son poème, lui échappe souvent dans l'exécution; et il faut avouer qu'il ne pouvait pas en être autrement dans un sujet si vague et si étendu.

Pour diminuer autant que possible la somme de ces inconvénients, je crois que M. Delille aurait dû beaucoup restreindre son immense sujet : il s'est, au contraire, plu à l'agrandir encore. Non content de célébrer l'empire de l'Imagination sur les objets nombreux où elle règne en souveraine, avec une autorité exclusive, sans partage, ou du moins fort inégalement et fort avantageusement partagée, il chante ses rapports les plus éloignés et les plus indirects avec des objets sur lesquels elle ne peut avoir que l'influence la plus légère ou même la plus contestée : il la voit dans la politique, dans la métaphysique, jusque dans la géométrie; dans les sciences, dans l'esprit, dans la mémoire, dans nos facultés, nos sentiments et nos sensations; partout enfin. Il est certain que tout se tient dans l'homme, et même dans la nature entière; tout se lie par des rapports plus ou moins délicats, plus ou moins visibles; les esprits bornés ne les aperçoivent point; les esprits justes et méthodiques les aperçoivent, mais ils ne confondent pas les objets, parce qu'ils voient aussi les limites qui les séparent; les esprits brillants, les imaginations vives franchissent ces limites, et se plaisent à réunir dans le même ordre d'idées, sous le même point de vue et dans le même tableau, les objets les plus distincts et les plus réellement séparés. Tel est, ce me semble, la manière de M. Delille : lorsqu'il chantait la Pitié, toutes nos vertus étaient de la pitié, ou étaient liées avec ce sentiment : lorsqu'il chante l'Imagination, tous nos sentiments, toutes nos sensations, toutes nos facultés, tous nos moyens, tout ce qui est au dedans et au dehors de l'homme, est ou de l'imagination, ou du ressort de l'imagination.

Comment, il est vrai, ne pas s'abandonner au penchant de tout décrire et de tout peindre, lorsque, comme M. Delille, on a le talent de tout orner et de tout embellir? On a déjà remarqué dans plusieurs de ses ouvrages, et particulièrement dans sa traduction des *Géorgiques*, que les objets les plus bas et les plus vils s'ennoblissaient par son style; que les expressions qui, par leur défaut d'harmonie ou par la nature des idées qu'elles présentaient à l'imagination, semblaient être à jamais exclues du domaine de la poésie, entraient cependant très heureusement dans ses vers, et leur donnaient une nouvelle grace par le mérite de la difficulté vaincue.

On verra dans le poème de *l'Imagination*, que M. Delille, envahissant toujours sur le domaine qui semblait l'apanage le plus exclusif de la prose, a fait encore d'heureuses conquêtes, et que son talent ne connaît rien de rebelle à l'empire de la poésie, pas même les questions les plus ardues et les plus abstraites de la philosophie et de la métaphysique. Sans doute il aurait pu se borner à chanter les plus brillants effets de l'imagination, sans remonter à son obscure origine, et la suivre dans ses rapports déliés avec l'anatomie de l'homme et l'action plus ou moins vive et rapide des sens. Tout autre poète aurait dû laisser à la prose plus ou moins claire, mais certainement très peu poétique des Locke, des Condillac, à éclairer ou embrouiller de plus en plus ces matières, qui semblent devoir éteindre toute verve, et être l'écueil de toute poésie. M. Delille lui-même aurait pu, dans un sujet déjà trop vaste, ne pas reprendre les choses de si haut, et négliger, dans cette immense variété d'objets qui s'offraient à son pinceau, des détails beaucoup plus philosophiques que poétiques, Mais qui voudrait s'en plaindre, après avoir lu ces détails ornés de tous les agréments de la poésie? Qui n'aimerait la philosophie en beaux vers? Or, quel philosophe parle mieux de quelques-uns de ces objets qui semblent être purement philosophiques, de la mémoire, par exemple :

Cependant des objets la trace passagère
S'enfuirait loin de nous comme une ombre légère,

Si le ciel n'eût créé ce dépôt précieux,
Où le goût, l'odorat, et l'oreille, et les yeux
Viennent de ces objets déposer les images,
La mémoire. A ce nom se troublent tous nos sages :
Quelle main a creusé ces secrets réservoirs ?
Quel dieu range avec art tous ces nombreux tiroirs,
Les vide ou les remplit, les referme ou les ouvre ?
. . . .
Comment un souvenir qu'en vain elle demande,
Dans un temps plus heureux promptement accouru,
Quand je n'y songeais pas a-t-il donc reparu ?
Au plus ancien dépôt quelquefois si fidèle,
Sur un dépôt récent pourquoi me trahit-elle ?
Pourquoi cette mémoire, agent si merveilleux,
Dépend-elle des temps, du hasard et des lieux ?
Par les soins, par les ans, par les maux affaiblie,
Comment ressemble-t-elle à la cire vieillie,
Qui, fidèle au cachet qu'elle admit autrefois,
Refuse une autre empreinte et résiste à mes doigts ?
. . . .
Là repose en secret, accumulé par eux,
Tout ce que m'ont appris mes oreilles, mes yeux [*].
Les erreurs, les vertus, les faiblesses humaines ;
De la terre et des cieux les nombreux phénomènes ;
Ce qui croît sous nos pas, ou resplendit dans l'air,
Ou marche sur ce globe, ou nage dans la mer ;
Les annales des arts, les fastes de la gloire,
Et les lieux, et les temps, et la fable, et l'histoire ;
Et des faisceaux légers de fibres et de nerfs,
Dans l'ombre du cerveau vont graver l'univers.

Comme ce dernier vers complète le tableau, en renfermant dans une expression vive et courte tous

[*] Vers de Racine le fils.

les secrets et tous les prodiges de la mémoire! et la poésie passant rapidement d'un monde purement intellectuel au monde physique, embellit ces matières philosophiques en les éclaircissant par des comparaisons tirées d'objets plus sensibles.

> Tel, dans l'enfoncement d'une retraite obscure,
> Que n'éclaire qu'à peine une étroite ouverture,
> Le magique miroir, dans ses mouvants tableaux,
> Représente à nos yeux et la terre et les eaux;
> Les travaux des cités, les lointains paysages,
> Des objets réfléchis fugitives images.

C'est une remarque qu'on peut faire généralement sur les comparaisons de M. Delille : aucun poète ne choisit plus heureusement que lui ces ornements si agréables dans la poésie, et si propres à varier un sujet. Ses comparaisons sont toujours justes; tirées d'objets agréables et gracieux, lorsque son objet et l'effet qu'il veut produire le comportent, et renfermées dans un tour heureux et une expression harmonieuse. Veut-il exprimer comment les idées se produisent les unes les autres, et comment *en images sans fin une image est féconde* :

> Tel un caillou tombant forme un cercle dans l'onde;
> Un autre lui succède, et tous les flots troublés,
> Étendent jusqu'aux bords leurs cercles redoublés.

Veut-il peindre la bizarrerie et la confusion des songes :

> Tel au miroir des eaux notre œil voit retracés
> Les nuages en bas, les arbres renversés,
> La terre sous les eaux, et les troupeaux dans l'onde,

Et des ruisseaux roulants sous la voûte du monde ;
Mais le fond est le même. En songe, un orateur
En quatre points encor lasse son auditeur.
Bercé par le rouet d'une rauque éloquence,
En songe, un magistrat s'endort à l'audience ;
En songe, un homme en place, arrangeant son dédain,
Pour prendre des placets étend encor la main.
En songe, sur la scène, un acteur se déploie ;
L'auteur poursuit sa rime, et le chasseur sa proie ;
Le grand voit des cordons, l'avare de l'argent,
Et Penthièvre ouvre encor sa main à l'indigent.

Je ne voulais d'abord citer que la comparaison ; mais j'ai été entraîné par l'agrément des vers qui la suivent.

A tant de beautés se mêlent sans doute quelques défauts : je les indiquerai avec franchise. Je ne m'arrêterai point à prouver longuement qu'il n'y a pas de véritable ordre, ni de liaison essentielle entre les diverses parties de ce poème; ce serait une dissertation bien superflue. Cet ordre et cette liaison étaient impossibles ; et l'esprit de M. Delille, qui fait des choses étonnantes, ne peut cependant pas faire des choses impossibles.

Parmi quelques exemples de transitions peu heureuses, j'en citerai une qui m'a paru tout-à-fait choquante. M. Delille vient de peindre en vers très énergiques l'évènement le plus horrible et le plus monstrueux de la révolution, les massacres de septembre ; il veut fuir du *lieu saint la scène ensanglantée*, expression un peu sifflante qu'il aurait fallu éviter, et il s'écrie :

Ah ! quittons les horreurs de ces sombres tableaux ;
Que des objets riants délassent mes pinceaux :
Mon âme en a besoin. *Et qui mieux que cette âme,*
Que des morts, des bourreaux, du fer et de la flamme,
Que d'un si long malheur poursuit le souvenir,
Vers des objets riants a droit de revenir ?

Sans doute l'esprit aime les contrastes ; mais ils ne doivent jamais être aussi heurtés que celui-là. Il est des sentiments profonds de l'âme qu'il ne faut jamais sacrifier aux petites combinaisons de l'esprit : certainement *l'âme n'a ni le droit*, ni la volonté de revenir de ces scènes d'horreur à *des objets riants*. Et voyez comme la beauté des vers dépend le plus souvent de la beauté et de la vérité de l'idée : ici une idée fausse est exprimée en vers peu harmonieux, et d'une construction embarrassée et pénible.

Le début du second chant, un des plus beaux, au reste, de tout le poème, est d'une construction non moins embarrassée, et qui, de plus, blesse la langue, et viole les lois de la grammaire :

Heureux, disait Virgile, heureux l'esprit sublime
Qui peut de la nature approfondir l'abîme !
. . . .
Qui sait pourquoi du jour s'éclipse la lumière,
Qui fait pâlir des nuits l'inégale courrière ?

Il fallait dire, pour parler correctement, *ce qui fait pâlir*, etc. Virgile ou M. Delille ne placent pas le bonheur dans une opération magique qui ferait pâlir la lune, mais dans la science qui nous donne le secret des lois de la nature et l'explication de ses phénomènes. Serait-ce aussi trop sévère de remarquer que le pronom *qui* est trop souvent répété dans cette période, que je n'ai même pas rapportée tout entière, ainsi que le monosyllabe *ou* dans les vers suivants :

J'atteins par la pensée, *ou* le verre *ou* les yeux,
Tout ce qui remplit l'air, *ou* la terre *ou* les cieux,
Ne voyant plus de terme, *où* l'univers s'arrête.

Un homme qui fait aussi bien les vers que M. Delille, ne devrait pas s'en permettre d'aussi faibles et d'aussi prosaïques que ceux-ci :

Ces maux si redoutés *sont de peu de puissance.*
. . . .
L'imagination dont je peins la puissance.
. . . .
Le regret au départ *en forma ses supplices*,
L'espérance au retour en fera ses délices; etc.
. . . .
Tant des lieux et des temps, prête à franchir l'espace,
D'un âge dans un autre elle aime à voir la trace !

Je remarquerai, au sujet de cette dernière formule, que M. Delille l'affectionne un peu trop : employée à propos, elle ajoute beaucoup de vivacité et d'énergie à la pensée. C'est ainsi que Virgile, après avoir présenté le tableau de tous les dangers d'Énée, de tous les travaux que lui avaient suscités et les dieux et les hommes, termine magnifiquement ce tableau par ce vers sublime :

Tantæ molis erat romanam condere gentem !

C'est ainsi que Lucrèce, après avoir exposé les

maux divers, nés de la superstition, qu'il appelle *la religion*, termine cette énumération par ce vers dont on a fait tant d'applications impies :

Tantùm relligio potuit suadere malorum !

Mais les plus belles pensées et les plus belles formes de style deviennent répréhensibles et monotones lorsqu'elles sont prodiguées; et M. Delille n'a pas employé avec assez de sobriété ce tour d'ailleurs très bon en soi. Il me serait facile d'en citer plus de vingt exemples; mais il y aurait dans de pareilles citations cette injustice, qu'ainsi amoncelées, elles donneraient une apparence ridicule à ce qui, dans le cours d'un long poème, n'est qu'une inadvertance légère, et qui échappera même à la plupart des lecteurs.

Féletz.

IV.

Quel que soit le mérite des nombreux ouvrages de Delille, sa traduction des *Géorgiques* est généralement regardée comme son chef-d'œuvre ; dans ses autres poèmes, on retrouve encore le poète riche en images, varié dans ses tournures, élégant et nouveau dans ses formes de style, et presque toujours le versificateur harmonieux; mais déjà dans *les Jardins* et progressivement dans les poèmes qui suivirent *les Jardins* le tissu devient plus lâche, l'expression moins précise, le vers moins soigné; c'est bien; mais on sent la possibilité du mieux : je parle en général, et ce ne serait pas me réfuter que de m'opposer même en grand nombre des morceaux de sentiment, des descriptions pompeuses, des vers admirables qui n'ont rien à envier aux pages les plus parfaites des *Géorgiques*. Il ne s'agit ici que de la continuité et de l'ensemble; sous ce rapport l'avantage me paraît appartenir exclusivement aux *Géorgiques*. Ce phénomène (car c'en est un dans les ouvrages d'un poète qui, à la différence des plus grands maîtres de son art, n'a rien écrit où il n'ait laissé l'empreinte d'un talent supérieur), ce phénomène, dis-je, mérite d'être observé.

Les souvenirs de l'école ne pouvaient être utiles à Delille que comme traducteur de Virgile; la contrainte salutaire que ses principes scolastiques lui imposaient se serait relâchée et peut-être évanouie en présence d'un écrivain moins classique et moins pur que le chantre des *Géorgiques*; devant les fictions d'Ovide, par exemple, et la facile abondance des *Métamorphoses*, la nécessité d'une gêne rigoureuse et constante n'eût pas été comprise par Delille. A quoi bon s'imposer des entraves pénibles pour reproduire un poète ingénieux et aimable qui n'en connaît presque aucune, et qui les brise en riant dès qu'il les rencontre? on se permet tout avec celui qui se croit tout permis. Delille eût traité le poète latin comme le poète latin traite lui-même ses sujets; il aurait laissé courir sa plume et se serait aisément persuadé qu'une négligence flatteuse pour son amour-propre comme pour sa paresse, lui donnait un trait de ressemblance de plus avec son original. Heureusement pour nous et pour lui, le modèle de Delille était choisi, et en même temps que Virgile présentait à son imitation un choix des plus belles formes antiques, le génie du grand homme planant sur le sien, le suivait de l'œil, conduisait sa main et l'avertissait de ses moindres écarts. Une beauté sublime se présentait ; il fallait y atteindre ou y brûler son pinceau. Des détails techniques d'agriculture hérissaient de difficultés jusqu'alors inconnues le champ que Delille avait à parcourir ; mais jusqu'à Virgile elles avaient été inconnues aux poètes latins ; Virgile en a triomphé ; il faudra que Delille en triomphe à son tour. Virgile a décrit poétiquement la charrue ; force sera à Delille d'enchâsser dans ses vers, et le manche, et le coutre, et les oreillons, et les coins, et les huit pieds de longueur que le timon doit avoir, et tout cela sera exprimé en vers nobles, poétiques, harmonieux ; la prose dans toute sa liberté avait eu de la peine à faire goûter ces détails à la superbe délicatesse de nos oreilles ; l'orgueil de rivaliser avec Virgile a enfanté un prodige ; et Boileau qui s'applaudissait si naïvement d'avoir frondé la perruque, aurait embrassé le jeune poète qui, dans une description beaucoup plus longue, et où tout est grave et sérieux, imitateur exact, mais créateur par la nouveauté des expressions, avait enrichi la langue poétique de ces termes campagnards relégués jusqu'alors dans le *Cours d'agriculture* ou dans la *Maison rustique*.

Une difficulté d'un autre genre pouvait encore effrayer Delille, et décourager un génie moins flexible, moins opiniâtre, moins sûr de ses ressources ; dans le troisième livre des *Géorgiques,* Virgile, à l'occasion de la reproduction des races, use des privilèges de sa langue, qui, comme l'a dit Boileau, brave l'honnêteté, et ne balance pas à exposer avec la clarté convenable à un poème didactique, les mystères les plus secrets de la nature, et tout ce qui peut éclairer le cultivateur sur cette partie si essentielle des richesses de la campagne. Delille n'ignorait pas que le lecteur français veut être respecté; mais il savait en même temps qu'il traduisait Virgile, et que son devoir était de ne rien sous-entendre, et toutefois de ne rien hasarder de dangereux. A force d'art, de recherches, d'expressions claires, mais allégoriques, il concilia deux obligations qui paraissaient inconciliables : il fut exact et décent, fidèle et chaste; et ses vers secondent aujourd'hui merveilleusement la prudence des maîtres chargés d'expliquer Virgile à leurs élèves.

Les *Géorgiques* sont si connues, sur-tout depuis que la traduction de Delille les a nationalisées parmi nous, que je ne crois pas devoir m'arrêter à en présenter ici l'analyse. Rappelons seulement en deux mots que ce poème, considéré par les hommes de lettres comme l'ouvrage le plus parfait de l'antiquité, traite des principales opérations de l'agriculture. Cependant, il faut le dire, les préceptes y tiennent peu de place; les descriptions y abondent : c'est la partie brillante de la poésie; et de nombreux épisodes, nés du sujet ou que l'art du poète a su habilement y rattacher, font une agréable diversion à l'aridité des leçons champêtres. Les plus célèbres de ses épisodes sont : la mort de César, l'éloge de l'Italie, celui de la vie et des mœurs de la campagne, les amours, la peste des animaux, et enfin l'aventure si touchante d'Eurydice et d'Orphée, reproduite en tant de manières, et à qui la musique de Gluck à prêté un charme qui n'est peut-être surpassé que par l'harmonie des vers de Virgile.

Le but que je me propose, ne serait qu'imparfaitement atteint, si, pour apprécier le mérite des *Géorgiques* de Delille, je ne le présentais que dans l'un de ces morceaux, qui, suivant une expression vulgaire, portent le traducteur, et ne lui laissent que la gloire assez rare pourtant et assez difficile à conquérir, d'être poète à côté d'un poète, et de déployer toutes les richesses de la poésie française, dans un sujet qui étale tous les trésors de la poésie latine. Ainsi, par exemple, quelque sublime que soit l'épisode d'Orphée, et quoique en dépit de Malfilâtre, de Le Brun, et de plusieurs autres imitateurs qui ont osé entrer en lice avec Delille, notre poète soit demeuré maître du terrain, et ait laissé ses concurrents plus loin derrière lui, qu'il n'est resté lui-même éloigné de Virgile, que vous prouverait cependant ce fragment de traduction, que ne vous démontrassent également cent autres passages de ses ouvrages originaux? Vous entendriez des vers charmants, pleins de sentiments, de douceur, de force et d'harmonie; mais le sujet est large, la route est battue; la langue des passions créée par Racine a pu aider Delille, et lui fournir des formes de style dont il doit renvoyer la gloire à l'inventeur. Mais à son tour, il la revendique cette gloire, lorsqu'il approprie au rhythme du vers et à la dignité de la poésie, les termes ennoblis des instruments et des opérations du labourage; c'est là qu'il faut le voir; c'est par là, que nous commencerons à juger ce qu'il a fallu de tentatives réitérées, de constance et d'audace pour vaincre-les difficultés que lui opposait son auteur.

Voyons donc cette description de la charrue que j'ai osé annoncer plus haut comme le premier monument de cette heureuse conquête sur les expressions techniques, et sur les procédés mécaniques des arts, dont notre poésie est redevable à M. Delille :

> De la charrue enfin dessinons la structure.
> D'abord il faut choisir, pour en former le corps,
> Un ormeau que l'on courbe avec de longs efforts.
> Le joug qui t'asservit ton robuste attelage,
> Le manche qui conduit le champêtre équipage,
> Pour soulager ta main et le front de tes bœufs,
> Du bois le plus léger seront formés tous deux.
> Le fer dont le tranchant dans la terre se plonge
> S'enchâsse entre deux coins d'où sa pointe s'allonge;
> Aux deux côtés du soc, de larges oreillons,
> En écartant la terre, exhaussent les sillons :
> De huit pieds en avant que le timon s'étende;
> Sur deux orbes roulants que ta main le suspende ;.
> Et qu'enfin tout ce bois éprouvé par les feux,
> Se durcisse à loisir sur ton foyer fumeux.

C'est bien là la charrue de Virgile, et, si j'osais dire ce que je pense, c'est mieux que Virgile lui-même: on ne trouve rien dans le latin qui puisse être considéré comme l'équivalent de ce vers,

> Le joug qui t'asservit ton robuste attelage;

ces deux vers,

> Le fer dont le tranchant dans la terre se plonge
> S'enchâsse entre deux coins d'où sa pointe s'allonge,

sont dignes de Boileau, et les deux derniers,

> Et qu'enfin tout ce bois éprouvé par les feux
> Se durcisse à loisir sur ton foyer fumeux.

sont dignes de Virgile; on regrette pourtant que l'idée de la transsudation de l'humidité du bois, renfermée si heureusement dans le mot *explorat*, n'ait pas trouvé d'équivalent dans la traduction française.

On me reprocherait d'être injuste envers un poète qui a affectionné le genre descriptif, et qui, pour y être supérieur, n'aurait eu besoin que de s'y moins exercer, si, à un morceau purement technique, je négligeais de faire succéder l'exemple d'une de ces belles descriptions que le tableau de la campagne a inspirées à Virgile, et qui ont dû appeler plus spécialement les soins et le travail de son imitateur. Virgile ne prodigue ni les descriptions dans son poème, ni les détails dans ses descriptions; il concilie l'économie avec l'opulence; c'est le caractère de la sagesse et de la véritable grandeur; mais dans les occasions nécessaires, il se fait honneur de ses richesses, et nul poète ne le surpasse alors, ni pour la pompe du style, ni pour la vérité des images.

Dans le nombre des descriptions qu'ennoblit naturellement le sujet des *Géorgiques*, il en est peu qui offrent des incidents plus variés et des traits plus pittoresques que la description des signes précurseurs d'un orage. Les vers de Virgile sont magnifiques, et nulle autre part peut-être la lutte entre les deux rivaux n'a été plus constamment égale :

Que dis-je ? tout prédit l'approche des orages ;
Nul, sans être averti, n'éprouva leurs ravages.
Déjà l'arc éclatant qu'Iris trace dans l'air,
Boit les feux du soleil et les eaux de la mer.
La grue, avec effroi s'élançant des vallées,
Fuit les noires vapeurs de la terre exhalées ;
Le taureau hume l'air par ses larges naseaux ;
La grenouille se plaint au fond de ses roseaux ;
L'hirondelle en volant effleure le rivage ;
Tremblante pour ses œufs la fourmi déménage ;
Et des affreux corbeaux les noires légions
Fendent l'air qui frémit sous leurs longs bataillons.
Vois les oiseaux des mers, et ceux que les prairies
Nourrissent près des eaux sur des rives fleuries.
De leur séjour humide on les voit s'approcher,
Offrir leur tête aux flots qui battent le rocher,
Promener sur les eaux leur troupe vagabonde,
Se plonger dans leur sein, reparaître sur l'onde,
S'y replonger encore, et par cent jeux divers
Annoncer les torrents suspendus dans les airs.
Seule, errant à pas lents sur l'aride rivage,
La corneille enrouée appelle aussi l'orage.
Le soir, la jeune fille, en tournant son fuseau,
Tire encor de sa lampe un présage nouveau,
Lorsque la mèche en feu, dont la clarté s'émousse,
Se couvre en pétillant de noirs flocons de mousse.

Il y a peu de remarques à faire sur ce morceau admirable de style, de fidélité et de précision. En effet, ce serait une puérilité d'observer, comme l'a fait Clément, que vingt vers latins sont traduits ici par trente vers français. S'il fallait soumettre la poésie à un calcul mathématique, Clément serait encore dans son tort; car le vers latin peut avoir régulièrement dix-sept syllables, et à raison des élisions, le nombre peut en être porté jusqu'à vingt. Notre vers alexandrin n'en admet que douze ou treize, en comptant pour quelque chose de réel la dernière syllabe muette de la rime féminine; ainsi, à consulter Barême, Delille serait tout-à-fait irréprochable. Laissons de côté ces minuties, et n'épargnons point à Delille des observations plus sérieuses. *Vois les oiseaux des mers*, n'est séparé que par un vers de celui-ci :

De leur séjour humide on les *voit* s'approcher.

Cette répétition me parait une négligence ; une faute plus grave est celle-ci :

Promener sur les eaux leur course vagabonde,
Se plonger dans *leur* sein.

Le pronom possessif *leur*, d'après des regles qu'il n'est pas permis de violer même en poésie, ne peut se rapporter à un objet inanimé. Mais voici le crime capital : j'ai dit combien Delille était jaloux de rendre toujours l'image principale, l'idée dominante ; il y a manqué dans cette circonstance, et c'est à l'occasion de la corneille qu'il a fait cet affront à Virgile. Je vois bien dans Delille, *la corneille enrouée* ;

l'épithète est neuve, elle est originale, elle rassemble en un seul mot les idées auxquelles Virgile en a consacré trois :

Tum cornix plenâ pluviam vocat improba voce.

Je vois encore la corneille,

Seule, errant à pas lents sur l'aride rivage,

et je demande à Delille le *secum* du poète latin; je n'en retrouve nulle trace dans la traduction. C'est donc une chose bien importante que ce *secum*? tellement importante, que Virgile, qui n'aimait pas à se répéter, a néanmoins appliqué à Orphée, promenant sa douleur sur les bors du Tanaïs, ce même *secum*, cette même apposition dont il caractérise en ce moment la démarche de la corneille, attristée par les approches de la pluie :

Te, dulcis conjux, te solo in littore *secum*,
Te veniente die, te decedente canebat.

Là, seul, touchant sa lyre, et charmant son veuvage,
Tendre épouse, c'est toi qu'appelait son amour,
Toi qu'il pleurait la nuit, toi qu'il pleurait le jour.

Cela est bien, très bien; mais ce terrible *secum*, ce mot de choix, ce mot de goût, ce mot qui exprime si naturellement, et qui seul, peut-être, était propre à exprimer la démarche concentrée d'un être absorbé dans des réflexions profondes, d'un être qui n'a d'autre compagnie que lui-même, ce mot aussi touchant, quand il est dit d'un époux malheureux pour qui tout l'univers est devenu un désert, qu'il est vrai dans un ordre d'idées qui attribuait à la corneille un instinct prophétique, ce mot, il faut le dire, est intraduisible en français, puisque deux fois reproduit par l'auteur original, deux fois il a été omis, il a été manqué par Delille. J'ai bien eu raison de dire qu'il était intraduisible ; car ni Binet, ni les quatre professeurs, ni Desfontaines, à qui la prose laissait plus de latitude, n'ont même osé l'aborder ; et puis que l'on cherche Virgile dans des prosateurs.

Il me serait facile de multiplier des citations de cette nature, et de montrer Delille, tantôt rivalisant d'harmonie avec Virgile, comme dans la comparaison des Cyclopes :

> Et leurs bras vigoureux lèvent de lourds marteaux
> Qui tombent en cadence et domptent les métaux;

tantôt le surpassant dans quelques détails descriptifs, comme lorsqu'il nous peint l'étalon généreux et plein d'audace, qui

> Sur ses jarrets pliants se balance avec grace,

image évidemment plus juste et plus gracieuse que celle qui est retracée dans l'hémistiche de Virgile,

> Et mollia crura reponit ;

plus souvent vaincu par son divin modèle, mais vaincu avec honneur, mais vaincu après une honorable résistance, et emportant avec l'estime et les suffrages du vainqueur, les applaudissements de tous les spectateurs du combat.

L'analogie des sujets plus que l'ordre chronologique de la composition des ouvrages me fait passer immédiatement de la traduction des *Géorgiques* au poème des *Jardins*, et à celui de *l'Homme des Champs*, ou des *Géorgiques françaises*. J'ai fait voir le génie de Delille, appuyé sur le génie de Virgile, marcher d'un pas quelquefois inégal, mais toujours ferme et intrépide dans des routes regardées jusqu'alors comme inaccessibles à notre langue et à notre poésie. Si Delille reste quelquefois en arrière, quelquefois aussi par un élan courageux il regagne le terrain qu'il a perdu, et, avec une noble hardiesse que justifie le succès, il s'élance en avant, et dépasse son guide et son modèle. Créateur en imitant, il traduit un poème entier de Virgile avec le bonheur, l'exactitude, j'oserais ajouter avec la perfection de Racine et de Boileau, quand ces grands poètes reproduisent quelques fragments isolés d'Euripide, d'Horace et de Juvénal. Enfin la gloire du traducteur des *Géorgiques* n'est qu'une gloire, réfléchie, il est vrai, mais elle arrive à nous avec l'éclat et la pureté de la source primitive à laquelle elle est empruntée.

Maintenant, c'est Delille seul, Delille abandonné à son propre instinct poétique; on doit donc se disposer à entendre de beaux vers. Mais n'aurons-nous que des éloges à donner à l'intérêt et à la régularité de la composition? C'est ce qu'il appartient à la critique d'examiner; et, quand elle s'exerce sur les ouvrages de M. Delille, il serait superflu de lui rappeler qu'elle lui doit le double hommage des égards et de l'impartialité.

M. Delille ne nous a point laissé ignorer que c'est

un passage des *Géorgiques* de Virgile qui lui donna l'idée de chanter les jardins. Arrivé au terme de la carrière, Virgile regrette que le temps et les bornes de son sujet ne lui permettent point de leur consacrer quelques vers ; je cite en français ce passage très remarquable, d'abord parce que les vers de Delille sont charmants, sauf le premier qui me paraît, je l'avoue, renfermer un faux sens, ensuite parce qu'ils pourront nous servir à trouver jusqu'à quel point Delille a pu s'en prévaloir comme d'une autorité pour composer son poème :

> Si mon vaisseau, long-temps égaré loin du bord,
> Ne se hâtait enfin de regagner le port,
> Peut-être je peindrais les lieux chéris de Flore ;
> Le narcisse en mes vers s'empresserait d'éclore ;
> Les roses m'ouvriraient leurs calices brillants ;
> Le tortueux concombre arrondirait ses flancs ;
> Du persil toujours vert, des pâles chicorées
> Ma muse abreuverait les tiges altérées ;
> Je courberais le lierre et l'acanthe en berceaux,
> Et le myrte amoureux ombragerait les eaux.

Peut-être Virgile avait-il senti que, l'agriculture ne lui ayant fourni la matière de quatre chants qu'à l'aide des épisodes nombreux dont il l'avait enrichie, il était bien difficile que l'art d'orner un parterre de fleurs, de couvrir un terrain de plantes potagères, d'ombrager le sol par la verdure de quelques arbres de choix, de l'animer, de le féconder par des irrigations bienfaisantes, que le jardinage en un mot présentât un intérêt assez soutenu et assez puissant pour suffire à la composition d'un poème. Delille lui-même était loin d'avoir trouvé dans les vers de Virgile le conseil qu'il y a vu depuis, lorsque, jugeant avec sévérité le poème du père Rapin sur les jardins, et rendant néanmoins justice à l'élégance de sa latinité et de sa versification, il fondait principalement l'infériorité du poète moderne, sur l'ingratitude du sujet qu'il avait choisi pour objet de ses chants. « Virgile, disait alors M. Delille dans « sa préface des *Géorgiques*, Virgile a un avantage « sur Rapin; c'est l'importance de l'objet de ses le- « çons. L'art qui féconde les guérets est bien autre- « ment intéressant que celui qui embellit les jardins, « et l'on ne partage pas aussi volontiers les trans- « ports d'un fleuriste passionné à la vue du plus « beau parterre de fleurs, que ceux du laboureur « à l'aspect d'une abondante moisson. »

Quelques années plus tard, Delille avait bien changé de manière de voir, et comme il est juste d'être indulgent pour l'amour-propre d'un poète qui était l'indulgence et l'amabilité même, il faut bien lui pardonner d'avoir aussi changé de langage. Il publia son poème *des Jardins*, et depuis, dans la préface de son *Homme des Champs*, il s'est efforcé, contre l'opinion la plus généralement répandue, et notamment contre l'opinion de M. de Maistre, de prouver que les jardins offrent à la poésie non seulement des descriptions riches et brillantes, mais encore un grand fond d'intérêt.

Mais c'est en vain que, par une distinction plus ingénieuse qu'exacte, M. Delille se réfugie dans deux sortes d'intérêts, l'intérêt du sujet, dit-il, et celui de la composition. L'intérêt de la composition est commun à tous les poèmes, puisque cet intérêt n'est autre que celui du style dont aucun poème, dont aucun ouvrage ne peut se passer. Cet intérêt n'est donc pas plus nécessaire au poème didactique qu'à tout autre; il couvre les défauts d'un sujet faible et languissant, témoin *Bérénice* et *Marianne;* mais témoin encore *Marianne* et *Bérénice*, il ne peut rendre intéressant ce qui ne l'est point par soi-même. Non, ce ne sera jamais par des descriptions accumulées, ce ne sera point en promenant le lecteur dans tous les détours d'un parc immense, en lui en faisant passer sous les yeux tous les points de vue, tous les monuments, toutes les chutes d'eau, tous les arbres exotiques ou indigènes, que le poète le plus admirable pourra se flatter d'exciter cet intérêt puissant qui s'empare de l'âme, commande à l'attention, réveille la curiosité prête à s'abattre, et la soutient toujours vive, toujours également satisfaite dans le cours de ses plus longues excursions. Mais ce poète, quand il s'appellera Delille, saura tellement tromper son lecteur sur le vice fondamental de son poème, par le charme des détails, par les beautés du premier ordre dans les parties isolées de l'ensemble par quelques épisodes où respire un sentiment doux tendre et mélancolique, que sans lire peut-être une seule fois le poème de suite, ou l'aura lu vingt fois tout entier, on le saura par cœur, on le répétera par morceaux qui, pris en particulier, et à raison de leur peu d'étendue, présenteront comme une série de petits poèmes beaucoup plus intéressants que l'ouvrage même dont ils auront été détachés. Le poème des *Jardins* n'est donc point un tableau unique dans lequel le poète ait fait concourir à un même but une foule d'objets de même nature, et les ait disposés entre eux suivant leur degré d'importance, et en les subordonnant dans leurs places respectives à un centre d'action, de mouvement et de vie; mais c'est une galerie de paysages dont chaque tableau a son prix, et qui tous se font remarquer par l'élégance du dessin et par la vivacité des couleurs.

Delille aurait pardonné à ses critiques d'avoir signalé dans son poème l'absence du plan et de l'intérêt; un reproche qui lui paraît à la fois plus injuste et plus cruel, fut celui d'avoir manqué de sensibilité. Il y répond par différentes citations qui portent, il est vrai, le caractère de la douleur, des regrets, de la mélancolie; c'est la destruction du parc de Versailles; c'est l'idée sentimentale de faire des arbres que l'on plante des monuments d'amour, d'amitié, de retour d'un ami, de la naissance d'un fils; c'est l'épisode de ce jeune indien, compagnon de Bougainville qui, au milieu des pompes de Paris, jetait des regards douloureux sur les beautés simples des lieux qui l'avaient vu naître; ce sont les plaintes exhalées sur la mémoire du capitaine Cook; c'est enfin cette peinture si connue de la mélancolie, cette peinture si naturellement amenée par celle de la dégradation de la nature vers la fin de l'automne. Je suis loin de vouloir établir aucune comparaison désagréable entre un aussi grand poète que Delille et quelques mauvais rimeurs qui, à défaut de talent, se sont donné ou ont affecté une grande réputation de sensibilité; mais avec Delille comme avec eux, il faut en venir au principe, et soutenir qu'il n'est pas vrai qu'un poète soit sensible parce qu'il traite des sujets qui exigent ou qui supposent de la sensibilité. On peut verser sur la cendre d'un parent ou d'un ami des larmes aussi froides que le marbre qui la couvre; on peut déplorer en vers glacés non-seulement les malheurs des autres, mais ses propres infortunes; et pour qu'on ne m'accuse pas d'emprunter mes exemples dans un ordre de talent trop inférieur au talent de Delille, Ovide, auquel il a été souvent comparé, Ovide, le troisième, s'il n'est pas le second des poètes latins, a-t-il laissé échapper un éclair de sensibilité dans les chants, d'ailleurs si purs, si élégants, si harmonieux, où il a déploré la grande catastrophe du déluge et la destruction du genre humain, la mort d'Eurydice et le massacre d'Orphée par les femmes de la Thrace, la mort de César, et enfin la longue agonie de son exil au milieu des frimats de la Scythie? Voyez au contraire avec quelle sensibilité déchirante Virgile, qui aurait dû lui montrer la route, a peint la plupart de ces mêmes évènements, et quel charme attendrissant prête à sa première églogue le tableau du bannissement du toit et des champs paternels. La sensibilité n'est donc pas dans le sujet; elle est tout entière dans l'âme du poète, elle est dans la faculté de recevoir en soi, et de communiquer rapidement au dehors ces impressions profondes qui remuent, qui échauffent, qui transportent le lecteur, et forcent ses yeux obscurcis par les larmes de suspendre involontairement leur lecture. Or, il est certain que cette qualité précieuse est peu compatible avec l'affectation de l'esprit, qui amène quelquefois à sa suite l'affectation et par conséquent la mort du sentiment; qu'elle est encore inconciliable avec un soin pénible et recherché de diction qui éteint la chaleur de l'inspiration, ou avec une facilité surabondante qui ne permet pas de l'attendre. Loin de moi la pensée de contester la sensibilité à Delille; il lui a élevé un trop beau monument, pour que le simple doute à cet égard ne fût pas une injustice. Je ne parle que des *Jardins*; et c'est dans ce poème sur-tout que, beaucoup trop livré au plaisir de peindre, Delille m'a paru avoir trop négligé, trop méconnu l'origine et la source de la véritable sensibilité. Son origine est dans le ciel, sa source dans le chef-d'œuvre de la création; Dieu et l'homme voilà, si j'osais emprunter à la physique le terme le plus propre à rendre ma pensée, voilà les vrais, les uniques imitateurs de cette électricité morale d'où jaillissent, avec les éclairs du génie, les flammes brûlantes de la sensibilité.

De ces deux éléments, l'un a été négligé par Delille; l'autre, entrevu à travers des nuages qui n'ont jamais été entièrement dissipés, n'entrait que très imparfaitement dans le système de ses compositions poétiques.

Dans Virgile, tout est lié, tout se rapporte à Dieu ou à l'homme; et que fait à l'homme tout ce qui n'est pas lui-même, ou tout ce qui n'est pas son auteur? Voilà le secret de cette sensibilité expansive qui se répand comme la vie sur toutes les parties d'un ouvrage, et qui, M. Delille en convient, doit rendre intéressantes les choses les plus étrangères à l'homme; or ce genre de sensibilité se rencontre-t-il dans *les Jardins?* J'ose, quoiqu'avec peine, me prononcer pour la négative.

L'homme s'y montre, je ne l'ignore pas, dans un assez grand nombre d'épisodes; mais il est presque toujours placé en dehors du sujet, et ne figure ni comme personnage principal dans l'action du poème, ni comme partie nécessaire dans les appendices que Delille ajouta à sa seconde édition; tenons-nous en à la première: certainement c'est un lien bien faible qui rattache la mort du capitaine Cook à la description des jardins irréguliers; le poète invite les riches propriétaires à élever dans leurs bosquets des monuments historiques; il y veut voir la statue de Fénelon qui pouvait s'y trouver en assez mauvaise compagnie; car quelques vers plus haut, le poète demande au sculpteur de reproduire dans les mêmes jardins les divinités de la mythologie payenne. Passe pour Henri IV, à qui quelques-unes d'entre elles pourraient offrir des distractions agréables. De Henri IV on arrive à Cook dont le malheur récent et la protection magnanime que Louis XVI avait accordée à son vaisseau, justifiait l'hommage poétique que Delille s'est plu à lui rendre; les vers sont beaux et même assez touchants, mais il y manque pourtant je ne sais quoi de vrai, de naturel et d'inspiré; un vers même, mais il est unique, décèle une certaine exagération avec laquelle Delille ne nous a pas familiarisés. Après avoir dit qu'avant les voyages de Cook, nous ne nous annoncions, dans les îles de la mer du Sud, qu'au bruit du tonnerre : c'est toi qui, dit-il à Cook en l'apostrophant, c'est toi qui,

> Triptolême nouveau,
> Apportais le coursier, la brebis, le taureau,
> Le soc cultivateur, les arts de ta patrie,
> Et des brigands d'Europe expiais la furie.

Les pauvres Européens traités de brigands par opposition à des anthropophages! il serait curieux de savoir quel nom Delille aurait mis en réserve pour ces derniers.

C'était par cet épisode que le poème était autrefois terminé; dans la seconde édition, Delille lui a accolé un second épisode de plus de deux cents vers, contenant l'histoire d'Abdolonyme arraché ainsi que son fils aux charmes du modeste jardin qu'il cultivait dans un des faubourgs de Sidon, pour remonter à la voix du conquérant sur le trône de ses ancêtres. Deux cents vers de Delille sont bons à lire partout où on les trouve; mais ne seraient-ils pas mieux à leur place dans le recueil de ses opuscules poétiques, qu'annexés à un poème qui, sous aucun rapport, n'a rien de commun avec cet évènement historique.

Je me permettrais un autre genre de critique sur l'épisode des chartreux et des trapistes exilés de leur cloître, à qui un riche propriétaire ouvre un asyle dans ses magnifiques jardins. Le poème a une date certaine, celle de la guerre de 1778 qui y est annoncée avec de magnifiques éloges que Delille aura plus d'une fois rétractés au fond de son cœur, après en avoir connu les résultats pour la France. Le poète rappelle ailleurs la naissance du premier dauphin ravi par une mort heureuse au spectacle des infortunes qui ont accablé sa famille, et dans lesquels il n'est que trop probable qu'il eût été lui-même englouti; or, la proscription des ordres religieux est postérieure de neuf ans à la naissance de l'auguste enfant; on voit donc que le morceau a été ajouté après coup, au risque d'un anachronisme. Delille a répondu d'avance à l'objection; l'avenir se dévoile aux yeux du poète, et les temps qui ne sont pas arrivés sont présents à ses regards prophétiques. L'excuse est poétiquement bonne, et nous la recevons avec d'autant plus de plaisir que, dans aucun endroit de son poème, il n'a été mieux inspiré par la sensibilité religieuse.

La terre sentira leur présence féconde;
Pour vous, pour vos moissons, vers le maître du monde
Ils lèveront leurs mains; vous devrez à leurs vœux
Et les biens d'ici bas, et les trésors des cieux;
Et lorsqu'à la lueur des lampes sépulcrales,
Des silences profonds coupés par intervalles,
Du sein de la forêt, leurs nocturnes concerts
En sons lents et plaintifs monteront dans les airs,
Peut-être à ces accents vous trouverez des charmes;
Vous envîrez leurs pleurs; vous y joindrez vos larmes;
Et le corps sur la terre, et l'esprit dans le ciel,
Vos vœux iront ensemble aux pieds de l'Éternel.

Dans cette belle tirade dont je n'ai cité que la fin, point de clinquant, point de cliquetis d'antithèses forcées, point d'accumulation d'épithètes; la marche du vers est simple, majestueuse, naturelle; pourtant l'expression poétique ne se fait point désirer; vous la retrouvez avec tout son éclat dans ces deux vers noblement pittoresques :

Du sein de la forêt leurs nocturnes concerts
En sons lents et plaintifs monteront dans les airs.

Il y a dans ce morceau du charme et de la sensibilité; Dieu et l'homme y sont réunis; nous regretterons toujours que de semblables inspirations soient si rares dans le poème *des Jardins*.

Quelle est donc dans l'ordre des poèmes de la langue française, la place que nous assignerons définitivement au poème *des Jardins* ? La première de toutes, si le genre descriptif est un genre, ce que nous sommes loin d'accorder; la seconde, mais à une distance respectueuse de l'*Art Poétique* de Boileau, si l'on veut rapporter *les Jardins* au genre didactique; la troisième, et à une distance presque égale, si la traduction des *Géorgiques* peut être considérée comme appartenant à la langue nationale, et elle doit l'être en effet, puisque la conquête finit par établir et par légitimer la propriété. Delille seul était en état de composer *les Jardins*; dans aucun autre de ses ouvrages il n'a déployé avec plus de magnificence, ces dons précieux que lui avait départis la nature; l'ouvrage restera comme un riche dictionnaire poétique, comme un recueil d'études d'un grand maître; un tableau d'ensemble veut de l'unité, un plan, de l'intérêt, et ces qualités, j'ai essayé du moins de le démontrer, sont loin d'être réunies dans le poème des *Jardins**.

L'Homme des Champs a un plan plus déterminé, un but plus moral que *les Jardins*; le plan même serait irréprochable, sans le quatrième chant; l'auteur abandonne à peu près son sujet, pour y donner des leçons au poète des champs qui se sentira digne de célébrer les phénomènes et les richesses de la nature. On sent trop que des préceptes littéraires sont tout-à-fait étrangers à un poème dont le sujet est l'emploi d'une grande fortune, consacrée à l'exploitation et aux jouissances de la campagne; il y a lieu de soupçonner que ce chant tout entier est encore un de ces opuscules que Delille tenait

---

* M. Campenon, dans les *Essais de mémoires sur Ducis*, qu'il a publiés en 1824, rapporte une lettre de ce poète, écrite en 1782, et dans laquelle il appréciait ainsi *les Jardins* de Delille :

« Parlons un peu du poème des *Jardins*. On ne peut pas se tromper sur
« le charme de la lecture. Quelle perfection de vers! quelles tournures!
« quelle brillante exécution! C'est véritablement *le petit chien qui secoue*
« *des pierreries*; mais, malgré tout le succès mérité de ce livre, peut-être
« ne sera-t-il pas la lecture favorite du rêveur solitaire qui a l'habitude d'em-
« porter avec lui Virgile ou La Fontaine. C'est qu'il y a dans la nature un
« charme qui est à elle, et que tout l'esprit du monde ne peut saisir; peut-
« être même ne s'en doute-t-il pas, cet esprit gâteur de raison et quelquefois
« de poésie. Comme tout est plein sans excès, comme tout est doux sans fai-
« blesse, comme tout est soigné sans effort dans le poète ravissant qui peignit
« les amours de Didon... »

Le talent de Delille est fort bien caractérisé dans ce peu de lignes écrites avec l'abandon d'une correspondance familière, et on y trouve quelque chose de ce sentiment exquis du beau dans la nature et dans l'art, qui anime la critique de Fénelon dans ses *Dialogues sur l'éloquence* et dans sa *Lettre à l'Académie*.   H. PATIN.

en réserve, soit pour des lectures publiques ou particulières, soit pour le recueil futur de ses œuvres, et qu'il rattachait ensuite à d'autres publications, toutes les fois qu'à l'aide d'une légère analogie ou d'une transition un peu hasardée, la jonction pouvait avoir lieu sans produire un contraste trop choquant. Par cet artifice innocent, et qui ne compromettait qu'un genre de mérite, auquel Delille, à ce qu'il semble, ne mettait pas une très grande importance, il satisfaisait à l'impatience du public qu'il avait accoutumé à multiplier le prix de chacun de ses ouvrages par le nombre des vers.

L'Homme des Champs, comme *les Jardins*, est divisé en quatre chants. Le poète y enseigne à un riche propriétaire les moyens de s'entourer de ces nobles jouissances qui, en ajoutant à sa fortune, ajoutent à sa propre considération et au bonheur des familles dont il est entouré. Un second titre, celui de *Géorgiques Françaises*, avait fait entrevoir un projet de rivaliser avec Virgile, et de donner aussi des leçons d'agriculture appropriées aux mœurs et fondées sur les découvertes modernes. La lecture de l'ouvrage dissipa une présomption inquiétante; traiter le même sujet que Virgile après l'avoir si heureusement traduit, c'était s'exposer à une double comparaison qui ne présentait aucune chance de supériorité ni même de succès. Delille avait trop de goût, et sur-tout trop d'esprit, pour tenter une aventure aussi téméraire; il n'y eut presque rien de géorgique dans son nouvel ouvrage; l'agriculture dont il traça les règles, ou pour parler plus juste, dont il décrivit les procédés et les prodiges, est cette agriculture qu'il appelle lui-même merveilleuse, qui ne se contente pas de mettre à profit les bienfaits de la nature, mais qui triomphe des obstacles, perfectionne les productions et les races indigènes, naturalise les races étrangères, fait croître la vigne sur les rochers, force les torrents à dévider la soie, ou à dompter les métaux, corrige les terrains, fructifie, par des arrosements, les lieux les plus arides, réprime ou met à profit les ravages ou les usurpations des rivières, dont toutes les opérations en un mot sont des miracles du génie et de l'opulence.

Voilà Delille sur son domaine; les descriptions ne manqueront pas; eh bien! quoique plus nombreuses, ce que l'on aura peine à croire, et plus développées que celle des *Jardins*, quoique souvent plus pâles, et moins poétiques, le dirai-je, elles me paraissent moins fatigantes, parce qu'elles ont toutes un centre auquel elles aboutissent, et que ce centre c'est la volonté, c'est l'action d'un homme. Ce riche, cet homme bienfaisant et laborieux, non-seulement anime tout par sa présence et par son commandement; mais encore il communique la joie, la santé, l'aisance à tous les êtres qui l'environnent. Je retrouve mes semblables; c'est pour eux que sont ordonnés ces travaux de la semaine, et ces jeux dus à la nécessité de son repos. Je vois s'élever un hospice pour les indigents et pour les vieillards; dans l'intérieur du château, une pharmacie est préparée pour les malades; la mère conduit sa jeune fille dans la cabane du pauvre, et lui apprend

> A faire en rougissant l'essai de la bonté,
> Par qui tout s'embellit jusques à la beauté.

Delille a tracé lui-même l'analyse de son poème; elle est fidèle, et je me bornerai à en donner ici les principaux traits. Dans le premier chant, il essaie de peindre un véritable philosophe qui, avec des yeux plus exercés que le vulgaire, parcourt dans leurs innombrables variétés les riches décorations des scènes champêtres, et multiplie ses jouissances en multipliant ses sensations. L'exemple de la bienfaisance lui est donné par la nature même qui n'est à ses yeux qu'un échange éternel de secours et de bienfaits. Il s'associe à ce concert sublime, appelle à l'appui de ses utiles projets les autorités du hameau qu'il habite, et par ce concours de soins et de bienveillance, assure le bonheur de l'enfance et de la vieillesse.

Dans ce premier chant il est peu de morceaux d'une certaine étendue qui n'aient été cités plusieurs fois, et transportés dans les livres élémentaires destinés à l'éducation de la jeunesse. La description si harmonieusement imitative du trictrac; la précision poétiquement mathématique du jeu d'échecs; la peinture assez gaie, mais tournant un peu au burlesque et à la parodie, du maître d'école; la chasse du cerf, dans laquelle Delille avait à lutter contre quatre rivaux redoutables, Thompson, le père Vanière, Saint-Lambert et Roucher, qui tous les quatre lui ont abandonné la victoire. Le tableau d'un bon pasteur, d'un bon curé de village est un peu moins connu quoique très digne de l'être.

Dans le second chant consacré aux prodiges de l'industrie humaine, Delille donne en quelque sorte l'exemple et le précepte; il se joue à sa manière des difficultés de la poésie; il ajoute à la description de chaque mécanique, un mécanisme particulier de versification; s'il conseille aux cultivateurs d'asservir leur intelligence et leurs bras aux usages les plus compliqués de l'industrie, ses vers ont toute la souplesse, toute la flexibilité, toute la force des ressorts dont il prescrit l'emploi, dont il surveille la direction, dont il explique les résultats.

Je leur dis * voyez-vous bondir ces flots errants ?
Courez, emparez-vous de ces fougueux torrents ;
Guidez dans des canaux leur onde apprivoisée ;
Que, tantôt réunie et tantôt divisée,
Elle tourne la roue, élève les marteaux,
Ou dévide la soie, ou dompte les métaux.
Là, docile ouvrier, le fier torrent façonne
Les toisons de Palès, le sabre de Bellone.
Là, plus prompt que l'éclair, le flot lance les mâts
Destinés à voguer vers de lointains climats ;
Là, pour l'art des Didots, Annonay voit paraître
Les feuilles où ces vers seront tracés peut-être ;
Tout vit ; j'entends partout retentir les échos
Du bruit des ateliers, des forges et des flots ;
Les rocs sont subjugués, l'homme est grand, l'art sublime,
La montagne s'égaie et la forêt s'anime.

* Aux cultivateurs.

Je ne puis que recommander rapidement à l'attention, dans le même chant, la description du canal du Languedoc, dans le troisième celle de l'avalanche des Alpes, celle de l'herborisation par les élèves de Jussieu, sur-tout celle de l'organisation des insectes, dont je ne puis me défendre de rappeler les derniers vers :

> Montrez-moi ces fuseaux, ces tarières, ces dards,
> Armes de vos combats, instruments de vos arts,
> Et les filets prudents de ces longues antennes
> Qui sondent devant vous les routes incertaines.
> Que j'observe de près ces clairons, ces tambours,
> Signal de vos fureurs, signal de vos amours,
> Qui guidaient vos héros dans les champs de la gloire,
> Et sonnaient le danger, la charge et la victoire;
> Enfin tous ces ressorts, organes merveilleux,
> Qui confondent des arts le savoir orgueilleux,
> Chefs-d'œuvre d'une main en merveilles féconde,
> Dont un seul prouve un Dieu, dont un seul vaut un monde.

Quoique le quatrième chant soit un hors d'œuvre, il n'en contient pas moins des morceaux très remarquables : la peinture de Paris opposée aux mœurs de la campagne, les douleurs de la génisse inconsolable mère à qui on vient d'enlever le fruit de ses amours, et qui s'en retourne à son étable, seule et désespérée; enfin, une imitation touchante d'un des plus célèbres passages d'Horace, imitation qui, pour le rappeler en passant, prouve que le véritable génie de Delille était celui de la traduction. Tous les amateurs de l'antiquité connaissent ces trois vers inimitables, dans lesquels le voluptueux Horace exprime avec tant de grace le vœu de s'arracher à la fumée de Rome, de voir la campagne, d'y partager ses heures indolentes entre le sommeil, la lecture des vieux auteurs, et le plaisir de ne rien faire:

O rus, quandò te aspiciam, quandòque licebit,
Nunc veterum libris, nunc somno et inertibus horis
Ducere sollicitæ jucunda oblivia vitæ?

Et cet autre vers que Boileau a rapproché des précédents, quoiqu'il se trouve placé dans une pièce différente :

Oblitusque meorum, obliviscendus et illis.

Boileau, et c'est M. Delille qui en fait la remarque, a traduit ces vers charmants avec une sévérité de ton et de couleurs tout-à-fait opposée à l'aimable abandon de son original :

O fortuné séjour, ô champs aimés des cieux!
Que pour jamais foulant vos prés délicieux
Ne puis-je ici fixer ma course vagabonde,
Et, connu de vous seul, oublier tout le monde!

Ces vers sont bien faits, mais ils sont bien faits à la manière de Boileau, et non pas à la manière d'Horace ; on n'y retrouve ni cette exclamation simple *O rus, quandò te aspiciam?* ô campagne, quand pourrai-je te voir! ni la molle négligence de cet *inertibus horis*, de ces heures paresseuses auxquelles Horace voue les moments de son existence champêtre, ni la marche traînante et fatiguée du dernier vers, si bien coupé dans sa césure, si artistement composé de spondées, et qui semble déjà un accomplissement anticipé des vœux du poète. M. Daru qui a souvent bien rencontré dans sa traduction des satyres et des épîtres d'Horace, et que ses devoirs de traducteur condamnaient du moins à une grande exactitude, a été encore plus malheureux que Boileau; car ses vers sont moins harmonieux et ne se sont pas plus fidèles que ceux du célèbre satirique :

> O ma chère campagne, ô tranquilles demeures?
> Quand pourrai-je au sommeil donner de douces heures,
> Ou, trouvant dans l'étude un utile plaisir,
> Parmi les enchanteurs, charme de mon loisir,
> Au sein de la paresse et d'une paix profonde,
> Goûter l'heureux oubli des orages du monde!

Voici actuellement les vers de Delille qui, pour l'exactitude, l'harmonie et la ressemblance des images, me paraissent de beaucoup supérieurs à ceux de Boileau et de M. Daru.

> O champs! ô mes amis! quand vous verrai-je encore?
> Quand pourrai-je, tantôt goûtant un doux sommeil
> Et des bons vieux auteurs amusant mon réveil,
> Tantôt ornant sans art mes rustiques demeures,
> Tantôt laissant couler mes indolentes heures,
> Boire l'heureux oubli des soins tumultueux,
> Ignorer les humains et vivre ignoré d'eux!

Je ne trouve à reprendre dans cette heureuse imitation que le vers,

> Tantôt ornant sans art nos rustiques demeures.

Je le blâme, non, parce qu'il n'est point dans Horace, M. Delille ne se chargeait point de traduire, mais parce qu'il interrompt la commode distribution que l'ami de la campagne avait faite de ses heures entre le sommeil, la lecture des vieux livres, et ce doux *rien faire* si précieux au bon La Fontaine.

Au total, *l'Homme des Champs* est supérieur aux *Jardins* pour l'intérêt du sujet et la régularité du plan; mais le style des *Jardins* a plus de jeunesse, de mouvement et d'éclat, et, comme en matière poétique, c'est la poésie qui doit déterminer la préférence, *les Jardins* garderont la seconde place dans les œuvres de Delille; *l'Homme des Champs* sera renvoyé à la troisième.

C'était au mois de mai 1776, que Delille était allé lire à Ferney deux chants de *l'Énéide;* la traduction entière n'a paru qu'en 1804; il s'est donc écoulé près de trente ans entre le commencement et la fin de cette grande entreprise. Quels regrets n'éprouve-t-on pas à penser que si les trente ans, que si vingt ans seulement de ce long intervalle eussent été consacrés exclusivement à la traduction de *l'Énéide*, nous n'aurions, il est vrai, ni les *Jardins*, ni *l'Imagination*, ni *la Pitié*, ni *l'Homme des Champs*, ni une collection volumineuse de poésies fugitives, mais que nous posséderions un monument qui surpasserait, sinon en correction et en élégance, du moins en grandeur et en élévation les premiers chefs-d'œuvre de notre poésie, tandis que Delille n'a légué dans son *Énéide* à ses admirateurs les plus dévoués, qu'un ouvrage imparfait où l'on retrouve sans doute fréquemment le talent du maître, mais qui porte plus souvent encore l'empreinte d'une précipitation malheureuse, et les traces d'une négligence indiscrète et fautive.

Ici toutefois se présente une question que je me permettrai d'examiner. Nous avons vu dans l'analyse des *Géorgiques* de combien de difficultés Delille avait eu à triompher pour faire passer le premier dans notre langue un genre de beautés auxquelles jusqu'à lui elle s'était constamment montrée étrangère et rebelle. C'est cependant dans cet art entièrement nouveau, et où il ne pouvait réclamer ni le secours ni l'autorité des exemples, que brille son talent. Aucun obstacle ne l'épouvante. Les expressions les plus triviales s'ennoblissent sous sa plume; la bassesse des détails se perd dans le mécanisme de sa versification harmonieuse et savante. Dans les morceaux d'apparat, dans les descriptions sentimentales ou héroïques, telles que la Mort de César, le Bonheur de la vie champêtre, les Amours et la Peste des animaux, l'Aventure d'Orphée et d'Eurydice, il s'anime, il s'échauffe avec son modèle, et on admire alors le poète comme on avait auparavant admiré le versificateur. Supposons en ce moment Delille donnant à la traduction de *l'Énéide*, avec le temps proportionnellement convenable, les mêmes soins, une attention égale partout, une vigilance scrupuleuse sur les mots, sur la tournure du vers, sur la clarté du sens, sur la fidélité de la traduction; voyons-le sacrifiant impitoyablement les hémistiches parasites, les épithètes communes, se comparant sans cesse à son original, et se condamnant toutes les fois qu'une infériorité trop marquée accuse moins son impuissance qu'un abandon paresseux à sa facilité naturelle; eh bien! dans cette hypothèse la plus favorable au succès de sa nouvelle traduction, on se demande s'il eût atteint le degré de perfection auquel il a porté ses *Géorgiques*, et après y avoir bien réfléchi, on est tenté de se décider pour la négative.

Je ne balance pas à croire que si Delille eût fait sur *l'Énéide* tout ce qu'il était capable de faire, cette heureuse imitation l'eût emporté sur *la Henriade*, épopée originale, je l'avoue, mais faible d'invention, et qui se distinguant sur-tout par la beauté des vers, n'offrait, sous ce rapport, à Delille qu'une concurrence facile, et lui ménageait une victoire certaine dans l'intérêt du sujet, dans la grandeur des caractères, la variété des peintures, le pathétique des situations et la richesse des tableaux que lui aurait fournis Virgile. Je vais plus loin; imaginons le second, le quatrième, le sixième livre de *l'Énéide* revêtus, et revêtus seuls à l'exclusion des autres livres, comme les *Géorgiques Françaises*, de formes à la fois correctes et brillantes, imaginons-les reproduits dans une imitation où l'exactitude et la fidélité n'imposeraient aucune gêne apparente à l'allure noble et brillante du traducteur; n'y voyons alors que ce qui y est en effet, des épisodes détachés de la totalité du poème; sans doute ils ne nous rendraient pas *l'Énéide* avec les beautés innombrables disséminées dans les autres parties de cette immortelle épopée, mais à coup sûr, ils nous donneraient plus que l'équivalent de *la Henriade*.

Eh bien! ce que Delille n'a pas fait pour ces trois chants de *l'Énéide*, je reste convaincu qu'il n'a pas pu le faire, et j'ajoute avec la même intimité de conviction, qu'à bien plus forte raison, il ne l'eût jamais fait pour des parties moins complètement analogues à son talent, traduites d'ailleurs à un âge où sa verve était déjà refroidie par les années, et au milieu de distractions alternativement agréables et sinistres, incompatibles avec la continuité du travail, la persévérance dans des efforts laborieux, et ce calme de la pensée si nécessaire à celui qui doit s'interdire la négligence comme une faute, et se prescrire la correction et l'élégance soutenue comme un devoir.

Qu'on ne m'accuse pas de trop de sévérité; j'ai mes preuves sous la main, et je me vois pour ma justification obligé de les produire.

Je les emprunte d'abord aux deux livres composés dans l'intervalle qui sépare la première publication des *Géorgiques* des premiers essais de la traduction de *l'Énéide*, et je choisis de préférence dans chacun d'eux quelques-uns des morceaux que Delille paraissait affectionner le plus, et que j'ai eu le bonheur de lui entendre réciter à lui-même dans ses leçons du collège de France.

Il est peu de descriptions plus célèbres que celle du supplice affreux du Laocoon de Virgile; il en est peu qui aient fourni aux artistes de plus touchantes et de plus sublimes inspirations; enfin, il n'en est peut-être aucune avec qui l'on soit plus généralement familiarisé. C'est ici que Delille, reprenant les exercices athlétiques de sa première jeunesse, a dû lutter avec confiance et avec vigueur contre son rival. Voyons, je ne dirai pas, s'il a remporté la victoire: il a obtenu si rarement cet avantage que ce n'est pas sur une épreuve aussi dangereuse qu'il serait équitable de le juger; examinons seulement si, fidèle à ses anciens souvenirs, il a su la lui disputer.

Dans le même moment pour mieux nous aveugler,
Un prodige effrayant vient encor nous troubler.

La gradation n'est point observée dans ces vers dont la tournure d'ailleurs est commune et prosaïque. Si le prodige est effrayant, il fait plus que troubler. Virgile emploie le mot *troubler*, *improvida pectora turbat;* mais il s'est contenté de dire d'abord *objicitur;* le prodige s'offre d'abord aux yeux, et porte ensuite le trouble dans l'âme imprévoyante des Troyens. Remarquons une infidélité plus répréhensible: Virgile appuie jusqu'à deux fois, et par la figure de la répétition, sur le nouveau prodige qu'il va raconter, comparé au prodige du colosse consacré à Pallas; *majus, multòque tremendum magis;* c'est un prodige bien plus grand, bien plus redoutable que le premier. La vue du colosse, le discours de Sinon avait laissé des inquiétudes et des défiances; mais le prodige qui va éclater est bien autrement terrible, et annonce d'une manière plus épouvantable les projets et les vengeances de Pallas. Voilà de ces nuances qui n'auraient point échappé à la délicatesse scrupuleuse du traducteur des *Géorgiques*.

> Prêtre du dieu des mers, pour le rendre propice,
> Laocoon offrait un pompeux sacrifice.

Ces deux vers sont bien, quoique le second *pour le rendre propice* soit trop rapproché de *pour mieux nous aveugler* qui se trouve à l'avant-dernier vers.

> Quand deux affreux serpents sortis du Ténédos,
> (J'en tremble encor d'horreur) s'allongent sur les flots.

J'en tremble ne me paraît pas heureux. Virgile a dit simplement *horresco referens;* un héros, au souvenir d'un spectacle effrayant et si hideux, peut éprouver de l'horreur; mais non cet autre sentiment très peu héroïque que suppose ce mot *je tremble. S'allongent* affaiblit la belle image de l'original *incumbunt pelago.* M. Delille a eu la générosité de les faire ressortir dans ses notes. Il eût été encore plus beau d'en donner une idée dans sa traduction.

> Par un calme profond fendant l'onde écumante,
> Le cou dressé, levant une crête sanglante,
> De leur tête orgueilleuse ils dominent les eaux ;
> Le reste au loin se traîne en immenses anneaux.

J'avoue que ces participes *fendant*, *levant*, surtout à raison de leur demi-consonance avec les épithètes *écumante* et *sanglante*, en même temps qu'ils font traîner la période, me semblent blesser les loix de l'euphonie.

> Tous deux nagent de front, tous deux des mers profondes,
> Sous leurs vastes élans, font bouillonner les ondes.
> Ils abordent ensemble, ils s'élancent des mers.

Leurs yeux rouges de sang lancent d'affreux éclairs ;
Et les rapides dards de leurs langues brûlantes,
S'agitent en sifflant dans leurs gueules béantes.

Voilà certainement de très beaux vers, et je n'aurais aucun reproche à leur faire, si l'ordre des idées de Virgile, si la disposition primitive des images y eût été davantage respectée. Est-il possible d'être plus sage, plus régulier, je dirai presque, plus méthodique que Virgile dans une circonstance qui s'emblait autoriser le désordre de l'imagination, et même quelque incohérence dans les pensées? Tel est le caractère distinctif du génie de Virgile; c'est un coursier impétueux, mais qui a reçu le mors et la bride, aussi docile à la main qui le réprime qu'à la voix qui l'enflamme et qui l'excite. Sa marche est fière, mais sûre et réglée; et, à quelque hauteur qu'il s'élève, jamais il ne court risque de perdre la tête ou de s'égarer. Que doit faire en effet le poète chargé de décrire un évènement et de le faire revivre pour l'âme, et en quelque sorte pour les yeux de son lecteur? Lorsque cet évènement, comme celui de Laocoon, a eu de nombreux spectateurs, le poète ne doit-il pas saisir successivement les différentes circonstances qui les ont frappés, et les représenter dans l'ordre où, vu leur position donnée, ils ont dû les apercevoir? Voilà ce qu'a fait Virgile, et malheureusement ce qu'a entièrement oublié Delille. Dans Virgile, le sacrifice se prépare; c'est une cérémonie de confiance et de paix. *Ecce autem! Voilà que tout-à-coup!* L'attention est éveillée sur un changement imprévu; Delille a négligé cette transition aussi naturelle qu'importante. Cependant *la mer est tranquille, tranquilla per alta,* circonstance qui doit être mise en tête du récit, parce qu'elle forme une opposition frappante avec la péripétie annoncée. Au premier cri d'alarme tous les regards se sont tournés vers cette surface unie dont la tranquillité repousse l'idée d'une tempête, d'un naufrage, d'un débarquement imprévu d'ennemis. Tout-à-coup apparaissent ces deux serpents prodigieux qui couvrent de leurs corps un vaste espace de mer, premier sujet d'alarmes; les voilà qui marchent de front vers le rivage:

Incumbunt pelago, pariterque ad littora tendunt.

L'effroi parait au comble; il va redoubler toutefois par la description des deux monstres; c'est ici, mais c'est ici seulement qu'elle doit être placée. C'est à mesure qu'ils s'avancent que l'œil épouvanté peut observer leurs proportions redoutables; la mer, un instant auparavant si calme, mugit et se couvre d'écume; trait qui n'est pas même indiqué dans Delille. C'est le signal de leur descente sur le rivage; *jamque arva tenebant;* et c'est alors que la vue de leurs yeux sanglants et enflammés, que les sifflements de leurs langues menaçantes forcent à la fuite une multitude pâle d'effroi, et dont le sang s'est glacé. *Diffugimus visu exsangues,* dernier coup de pinceau qui termine la première partie de ce drame admirable et terrible; admirable, je le repète, parce que tout y est à sa place, parce que tous les objets y sont distincts, parce qu'ils sont distribués d'après les lois de la nature et de la perspective poétique. Nous sommes transportés sur le rivage troyen; nous assistons au sacrifice de Laocoon; nous contemplons cette mer tranquille qui s'agite tout-à-coup sous les mouvements des deux monstres; nous suivons leur marche vers le rivage; nous frémissons à l'aspect de leur grandeur démesurée, qui semble croître et s'élever à chaque élan qui les rapproche de nous. Ils descendent; leurs sifflements frappent nos oreilles; nous nous croyons perdus, nous fuyons avec les Troyens:

Jusqu'au fond de nos cœurs notre sang s'est glacé.

Illusion sublime! effet surnaturel d'un art divin qui nous identifie avec le poète, comme le poète s'est identifié lui-même avec les objets qu'il décrit! Virgile est réellement là ce qu'il est toujours, ce magicien dont parle Horace, qui, sans motif raisonnable et réel, trouble le cœur, l'irrite, l'appaise, le remplit de fausses terreurs, et nous transporte tantôt à Thèbes, et tantôt à Athènes.

Comment Delille si habile à distinguer les beautés de son modèle, et déjà si exercé à les reproduire dans sa langue, a-t-il pu les méconnaître ou les négliger à ce point dans le morceau que nous examinons? Tout est bouleversé, tout est interverti dans sa traduction; on a déjà vu les serpents, lorsqu'il nous parle du calme profond de la mer; on a eu le temps de mesurer les dimensions gigantesques de leurs corps avant de savoir qu'ils s'avancent de front vers le rivage; j'abrège des observations que je ne me permets qu'avec peine.

> Tout fuit épouvanté; le couple monstrueux
> Marche droit au grand prêtre, et leur corps tortueux
> D'abord vers ses deux fils en orbe se déploie,
> Dans un cercle écaillé saisit sa faible proie,
> L'enveloppe, l'étouffe, arrache de son flanc
> D'affreux lambeaux suivis de longs ruisseaux de sang.

Ici ce n'est point Virgile, c'est Delille qu'il m'est impossible de reconnaître. Virgile dit avec une énergique simplicité :

> Illi agmine certo
> Laocoonta petunt, et primum parva duorum
> Corpora natorum serpens amplexus uterque
> Implicat, et miseros morsu despacitur artus.

« Les deux monstres, d'une marche assurée, vont
« droit à Laocoon, et d'abord se précipitant sur ses
« deux fils, ils les embrassent, les enveloppent, et
« couvrent de morsures cruelles ces jeunes infortu-
« nés. »

Que de redondances, d'obscurité, et puisqu'il faut le dire, que de fautes de style dans les vers du traducteur !

> Le couple monstrueux
> Marche droit au grand prêtre.

Qu'est devenu cet *agmine certo,* qui peint si bien la marche fixe, invariable, déterminée des serpents, ministres des vengeances de Pallas, ne pouvant ni s'égarer dans leur route, ni se tromper sur le choix de leur victime?

       Le couple monstrueux
Marche droit au grand prêtre, et leur corps tortueux...

A quoi se rapporte ce pluriel *leur*? Au couple qui, quoique collectif est singulier, et ne peut admettre qu'un relatif singulier. Ce n'est point là une licence, c'est un véritable solécisme.

Admettrons-nous une locution aussi forcée, que celle de *ce corps qui se déploie en orbe vers* les deux fils de Laocoon? *se déployer en orbe vers quelqu'un!* Il faut certainement un grand effort d'attention pour comprendre ce que le poète a voulu dire.

Dans un cercle écaillé saisit sa faible proie,

Enferme dans un cercle écaillé, ne serait que précieux, *saisit dans un cercle*, réunit à ce défaut de convenance celui de l'impropriété.

L'enveloppe, l'étouffe, arrache de son flanc
D'affreux lambeaux suivis de longs ruisseaux de sang.

Des blessures peuvent être suivies de ruisseaux de sang; mais quoique des lambeaux arrachés supposent des blessures profondes et cruelles, je ne crois pas que l'on puisse transporter à l'une de ces expressions ce qui conviendrait à l'autre.

Le père accourt; tous deux à son tour le saisissent;
D'épouvantables nœuds tout entier l'investissent;
Deux fois par le milieu leurs plis l'ont embrassé;
Par deux fois sur son cou leur corps s'est enlacé;
Ils redoublent leurs nœuds, et leur tête hideuse

Dépasse encor son front de sa crête orgueilleuse.
Lui, dégouttant de sang, souillé de noirs poisons,
Qui du bandeau sacré profanent les festons,
Raidissant ses deux bras contre ces nœuds terribles ,
Exhale sa douleur en hurlements horribles.
Tel d'un coup incertain par le prêtre frappé
Mugit un fier taureau de l'autel échappé ,
Qui, du fer suspendu victime déjà prête,
A la hache trompée a dérobé sa tête.
Enfin dans les replis de ce couple sanglant
Qui déchire son sein, qui dévore son flanc,
Il expire... Aussitôt l'un et l'autre reptile
S'éloigne , et, de Pallas gagnant l'auguste asyle,
Aux pieds de la Déesse et sous son bouclier,
D'un air tranquille et fier, va se réfugier.

Il serait facile de signaler plusieurs taches dans ces vers : le mot *nœuds* y est répété trois fois en six vers ; dépasse encore *son* front de *sa* crête, présente un emploi équivoque du pronom relatif; c'est le front du grand prêtre qui est dépassé par la crête des serpents ; la phrase est donc mal construite. De Pallas gagnant *l'auguste* asyle ; l'épithète *auguste* est, dans la circonstance particulière une espèce de contre-sens ; Virgile a dit, *la cruelle Pallas, sævæque petunt Tritonidis arcem.* C'est le mot propre ; Énée , tout pieux qu'il est, ne doit point exprimer de sentiment religieux envers les divinités ennemies de sa patrie, *inimicaque Trojæ numina*, sur-tout quand il est occupé à rappeler la cruauté de leurs vengeances.

A part ces observations, j'avoue que la fin du

Laocoon me paraît bien supérieure au commencement; j'y retrouve, sur-tout dans la comparaison du taureau échappé de l'autel, le coloris de Delille, et quelquefois la facture savante et variée de sa versification. Mais à tout prendre, ou je suis bien étrangement aveuglé, ou ce n'est plus là ce style plein, précis, orné avec mesure, et modelé en quelque sorte vers par vers sur celui de Virgile; ce style que nous avons admiré, que nous avons eu tant de plaisir à louer dans *les Géorgiques*.

Dans l'état où elle est, la traduction de *l'Énéide* n'entrera donc qu'en seconde ligne dans les titres de la gloire poétique de Delille, non parce que le poète y a laissé quelques fautes, quelques négligences; mais parce que ces fautes, ces négligences s'y montrent presque à chaque page, et ne sont pas même exclues entièrement des parties composées avec plus de lenteur, et lorsque le poète, moins pressé par le temps, se livrait à son travail avec l'ardeur de la jeunesse et l'encouragement d'un succès récent. Combien ne doivent-elles pas être plus nombreuses dans les derniers livres écrits loin de l'inspiration du premier âge, avec la fatale précipitation d'un poète qui veut en finir avec le public et avec lui même, et qui imprime à soixante-six ans un ouvrage qu'il avait déjà beaucoup avancé à trente.

Delille est le premier qui ait fait connaître à la France le poème immortel du *Paradis Perdu;* quelle idée les Français pouvaient-ils s'en former, sur des traductions en prose qui pèchent, l'une contre la fidélité et l'exactitude, l'autre contre la correction et l'élégance, toutes les deux par l'infériorité du langage et par l'impuissance où sera éternellement la prose de lutter contre un original armé du rhythme et de la prosodie poétique? Ce qui est vrai en général ne l'est-il pas davantage d'un poète aussi nerveux et aussi hardi que Milton, d'un poète qui se permet les inversions les plus hardies, et des alliances d'idées, des compositions de mots dont la nouveauté et l'audace ont étonné long-temps ses compatriotes eux-mêmes?

J'avoue que Delille m'a semblé plus heureux dans son travail sur Milton que dans celui sur le grand poème de Virgile. J'ai lieu de craindre qu'on ne me soupçonne de vouloir compenser, par une louange exagérée, ce que l'on a trouvé de rigoureux, d'injuste peut-être, dans mes censures précédentes. Admirateur sincère de Delille, je sens d'autant plus vivement ses beautés que c'est de lui-même que j'ai appris à distinguer ses faiblesses, et à reconnaître ses fautes. Ce n'est pas seulement en le comparant à ses deux modèles, c'est en le comparant à Delille que j'ai jugé sa traduction du *Paradis Perdu*, supérieure à celle de l'*Énéide*. J'ai cru trouver la raison de cette supériorité dans la relation des deux langues originales avec celle du traducteur; mais, à part même cette observation étrangère au talent de notre poète, Delille, dans le *Paradis Perdu*, m'a semblé plus Delille, plus exact, plus correct, moins négligé en un mot que dans l'*Énéide*; sa versification est plus riche et plus soutenue dans le premier poème que dans le second; les épithètes oiseuses, les termes vagues, les tournures lâches et prosaïques y sont plus rares. Le traducteur de Milton a donc rencontré sur sa route moins d'obstacles à vaincre. Quelle en est la cause? sinon la difficulté prodigieuse, et qui n'a été surmontée qu'une seule fois et par le seul Delille, de transporter dans notre langue avec un avantage presque égal, les beautés d'un chef-d'œuvre de la langue latine, tandis que, dans une âge plus avancé, presque aveugle et ne travaillant pour ainsi dire que de mémoire, il répétait les sons de la lyre Britannique presque sans effort, par le seul effet de la ressemblance des deux langues.

Un des morceaux les plus remarquables du premier chant, si fécond d'ailleurs en beautés sublimes, est la description de Satan, au moment où, échappé de ses gouffres brûlants, il arrive avec Belzébut près du lac, sur les bords duquel il va rassembler les légions infernales. (*Voyez* MILTON.)

Je me vois forcé d'abréger; que de regrets de ne pouvoir citer une foule de traits ou de descriptions qui ne le cèdent point ou en graces ou en force à la description précédente! Qu'il me suffise d'indiquer la presque totalité du huitième chant qui contient le récit fait par Adam à Raphaël de ses premières sensations au moment où il commença à ouvrir son âme à la vie, et ses yeux à la lumière; les sentiments d'amour et d'admiration à la vue de la belle compagne que Dieu lui a donnée; l'étonnement d'Ève éprise de sa propre image réfléchie dans le cristal des eaux, et les délices si vives et pourtant si chastes et si pures de nos premiers parents.

Du poète traducteur, nous revenons, en parlant des *Trois Règnes*, au poète créateur et original. *Les Trois Règnes* ne sont pas, comme Delille a la modestie de l'écrire dans sa préface, un poème didactique, dans le genre de celui de Lucrèce; c'est un nouveau poème entièrement descriptif, dans le genre et dans la manière favorite de Delille. La science lui a fourni le cadre et le fond du tableau, la poésie, les ornements de style et des épisodes agréables.

Il n'y a au fond aucune raison pour que les huit chants des *Trois Règnes* ne fussent pas imprimés en appendices à la suite des huit chants de *l'Imagination*. Delille chante d'abord les quatre éléments et ensuite les productions des différents règnes de la nature. Cette division ne fournissait que sept chants; mais le règne animal est beaucoup plus intéressant que les deux autres. Delille a sous-divisé le dernier chant en deux parties; il décrit les variétés et les formes des êtres qui vivent dans les eaux et sur la terre. Les qualités distinctes des animaux divers, les travaux des castors, les mœurs de l'éléphant, les habitudes des abeilles, la prévoyante activité des fourmis, les tissus de l'araignée, les produits plus nobles du ver à soie, les nids et l'éducation des oiseaux, la tendresse des mères pour leurs petits; et il couronne cette énumération par la description de l'homme, de son ascendant sur tout ce qui respire, du jeu étonnant de ses organes, des effets bien plus étonnants de sa pensée, de l'excellence des sentiments qui l'élèvent vers le ciel ou le rapprochent de ses semblables.

De ce plan qu'évidemment Delille ne s'est créé qu'après coup, il est résulté confusion et insuffisance. Confusion, parce que les objets se succèdent sans être réunis par un lien commun, et que l'œil n'aperçoit qu'une suite sans découvrir d'ensemble. A moins de mettre en vers tous les chapitres de Buffon, de Réaumur, et de leurs continuateurs, à moins de ranimer toutes les momies du Cabinet d'histoire naturelle, à moins, en un mot, de décrire tout ce qui existe, ou du moins, tout ce qui est connu, il n'y a aucune raison pour que le poëme soit terminé; et, comme il eût été facile de l'abréger de quatre cents vers, il eût été moins aisé, il est vrai, mais tout aussi naturel, de l'allonger de quatre cent mille. Le défaut de sobriété et de mesure que nous avons déjà eu occasion de remarquer dans Delille, ne fait point le procès à son goût. Delille décrivait par besoin, par plaisir, par inclination; il avait beaucoup observé, et tout ce qui le frappait, après s'être placé dans une case poétique de son cerveau, après s'y être coloré des feux de l'imagination, s'échappait en vers élégants et nombreux qui charmaient ses loisirs et enlevaient les suffrages de ses avides auditeurs. L'ordre, la méthode, l'unité, l'équilibre des parties, la marche progressive de l'intérêt, tout cela n'est guère compatible avec cette manière rapide et décousue de composer et d'écrire. C'est un peu l'*unus et alter assuitur pannus*; mais ces lambeaux sont si riches et si brillants, que l'irrégularité du vêtement en diminue très peu la valeur. Delille sème les diamants au hasard; mais dans ces trésors d'une valeur intrinsèque et solide, il y a de quoi faire la fortune de vingt poètes. Combien de contemporains de Delille, aujourd'hui totalement oubliés, vivraient encore s'ils avaient laissé trois ou quatre morceaux de poésie égaux en mérite à ceux que Delille a prodigués, sans se donner le soin de les fondre dans un ensemble satisfaisant, de les coordonner entre eux.

Ce que j'ai dit des descriptions n'est pas moins vrai des épisodes. Ils ne manquent pas dans cet ouvrage; sur-tout dans le chant consacré aux végétaux. D'abord les amours des plantes, la description de leurs sexes, les moyens employés par la nature pour la conservation des espèces; tout cela est décrit un peu longuement, et quelquefois dessiné à traits hardis. Toutefois ces épisodes se rattachent au sujet; il n'y a rien à dire. Mais vient ensuite l'éloge de Linnée, les louanges du café, du vin, de la bière, du cidre, du vin de Champagne; puis enfin l'histoire de l'Amérique indiquée à Christophe Colomb par l'aspect des plantes emportées sur les flots. Il y a une foule de vers charmants dans tous ces détails, dont la botanique fournit plutôt le prétexte que la matière.

Si le talent particulier de Delille était de décrire, il en avait un autre où il ne montrait pas moins de supériorité, c'était celui de la conversation. Ce dernier talent ne lui avait pas suscité comme l'autre des envieux; il ne lui avait fait que des amis; il racontait avec grace, s'exprimait avec feu, ne parlait de lui qu'en reculant devant les provocations les plus pressantes, comme Horace ne récitait ses vers que lorsqu'il s'y voyait obligé par la reconnaissance ou par l'amitié. Frondait-il un ridicule, ce qui lui arrivait assez souvent, il regardait autour de lui, et si le trait prêt à partir pouvait atteindre même indirectement une personne de l'assemblée, il le retenait dans sa main, ou le laissait tomber à terre. Un caractère aussi liant et aussi aimable le faisait rechercher dans les premières sociétés de la capitale; il y portait l'enjouement et la naïveté d'un enfant; galant et respectueux auprès des dames; libre, mais sans morgue et avec décence auprès des grands; applaudissant aux succès, je ne dirai pas de ses rivaux (depuis la mort de Voltaire il n'en avait plus), mais de ses confrères; sûr de sa supériorité, parce qu'il avait trop d'esprit pour la méconnaître, et trop aussi pour ne pas affecter de l'ignorer; comme il savait se taire, et que sa présence ne gênait point les parleurs, il observait en souriant, prenait ses notes de mémoire, et le soir, rentré chez lui, les confiait à ses tablettes. Telle est l'origine de ce poème de *la Conversation*, publié dans l'année qui précéda sa mort; il était cependant le fruit d'observations recueillies dans les vingt années qui forment la période de son existence tranquille et brillante à Paris. Au fond, c'est moins un poème régulier, qu'une galerie de portraits, esquissés d'une main facile, dont la liberté des vers croisés a un peu refroidi les teintes. On y voit figurer ces originaux immortels qui, à quelque différence près dans le costume, traversent les siècles avec leur impérissable physionomie, et dont Théophraste avait donné le signalement à Athènes, et Horace à Rome, bien long-temps avant que La Bruyère, Duclos et Delille les eussent reconnus dans Paris. Le nouvelliste, le voyageur bavard, le furet des théâtres, l'ennuyeux érudit, le bel esprit bourgeois qui colporte de maison en maison l'esprit qu'il a recueilli dans son quartier de boutique en boutique ; le mauvais bouffon, l'égoïste, le mystérieux, le menteur, le médisant, le brouillon, et mille autres dont l'énumération serait fastidieuse ; voilà les hommes que Delille met en scène, et qu'il fait défiler sous les yeux de son lecteur, avec plus de finesse et d'abandon, que de variété dans les formes du style et d'artifice dans les transitions. La monotonie était l'écueil inévitable du plan très gênant que l'auteur s'était imposé. Cependant ce poème est peut-être un des ouvrages de Delille qui sera lu le plus souvent; il y a des souvenirs pour la vieillesse, de l'instruction pour l'âge mûr, et pour tous les âges, ce genre d'agrément que l'alliance de l'esprit et de la malice ne manque jamais de procurer. Il est le manuel obligé de l'auteur qui travaille pour le théâtre. Les ridicules de tous les temps enluminés du vernis des mœurs modernes, voilà ce qu'à défaut de ces caractères entièrement neufs, dont le fond, il faut bien en convenir, commence à s'épuiser, voilà le sol qu'il faut creuser ; le poème de Delille est sous ce rapport la mine la plus féconde et la plus fructueuse pour le talent qui aura l'habileté et le courage de l'exploiter.

DUVIQUET.

MORCEAUX CHOISIS.

I. L'Immortalité de l'âme [*].

D'où me vient de mon cœur l'ardente inquiétude ?
En vain je promène mes jours
Du loisir au travail, du repos à l'étude ;
Rien n'en saurait finir la vague incertitude,
Et les tristes dégoûts me poursuivent toujours.
Des voluptés essayons le délire.
Couronnez-moi de fleurs, apportez-moi ma lyre ;
Graces, Plaisirs, Amours, Jeux, Ris, accourez tous !
Que le vin coule !
Que mon pied foule
Les parfums les plus doux !
Mais quoi ! déjà la rose pâlissante
Perd son éclat, les parfums leur odeur ;
Ma lyre échappe à ma main languissante,
Et les tristes ennuis sont rentrés dans mon cœur.

Volons aux plaines de Bellone :
Peut-être son brillant laurier
A mon cœur va faire oublier
Le noir chagrin qui l'environne.
Marchons : déjà la charge sonne,
Le fer brille, la foudre tonne ;
J'entends hennir le fier coursier ;
L'acier retentit sur l'acier ;

---

[*] Pendant la révolution, Chaumette ordonna à Delille de composer sous vingt-quatre heures, une pièce de vers pour une fête patriotique dans laquelle le peuple français devait déclarer *qu'il reconnaissait l'Être Suprême et l'Immortalité de l'âme*. Le poète lui porta le lendemain ce dithyrambe monument de hardiesse. On assure que Chaumette, l'ayant lu, lui dit : « Cel « est fort beau, mais il n'est pas temps encore de le publier. »   F.

L'Olympe épouvanté résonne
Des cris du vaincu, du vainqueur;
Autour de moi le sang bouillonne :
A ces tableaux mon cœur frissonne,
Et la pitié plaintive a crié dans mon cœur.
D'un air moins turbulent l'Ambition m'appelle,
Sublime quelquefois, et trop souvent cruelle.
Pour commander, j'obéis à sa loi.
Puissant dominateur de la terre de l'onde,
Je dispose à mon gré du monde,
Et ne puis disposer de moi.
Ainsi, d'espérances nouvelles
Toujours avide et toujours dégoûté,
Vers une autre félicité
Mon âme ardente étend ses ailes,
Et rien ne peut calmer, dans les choses mortelles,
Cette indomptable soif de l'immortalité.

Lorsqu'en mourant le sage cède
Au décret éternel dont tout subit la loi,
Un Dieu lui dit : « J'ai réservé pour moi
« L'éternité qui te précède ;
« L'éternité qui s'avance est à toi. »

Ah ! que dis-je ? écartons ce profane langage.
L'éternité n'admet point de partage :
Tout entière en toi seul Dieu sut la réunir ;
Dans lui ton existence à jamais fut tracée ;
Et déjà ton être à venir
Était présent à sa vaste pensée.

Sois donc digne de ton auteur ;
Ne ravale point la hauteur
De cette origine immortelle !
Eh ! qui peut mieux t'enseigner qu'elle

A braver des faux biens l'éclat ambitieux ?
Que la terre est petite à qui la voit des cieux !

Que semble à ses regards l'ambition superbe ?
C'est de ces vers rampants, dans leur humble cité,
Vils tyrans des gazons, conquérants d'un brin d'herbe,
   L'invisible rivalité.
  Tous ces objets qu'agrandit l'ignorance,
   Que colore la vanité,
Que sont-ils, aperçus dans un lointain immense,
Des célestes hauteurs de l'immortalité ?

C'est cette perspective, en grands pensers féconde ;
C'est ce noble avenir, qui, bien mieux que ces lois
Qu'inventa de l'orgueil l'ignorance profonde,
Rétablit en secret l'équilibre du monde ;
Aux yeux de l'Éternel égale tous les droits,
Nos rires passagers, nos passagères larmes ;
Ote aux maux leur tristesse, aux voluptés leurs charmes ;
De l'homme vers le ciel élance tous les vœux.
Absent de cet atome, et présent dans les cieux,
Voit-il, daigne-t-il voir s'il existe une terre,
S'il y brille un soleil, s'il y gronde un tonnerre,
S'il est là des héros, des grands, des potentats,
Si l'on y fait la paix, si l'on y fait la guerre,
Si le sort y ravit ou donne des états ?

   Eh ! qui, du sommet d'un coteau,
Voyant le Nil au loin rouler ses eaux pompeuses,
Détournerait les yeux de ce riche tableau
   Et de ses eaux majestueuses
Pour entendre à ses pieds murmurer un ruisseau ?

Silence, êtres mortels ! vaines grandeurs, silence !
L'obscurité, l'éclat, le savoir, l'ignorance,

16.

La force, la fragilité,
Tout, excepté le crime et l'innocence,
Et le respect d'une juste puissance,
Près du vaste avenir courte et frêle existence,
Aux yeux désenchanteurs de la réalité,
Descend de sa haute importance
Dans l'éternelle égalité.
Tel le vaste Apennin, de sa cime hautaine,
Confondant à nos yeux et montagne et vallon,
D'un monde entier ne forme qu'une plaine,
Et rassemble en un point un immense horizon.

Ah! si ce noble instinct par qui du grand Homère,
Par qui des Scipions l'esprit fut enfanté,
N'était qu'une vaine chimère,
Qu'un vain roman par l'orgueil inventé;
Aux limites de sa carrière,
D'où vient que l'homme épouvanté,
A l'aspect du néant se rejette en arrière?
Pourquoi, dans l'instabilité
De cette demeure inconstante,
Nourrit-il cette longue attente
De l'immuable éternité?

Non, ce n'est point un vain système;
C'est un instinct profond vainement combattu;
Et sans doute l'Être Suprême
Dans nos cœurs le grava lui-même
Pour combattre le vice et servir la vertu.

Dans sa demeure inébranlable,
Assise sur l'éternité,
La tranquille immortalité
Propice au bon, et terrible au coupable,
Du temps qui sous ses yeux marche à pas de géant,

Défend l'ami de la justice,
Et ravit à l'espoir du vice
L'asyle horrible du néant.

Oui, vous qui de l'Olympe usurpant le tonnerre,
Des éternelles lois renversez les autels,
    Lâches oppresseurs de la terre,
    Tremblez ! vous êtes immortels.
Et vous, vous, du malheur victimes passagères,
Sur qui veillent d'un Dieu les regards paternels,
Voyageurs d'un moment aux terres étrangères,
    Consolez-vous ! vous êtes immortels *...

    Et pourquoi craindre la furie
    D'un injuste dominateur ?
    N'est-il pas une autre patrie
    Dans l'avenir consolateur ?
Ainsi quand tout fléchit dans l'empire du monde,
    Hors la grande âme de Caton,
Immobile, il entend la tempête qui gronde,
Et tient, en méditant l'éternité profonde,
Un poignard d'une main, et de l'autre Platon....

* Cette belle antithèse a été aussi très heureusement exprimée par M. de Saint-Victor, dans son poème de *l'Espérance :*

    O vous, infortunés,
Aux pénibles travaux, aux mépris condamnés,
Qui ne vous nourrissez, dans vos longues alarmes,
Que d'un pain de douleur arrosé de vos larmes ;
Fils de la patience et de la pauvreté,
Consolez-vous, pensez à l'immortalité :
Et vous qui, dans l'ivresse où votre âme se noie,
De leurs gémissements composez votre joie,
De ces faibles troupeaux pasteurs faux et cruels,
Tremblez, tyrans, tremblez, vous êtes immortels !

    F.

Que tout tombe aux genoux de l'oppresseur du Tibre,
Sa grande âme affranchie a son refuge au ciel.
  Il dit au tyran : Je suis libre;
  Au trépas : Je suis immortel.
  Allez, portez dans l'urne sépulcrale,
  Où l'attendaient ses immortels aïeux,
   Portez ce reste glorieux,
Vainqueur, tout mort qu'il est, du vainqueur de Pharsale.

   En vain César victorieux
   Poursuit sa marche triomphale :
   Autour de la tombe fatale,
Libre encore un moment, le peuple est accouru ;
Du plus grand des Romains il pleure la mémoire ;
Le cercueil rend jaloux le char de la victoire :
Caton triomphe seul, César a disparu.
    Dithyrambe sur l'Immortalité de l'âme

(1. Les Catacombes de Rome

Sous les remparts de Rome, et sous ses vastes plaines,
Sont des antres profonds, des voûtes souterraines
Qui, pendant deux mille ans, creusés par les humains,
Donnèrent leurs rochers aux palais des Romains.
Avec ses monuments et sa magnificence,
Rome entière sortit de cet abîme immense.
Depuis, loin des regards et du fer des tyrans,
L'Église encor naissante y cacha ses enfants,
Jusqu'au jour où, du sein de cette nuit profonde,
Triomphante, elle vint donner des lois au monde,
Et marqua de sa croix les drapeaux des Césars.

 Jaloux de tout connaître, un jeune ami des arts,
L'amour de ses parents, l'espoir de la peinture,
Brûlait de visiter cette demeure obscure,

De notre antique foi vénérable berceau.
Un fil dans une main, et dans l'autre un flambeau,
Il entre ; il se confie à ces voûtes nombreuses
Qui croisent en tous sens leurs routes ténébreuses.
Il aime à voir ce lieu, sa triste majesté,
Ce palais de la nuit, cette sombre cité,
Ces temples où le Christ vit ses premiers fidèles,
Et de ses grands tombeaux les ombres éternelles.
Dans un coin écarté se présente un réduit,
Mystérieux asyle où l'espoir le conduit.
Il voit des vases saints et des urnes pieuses,
Des vierges, des martyrs, dépouilles précieuses.
Il saisit ce trésor ; il veut poursuivre : hélas !
Il a perdu le fil qui conduisait ses pas.
Il cherche, mais en vain : il s'égare, il se trouble ;
Il s'éloigne, il revient, et sa crainte redouble ;
Il prend tous les chemins que lui montre la peur.

 Enfin de route en route, et d'erreur en erreur,
Dans les enfoncements de cette obscure enceinte,
Il trouve un vaste espace, effrayant labyrinthe,
D'où vingt chemins divers conduisent à l'entour.
Lequel choisir ? lequel doit le conduire au jour ?
Il les consulte tous : il les prend, il les quitte ;
L'effroi suspend ses pas, l'effroi les précipite ;
Il appelle : l'écho redouble sa frayeur ;
De sinistres pensers viennent glacer son cœur.
L'astre heureux qu'il regrette a mesuré dix heures
Depuis qu'il est errant dans ces noires demeures.
Ce lieu d'effroi, ce lieu d'un silence éternel,
En trois lustres entiers voit à peine un mortel ;
Et, pour comble d'effroi, dans cette nuit funeste,
Du flambeau qui le guide il voit périr le reste.
Craignant que chaque pas, que chaque mouvement,

En agitant la flamme, en use l'aliment,
Quelquefois il s'arrête et demeure immobile.
Vaines précautions ! tout soin est inutile ;
L'heure approche, et déjà son cœur épouvanté
Croit de l'affreuse nuit sentir l'obscurité.

Il marche, il erre encor sous cette voûte sombre,
Et le flambeau mourant fume et s'éteint dans l'ombre.
Il gémit ; toutefois d'un souffle haletant
Le flambeau ranimé se rallume à l'instant.
Vain espoir ! par le feu la cire consumée,
Par degré s'abaissant sur la mèche enflammée,
Atteint sa main souffrante, et de ses doigts vaincus
Les nerfs découragés ne la soutiennent plus :
De son bras défaillant enfin la torche tombe...
Et ses derniers rayons ont éclairé sa tombe...
L'infortuné déjà voit cent spectres hideux ;
Le Délire brûlant, le Désespoir affreux,
La Mort... non cette mort qui plaît à la victoire,
Qui vole avec la foudre, et que pare la gloire ;
Mais lente, mais horrible, et traînant par la main
La Faim qui se déchire et se ronge le sein.
Son sang, à ces pensers, s'arrête dans ses veines.
Et quels regrets touchants viennent aigrir ses peines !
Ses parents, ses amis, qu'il ne reverra plus,
Et ses nobles travaux qu'il laissa suspendus ;
Ces travaux qui devaient illustrer sa mémoire,
Qui donnaient le bonheur et promettaient la gloire !
Et celle dont l'amour, celle dont le souris
Fut son plus doux éloge et son plus digne prix !
Quelques pleurs de ses yeux coulent à cette image,
Versés par le regret, et séchés par la rage.
Cependant il espère ; il pense quelquefois
Entrevoir des clartés, distinguer une voix.

Il regarde, il écoute... Hélas! dans l'ombre immense
Il ne voit que la nuit, n'entend que le silence*,
Et le silence ajoute encore à sa terreur.

Alors, de son destin sentant toute l'horreur,
Son cœur tumultueux roule de rêve en rêve;
Il se lève, il retombe, et soudain se relève;
Se traîne quelquefois sur de vieux ossements,
De la mort qu'il veut fuir horribles monuments;
Quand tout-à-coup son pied trouve un léger obstacle;
Il y porte la main. O surprise! ô miracle!
Il sent, il reconnaît le fil qu'il a perdu,
Et de joie et d'espoir il tressaille éperdu.
Ce fil libérateur, il le baise, il l'adore,
Il s'en assure, il craint qu'il ne s'échappe encore;
Il veut le suivre, il veut revoir l'éclat de jour.
Je ne sais quel instinct l'arrête en ce séjour.
A l'abri du danger son âme encor tremblante
Veut jouir de ces lieux et de son épouvante.

---

* L'abbé Delille répétait un jour ce vers avec complaisance devant un de
ses amis : Je n'aime pas beaucoup, lui dit le critique,

    Il ne voit que la nuit;

mais je vous avouerai que je ne puis souffrir cette expression :

    N'entend que le silence,

pour dire: *Il n'entend rien;* cela est mauvais. Comment mauvais, se récrie
Delille, un de mes vers les plus heureux! Eh bien, lui répond froidement
l'aristarque, puisque vous trouvez si bon votre vers :

    Il ne voit que la nuit, n'entend que le silence,

ajoutez celui-ci :

    Ne touche que le vide, et ne sent que l'absence.

 Vous avez raison, mon ami, lui dit Delille, mon vers est mauvais; mais
j'y tiens.   F.

A leur aspect lugubre, il éprouve en son cœur
Un plaisir agité d'un reste de terreur ;
Enfin, tenant en main son conducteur fidèle,
Il part, il vole aux lieux où la clarté l'appelle.
Dieux ! quel ravissement quand il revoit les cieux,
Qu'il croyait pour jamais éclipsés à ses yeux !
Avec quel doux transport il promène sa vue
Sur leur majestueuse et brillante étendue !
La cité, le hameau, la verdure, les bois,
Semblent s'offrir à lui pour la première fois ;
Et, rempli d'une joie inconnue et profonde,
Son cœur croit assister au premier jour du monde*.
L'Imagination, ch. IV.

III. Le Curé de village**.

Voyez-vous ce modeste et pieux presbytère ?
Là, vit l'homme de Dieu, dont le saint ministère
Du peuple réuni présente au ciel les vœux,
Ouvre sur le hameau tous les trésors des cieux,
Soulage le malheur, consacre l'hyménée,
Bénit et les moissons et les fruits de l'année,
Enseigne la vertu, reçoit l'homme au berceau,
Le conduit dans la vie, et le suit au tombeau.
Je ne choisirai point, pour cet emploi sublime,
Cet avide intrigant que l'intérêt anime ;
Sévère pour autrui, pour lui-même indulgent,
Qui, pour un vil profit, quitte un temple indigent,
Dégrade par son ton la chaire pastorale,

---

* L'aventure que décrit Delille est arrivée à un jeune artiste, M. Robert, alors pensionnaire de l'Académie de France à Rome. F.

** Nos lecteurs nous sauront sans doute gré de leur faire connaître une jolie pièce inédite sur la misère d'un curé de village. Voyez la note A, à la fin du volume. F.

Et sur l'esprit du jour compose sa morale.
Fidèle à son église et cher à son troupeau,
Le vrai pasteur ressemble à cet antique ormeau,
Qui, des jeux du village ancien dépositaire,
Leur a prêté cent ans son ombre héréditaire,
Et dont les vieux rameaux, de l'âge triomphants,
Ont vu mourir le père et naître les enfants.
Par ces sages conseils, sa bonté, sa prudence,
Il est pour le village une autre Providence.
Quelle obscure indigence échappe à ses bienfaits?
Dieu seul n'ignore pas les heureux qu'il a faits.
Souvent dans ces réduits où le malheur assemble
Le besoin, la douleur et le trépas ensemble,
Il paraît; et soudain le mal perd son horreur,
Le besoin sa détresse, et la mort sa terreur.
Qui prévient le besoin prévient souvent le crime:
Le pauvre le bénit, et le riche l'estime;
Et souvent deux mortels, l'un de l'autre ennemis,
S'embrassent à sa table et retournent amis.
L'Homme des Champs, ch. I.

IV. Le Magister

Mais le voici: son port, son air de suffisance,
Marquent dans son savoir sa noble confiance.
Il sait, le fait est sûr, lire, écrire et compter,
Sait instruire à l'école, au lutrin sait chanter,
Connaît les lunaisons, prophétise l'orage,
Et même du latin eut jadis quelque usage.
Dans les doctes débats, ferme et rempli de cœur,
Même après sa défaite il tient tête au vainqueur.
Voyez, pour gagner temps, quelles lenteurs savantes
Prolongent de ses mots les syllabes traînantes!
Tout le monde l'admire, et ne peut concevoir

Que dans un cerveau seul loge tant de savoir.
Du reste, inexorable aux moindres négligences,
Tant il a pris à cœur le progrès des sciences.
Paraît-il; sur son front ténébreux ou serein,
Le peuple des enfants croit lire son destin.
Il veut, on se sépare; il fait signe, on s'assemble;
Il s'égaie, et l'on rit; il se ride, et tout tremble.
Il caresse, il menace, il punit, il absout.
Même absent, on le craint; il voit, il entend tout :
Un invisible oiseau lui dit tout à l'oreille :
Il sait celui qui rit, qui cause, qui sommeille,
Qui néglige sa tâche, et quel doigt polisson
D'une adroite boulette a visé son menton.
Non loin croît le bouleau dont la verge pliante
Est sourde aux cris plaintifs de leur voix suppliante,
Qui, dès qu'un vent léger agite ses rameaux,
Fait frissonner d'effroi cet essaim de marmots,
Plus pâles, plus tremblants, encor que son feuillage.
Ibid.

V. Le coin du feu.

Le foyer, des plaisirs est la source féconde;
Il fixe doucement notre humeur vagabonde.
Au retour du printemps, de nos toits échappés,
Nous portons en tous lieux nos esprits dissipés;
Le printemps nous disperse, et l'hiver nous rallie;
Auprès de nos foyers, notre âme recueillie
Goûte ce doux commerce à tous les cœurs si cher.
Oui, l'istinct social est enfant de l'hiver.
En cercle un même attrait rassemble autour de l'âtre
La vieillesse conteuse et l'enfance folâtre.
Là, courent à la ronde et les propos joyeux,
Et la vieille romance, et les aimables jeux :
Là, se dédommageant de ses longues absences,

Chacun vient retrouver ses vieilles connaissances.
Là, s'épanche le cœur : le plus pénible aveu,
Long-temps captif ailleurs, s'échappe au coin du feu...
Comme aux jours fortunés des pénates antiques,
Le foyer est le dieu des vertus domestiques.
Là, reviennent s'unir les parents, les maris,
Qui vivaient séparés sous les mêmes lambris...
Là, vient se renouer la douce causerie ;
Chacun, en la contant, recommence sa vie :
L'un redit ses combats, un autre son procès,
Cet autre ses amours ; d'autres, plus indiscrets,
Comme moi d'un ami tentant la patience,
De leurs vers nouveau-nés lui font la confidence :
Le foyer, du talent est aussi le berceau ;
Là, je vois s'essayer le crayon, le pinceau,
Le luth harmonieux, l'industrieuse aiguille.
Tantôt c'est un roman qu'on écoute en famille...

   Vous dirai-je ces jeux dont les amusements
De la jeunesse oisive occupent les moments,
Abrègent la soirée et prolongent la veille ?
Mais la maternité, de l'œil et de l'oreille,
Suit leurs joyeux ébats, tempère la gaîté,
Et la sagesse impose à la témérité.
Ici, sous des genoux qui se courbent en voûte,
Une pantoufle, agile, en déguisant sa route,
Va, vient, et quelquefois, par son bruit agaçant,
Sur le parquet battu se trahit en passant.
Ailleurs, par deux rivaux la raquette empaumée,
Attend, reçoit, renvoie une balle emplumée,
Qui, toujours arrivant, et repartant toujours,
Par le même chemin recommence son cours...
Des tablettes ailleurs étalent à la vue
Des beaux-esprits du temps l'innombrable cohue ;

Et des journaux malins font passer les auteurs,
Des bravos du parterre au rire des lecteurs...

Enfin, au coin du feu, nos aimables convives
Vont achever du soir les heures fugitives.
Autour d'eux sont placés des damiers, des cornets ;
L'un se plaint d'un échec, et l'autre d'un sonnez.
Tour à tour on querelle, on bénit la fortune ;
Enfin contre l'hiver tous font cause commune.

Suis-je seul, je me plais encore au coin du feu.
De nourrir mon brasier mes mains se font un jeu ;
J'agace mes tisons ; mon adroit artifice
Reconstruit de mon feu l'élégant édifice :
J'éloigne, je rapproche, et du hêtre brûlant
Je corrige le feu trop rapide ou trop lent.
Chaque fois que j'ai pris mes pincettes fidèles,
Partent en pétillant des milliers d'étincelles ;
J'aime à voir s'envoler leurs légers bataillons :
Que m'importent du nord les fougueux tourbillons ?
La neige, les frimas qu'un froid piquant resserre,
En vain sifflent dans l'air, en vain battent la terre.
Quel plaisir, entouré d'un double paravent,
D'écouter la tempête, et d'insulter au vent !
Qu'il est doux, à l'abri du toit qui me protège,
De voir à gros flocons s'amonceler la neige !
Leur vue à mon foyer prête un nouvel appas :
L'homme se plaît à voir les maux qu'il ne sent pas.
Mon cœur devient-il triste et ma tête pesante,
Hé bien, pour ranimer ma gaîté languissante,
La fève de Moka, la feuille de Canton,
Vont verser leur nectar dans l'émail du Japon.
Dans l'airain échauffé déjà l'onde frissonne ;
Bientôt le thé doré jaunit l'eau qui bouillonne,

DELILLE.

Ou des grains du levant je goûte le parfum.
Point d'ennuyeux causeur, de témoin importun ;
Lui seul, de ma maison exacte sentinelle,
Mon chien, ami constant et compagnon fidèle,
Prend à mes pieds sa part de la douce chaleur.
Et toi, charme divin de l'esprit et du cœur,
Imagination ! de tes vagues chimères
Fais passer devant moi les figures légères.
A tes songes brillants que j'aime à me livrer !
Dans ce brasier ardent qui va le dévorer,
Par toi, ce chêne en feu nourrit ma rêverie.
Quelles mains l'ont planté ? quel sol fut sa patrie ?
Sur les monts escarpés bravait-il l'aquilon ?
Bordait-il le ruisseau ? parait-il le vallon ?
Peut-être il embellit la colline que j'aime ;
Peut-être sous son ombre ai-je rêvé moi-même.
Tout-à-coup je l'anime ; à son front verdoyant
Je rends de ses rameaux le panache ondoyant,
Ses guirlandes de fleurs, ses touffes de feuillage,
Et les tendres secrets que voilà son ombrage.
Tantôt, environné d'auteurs que je chéris,
Je prends, quitte et reprends mes livres favoris ;
A leur feu tout-à-coup ma verve se rallume,
Soudain sur le papier je laisse errer ma plume,
Et goûte, retiré dans mon heureux réduit,
L'étude, le repos, le silence et la nuit.
Tantôt, prenant en main l'écran géographique,
D'Amérique en Asie, et d'Europe en Afrique,
Avec Cook et Forster, dans cet espace étroit,
Je cours plus d'une mer, franchis plus d'un détroit,
Chemine sur la terre, et navigue sur l'onde,
Et fais, dans mon fauteuil, le voyage du monde.

Les Trois Règnes, ch. I.

VI. L'Herborisation.

Le jour vient, et la troupe arrive au rendez-vous.
Ce.ne sont point ici de ces guerres barbares
Où les accents du cor et le bruit des fanfares
Épouvantent de loin les hôtes des forêts.
Paissez, jeunes chevreuils ; sous vos ombrages frais,
Oiseaux, ne craignez rien : ces chasses innocentes
Ont pour objet les fleurs, les arbres et les plantes ;
Et des prés, et des bois, et des champs, et des monts,
Le portefeuille avide attend déjà les dons.

On part : l'air du matin, la fraîcheur de l'aurore,
Appellent à l'envi les disciples de Flore.
Jussieu marche à leur tête ; il parcourt avec eux
Du règne végétal les nourrissons nombreux.
Pour tenter son savoir, quelquefois leur malice
De plusieurs végétaux compose un tout factice :
Le sage l'aperçoit, sourit avec bonté,
Et rend à chaque plant son débris emprunté.
Chacun dans sa recherche à l'envi se signale :
Étamine, pistil, et corolle, et pétale,
On interroge tout. Parmi ces végétaux,
Les uns vous sont connus, d'autres vous sont nouveaux ;
Vous voyez les premiers avec reconnaissance,
Vous voyez les seconds des yeux de l'espérance :
L'un est un vieil ami qu'on aime à retrouver,
L'autre est un inconnu que l'on doit éprouver.
Et quel plaisir encor lorsque des objets rares,
Dont le sol, le climat, et le ciel sont avares,
Rendus par votre attente encor plus précieux,
Par un heureux hasard se montrent à vos yeux !
Voyez quand la pervenche, en nos champs ignorée,
Offre à Rousseau sa fleur si long-temps désirée !

La pervenche! grand Dieu! la pervenche! soudain
Il la couve des yeux; il y porte la main,
Saisit sa douce proie : avec moins de tendresse
L'amant voit, reconnaît, adore sa maîtresse.

Mais le besoin commande : un champêtre repas,
Pour ranimer leur force, a suspendu leurs pas;
C'est au bord des ruisseaux, des sources, des cascades,
Bacchus se rafraîchit dans les eaux des Naïades.
Des arbres pour lambris, pour tableaux l'horizon,
Les oiseaux pour concert, pour table le gazon,
Le laitage, les œufs, l'abricot, la cerise,
Et la fraise des bois que leurs mains ont conquise,
Voilà leurs simples mets; grace à leurs doux travaux,
Leur appétit insulte à tout l'art des Méots.
On fête, on chante Flore, et l'antique Cybèle,
Éternellement jeune, éternellement belle.
Leurs discours ne sont pas tous ces riens si vantés,
Par la mode introduits, par la mode emportés;
Mais la grandeur d'un Dieu, mais sa bonté féconde,
La nature immortelle, et les secrets du monde.

La troupe enfin se lève; on vole de nouveau
Des bois à la prairie, et des champs au coteau;
Et le soir dans l'herbier, dont les feuilles sont prêtes,
Chacun vient en triomphe apporter ses conquêtes.
Géorgiques françaises.

VII. Les jardins de Versailles et Marly.

Loin de ces vains apprêts, de ces petits prodiges,
Venez, suivez mon vol au pays des prestiges,
A ce pompeux Versailles, à ce riant Marly,
Que Louis, la nature et l'art ont embelli.
C'est là que tout est grand, que l'art n'est point timide;

Là, tout est enchanté, c'est le palais d'Armide;
C'est le jardin d'Alcine, ou plutôt d'un héros,
Noble dans sa retraite et grand dans son repos,
Qui cherche encore à vaincre, à dompter les obstacles,
Et ne marche jamais qu'entouré de miracles.
Voyez-vous et les eaux, et la terre, et les bois,
Subjugués à leur tour, obéir à ses lois;
A ces douze palais d'élégante structure,
Ces arbres marier leur verte architecture;
Ces bronzes respirer, ces fleuves suspendus,
En gros bouillons d'écume à grand bruit descendus,
Tomber, se prolonger dans des canaux superbes;
Là, s'épancher en nappe; ici, monter en gerbes,
Et dans l'air, s'enflammant aux feux d'un soleil pur,
Pleuvoir en gouttes d'or, d'émeraude et d'azur?
Si j'égare mes pas dans ces bocages sombres,
Des Faunes, des Sylvains en ont peuplé les ombres,
Et Diane et Vénus enchantent ce beau lieu:
Tout bosquet est un temple, et tout marbre est un Dieu:
Et Louis, respirant du fracas des conquêtes,
Semble avoir invité tout l'Olympe à ses fêtes [*].
Les Jardins, ch. I.

DELISLE DE LA DREVETIÈRE (Louis-François) naquit à Suze-la-Rousse, en Dauphiné. Envoyé par son père à Paris pour y faire un cours de droit, il négligea cette étude pour se livrer à son goût pour les lettres. C'est à lui qu'on doit les premières

---

[*] Voyez dans les notes de l'article BUFFON les charmantes descriptions du cygne, du colibri et du chien, par Delille. Voyez encore les articles MILTON, POPE et VIRGILE où nous citons leur élégant traducteur. F.

comédies régulières représentées au théâtre Italien. Il y donna, en 1721, *Arlequin sauvage*, qui obtint le plus grand succès. Un an après, il fit jouer *Timon le misanthrope*, comédie en trois actes et en prose, parsemée d'idées philosophiques assez hardies, nouveauté qui ne contribua pas peu à la vogue de cet ouvrage. Il a encore donné à ce même théâtre, *le Bouquet ridicule*, *le Faucon*, *les Oies de Boccace*, *le Valet auteur*, etc. Ces comédies dont la plupart se trouvent dans *le Théâtre italien*, ne sont pas sans quelque mérite; le dialogue en est naturel et gai. Sa tragédie de *Danaüs* et son poème intitulé *Essai sur l'amour propre*, sont des ouvrages oubliés depuis long-temps. Delisle est mort dans un état voisin de la misère, en novembre 1756.

JUGEMENT.

On doit à Delisle deux pièces long-temps fameuses, *Arlequin sauvage* et *Timon misanthrope*, nouveautés qui parurent avec raison fort extraordinaires, puisque l'auteur avait choisi Arlequin, dit *le balourd*, pour en faire un précepteur de morale, un censeur de la société et de ses lois. Cette espèce de caricature était piquante et en même temps facile, en ce que le faux de cette sagesse (et il y en a beaucoup) restait sur le compte du personnage, et le vrai restait à l'auteur. La mythologie venait encore au secours de ces drames bizarres : Plutus et Mercure y jouaient leur rôle, et en faveur de Timon les dieux métamorphosaient son âne en homme, pour en faire son valet et sa société, le tout sous le nom d'Arlequin. C'est Mercure qui, sous la figure d'Aspasie, engageait Arlequin à voler son maître Timon, *pour lui apprendre à faire un meilleur usage de son bien*, et qui conseillait à Eucharis de bien gourmander Timon *pour s'en faire aimer* : ce dernier conseil était aussi bon que le premier était mauvais. L'autre Arlequin de Delisle était un *sauvage* amené de Marseille par un capitaine de vaisseau, et dont le rôle, comme on s'y attend bien, devait être une censure continuelle, bonne ou mauvaise, des mœurs européennes. Cette *pièce* est encore qualifiée d'*excellente* dans *le Dictionnaire historique* : ce n'est pas une pièce; il n'y a ni action, ni intrigue, ni vraisemblance, ni intérêt, ni comique. *Timon* du moins n'est pas tout-à-fait dénué d'une sorte d'intérêt, celui qu'on peut prendre à voir réussir les vues d'Eucharis, qui aime véritablement Timon, et qui finit par le corriger de sa misanthropie, en lui faisant avouer ses torts. Mais comment ces ouvrages, dont l'idée est tout-à-fait déraisonnable et l'ensemble monstrueux, ont-ils long-temps réussi? C'est qu'ils avaient de quoi réussir sur un théâtre irrégulier et avec le masque d'Arlequin, qui, par une convention tacite, mais depuis long-temps autorisée, commence par dispenser, non-seulement des règles de l'art, mais de celles de la raison. Il ne s'agit donc plus que d'amuser, n'importe comment; et Delisle, qui avait de l'esprit, quoique sans aucun talent dramatique, excita une grande surprise en créant une nouvelle espèce d'Arlequin. On ne l'avait jamais vu que bouffon sous toutes les formes qu'il prenait : ici

c'était un sage, un moraliste, un censeur universel, et
ce qu'il pouvait avoir de raison et d'esprit devenait
beaucoup plus saillant par le contraste même du
personnage, dont on n'attendait que des quolibets
et des lazzis. Cette invention avait quelque chose
d'original, et les scènes qu'elle produisait, quoique
très susceptibles d'être censurées sous plus d'un rapport, avaient un avantage réel et incontestable,
celui d'être ingénieuses et amusantes : elles le sont
même à la lecture, ce qui jusque-là n'avait pu se
dire d'aucune des pièces jouées aux Italiens, sans
exception, puisque *Timon* et *Arlequin sauvage* ont
précédé *la Surprise de l'amour**, la première comédie qui ait été représentée à ce théâtre, et qui même
n'eut un succès marqué qu'à sa reprise. Tout ce qui
avait précédé Delisle et Marivaux est dans le rang
des farces, plus ou moins mauvaises, dialoguées ou
chantées, mais toutes insipides, hors de leur cadre
pantomime. La célébrité d'*Arlequin sauvage* fut si
grande et si long-temps soutenue, que quinze ans
après, lorsque Voltaire annonça son *Alzire* et le
contraste des mœurs du Nouveau-Monde avec celles
de l'ancien, quelqu'un lui dit : « Je vois d'ici ce que
« c'est, c'est *Arlequin sauvage*, » mot que Voltaire
n'oublia jamais**, et dont il fut piqué comme d'une
vérité, quoique ce ne fût qu'une impertinence.

Ces deux drames de Delisle seront ailleurs pour
nous un sujet de réflexions sérieuses, comme étant

---

* Elle est de 1722, au mois de mai : *Timon*, du mois de janvier de la
même année, et *Arlequin sauvage*, de 1721.

** C'est lui-même qui le rapporte.

les premiers où les sophismes, aussi captieux que pernicieux, contre la société et les lois, développés depuis dans les écrits de Rousseau, aient été produits sur la scène, non pas en facéties bouffonnes, comme nous l'avons vu tout à l'heure dans un opéra comique du même temps*, mais en action et en dialogue; et cette nouveauté se sentait déjà de la corruption de la régence, qui commençait à relâcher le frein de la morale publique et celui de l'autorité répressive. Ce n'est pas qu'il soit manifeste que la doctrine de l'auteur fût celle de son *Arlequin philosophe* ou de son *Mercure-Aspasie*, car elle paraît condamnée du moins par *la conscience*, qui dans Arlequin lui-même résiste d'abord à toutes les suggestions subtiles employées pour le séduire, et ne cède qu'au moment où il est livré aux *Passions* personnifiées en ballet. Delisle a pu croire très innocemment que sa fable allégorique serait l'antidote de tous les venins répandus dans son dialogue sophistique; et l'on peut croire aussi cette excuse suffisante pour autoriser la représentation de la pièce; mais il n'en est pas moins certain qu'on s'abusait de part et d'autre, et l'expérience ne l'a que trop prouvé depuis. Je sais qu'alors il était assez naturel qu'on ne fût pas fort en garde contre des conséquences trop révoltantes pour que l'on pût en craindre la contagion: le scandale en fut cependant remarqué, et nous en avons la preuve dans une critique très judicieuse**,

---

* A l'article PIRON.

** Elle est de l'abbé Macarti: elle fut insérée dans le *Journal des savants* en 1723, ensuite imprimée à part.

qui fit assez d'impression pour qu'on l'imprimât à la suite de *Timon* dans le *nouveau Théâtre italien*. L'auteur paraît fort loin de soupçonner les intentions de Delisle, mais il lui démontre pleinement qu'une suite de sophismes si spécieusement favorables au crime, et débités sans contradiction, n'était pas assez démentie par une simple répugnance d'Arlequin et par un ballet allégorique, et qu'il avait, sans le vouloir, tendu un piège à la faiblesse de l'esprit humain. Il soutient, avec raison, qu'une pareille doctrine, positivement exposée, devait être positivement détruite par la même voie, celle du raisonnement, qui est aussi facile que sûre; et c'est pour cela même que cette réfutation nécessaire doit rentrer ailleurs dans celle des ouvrages où les mêmes erreurs ont été renouvelées avec tout le developpement dont elles étaient susceptibles. Je me borne ici à ce qui concerne l'art, qui n'est pas moins blessé que la morale. Si le jeu de Dominique et une indulgence de convention firent applaudir sur la scène le nouvel Arlequin de Delisle, à la lecture tout le faux de cette conception saute aux yeux. Il est évident qu'il y a ici deux personnages en un seul, et dont l'un contredit et anéantit l'autre. L'Arlequin qui dit des balourdises et des inepties, qu'on ne peut lui passer que parce qu'il est Arlequin, ne peut pas être l'homme d'esprit qui en sait assez pour argumenter mieux que son maître Timon, ou qui donne d'excellentes leçons à deux amants français qui vont se battre pour une maîtresse. Ce mélange qu'on peut admettre, si l'on veut, à titre de farce où il y a de tout, est insupportable dans un livre où l'on ne doit pas choquer à ce point la raison du lecteur. Elle n'est pas moins révoltée de la foule d'invraisemblances dont ce rôle est composé. Si Arlequin vient des Indes, où le numéraire peut n'être pas connu dans sa tribu sauvage, il a eu plus de temps qu'il n'en fallait pour apprendre dans le voyage ce que c'est que l'échange des marchandises contre l'or et l'argent, lui qui connaît au moins celui des productions de son pays contre celles du nôtre. Que devient dès lors la scène la plus divertissante de la pièce, celle où il paraît croire qu'un marchand vient lui offrir pour rien *cinq cents francs* de marchandises, et où il veut l'assommer parce qu'il lui demande *des francs*, et qu'il n'a pas *des francs* à lui donner? Partout ailleurs cette arlequinade serait bonne : dans *Arlequin philosophe* elle ne vaut rien, puisque l'équité naturelle y est blessée, et que les sauvages, les plus intéressés de tous les hommes, savent aussi bien que nous qu'on ne donne rien pour rien. Ce n'est pas non plus à un sauvage à trouver incompréhensible qu'on attache du prix à la parure : qui peut savoir mieux que lui combien un sauvage s'enorgueillit d'avoir des plumes sur la tête et un morceau d'écarlate sur le corps? Comment, lorsqu'on lui dit que pour se marier il faut avoir du moins de quoi nourrir et vêtir sa femme, répond-il qu'*elle ira toute nue?* Il a vu sur le vaisseau, il a vu en Espagne où il a fait naufrage, à Marseille où il est débarqué, qu'en Europe on ne va point *tout nu;* et l'on était loin alors du dernier raffinement de *la perfectibilité*, qui depuis quelques années de révolution, apprend à nos femmes, apparemment plus fortes que nous contre le froid, comment on peut être à la fois toute habillée et toute nue, être en public comme on est dans le bain, non sans frais et sans risques, il est vrai, même en comptant pour rien la modestie. Il suit que les pièces de Delisle, si long-temps vantées, sont mal conçues en elles-mêmes, quoiqu'avec un personnage factice tel qu'Arlequin elles aient dû réussir. Je doute qu'il en fût de même aujourd'hui : on a dû sentir le danger de ces allégories mensongères, et il est certain que quand on nous amène de si loin des docteurs *sauvages* pour réformer notre civilisation, il ne faut pas du moins que leur *pure nature* soit aussi inconséquente que notre *philosophie*, qui n'est que la nature perverse.

La Harpe, *Cours de Littérature*.

DELRIEU (Jean-Baptiste), ancien professeur de rhétorique à Versailles, a été ensuite chef de bureau dans l'administration des douanes. Il est auteur de la tragédie d'*Artaxerce* qui parut en 1808 : cette pièce eut beaucoup de succès, et essuya par conséquent beaucoup de critiques. On a reproché à l'auteur d'avoir fait des emprunts trop directs sur-tout à Métastase, comme si, en littérature, voler un étranger, n'était pas de bonne prise. Cette tragédie est suivie de notes qui ne sont probablement pas de M. Delrieu; car il y est loué avec trop de complaisance. *Démétrius*, autre tragédie, représentée après *Artaxerce*, n'a eu qu'un succès d'estime. M. Delrieu a composé un assez grand nombre de petites pièces, parmi lesquelles on distingue *le Jaloux malgré lui* et *la Jeune veuve*, comédies en un acte et en vers, écrites avec assez d'élégance et de facilité.

JUGEMENT.

L'*Artaxerce* de M. Delrieu vient d'obtenir aux représentations un succès que la publication de la pièce a diminué, mais qui n'en est pas moins légitime à beaucoup d'égards. C'est une imitation d'un célèbre opéra de Métastase. Quelques scènes de fadeur, regardées en Italie comme nécessaires au genre du drame lyrique, ont été supprimées avec raison par l'auteur français. Il est fâcheux qu'en récompense il ait ajouté deux premiers actes aussi froids qu'inutiles, qui servent d'introduction à la tragédie, ou plutôt qui forment eux-mêmes une tragédie préliminaire. Jamais la duplicité ne fut plus évidente, et jamais elle ne fut moins excusable; car le sujet, tel qu'il est traité dans la pièce originale et dans les trois derniers actes de la copie, offre des incidents plus multipliés qu'aucun des chefs-d'œuvre de la scène française, inférieure toutefois à la scène grecque pour la simplicité des compositions. *Artaxerce* n'est pas d'un effet médiocre. Les rôles de l'ambitieux Artaban et de son vertueux fils Arbace, offrent un contraste aussi frappant que bien soutenu; et, ce qui vaut mieux encore, du jeu de ces deux caractères naissent les principales situations, entre autres la scène du jugement, et la scène non moins belle qui dénoue la pièce. Le ressort est des plus tragiques, et cette conception de maître honore le génie de Métastase. M. Delrieu a risqué de légers changements dont quelques-uns sont heureux. Qu'Arbace arrache des mains de son père le glaive teint du sang de Xercès, voilà qui est noble et bien trouvé. Qu'à l'exemple de Cléopâtre, dans *Rodogune*, Artaban boive le poison qu'il avait préparé pour un autre usage : voilà qui est conforme aux mœurs de ce personnage atrocement intrépide. Mais qu'Artaxerce porte l'amitié jusqu'à tirer secrètement de prison Arbace, condamné par son propre père, comme assassin du père d'Artaxerce, voilà qui dépasse toutes les convenances. C'est d'ailleurs faire d'Artaban un conspirateur maladroit, qui se laisse gagner de vitesse, et ne sait pas même prendre ses mesures pour sauver un fils qu'il a condamné à mort, et qu'il prétend couronner. Le poète italien joint au mérite de l'invention le mérite non moins rare d'un style aussi noble qu'harmonieux. Pourquoi M. Delrieu ne l'a-t-il pas imité en tout? Pourquoi sommes-nous contraints d'avouer que sa pièce est écrite avec une extrême sécheresse? Cependant à la suite de cette tragédie, il a publié des notes où l'on apprend qu'il est fort supérieur à Métastase. Un jour il aura quelque peine à relire ces notes étranges : peut-être même aura-t-il le bon esprit de les supprimer, quand l'étude lui aura fait sentir qu'on ne doit ni gâter, ni sur-tout dénigrer les modèles, et que, pour s'assurer des louanges durables, il faut les mériter et les attendre.

M. J. CHÉNIER, *Tableau de la Littérature française.*

DÉMONSTRATIF. Genre d'éloquence qui a pour objet la louange ou le blâme.

Parmi les sources de la louange et de l'invective que les rhéteurs ont indiquées, il en est où la justice et la raison nous défendent de puiser. On peut, en louant un homme recommandable, rappeler la gloire et les vertus de ses aïeux; mais il est ridicule d'en tirer pour lui un éloge. L'on peut et l'on doit démasquer l'artifice et la scélératesse des méchants, lorsqu'on est chargé par état de défendre contre eux la faiblesse et l'innocence; mais ce sont eux-mêmes, non leur famille, que l'on est en droit d'attaquer; et il est absurde et barbare de reprocher aux enfants les malheurs, les vices ou les crimes des pères. Le reproche d'une naissance obscure ne prouve que la bassesse de celui qui le fait. L'éloge tiré des richesses, ou le blâme fondé sur la pauvreté, sont également faux et lâches. Les noms, le crédit, les dignités exigent le mérite, et ne le donnent pas. En un mot, pour louer ou blâmer justement quelqu'un, il faut le prendre en lui-même, et le dépouiller de tout ce qui n'est pas lui.

C'est ainsi que chez les sages Égyptiens les morts étaient jugés, et qu'un examen solennel de la vie discernait les bons des méchants. Chez les Grecs, disciples et héritiers de la sagesse des Égyptiens, la louange et le blâme, moins tardifs et bien plus utiles, n'attendaient pas la mort de l'homme vertueux, ou du méchant, pour éclater. Il y avait des éloges funèbres pour les guerriers qui avaient mérité la reconnaissance de la patrie en combattant et en mourant pour elle; et c'était moins un tribut pour les morts qu'une leçon pour les vivants. Mais pour le citoyen qui s'était signalé par quelque service éclatant, par des bienfaits envers l'état, par des vertus et des talents utiles et recommandables, il y avait, de son vivant même, des éloges et des couronnes; il y en avait pour des républiques qui s'étaient montrées secourables et généreuses; et dans des fêtes solennelles, les députés des peuples de la Grèce venaient offrir l'hommage de leur reconnaissance au peuple bienfaiteur qui les avait servis. On voit des exemples de l'un et de l'autre usage dans la harangue de Démosthène pour la Couronne. C'est un monument remarquable dans les fastes de l'antiquité, que le décret des peuples de Bysance et de Périnthe à la gloire d'Athènes, qui les avait sauvés lorsque Philippe assiégeait leurs murailles. Par ce décret, il était accordé aux Athéniens la liberté de s'etablir dans les états de Périnthe et de Bysance, et d'y jouir de toutes les prérogatives de citoyens: de plus, dans l'une et l'autre ville, une place distinguée dans les spectacles, le droit de séance dans le corps du sénat et dans les assemblées du peuple, à côté des pontifes, avec entière exemption d'impots et d'autres charges de l'état: enfin il était ordonné que sur le port on érigerait trois statues de

seize coudées chacune, qui représenteraient le peuple d'Athènes couronné par le peuple de Bysance et par le peuple de Périnthe; qu'on lui enverrait des présents aux quatre jeux solennels de la Grèce, et qu'on y proclamerait *la couronne* que ces deux villes avaient décernée au peuple d'Athènes, « en sorte que la même cérémonie apprît
« à tous les Grecs, et la magnanimité des Athé-
« niens et la reconnaissance des Périnthiens et des
« Bysantins : » ce sont les termes du décret.

Pour la même cause le peuple de la Chersonèse décernait au peuple et au sénat d'Athènes une couronne d'or de soixante talents, et faisait dresser deux autels, l'un à la déesse de la reconnaissance, et l'autre au peuple athénien.

Cette manière de louer les actions généreuses avait son éloquence. Il faut avouer cependant que ce ne fut que lorsque la vertu se ralentit parmi les Grecs qu'on y attacha l'aiguillon de la louange personnelle, cet aiguillon de gloire; et que des honneurs qui d'abord étaient réservés au mérite, bientôt moins rares et enfin prodigués, perdirent beaucoup de leur prix. C'est ce qui donna lieu à ce bel endroit de la harangue d'Eschine *contre Ctésiphon*, ou plutôt contre Démosthène.

« A votre avis, Athéniens, lequel des deux vous
« paraît un plus grand personnage, ou de Thémis-
« tocle, par qui vous remportâtes sur les Perses la
« victoire navale de Salamine, ou de Démosthène,
« qui a fui dans la bataille de Chéronée? Lequel
« doit l'emporter, ou de Miltiade, vainqueur des

« barbares à Marathon, ou de ce misérable haran-
« gueur? Le préférez-vous aux fameux chefs qui
« ramenèrent de Phyle nos citoyens fugitifs? le pla-
« cez-vous au-dessus d'Aristide, surnommé *le Juste*,
« surnom si différent de celui qui caractérise Démos-
« thène? Moi, j'en atteste tous les habitants de l'O-
« lympe, je ne crois nullement permis de mêler
« dans un même discours le souvenir de cette bête
« féroce avec la mémoire de ces héros. Or que Dé-
« mosthène, dans sa belle harangue qu'il prépare,
« nous indique où et quand on décerna jamais à quel-
« qu'un de ces héros une seule couronne? Est-ce donc
« qu'alors le peuple d'Athènes avait l'âme ingrate?
« Non, mais magnanime. Et ces grands hommes,
« à qui la patrie n'accorda point cette espèce
« d'honneur, n'en étaient que plus dignes d'elle;
« car ils ne croyaient point que leur gloire dût se
« perpétuer dans des décrets, mais bien s'éterniser
« dans la mémoire des citoyens qui leur devaient de
« la reconnaissance; mémoire où, depuis ce temps-
« là jusqu'à ce jour, ils jouissent d'une constante im-
« mortalité.... Une troupe de citoyens avaient triom-
« phé des Mèdes au bord du Strymon. Leurs chefs
« demandèrent une récompense, et le peuple leur
« en accorda une grande, dans l'opinion de ce temps-
« là : il ordonna que dans la galerie des statues on
« leur en élevât trois, à condition pourtant de n'y
« point graver leurs noms, afin que l'inscription pa-
« rût appartenir en propre, non aux généraux, mais
« au peuple. » De ces trois inscriptions, en voici une
qui donne l'idée des deux autres :

« Athènes, par ce monument,
A d'illustres guerriers veut éternellement
Consacrer sa reconnaissance.
Enfants de ces héros, voulez-vous mériter
Une semblable récompense?
Vous n'avez qu'à les imiter. »

« De là transportez-vous, ajoute l'orateur, dans la
« galerie des peintures : car c'est dans ce lieu même,
« où vous vous assemblez fréquemment, que l'on a
« déposé les monuments de toutes les actions mémo-
« rables. Dans ce lieu un tableau vous retrace la ba-
« taille de Marathon. Mais quel est le général qui com-
« mandait dans cette fameuse journée? Je m'assure
« qu'à cette question, tous unanimement et comme
« à l'envi, vous répondez : *Miltiade*. Nulle inscrip-
« tion toutefois ne le nomme : pourquoi cela? est-ce
« qu'il ne demanda pas cette récompense? Oui, cer-
« tainement il la demanda, mais le peuple ne la lui
« accorda point, et, pour toute grace, il voulut bien
« qu'au lieu d'une inscription qui nommât le vain-
« queur, il occupât dans le tableau la première
« place, et fût représenté dans l'attitude d'un chef
« qui exhorte le soldat à faire son devoir.... Dans ce
« temps-là, ajoute-t-il enfin, on décernait une cou-
« ronne, non d'or, mais d'olivier. Car alors une
« couronne d'olivier était précieuse; au lieu que
« maintenant on méprise même une couronne d'or. »

Démosthène, dans sa harangue *sur le gouvernement de la république*, reproche lui-même aux Athéniens de son temps de dire qu'un tel général a gagné
telle bataille; au lieu que du temps de Miltiade et

de Thémistocle, on disait : « Le peuple d'Athènes a
« gagné la bataille de Marathon ; le peuple d'Athènes
« a remporté la victoire de Salamine. »

A Rome, on observe de même que, dans les temps
où les grandes vertus étaient le plus communes, les
honneurs publiquement rendus aux citoyens étaient
plus rares. On croit même assez communément que
jusqu'au temps de Cicéron il n'y eut point d'éloges
prononcés en l'honneur des vivants, et presque pas
en l'honneur des morts. Cependant je vois dans Plutarque (*Vie de Camille*) que les dames romaines s'étant dépouillées de leurs joyaux d'or pour en faire
l'urne vouée à Apollon, le sénat, voulant récompenser et honorer dignement leur magnanimité, ordonna qu'*après leur mort on ferait leur oraison funèbre, comme on faisait celle des grands personnages*. Quoi qu'il en soit, les orateurs romains parlaient
assez légèrement de ce genre d'écrire en usage
parmi les Grecs : *Laudationes scriptitaverunt.* Les
louanges qui se mêlaient dans leurs plaidoyers
avaient la brièveté simple et nue d'un témoignage:
« Nostræ laudationes, quibus in foro utimur, testi-
« monii brevitatem habent nudam atque inorna-
« tam : » et à l'égard de celles qu'on donnait aux
morts dans les devoirs funèbres, on ne croyait pas
que ce fût le lieu de faire briller l'éloquence : une
piété triste dictait cette harangue, où l'éloquence,
dit Cicéron, n'avait point à se déployer : « Quæ ad
« orationis laudem minimè accommodata est. (*De
« Orat.* II. 84*.) »

* Les éloges que nous prenons sont dans le forum dépouillés de tout

Mais Cicéron donna lui-même, soit dans ses plaidoyers, soit dans des harangues particulières, les modèles les plus parfaits de l'art de louer grandement. Il fit presque en même temps le panégyrique de Caton et la félicitation à César, *Pro Marcello*, qui est le chef-d'œuvre des harangues. Dans deux traits de conduite si opposés en apparence, on a peine au premier coup d'œil, à reconnaître le même homme. J'ose dire pourtant que l'oraison pour Marcellus n'est pas d'un homme indigne d'avoir loué Caton. L'on voit, par les lettres de Cicéron, que dans l'éloge de Caton il avait mis de la prudence; il mit du courage dans celui de César, mais le courage le plus adroit. Saisissons en passant l'esprit de cette harangue éloquente. En parlant de l'art oratoire, on peut se permettre d'effacer la seule tache qui reste à la mémoire de Cicéron, et de prouver ce qu'il dit de lui-même : *Servivi cum aliquâ dignitate.* (*Ad Atticum.*)

Après la défaite de Scipion en Afrique, il n'y avait pour un citoyen d'importance que trois partis à prendre : ou de mourir comme Caton; ou de s'exiler soi-même dans quelque coin du monde, comme avait fait Marcellus à Mitylène, et d'y vivre obscur, s'il plaisait au vainqueur; ou de s'accommoder au temps, et de tâcher encore d'être utile à sa patrie, en se ménageant, avec décence et avec dignité, la bienveillance de César : c'est là ce que fit Cicéron.

ornement, ont la simplicité du témoignage, ou bien ils doivent accompagner une cérémonie funèbre, qui s'accomode peu de la pompe de l'éloquence.
Traduction de M. GAILLARD.

Il fallait pour cela tenir un milieu juste entre l'austérité d'un philosophe et la bassesse d'un courtisan; être républicain, mais l'être avec prudence; croire, ou supposer à César la volonté de n'être lui-même que le premier des citoyens; et l'encourager par des louanges, puisque la force n'avait pu l'y réduire, à mettre le comble à sa gloire, en accordant à sa patrie le bienfait de la liberté.

L'exemple récent des proscriptions de Marius et de Sylla ne justifiait que trop, dans les mœurs de Rome, la conduite opposée à celle de César envers ses ennemis, c'est-à-dire l'abus de la force et de la victoire. Souverain par le droit des armes, si légitime aux yeux des Romains, César fut magnanime à ses périls; et dans peu sa mort prouva bien le mérite de sa clémence.

Ce fut cette clémence que Cicéron loua dans l'*Oraison pour Marcellus*.

« Il faut, écrivait-il à ses amis, nous contenter
« de ce qu'on voudra bien nous accorder comme
« une grace. Celui qui n'a pu se soumettre à cette
« nécessité a dû choisir la mort..... Puisque avec
« tout mon courage et toute ma philosophie, j'ai
« cru que le meilleur parti était de vivre, il faut
« bien que j'aime celui de qui je tiens cette vie, que
« j'ai préférée à la mort. »

En louant donc César de s'être vaincu lui-même, et en élevant cette victoire au-dessus de celles qu'il avait remportées sur les nations, il ne le flatte point; il ne dit que des faits dont l'univers était rempli Mais en l'exhortant à ne pas négliger le soin de sa vie, et en lui reprochant le mépris qu'il en fait, il lui montre l'usage qu'il en doit faire. C'est là le but de sa harangue; c'est là que la louange la plus éloquente assaisonne et déguise la plus courageuse leçon.

« De tes ennemis, lui dit-il, les plus opiniâtres
« ont quitté la vie, les autres te la doivent, et sont
« devenus tes amis. Cependant les ténèbres du cœur
« humain sont si profondes, les replis en sont si ca-
« chés, que nous devons te donner des soupçons pour
« exciter ta vigilance. » (Ce passage est bien remarquable.) *Sed tamen cùm in animis hominum tantæ latebræ sint et tanti recessus, augeamus sanè suspicionem tuam, simul enim augebimus diligentiam.* « C'est à toi, ajoute-t-il, et à toi seul de rele-
« ver tout ce qu'a renversé la guerre, de rétablir
« les tribunaux, de rappeler la bonne foi, de répri-
« mer les passions, de rendre nombreuse et floris-
« sante une génération nouvelle, de réunir et de
« lier ensemble, par de sévères lois, tout ce que
« nous voyons dissous et dispersé..... C'est à toi de
« guérir toutes les plaies de la guerre; et nul autre
« que toi n'est capable de les fermer. J'entends à
« regret, ajoute-t-il, ces paroles si mémorables qui
« ne t'échappent que trop souvent. *J'ai assez vécu*
« *pour la nature et pour la gloire.* Assez pour la na-
« ture, cela peut être; assez pour la gloire, je le
« veux encore; mais certainement trop peu pour la
« patrie; et c'est là le plus important. Tu es encore
« si loin, à son égard, d'avoir consommé tes tra-
« vaux, que tu n'a pas même jeté les fondements

« du bonheur public que tu médites. C'est à la fin
« de ce grand ouvrage que tu placeras le terme de
« ta vie, si tu consultes, je ne dis pas seulement ton
« amour pour la république, mais ton équité natu-
« relle. Et que serait-ce, si pour la gloire même, dont
« tu es si avide tout sage que tu es, tu n'avais pas
« assez vécu? Quoi, diras-tu, n'ai-je donc pas acquis
« assez de gloire? Assurément c'en serait assez pour
« un autre et pour plusieurs autres ensemble, mais
« pour toi seul ce n'est pas assez : et si le fruit de
« tes travaux immortels se réduisait à laisser la ré-
« publique dans l'état où nous la voyons, considère,
« César, que tu mériterais plus d'admiration que de
« gloire : car la gloire est une renommée acquise
« par les services éclatants qu'on a rendus aux siens,
« à sa patrie, ou à l'humanité entière. Ce qui te reste
« à faire est donc de travailler à donner à la répu-
« blique une constitution durable, et à jouir toi-même
« de la tranquillité et du repos que tu lui auras assu-
« ré. Alors, après avoir payé à la patrie ce que tu lui
« dois, et après avoir rempli le vœu de la nature, ras-
« sasié de la vie, tu diras, si tu veux, que tu as assez
« vécu. » (ch. VIII et IX.) C'est le développement de
ce devoir, imposé à César, d'employer le reste de
sa vie à rétablir la république ; c'est là dis-je, ce
qui forme la partie essentielle de la harangue de Cicéron; et jamais la magnificence et l'adresse de l'é-
loquence n'ont été à un plus haut point.

Dès que Cicéron reconnut que César voulait dominer, il prit le parti de la retraite et du silence.
Semiliberi saltem simus, écrivait-il à Atticus, *quod*

assequemur et tacendo et latendo ; et il finit par présager et par souhaiter même la perte de César: *Corruat iste necesse est.... id spero vivis nobis fore**. Cicéron était sénateur; et le sénat était un roi que César avait détrôné.

La louange était, comme on vient de le voir, la fonction la plus rare de l'orateur dans les anciennes républiques; et au contraire, l'accusation, le reproche, le blâme étaient l'un de ses emplois les plus fréquents.

A Athènes, les magistrats rendaient leurs comptes en public; et le héraut du tribunal des comptes demandait à haute voix : « Quelqu'un veut-il proposer quelque chef d'accusation ? » Les généraux d'armée, tous les hommes publics étaient soumis à l'inspection et à l'accusation publique. Tout citoyen doué du don de l'éloquence était un homme redoutable pour qui faisait mal son devoir. Il en était de même à Rome. L'ambitieux qui briguait les charges, l'administrateur infidèle qui s'enrichissait aux dépens du public, le proconsul ou le préteur qui exerçait dans sa province des violences, des concussions et des rapines, était traduit en jugement par tel des citoyens qui voulait l'accuser. Il ne faut donc pas s'étonner si l'éloquence y était si fort en recommandation. C'était l'arme offensive et défensive de l'honneur, de la fortune, de la vie des citoyens. Toutes les causes criminelles se plaidaient. Cicéron

---

* Jouissons au moins d'une demi-liberté, nous l'obtiendrons dans la retraite et par le silence....- Il faut nécessairement qu'il succombe... et j'espère que nous serons témoins de sa chute.   F.

avait passé sa vie à attaquer ou à défendre; mais les trois hommes qu'il poursuivit avec le plus d'ardeur furent Verrès, Catilina et Marc-Antoine.

L'abus de la louange était l'adulation. L'abus de l'accusation juridique était la calomnie, ou la diffamation gratuite : j'appelle gratuite celle qui ne portait pas sur une infraction des lois. Les orateurs faisaient cette distinction, et ne l'observaient pas. Les harangues d'Eschine et de Démosthène, l'un contre l'autre, sont remplies des injures les plus atroces. Les *Philippiques* de Cicéron ne sont pas exemptes de ce défaut. On voit pourtant que chez les Grecs, plus délicats en toute chose et plus polis que les Romains, l'invective était plus grossière, par la raison sans doute que les Romains, plus sérieux et plus sévères dans leurs mœurs, voulaient aussi plus de décence. Ils sont blessés, dit Cicéron, *si turpiter, si sordidè, si quoquo animi vitio dictum esse aliquid videatur*. Le peuple d'Athènes, plus enclin à écouter la médisance, et plus malin par vanité, n'exigeait pas tant de respect. Son premier mouvement était d'applaudir à la calomnie ; son mouvement de réflexion était de détester et de punir le calomniateur.

Lorsqu'il n'y eut plus de liberté pour Rome, et qu'il y restait encore quelque éloquence, la louange y fut prostituée, et l'accusation interdite ou changée en délation.

Dans l'un des meilleurs ouvrages de littérature dont notre siècle ait droit de s'honorer (je parle de l'*Essai* de M. Thomas *sur les Éloges*), on peut voir quel abus monstrueux on fit de la louange et de l'apologie. « *L'Éloge funèbre de Tibère fut prononcé* « *par Caligula* ; *Claude fut loué par Néron* ; et ce « tigre eut le courage de vouloir justifier en plein « sénat le meurtre de sa mère. Dans des temps plus « heureux, *l'Éloge funèbre d'Antonin fut prononcé* « *dans la tribune par Marc-Aurèle* : *c'était la vertu* « *qui louait la vertu* ; *c'était le maitre du monde qui* « *faisait à l'univers le serment d'être humain et juste*, « *en célébrant la justice et l'humanité sur la tombe* « *d'un grand homme.* (*Essai sur les Éloges.*)

Cicéron, en louant Pompée et César, avait donné, quoique bon citoyen, un exemple très dangereux, qui fut suivi par des esclaves. La flatterie, sous les empereurs, fut proportionnée à la bassesse d'un peuple avili, et à l'orgueil des tyrans : les plus féroces furent les plus loués. Le panégyrique de Trajan fut une sorte d'expiation des turpitudes de l'éloquence. La philosophie y recommanda la vertu à la vertu même, et pour l'encourager à se ressembler toujours, lui présenta le miroir : il est à croire que Trajan n'y jeta qu'un coup d'œil modeste. Il se fût pourtant plus honoré, si en imposant silence au consul, il lui eût dit, comme un autre empereur, Niger, dit depuis à un panégyriste qui venait le louer en face : « Orateur, faites-nous l'éloge de « quelque grand homme qui ne soit plus : pour moi, « vivant, je veux être aimé ; et loué quand je serai « mort. (*Ibid.*) »

La servitude, et, après elle, l'ignorance et la barbarie avaient étouffé l'éloquence : la religion la ranima; et le genre dont nous parlons, celui de la louange et du blâme, ayant reparu dans la chaire, y reprit enfin la décence, la dignité, l'éclat qu'il avait eu dans la tribune, et plus de majesté encore. *Voyez* ORAISON FUNÈBRE.

Mais l'éloquence politique, celle qui dans les tribunaux d'Athènes et de Rome, avait exercé la censure de l'administration publique, cette fille du patriotisme et de la liberté, cette éloquence gardienne et protectrice du bien public ne reparut presque jamais.

MARMONTEL, *Éléments de Littérature.*

MÊME SUJET.

Du genre démonstratif, ou des panégyriques, discours d'apparat, etc. Du genre délibératif, et des assemblées nationales.

Quant au genre démonstratif, qui comprend les panégyriques de toute espèce, les harangues de félicitation, de remercîment, d'inauguration, Patru cite sa harangue à la reine Christine, prononcée à la tête de l'Académie, et qui est, dit-il, *un panégyrique mêlé d'actions de graces, comme le discours de Cicéron pour Marcellus.* Ce n'est pourtant, comme toutes les pièces semblables du même temps, qu'une amplification de rhétorique. On n'y aperçoit autre chose que le soin laborieux de construire et de cadencer des périodes, et d'entasser des hyperboles. On s'extasiait alors sur la noblesse des expressions et le nombre de la phrase, sans s'occuper assez du fond des idées, parce que la formation du langage était encore une affaire capitale. Les compliments de réception à l'Académie, contenant l'éloge de ses membres, n'étaient pas non plus examinés sous un autre point de vue, et la plupart de ceux du dernier siècle sont dans le même goût. Les meilleurs, ceux qui sont au moins purgés de toute déclamation, n'offrent rien de plus que de l'esprit et de l'élégance, si l'on excepte celui de Racine à la réception de Thomas Corneille. Les discours sur des points de morale, d'après un texte choisi dans l'Écriture, proposés pour sujet de prix, étaient de froids traités ou de mauvais sermons; et ce qu'il y avait de plus passable, comme, par exemple, un discours de Fontenelle *sur la Patience*, qui fut couronné, n'était pas au-dessus du médiocre pour le style, et ne ressemblait en rien à l'éloquence. Les panégyriques des saints, ceux même dont les auteurs ont mérité d'ailleurs le plus de réputation, ceux qui nous restent de Bourdaloue, de Bossuet, de Fléchier, sont au nombre de leurs plus faibles compositions. Les mieux faits sont encore ceux de Fléchier, le premier des rhéteurs de son siècle. Mais quand même ils seraient aussi bons qu'ils peuvent l'être, Patru aurait encore de la peine à nous persuader que ces sortes de sujets pussent avoir autant d'effet sur l'imagination que Pline parlant à la tête du sénat de Rome, et remerciant le maître du monde d'en être le bienfaiteur, ou Cicéron félicitant César d'avoir rendu Marcellus au sénat, ou faisant devant le peuple romain l'éloge de Pompée vainqueur des nations.

Patru n'a pas assez senti que la différence des

lieux, des choses et des hommes, est de quelque poids dans l'éloquence. Comme il avait été chargé plus d'une fois de faire la harangue de présentation lorsqu'un avocat général était reçu au parlement, il compte aussi ces sortes de discours parmi les sujets d'éloquence moderne. Mais dans le fait, comme ces discours ne sont et ne peuvent guère être autre chose que des politesses et des exagérations convenues, et que le récipiendaire doit toujours être, en vertu de son office et de la cérémonie, le modèle de tous ceux de sa profession, ces compliments ne sont jamais sortis de l'enceinte où ils ont été débités.

Il convient du moins que le troisième genre, le délibératif, est plus en usage dans les républiques que dans les monarchies. Cependant il revendique pour les modernes les discours que l'on peut faire dans les délibérations des corps de magistrature. *Ce genre*, dit-il, *pouvait être de saison dans le temps de la Fronde;* ce qui veut dire qu'il ne pouvait plus avoir lieu sous Louis XIV, qui ne permettait pas que les parlements délibérassent sur les matières de gouvernement. Mais ce qui nous reste de ces discussions parlementaires dans les mémoires du temps, et particulièrement dans ceux du cardinal de Retz, qui en rapporte de longs morceaux, est lourd, diffus, de mauvais goût et ennuyeux. Patru ne parle pas des assemblées nationales : c'est pourtant là qu'il aurait trouvé plus aisément quelque chose de ce qu'il cherchait; et un discours du chancelier de Lhospital, à l'ouverture des états-généraux, est sans comparaison ce qui nous reste de plus solide, de plus sain, de plus noble, de mieux pensé et de mieux senti dans tous les monuments du XVIe siècle.

En effet, quel champ pour l'éloquence que ces assemblées, sans contredit les plus augustes de toutes! Quelle carrière pour un vrai citoyen, soit qu'il ait déjà cultivé le talent de la parole, soit que le patriotisme, capable, comme toute grande passion, de transformer les hommes, ait fait de lui tout à coup un orateur! Placé dans le sein même de la patrie, au-dessus de toutes les craintes, ou parce qu'elle peut alors le garantir de tous les dangers, ou parce qu'elle offre des motifs suffisants pour les braver tous; au-dessus de tous les intérêts particuliers, parce qu'aux yeux de la raison ils se réunissent tous alors dans l'intérêt général, rien ne lui manque de ce qui peut échauffer le cœur, élever et fortifier l'âme, et donner à l'esprit des lumières nouvelles : ni la grandeur des sujets, puisqu'ils embrassent les destinées publiques et les générations futures; ni ce double aiguillon des difficultés et des encouragements, selon les anciens maîtres, si nécessaires à l'orateur : car il est ici en présence de toutes les passions ou connues ou cachées, généreuses ou abjectes; il est de toutes parts assiégé, pressé, heurté par la contradiction, ou poussé, entraîné, enlevé par l'assentiment général. Il faut qu'il repousse des attaques furieuses, ou qu'il démasque un silence perfide. Il est au milieu de tous les préjugés, qui sont en même temps un épais et lourd bouclier fait pour mettre les esprits bornés et timides à couvert de la raison, et une arme acérée et dangereuse dont les esprits artificieux se servent pour intimider la raison même. Il est au milieu des accès de l'esprit d'innovation, espèce de fièvre la plus terrible, qui offusque le cerveau des vapeurs de l'orgueil et de l'ignorance, et, allant bientôt jusqu'à la frénésie, se saisit du glaive pour tout abattre, faute de savoir s'en servir pour élaguer. Que d'ennemis à combattre ! mais aussi que de force et de moyens pour le patriote, le vrai philosophe, l'homme éloquent ! car tous ces caractères, qui faisaient l'ancien orateur, doivent alors être ceux du nôtre. Il jouit de toute la liberté, de toute la dignité d'une nation entière, en parlant devant elle et pour elle : les principes éternels de justice sont là dans toute leur puissance naturelle, invoqués devant la puissance qui a le droit de les appliquer. Ils sont là pour servir l'homme de bien qui saura en faire un digne usage ; pour faire rougir le méchant qui oserait les démentir ou les repousser. Enfin ce n'est point ici l'effet toujours incertain et variable d'une lecture particulière, où chacun a tout le loisir de lutter contre sa conscience, et de se préparer des défenses et des refuges. J'ose dire à l'orateur de la patrie : Si tous ses représentants sont réunis pour t'entendre, s'ils délibèrent après t'avoir entendu, c'est pour assurer ton triomphe et le sien. J'en atteste un des plus nobles attributs de la nature humaine, l'empire de la vérité éloquente sur les hommes rassemblés. Les plus justes et les plus sensibles reçoivent la première impression ; ils la communiquent aux plus faibles, et l'étendent en la redoublant de proche en proche : la conscience agit dans tous; dans les uns, le courage dit tout haut, oui; dans les autres, la honte craint de dire, non; et s'il reste un petit nombre de rebelles opiniâtres, ils sont renversés, atterrés, étouffés par cette irrésistible impulsion, par ce rapide contre-coup qui ébranle toute la masse d'une assemblée; et comme la première lame des mers du Nouveau-Monde pousse le dernier flot qui vient frapper les plages du nôtre, de même la vérité, partant de l'extrémité d'un vaste espace, accrue et fortifiée dans sa route, vient frapper à l'extrémité opposée son plus violent adversaire, qui, lorsqu'elle arrive à lui avec toute cette force, n'en a plus assez pour lui résister.

O utinam !.... Mais pour que l'éloquence politique acquière généralement ce caractère et cet empire, il faut supposer d'abord que l'esprit national est généralement bon et sain, comme il l'était dans les beaux siècles de la Grèce et de Rome; et il faudrait s'attendre à un effet tout contraire si une nation nombreuse se trouvait tout-à-coup composée de parleurs et d'auditeurs, précisément à l'époque où ayant perdu le frein de la religion et de la morale, elle aurait aussi rompu le joug de toute autorité. Alors le talent même, dans ceux qui parleraient, serait le plus souvent asservi et dépravé par ceux qui écouteraient, ou n'en serait pas écouté; alors les caractères dominants des orateurs de cette multitude insensée seraient ou la complaisance servile qui flatte les passions et les vices, ou la grossière effronterie de l'ignorance, ivre du plaisir d'avoir tant d'auditeurs dignes d'elle, ou l'horrible impudence du crime déchaîné, parlant en maître devant des complices et des esclaves.

La Harpe, *Cours de Littérature.*

DÉMOSTHÈNE de Pœania en Attique, fils de Démosthène, homme riche et propriétaire d'une manufacture d'armes, et de Cléobule, naquit la quatrième année de la XCVIII^e olympiade, 385 ans avant J.-C. A l'âge de sept ans il perdit son père : il avait une sœur moins âgée que lui qui devint par la suite la mère de Démocharès. Les tuteurs que le vieux Démosthène avoit institués pour ses enfants, dilapidèrent leur fortune, et négligèrent l'éducation du jeune hommme confié à leurs soins. Néanmoins celui-ci suivit les leçons de Platon et d'Euclide de Mégare. Décidé dès sa première jeunesse à poursuivre un jour devant les tribunaux ses tuteurs infidèles, il aurait bien voulu être un des auditeurs d'Isocrate; mais ne pouvant disposer de la somme que cet orateur se faisait payer à titre d'honoraires, il se contenta, dit-on, d'une rhétorique ou instruction écrite d'Isocrate, qu'un de ses amis lui procura. Ce qui est plus certain, c'est que plus tard, et lorsqu'il fut parvenu à l'âge de majorité, il prit Isée chez lui et étudia pendant quatre ans sous sa direction. Ayant un jour entendu Callistrate parler devant le peuple, il conçut le dessein de se vouer à une carrière sur laquelle cet orateur avait jeté tant de lustre.

A l'âge de dix-sept ans, il parut devant les tribunaux, et prononça contre ses tuteurs et contre un débiteur de sa succession paternelle, cinq plaidoyers qui lui firent gagner son procès : ces discours auxquels Isée avait peut-être mis la main, nous restent. Un succès si brillant enhardit probablement le jeune orateur à parler devant l'assemblée du peuple; mais lorsqu'il le tenta pour la première fois, sa voix faible, sa respiration entrecoupée, ses gestes peu gracieux et ses périodes mal ordonnées le firent couvrir de huées. « L'acteur Satyrus le ra-
« nima et lui donna des leçons. Démosthène mit en
« usage une obstination infatigable et ingénieuse
« pour former sa voix, fortifier sa poitrine, corriger
« ses gestes et acquérir ce grand art de l'action qu'il
« estimait le premier de tous, sans doute en pro-
« portion des efforts qu'il lui avait coûtés. Il ne
« poursuivait pas avec moins de zèle l'étude du
« style et de l'éloquence. Les anciens nous parlent
« de ce cabinet souterrain dans lequel il demeu-
« rait enfoncé plusieurs mois, la tête à demi-rasée,
« copiant Thucydide, s'exerçant à tout exprimer en
« orateur, préparant des morceaux pour toute occa-
« sion, sans cesse déclamant, méditant, écrivant. »

Il reparut en public à l'âge de vingt-cinq ans et prononça deux discours contre Leptine, auteur d'une loi qui imposait à tout citoyen d'Athènes, excepté les descendants d'Harmodius et d'Aristogiton, l'obligation d'accepter des fonctions onéreuses. Le second de ces discours, intitulé *Des Immunités*, est regardé comme un de ses chefs-d'œuvre. Démosthène travailla ensuite beaucoup pour le barreau. « Ces « travaux étaient, après son patrimoine, la source « principale de sa fortune. On ne peut douter qu'il « n'ait composé beaucoup de discours que nous n'a- « vons plus. On remarque, dans le grand nombre « de ceux qui nous restent, que presque aucun n'est « apologétique. Le caractère âpre et violent de Dé- « mosthène le portait au rôle d'accusateur, si pénible « pour Cicéron : il le remplit plus d'une fois en son « nom et pour ses propres injures. »

Quels que fussent et l'honneur et les avantages que Démosthène acquit en paraissant au barreau, sa principale gloire lui est venue de ses discours politiques. La force de son génie lui assura la plus grande influence dans le gouvernement de la république. A l'époque où Démosthène saisit le timon des affaires, l'état n'était plus, pour nous servir d'une expression de l'orateur Démade que la *carcasse* du vaisseau que Thémistocle, Cimon et Périclès avaient gouverné. Le peuple étourdi des fumées de la démocratie, s'était abandonné à sa légèreté et à son insouciance naturelles; il était entré dans la route qui conduit nécessairement à la servitude. Les lois avaient perdu leur autorité; l'austérité des anciennes mœurs avait fait place à la mollesse, l'activité à la paresse, et la probité à la vénalité. Celle-ci produisit la trahison qui accéléra la ruine de la Grèce. Des vertus de leurs pères il ne resta aux Athéniens qu'un attachement porté jusqu'à l'enthousiasme pour leur sol natal, pour ce pays dont jadis les dieux eux-mêmes s'étaient contesté la propriété. A la moindre occasion ce patriotisme se manifestait; grace à ce sentiment le peuple d'Athènes était encore susceptible des plus grands efforts pour conserver la liberté.

Personne mieux que Démosthène n'a connu l'art d'exciter et d'entretenir cet enthousiasme. Sa pénétration lui avait fait deviner les plans ambitieux de Philippe de Macédoine, dès les premiers pas qu'il fit pour en préparer les voies. Depuis ce moment Démosthène résolut de le combattre. Toute sa carrière publique n'eut plus qu'un seul objet: guerre à Philippe. Pendant quatorze ans celui-ci ne put faire un pas sans trouver sur son chemin ce terrible adversaire qu'aucune tentative ne réussit à corrompre. Ces quatorze années qui précédèrent immédiatement l'anéantissement de l'indépendance de la Grèce, sont l'époque du plus grand lustre de Démosthène.

Le caractère public de cet orateur n'est pourtant pas sans tache. Comme militaire, il montra peu de courage à la bataille de Chéronée; comme ambassadeur à la cour du roi de Macédoine, peu de dignité et de présence d'esprit. Il fut aussi convaincu d'avoir accepté de l'or, non, il est vrai, pour trahir les intérêts de sa patrie, ni pour mentir à sa conscience, mais pour avoir des moyens de soutenir ce qu'il regardait comme la bonne cause. Ce fut le roi de Perse qui le lui fournit.

Démosthène succomba dans la lutte contre l'ennemi de l'indépendance nationale; mais il reçut, après sa défaite, la plus belle récompense que, dans les mœurs grecques, la patrie reconnaissante pût accorder à un citoyen vertueux. Athènes lui décerna une couronne d'or. Ce prix lui fut contesté par Eschine : le combat d'éloquence qui s'éleva alors entre les deux plus célèbres orateurs, attira à Athènes un concours immense de curieux. Démosthène triompha, et son antagoniste n'ayant pas réuni la cinquième partie des suffrages, fut exilé, suivant la loi.

Peu de temps après une si belle victoire, Démosthène fut condamné pour s'être laissé corrompre par Harpalus, gouverneur macédonien qui, redoutant la colère d'Alexandre, était venu cacher à Athènes le fruit de ses rapines, et marchandait la protection des démagogues pour obtenir celle de la république. Il est permis de douter de la justice de ce jugement. Démosthène s'étant évadé de prison, protesta de son innocence. Après la mort d'Alexandre, il fut réintégré : sa rentrée dans Athènes se fit au milieu de la joie générale. Une nouvelle ligue des villes grecques se forma contre les Macédoniens; Démosthène en fut l'âme. Mais elle fut dissoute par Antipater, et la mort de Démosthène fut prononcée. Il passa dans l'île de Calaurie, sur la côte du Péloponèse. Poursuivi par les satellites d'Antipater, il termina sa vie par le poison, étant âgé de plus de soixante ans.

Le mouvement, la force, la clarté, la dignité et l'élégance, tels sont les caractères distinctifs du talent oratoire de Démosthène. Venu après tant de grands maîtres, il choisit dans le style de chacun d'eux ce qu'il avait de meilleur et de plus utile : en réunissant tous ces agréments, il se forma une diction en même temps magnifique et simple, travaillée et sans art, figurée et commune, austère et fleurie, serrée et étendue, gracieuse et sévère, affectionnée et véhémente. Différent de Thucydide qui n'ayant qu'une seule manière, l'emploie sans cesse, peu soucieux qu'elle convienne ou non, Démosthène, fixant incessamment son but, se renfermant toujours dans de justes bornes, et saisissant à propos le temps et le lieu, n'est pas seulement occupé de la pompe de l'expression, il l'est de l'avantage qu'il doit en tirer : de là cette clarté si essentielle aux ouvrages du barreau, et cette véhémence l'objet et le terme de ses attentions. Veut-on le comparer à Lysias : il est, comme lui, pur, exact, clair, serré, vrai, naturel et sans affectation; il est gracieux comme Lysias; mais il est toujours supérieur pour la forme. En lisant une harangue de Démosthène, on est, au gré de l'orateur, emporté, on entre en fureur, on passe successivement d'une passion à l'autre, de l'indifférence à l'esprit de parti, de la crainte au mépris, de la haine à la pitié, de la bienveillance à la colère et à l'envie.

Denys d'Halicarnasse, à qui cette comparaison de Démosthène à Thucydide et Lysias est empruntée, dit encore : « Démosthène a transporté dans ses « harangues politiques plusieurs des qualités de « Thucydide : ces traits rapides et pénétrants, cette « âpreté, cette amertume, cette véhémence qui ré-

« veille les passions ; mais il n'a pas imité les formes
« poétiques et inusitées qu'il ne jugeait pas con-
« venables à l'éloquence sérieuse de la tribune. Il
« n'a jamais recherché les figures inexactes et peu
« suivies, les tours hasardés; il s'est tenu dans la
« simplicité du langage habituel, qu'il orne et anime
« par des métaphores, n'exprimant presque jamais
« sa pensée sans images. »

Rapportons maintenant le jugement que Cicéron et Quintilien portent de celui que Plutarque apelle le plus puissant des orateurs. « Tanta vis in eo, dit
« Quintilien, tam densa omnia, ita quibusdam nervis
« intenta sunt, tam nihil otiosum, is discendi modus,
« ut nec quid desit in eo, nec quid redundet inve-
« nias. » L'orateur romain s'exprime ainsi : « Nihil
« acutè inveniri potuit in eis causis quas scripsit,
« nihil, ut ità dicam, subdoli, nihil versutè, quod
« ille non viderit; nihil subtiliter dici, nihil pressè,
« nihil enucleatè, quo fieri possit aliquid limatius ;
« nihil contrà grande, nihil incitatum, nihil orna-
« tum vel verborum gravitate, vel sententiarum
« quo quidam esset elatius. »

Il existe de Démosthène soixante et un discours et soixante-cinq introductions.

En nous conformant à la classification des anciens rhéteurs, tous les discours peuvent être rangés dans ces trois catégories : 1° Discours délibératifs, traitant des affaires politiques devant le sénat ou devant l'assemblée du peuple; 2° Actions judiciaires, ayant pour objet une accusation ou une défense; 3° Discours d'apparat, pour louer ou blâmer.

Dix-sept discours de Démosthène appartiennent à la première, quarante-deux à la seconde, deux à la troisième classe.

Des dix-sept discours de la première catégorie, il y en a cinq qui traitent de divers intérêts de la république; douze se rapportent aux démêlés avec le roi Philippe. Nous les indiquerons dans cet ordre.

Des Symmories; c'est-à-dire des classes dans lesquelles les Athéniens étaient distribués pour la fourniture et l'équipement des vaisseaux de guerre. C'est le premier discours politique de Démosthène; il le prononça la troisième année de la CVI^e olympiade, 354 ans avant J.-C., deux ans après la guerre sociale, la seconde de la guerre des associés, la sixième de celle d'Amphipolis. Le roi de Perse ayant fait des préparatifs pour se venger de l'assistance que Charès avait portée aux rebelles d'Asie, les Athéniens voulaient lui déclarer la guerre : Démosthène les empêcha par ce discours de prendre une résolution si inconsidérée.

De l'Organisation de l'état, ou plutôt des contributions des citoyens. Denys d'Halicarnasse ne compte pas ce discours parmi ceux de Démosthène; il n'est probablement pas authentique.

Pour les Mégalopolitains; prononcé la quatrième année de la CVI^e olympiade, 353 ans avant J.-C., pour engager les Athéniens à porter des secours aux Mégalopolitains contre les Spartiates, alliés d'Athènes.

Sur l'indépendance des Rhodiens; prononcé la deuxième année de la CVII^e olympiade, 350 ans avant J.-C., pour engager les Athéniens à porter des secours aux Rhodiens contre Molossus, roi de Carie, qui soutenait dans l'île le parti aristocratique.

Sur les traités conclus avec Alexandre. Libanius attribue ce discours à Hypéride; il tombe à l'époque où Démosthène était exilé d'Athènes, la troisième ou quatrième année de la CXIII^e olympiade, 325 ou 324 ans avant J.-C. L'auteur y engage les Athéniens à la guerre.

Des douze harangues relatives aux démêlés avec Philippe, les manuscrits nomment *Philippiques* la première, la deuxième, la dixième et la onzième de Denys, et regardent sa cinquième comme faisant suite à la première Philippique; ils donnent le titre d'*Olynthiennes* seconde, troisième et première, à ses n°s 2, 3 et 4. Les quatre restant, 6, 8, 9 et 12 portent les titres suivants : de la Paix, de l'Halonèse, de la Chersonèse, et sur la lettre de Philippe. Nous allons en parler dans l'ordre chronologique.

Première Philippique. Démosthène y engage ses concitoyens à faire la guerre avec plus de vigueur à Philippe, qui, après la défaite des Phocidiens, avait fait mine de vouloir prendre poste dans le pays. Ce discours est coupé en deux parties qui d'après Denys d'Halicarnasse, ont été prononcées à différentes époques : cette opinion est contredite par plusieurs critiques.

Trois harangues Olynthiennes. Elles tendaient à stimuler les Athéniens pour qu'ils ne laissassent pas tomber Olynthe.

De la Paix. Philippe ayant pris place parmi les Amphictyons, Démosthène conseille de maintenir la paix avec ce prince. Libanius pense que ce discours, écrit par Démosthène, n'a pas été prononcé : Leland, Auger, MM. Jakobs et Beckuer ne partagent pas cette opinion.

Deuxième Philippique, prononcée après le retour de Démosthène du Péloponèse, où il avait négocié la pacification entre Sparte et Messène.

Sur l'Halonèse, ou plutôt sur une lettre de Philippe par laquelle il fit cadeau aux Athéniens de l'île d'Halonèse, que ses troupes avaient enlevée aux pirates, et demanda à partager avec les Athéniens la protection des mers. Démosthène s'opposa vivement à l'acceptation d'une offre si insultante; mais il n'est rien moins que certain qu'il ait prononcé le discours que nous avons. Libanius dit que d'anciens critiques l'attribuaient à Hégesippus, l'ami de Démosthène. Suidas et *l'Etymologicum* sont d'accord avec lui: Walckenær, Larcher et M. Becker se rangent de son avis; M. Jakobs, après avoir exposé les motifs pour et contre, ne prononce pas. Jacques de Tourreil et M. B. S. Weiske ont soutenu que la harangue est de Démosthène. Quelle que soit la force de leur raisonnement, il nous paraît difficile de récuser le témoignagne positif de Libanius.

Des évènements de la Chersonèse, ou de Diopeithès. Ce général, envoyé à la tête d'une colonie, dans la Chersonèse, avait commis des hostilités contre la ville de Cardia, la seule que Philippe s'était réservée dans la paix. Diopeithès avait même fait une incursion en Macédoine. Philippe exigeait qu'il fût puni : Démosthène le justifia.

Troisième Philippique. Les progrès que le roi faisait en Thrace, et par lesquels il se préparait à assiéger Perinthe et Bysance, sont le thême de cette harangue.

Quatrième Philippique, prononcée à l'époque où le roi avait levé le siège de Perinthe pour tomber sur Bysance. Walckenær, M. F. Aug. Wolf et M. Becker ne reconnaissent pas ce discours comme une production de Démosthène.

Sur la lettre de Philippe. La lettre du roi à laquelle cette harangue doit se référer, existe; elle renferme bien des griefs, mais point de déclaration de guerre. C'est à l'occasion de celle-ci que Démosthène a prononcé sa dernière *Philippique.* Tayler, Reiske, Walckenær et M. Becker regardent ce morceau comme supposé.

Nous en venons à la seconde classe des harangues de Démosthène; savoir, aux actions judiciaires, et nous distinguons encore celles qui se rapportent à des affaires d'état, de celles qui ne concernent que des intérêts particuliers; la procédure, dans le premier cas, était nommée *accusations ;* dans le second *plaidoyers.* Il existe douze harangues de Démosthène de la première espèce, savoir :

Accusations publiques pour affaires qui concernaient l'orateur en personne ; il y en a trois : contre Midias, de l'Ambassade déloyale, de la Couronne.

Discours prononcés contre des projets de lois :

contre Leptine, contre Androtion, contre Timocrate, contre Aristocrate.

Accusations pour crimes contre l'état, les deux discours contre Aristogiton, et celui contre Théocrite.

Appels ou recours au peuple; il y en a deux : les discours contre Eubulide et contre Neére.

C'est dans cet ordre que nous allons parler des douze actions judiciaires ou affaires d'état.

Contre Midias. Ce citoyen, comptant sur l'impunité que devaient lui assurer ses richesses et la protection d'Eubulus, s'était permis d'outrager Démoshène dans les Dionysiaques, où, remplissant les fonctions de chorège, il était regardé comme une personne sacrée. Midias avait donc commis le crime de sacrilège, mais Midias prétendait qu'on ne pouvait lui intenter qu'une action pour indemnité, ou pour violence, parce que Démosthène n'avait pas été élu chorège par le peuple, et s'était chargé volontairement de cette fonction. Le discours de Démosthène tend à prouver que Midias s'est rendu coupable d'un crime public : c'est un morceau d'une logique serrée. Néanmoins Démosthène retira son action et s'arrangea avec Midias. Voici comment Plutarque explique son désistement : « On sait qu'il
« plaida contre Midias à l'âge de trente-deux ans,
« lorsqu'il n'avait encore ni crédit, ni réputation
« dans Athènes; ce fut même, je crois, par cette
« considération qu'il sacrifia pour de l'argent son
« ressentiment contre Midias : car il n'était ni doux
« ni facile à calmer. Au contraire, il était vindicatif

« et violent ; mais se sentant trop faible pour l'em-
« porter contre un homme qui avait dans ses ri-
« chesses, dans son éloquence et dans ses nombreux
« amis, comme autant de remparts redoutables,
« il se laissa appaiser par ceux qui intercédèrent pour
« lui; car je ne crois pas que la somme de trois
« mille drachmes eût désarmé la colère de Démos-
« thène, s'il eût espéré pouvoir triompher de son
« ennemi. » Au reste, les commentateurs sont d'accord pour penser que le discours de Démosthène n'a jamais été prononcé : il y a même quelques motifs de croire qu'il n'a été écrit que plusieurs années après l'évènement, quoique nous ignorions pourquoi l'orateur s'occupa de nouveau d'une affaire terminée.

Accusation d'Eschine pour la manière déloyale dont il s'était acquitté de son ambassade auprès de Philippe. Ce discours est plein de morceaux brillants d'éloquence; d'autres sont faibles, et le tout est trop prolixe. Il est possible que l'orateur n'y ait pas mis la dernière main. Au reste, en accusant Eschine, il se mit dans une fausse position : il fallait accuser aussi ses collègues, parmi lesquels se trouvaient Céphisophon et Eubule, deux hommes estimés. D'ailleurs l'accord régnant entre les collègues le priva des preuves judiciaires par lesquelles il aurait pu accabler son adversaire, contre lequel il n'avait que des probabilités et des raisonnements à alléguer. Aussi la réplique d'Eschine est-elle supérieure à l'accusation. Au reste Plutarque doute que ces deux discours aient été jamais prononcés, quoique Idoménée, élève d'Épicure, ait rapporté qu'Eschine ne gagna son procès que de trente voix : son motif est le silence que les deux orateurs gardent sur ce procès dans leurs discours de la Couronne. L'abbé Auger explique ce silence par les motifs que les deux adversaires avaient de ne pas revenir sur une affaire où l'un avait succombé, et où l'autre ne s'était pas lavé du soupçon qui pesait sur lui.

Discours de la Couronne. Deux fois Démosthène avait été couronné sur le théâtre dans les Dionysiaques, la première fois après l'expulsion des garnisons macédoniennes de l'île d'Eubée, la seconde fois après l'alliance avec les Thébains. La deuxiéme année de la CX^e olympiade, Ctésiphon qui était alors président du sénat, fit passer à ce corps un décret, portant que si l'assemblée du peuple l'approuvait, Démosthène serait couronné aux prochaines Dionysiaques sur le théâtre, en récompense de la manière désintéressée dont il avait rempli diverses fonctions, et des services qu'il n'avait cessé de rendre à la république. Il fallait que ce décret fût confirmé par un pséphisma; mais avant qu'il fût présenté, Eschine se porta accusateur de Ctésiphon pour avoir violé les lois en proposant de couronner un fonctionnaire n'ayant pas rendu compte de sa gestion, et de le couronner au théâtre, tandis qu'il ne pouvait l'être que dans la maison du sénat ou au Pnyx; enfin d'avoir allégué des faits faux en faveur d'un protégé. Il conclut à ce qu'il fût imposé à Ctésiphon une amende de 50 talents.

La chose en resta là à cause des inquiétudes et des embarras dans lesquels on était pendant l'hiver et le printemps qui précédèrent la bataille de Chéronée ; mais lorsque par l'influence d'Antipater le parti macédonien eut pris le dessus à Athènes, Eschine crut le moment favorable pour donner suite à son accusation. Il le fit dans la troisième année de la CXII.e olympiade, ainsi huit ans après la proposition de Ctésiphon. Il prononça alors son célèbre discours auquel Démosthène répondit. Sa harangue est regardée avec raison non-seulement comme son chef-d'œuvre, mais comme ce que l'éloquence a jamais produit de plus parfait. Tel fut l'avis de Denys d'Halicarnasse, de Cicéron et de Quintilien ; les critiques modernes le partagent entièrement. Il paraît qu'après ce discours Démosthène ne parut plus comme orateur public.

Discours contre Leptine. Ce discours traite le même sujet que celui dont nous avons parlé ci-dessus, mais qui n'est pas de Démosthène. Leptine avait fait passer la loi qui restreignait les immunités des charges de chorèges, de gymnasiarque et d'hestiator. Démosthène laissa écouler l'année pendant laquelle l'auteur d'un projet de loi en était responsable ; il n'attaqua la loi qu'après coup et la fit abroger. Son discours à ce sujet est un des plus parfaits qui soit sorti de sa plume.

Discours contre Androtion. Démosthène l'écrivit pour un certain Diodore qui portant une vieille rancune à Androtion, l'accusa d'avoir violé les lois en votant une couronne au sénat qui n'avait pas rempli tous ses devoirs. C'était donc une accusation dans le genre de celle d'Eschine contre Ctésiphon.

Comme Androtion était un orateur de l'école d'Isocrate, Démosthène se conforma dans ce discours au genre d'éloquence fleurie de ce maître. Quoique ouvrage de sa jeunesse, il est, après celui contre Leptine, l'action judiciaire qu'il a travaillée avec le plus de soin; mais il nous est parvenu dans un état fort corrompu, et avec une forte lacune.

Discours contre Timocrate, prononcé la quatrième année de la CVI^e olympiade, par le même Diodore contre un citoyen qui avait fait une proposition tendante à soustraire à la punition des fonctionnaires qui s'étaient rendus coupables de concussion. C'est un morceau d'une éloquence sévère, telle qu'elle convenait au sujet.

Discours contre Aristocrate. Kersobleptès, roi de Thrace, ayant cédé aux Athéniens la Chersonèse, Charidémus d'Oréos en Eubée, son beau-père et conseil, craignait les embûches de Philippe. Aristocrate fit une proposition de loi par laquelle la personne de Charidémus fut déclarée sacrée. Un certain Euthyclès attaqua cette proposition par un discours que Démosthène composa. Il fut prononcé la première année de la CVII^e olympiade, la même année où Démosthène tint sa première Philippique.

Deux discours contre Aristogiton. Aristogiton était un très mauvais citoyen contre lequel Dinarque a aussi prononcé un discours. Voulant l'empêcher de paraître dans les assemblées publiques, Lycurgue et Démosthène se réunirent pour le faire condamner à une prison perpétuelle, comme coupable de forfaiture. Lycurgue parla le premier; mais son discours est perdu : après lui Démosthène prononça soit les deux discours qui se trouvent parmi ses ouvrages, soit le second seulement; car le premier des deux discours n'est probablement pas de lui. Denys d'Halicarnasse rejette expressément une des deux harangues; il est vrai que sa réprobation tombe sur la seconde; mais il paraît que c'est uniquement par une erreur de plume qu'il nomme la seconde, au lieu de la première. Casaubon, Taylor, et Reiske regardent le premier de ces discours comme supposé; Reiske l'attribue à Hypéride, mais sans motif suffisant.

Dénonciation contre Théocrine. Discours prononcé par un nommé Épichare qui accuse Théocrine de diverses malversations : il est probablement de Dinarque qui, à cette époque, première ou deuxième année de la CIX^e olympiade, commençait à paraître devant le peuple et s'attachait à imiter le grand orateur dont par la suite il devint l'antagoniste.

Appel d'une sentence prononcée par Eubulide. Le démarque Eubulide avait rayé un certain Euxithéos de la liste des citoyens, celui-ci choisit le remède du recours au peuple, remède périlleux parce que la loi voulait que, s'il succombait dans ce procès, il fût vendu comme esclave. Le caractère grave de ce discours est analogue à son importance.

Contre Neére. Ce plaidoyer est fort curieux parce qu'il renferme toutes les pièces alléguées, ou, comme nous dirions, que le dossier y est joint. C'est une dénonciation portée par un certain Théomnester et son assistant Apollodore, contre un certain Stéphanus, qu'ils accusent de vivre avec l'esclave Neére comme avec une épouse légitime. Cette harangue est certainement du temps de Démosthène; mais elle paraît avoir été ajoutée à ses ouvrages, parce qu'il y est question de personnes qui se retrouvent dans ses autres discours.

Les simples plaidoyers, relatifs à des intérêts privés, constituent le second genre des actions judiciaires. Il nous en reste trente de Démosthène, savoir :

Discours relatifs au procès contre ses tuteurs : il sont au nombre de cinq, dont deux contre le tuteur Aphobus, et deux contre Onitor, son frère.

Constitutiones translativæ, comme dit Cicéron. Cet orateur dit : « Cùm causa ex eo pendet quod non « aut is agere videtur quem oportet, aut non apud « quos, quo tempore, quâ lege, quo crimine, quâ « pœnâ oportet, translativa dicitur constitutio, quia « actio translationis et commutationis indigere vide- « tur. Atque harum aliquam in omne causæ genus « incidere necesse est. Nam in quam rem non inci- « derit, in eâ nihil esse potest controversiæ; quare « eam ne causam quidem convenit putari. » (*De Invent.* I, 8.) Nous avons sept discours de ce genre de Démosthène, contre Zénothémis, contre Apaturius, contre Phormion, contre Lacritus, pour Phormion, contre Pantænetus, contre Nausimachus et Xenopithea.

Discours pour affaires de succession et de dot, au nombre de quatre: contre Macartatus, contre Leocharès, contre Spudias, contre Bœotus pour la dot maternelle.

Discours pour affaires de commerce et de dettes,

au nombre de trois : contre Callippe, contre Nicostrate, contre Timothéus.

Action pour indemnité et dédommagement, au nombre de cinq : contre Bœotus pour usurpation de nom, contre Olympiodore, contre Conon, contre Dionysidore, contre Calliclès.

Plaintes pour faux témoignage : deux discours contre Stéphanus, et une plainte contre Évergus et Mnésibulus.

Sur l'échange de la fortune et la triérarchie, il y a trois discours de ce genre: contre Phænippus, contre Polyclès, et sur la couronne de la triérarchie.

Il serait inutile de nous arrêter à ces trente plaidoyers : nous ferons des observations sur quelques-uns seulement.

Les cinq discours que Démosthène a prononcés pour revendiquer sa succession paternelle, renferment des détails précieux sur sa jeunesse, sa fortune, sur les lois athéniennes. Le tuteur Aphobus fut condamné à lui payer dix talents : on ne trouve pas qu'il ait actionné les deux autres tuteurs, quoiqu'il en annonce l'intention : il paraît qu'il a transigé avec eux. Ces discours ont quelques ressemblances avec ceux d'Isée, son maître.

Le discours contre la *Paragraphe* de Lacritus est intéressant sous un double rapport. Les clients de Démosthène avaient une bonne cause devant le tribunal de l'équité; mais elle n'était pas rigoureusement fondée en droit, et leur adversaire était un intrigant, un disciple d'Isocrate et un habile orateur. Démosthène s'attache sur-tout au caractère de son adversaire qu'il peint sous les couleurs les plus noires. Le discours est intéressant, parce que toutes les pièces s'y trouvent jointes.

La *Paragraphe* pour Phormion contre Apollodore, a donné lieu à un reproche qu'on fait à la mémoire de Démosthène. « On assure qu'il avait composé le « plaidoyer qu'Apollodore prononça contre le stra- « tège Timothée, qu'il fit condamner à payer ce qu'il « devait au trésor public. On lui attribue encore, « dit Plutarque, les deux oraisons pour Phormion « et pour Stéphanus, qui lui attirèrent de justes re- « proches. Phormion se servit contre Apollodore d'un « discours de Démosthène qui parut ainsi avoir écrit « pour les deux parties adverses, comme s'il eût pris « dans le même atelier deux épées et qu'il les eût « vendues à deux ennemis pour se battre. » Nous observons pour la justification de Démosthène qu'Eschine qui dans son discours contre Ctésiphon n'a rien oublié de ce qui pouvait noircir le caractère de son adversaire, glisse légèrement sur le reproche consigné dans Plutarque; on croit, dit-il, qu'il a travaillé quelquefois pour deux parties.

Le discours contre Macartatus sur la succession de Hagnias, est intéressant par la raison que nous avons la défense de Macartatus par Isée, et qu'ainsi on peut facilement comparer l'élève à son ancien maître.

Nous citons le discours contre Timothéus pour Apollodore relativement à une dette, parce qu'il renferme des détails sur la vie du célèbre fils de Conon.

La plainte contre Conon pour insultes, offre le tableau des mœurs dépravées de la jeunesse athénienne.

DÉMOSTHÈNE.

Il nous reste à parler de la troisième classe des discours de Démosthène, des harangues d'apparat. Nous n'en avons que deux, et probablement ils ne sont pas sortis de sa plume. L'un est un éloge des Athéniens qui avaient péri à Chéronée ; l'autre un éloge de la beauté du jeune Épicrate.

Enfin, nous dirons encore qu'il existe six *Lettres* de Démosthène, écrites pendant son exil ; cinq d'entre elles sont adressées au peuple d'Athènes.

La *Vie* de Démosthène a été écrite par Plutarque ; son *Éloge* par Libanius et par Lucien ou l'écrivain qui en a pris le masque. Libanius a aussi rédigé les *Arguments* des douze Philippiques. Ces discours ont été commentés par Ulpien d'Antioche qu'il ne faut pas confondre avec Domitius Ulpien, le jurisconsulte romain.

Une *Vie* de Démosthène fait aussi partie de celle des *Dix orateurs attiques* qui se trouve parmi les œuvres de Plutarque, et dans une autre forme dans la Bibliothèque de Photius. Nous possédons deux autres *Vies* de Démosthène ; l'une par un certain Zosime d'Ascalon, et l'autre par un anonyme [*].

SCHOELL.

JUGEMENTS.

1. SECTION PREMIÈRE. Des orateurs qui ont précédé Démosthène, et du caractère de son éloquence.

Un trait remarquable dans l'histoire de l'esprit humain, c'est que ce sont deux républiques qui ont

---

[*] Les Œuvres complètes de Démosthène et d'Eschine, traduites en français par l'abbé Auger, ont été publiées par M. Planche, Paris, 1819, 10 vol. in-8° avec le texte en regard. F.

laissé au monde entier les modèles éternels de la poésie et de l'éloquence. C'est du sein de la liberté que se sont répandues deux fois sur la terre les lumières du bon goût, qui éclairent encore les nations policées de nos jours. On a très improprement appelé *siècle d'Alexandre* celui qui a commencé à Périclès et fini sous ce fameux conquérant, dont les triomphes en Asie n'eurent assurément aucune part à la gloire littéraire des Grecs, qui expira précisément à cette époque avec leur liberté. De tous ces grands empires qui avaient précédé le sien, il n'est resté que le souvenir d'une puissance renversée : mais les arts de l'imagination, le goût, le génie, ont été du moins le noble héritage que l'ancienne liberté nous a transmis, et que nous avons recueilli dans les débris de Rome et d'Athènes.

Ces arts si brillants, portés à un si haut point de perfection, eurent, comme toutes les choses humaines, de faibles commencements. Ce qui nous reste d'Antiphon, d'Andocide, de Lycurgue le rhéteur, d'Hérode*, de Lesbonax, ne s'élève pas au-dessus de la médiocrité. Périclès, Lysias, Isocrate, Hypéride, Isée, Eschine, paraissent avoir été les premiers dans le second rang; car Démosthène est seul dans le sien. On remarque, dans ce qui nous reste d'Isocrate, une diction ornée, élégante, de la douceur, de la grâce, sur-tout une harmonie soignée avec un scrupule qui est peut-être porté trop loin. Sa timidité natu-

---

* On suppose que La Harpe avait écrit *Démade*, car il n'y a point d'*Hérode* parmi les orateurs de ce temps, et il nous reste quelques fragments sous le nom de *Démade*.   J. V. LE CLERC.

relle et la faiblesse de son organe l'éloignèrent du barreau et de la tribune; mais il se procura une autre espèce d'illustration en ouvrant une école d'éloquence, qui fut pendant plus de soixante ans la plus célèbre de toute la Grèce, et rendit de grands services à l'art oratoire, comme l'atteste Cicéron dans son jugement sur les orateurs grecs. Je ne puis mieux faire que de rapporter ce précis fait par un juge si distingué, et qui était beaucoup plus près que nous des objets dont il parlait.

« C'est dans Athènes, dit-il, qu'exista le premier
« orateur, et cet orateur fut Périclès. Avant lui et
« Thucydide, son contemporain, on ne trouve rien
« qui ressemble à la véritable éloquence. On croit
« cependant que, long-temps auparavant, le vieux
« Solon, Pisistrate et Clisthène avaient du mérite
« pour leur temps. Après eux, Thémistocle parut
« supérieur aux autres par le talent de la parole,
« comme par ses lumières en politique. Enfin Péri-
« clès, renommé par tant d'autres qualités, le fut
« sur-tout par celle de grand orateur. On convient
« aussi que, dans le même temps, Cléon, quoique
« citoyen turbulent, n'en fut pas moins un homme
« éloquent. A la même époque* se présentent Alci-
« biade, Critias, Théramène : comme il ne nous
« reste rien d'aucun d'eux, ce n'est guère que par
« les écrits de Thucydide que nous pouvons conjec-
« turer quel était le goût qui régnait alors. Leur
« style etait noble, élevé, sentencieux, plein dans sa

---

* « Presque à la même époque, » dit le latin: *huic ætati suppares.*

H. Patin.

« précision, mais par sa précision même un peu obs-
« cur. Dès que l'on s'aperçut de l'effet que pouvait
« produire un discours bien composé, bientôt il y eut
« des gens qui se donnèrent pour professeurs dans
« l'art de parler. Gorgias le Léontin, Trasimaque de
« Calcédoine, Protagore d'Abdère, Prodique de l'île
« de Cos, Hippias d'Élée, et beaucoup d'autres, se
« firent un nom dans ce genre. Mais leur préten-
« tion ressemblait trop à la jactance; car ils se van-
« taient d'enseigner comment d'une mauvaise cause
« on pouvait en faire une bonne. C'est contre ces
« sophistes* que s'éleva Socrate, qui employa, pour
« les combattre, toute la subtilité de la dialectique.
« Ses fréquentes leçons formèrent beaucoup de sa-
« vants hommes; et c'est alors que la morale com-
« mença à faire partie de la philosophie, qui jusque-
« là ne s'était occupée que des sciences physiques **.

« Tous ceux dont je viens de parler étaient déjà
« sur leur déclin lorsque parut Isocrate, dont la mai-
« son devint l'école de la Grèce, grand orateur,
« maître parfait, et qui, sans briller dans les tribu-
« naux, sans sortir de chez lui, parvint à un degré
» de célébrité où, dans le même genre, nul ne s'est

* Voilà la preuve de ce qui a été dit ci-dessus, que les sophistes avaient été les premiers à professer la rhétorique.

** Cette dernière phrase est rendue avec une inexactitude qui est le défaut général de cette traduction, d'ailleurs élégante et facile. On en jugera en lisant la même phrase dans la fidèle version de M. Burnouf. « C'est alors que fut trouvée la philosophie, non celle qui explique les secrets de la nature (elle est plus ancienne), mais celle qui traite du bien et du mal, et qui donne des principes de morale et de conduite.»(*Cic*. de M. J. V. LE CLERC.)

H. PATIN.

« élevé depuis. Il écrivit bien, et apprit aux autres
« à bien écrire. Il connut mieux que ses prédéces-
« seurs l'art oratoire dans toutes ses parties; mais
« sur-tout il fut le premier à comprendre que si la
« prose ne doit point avoir le rhythme du vers, elle
« doit au moins avoir un nombre et une harmonie
« qui lui soient propres. Avant lui, on ne connais-
« sait aucun art dans l'arrangement des mots : quand
« cet arrangement était heureux, c'était un effet du
« hasard;...... car la nature elle-même nous porte à
« renfermer notre pensée dans un certain espace, à
« donner aux mots un ordre convenable, et à termi-
« ner nos phrases le plus souvent d'une manière plus
« ou moins nombreuse*. L'oreille elle-même sent
« ce qui la remplit ou ce qui lui manque; nos phra-
« ses sont coupées par les intervalles de la respira-
« tion, qui non-seulement ne doit pas nous man-
« quer, mais qui même ne peut être gênée sans
« produire un mauvais effet. »

Cicéron parle ensuite de Lysias, d'Hypéride,
d'Eschine; et, après leur avoir payé le tribut d'éloges qu'ils méritent, il s'exprime ainsi : « Démos-
« thène réunit la pureté de Lysias, l'esprit et la
« finesse d'Hypéride, la douceur et l'éclat d'Eschine;
« et, quant aux figures de la pensée et aux mouve-
« ments du discours, il est au-dessus de tout : en

---

* M. Burnouf traduit plus exactement : « Car la nature elle-même enferme la pensée en un contour de paroles qui la comprend tout entière; et quand ce cercle est rempli d'expressions heureusement enchaînées, on arrive pres- que toujours à une cadence nombreuse. » (*Cic.* de M. J. V. Le Clerc.)

H. Patin.

« un mot, on ne peut imaginer rien de plus di-
« vin*. » (*Brutus*, VII, VIII, IX.)

L'éloge de Démosthène revient sans cesse sous la plume de Cicéron, comme celui de Racine sous la plume de Voltaire. Ainsi chacun d'eux n'a cessé d'exalter l'homme qu'il devait craindre le plus, et à qui il ressemblait le moins. Ce doit être sans doute un des avantages du génie de sentir plus vivement que personne le charme de la perfection, parce qu'il en connaît toute la difficulté; et cet attrait doit contribuer à la mettre au-dessus de la jalousie naturelle à la rivalité. L'intérêt de son plaisir l'emporte alors sur celui de son amour-propre : il jouit trop pour rien envier; il est trop heureux pour être injuste.

Il y a malheureusement des exceptions à cette vérité comme à toute autre, mais je ne m'occupe dans ce moment que des exemples d'équité; et celui de Cicéron est d'autant plus frappant, la justice qu'il rend à Démosthène fait d'autant plus d'honneur à tous les deux, que les caractères de leur éloquence, comme je viens de le dire, sont absolument différents. Cicéron est de tous les hommes, celui

---

* Ce dernier passage n'est pas rendu bien fidèlement. Le voici dans la traduction déjà citée de M. Burnouf.

« ...... Un orateur accompli de tout point et auquel il ne manque rien, c'est sans contredit Démosthène. Dans les causes qu'il a plaidées, il n'est pas une subtilité, une finesse, une ruse oratoire que son génie ne lui ait révélée; rien de plus délicat, de plus serré, de plus lumineux, de plus châtié que son style ; rien en même tems de plus grand, de plus véhément, de plus orné, de plus sublime, soit par la noblesse de l'expression, soit par la majesté des pensées. » (*Cic.* de M. J. V. Le Clerc.) .H. Patin.

qui a porté le plus loin les charmes du style et les ressources du pathétique. Il se complaît dans sa magnifique abondance, raconte avec tout l'art possible, et pleure avec grace. C'est pourtant lui qui regarde Démosthène comme le premier des hommes dans l'éloquence judiciaire et délibérative, parce que nul ne va plus promptement et plus sûrement à son but, qui est d'entraîner la multitude ou les juges. C'est Cicéron qui vante la supériorité de Démosthène, l'élévation de ses idées et de ses sentiments, la dignité de son style et de son impulsion victorieuse. Fénelon lui rend le même hommage et le préfère à Cicéron, que pourtant il aime infiniment, tant il était de la destinée de Démosthène de subjuguer en tout genre et ses juges et ses rivaux.

On sait tous les obstacles qu'il eut à vaincre, et tous les efforts qu'il fit pour corriger, assouplir, perfectionner son organe, et pour rendre son action oratoire digne de sa composition; mais peut-être n'a-t-on pas fait assez d'attention à ce qu'il y avait de grand dans cette singulière idée, d'aller haranguer sur les bords de la mer, pour s'exercer à haranguer ensuite devant le peuple. C'était avoir saisi, ce me semble, sous un point de vue bien juste, le rapport qui se trouve entre ces deux puissances également tumultueuses et imposantes, les flots de la mer et les flots d'un peuple assemblé.

Raisonnements et mouvements, voilà toute l'éloquence de Démosthène. Jamais homme n'a donné à la raison des armes plus pénétrantes, plus inévitables. La vérité est dans sa main un trait perçant qu'il manie avec autant d'agilité que de force, et dont il redouble sans cesse les atteintes. Il frappe sans donner le temps de respirer; il pousse, presse, renverse, et ce n'est pas un de ces hommes qui laissent à l'adversaire terrassé le moyen de nier sa chute. Son style est austère et robuste, tel qu'il convient à une âme franche et impétueuse. Il s'occupe rarement à parer sa pensée : ce soin semble au-dessous de lui ; il ne songe qu'à la porter tout entière au fond de votre cœur. Nul n'a moins employé les figures de diction, nul n'a plus négligé les ornements; mais dans sa marche rapide il entraîne l'auditeur où il veut; et ce qui le distingue de tous les orateurs, c'est que l'espèce de suffrage qu'il arrache est toujours pour l'objet dont il s'agit, et non pas pour lui. On dirait d'un autre : Il parle bien; on dit de Démosthène: Il a raison.

SECTION II. *Des diverses parties de l'invention oratoire, et, en particulier, de la manière de raisonner oratoirement, telle que l'a employée Démosthène dans la harangue pour la Couronne.*

L'invention oratoire consiste dans la connaissance et dans le choix des moyens de persuasion. Ils sont tirés généralement des choses ou des personnes; mais la manière de les considérer n'est pas la même, à plusieurs égards, dans les délibérations politiques que dans les questions judiciaires. Dans celles-ci de quoi s'agit-il d'ordinaire? Tel fait est-il constant? est-il un délit? Quelle loi y est applicable? l'âge, la profession, les mœurs, le caractère, les intérêts, la situation de l'accusé, rendent-ils le fait probable ou improbable? Voilà le fond du genre judiciaire.

Dans le délibératif, il s'agit, suivant les anciens rhéteurs, de ce qui est honnête, utile ou nécessaire. Mais Quintilien rejette ce dernier cas; et prenant le mot dans son acception rigoureuse, c'est-à-dire pour ce que l'on est contraint de faire par une nécessité insurmontable, il prétend que cette contrainte ne peut exister dès qu'on préfère la liberté de mourir. Il cite en exemple une garnison à qui l'on dirait : Il est nécessaire de vous rendre, car si vous ne vous rendez pas, vous serez passés au fil de l'épée; et il ajoute qu'il n'y a point de nécessité, puisque les soldats peuvent répondre : Nous aimons mieux mourir que de nous rendre. Ni le raisonnement ni l'exemple ne me paraissent concluants. Sans doute il n'y a pas de nécessité absolue de se rendre quand on aime mieux mourir. Mais l'art oratoire, comme la morale et la politique, admet une nécessité relative, et la question peut-être considérée sous un autre point de vue. On peut demander si la place est assez importante pour sacrifier à sa conservation la vie d'un grand nombre de braves gens qui peuvent servir encore long-temps la patrie; et alors un orateur pourrait fort bien établir comme une nécessité l'obligation de conserver à l'état des défenseurs dont il a besoin. Cette espèce de nécessité morale peut avoir lieu dans une foule d'autres cas semblables; ce n'est autre chose qu'une utilité plus impérieuse : et c'est même, à vrai dire, la seule nécessité qui puisse être mise en délibération; car la contrainte qui naît d'une force physique n'est pas susceptible de discussion.

On ne répond pas à tout en disant *je mourrai*, comme on ne satisfait pas à tout en sachant mourir. C'est toujours une sorte de courage, il est vrai; mais ce n'est ni le plus rare, ni le plus difficile, ni le plus utile de tous. Beaucoup de gens acceptent la mort, quand elle est sûre, avec une résignation qu'on peut appeler fermeté, et non pas énergie. L'énergie consiste à braver le danger de la mort quand elle est encore douteuse, à risquer tout pour la détourner, et à ne la vouloir que comme la dernière extrémité. Nous serons à jamais un exemple de la réalité de cette distinction : ce n'est pas le premier qu'offre l'histoire; mais c'est le plus frappant de tous. Si tant de citoyens traînés aux cachots ou aux supplices sous le règne des tyrans, si tous ces hommes qui ont montré tant de patience dans les fers, et tant de sérénité sur l'échafaud, avaient eu le véritable courage, le courage de tête, ils auraient compris que, les victimes étant en bien plus grand nombre que les bourreaux, ceux-ci, les plus lâches des hommes, n'osaient tout que parce que les autres souffraient tout. Ils auraient senti que, dès qu'il n'y a plus d'autre loi que la force, il vaut cent fois mieux périr les armes à la main, s'il le faut, que d'être traînés à la boucherie, et il aurait suffi même d'en montrer la résolution pour imposer à des misérables qui n'ont jamais su qu'égorger les hommes sans défense. Le mot de ralliement de tout citoyen, c'est la loi; et dès qu'on invoque contre lui une autre espèce de force, il doit, pour toute réponse, mettre la main sur le glaive : c'est pour cela qu'il lui a été donné; et, comme a dit un ancien poète,

Ignorantne datos, ne quisquam serviat, enses?
(Lucain, *Pharsale*, IV, 579.)

Si la leçon que nous avons reçue à cet égard, a été nécessaire, elle a été assez forte pour qu'on puisse espérer qu'elle ne sera pas perdue.

Ne prenons donc point les mots usuels dans la rigueur du langage métaphysique, qui a quelquefois égaré les anciens; et, dans celui de l'art oratoire, appelons nécessaire ce qu'on peut appeler ainsi en morale, c'est-à-dire tout ce qui est indispensablement commandé par l'intérêt de la chose publique; et, sous ce rapport, rien ne rentre plus naturellement dans l'ordre des délibérations.

Les anciens faisaient une autre espèce de division générale. Le judiciaire, dit Cicéron, roule sur l'équité, le délibératif sur l'honnêteté; ou, en d'autres termes, l'un sur ce qui est équitable, l'autre sur ce qui est honnête. Ici se fait encore apercevoir la différence du génie des langues, et la diversité d'acception dans les termes correspondants d'une langue à l'autre; car on demandera d'abord si tout ce qui est honnête n'est pas équitable, et si tout ce qui est équitable n'est pas honnête. Mais dans le langage de leur barreau, les Latins entendaient par *æquitas*, *quod æquum est*, ce qui est conforme au droit positif, aux lois; et par honnête, *honestum*, ce qui est conforme à la morale universelle, à la conscience de tous les hommes; et cette distinction n'était rien moins que chimérique, car les lois sont nécessairement imparfaites, et la conscience est infaillible : d'où il suit que la loi, qui ne saurait prévoir tous les cas, offre souvent des dispositions qui ne sont pas celles que dicterait l'exacte honnêteté. C'est en ce sens qu'un de nos auteurs a dit dans une tragédie :

La loi permet souvent ce que défend l'honneur.
(Saurin, *Blanche*, act. V. sc. 6.)

et l'honneur ici ne signifie que ce qu'il devrait toujours signifier, l'honnêteté.

Ainsi, pour éviter la confusion des idées dans notre langue, nous dirons, en adoptant la division de Cicéron, que le judiciaire roule sur ce qui est de l'ordre légal, et le délibératif sur ce qui est de l'ordre politique; et comme, dans l'un et dans l'autre, la justice, l'ordre moral et social sont également intéressés, nous en conclurons de nouveau que ces genres se rapprochent et se confondent dans les principes généraux, soit de la nature, soit de l'art, quoiqu'ils s'éloignent par la diversité des cas, qui doit déterminer celle des moyens oratoires.

Ces moyens sont: 1° les preuves déduites par le raisonnement, qui applique les principes aux questions ; 2° les preuves tirées des faits qu'il s'agit d'établir ou de nier, ou d'expliquer suivant les règles de la probabilité, et tout cela suppose de la logique; 3° les autorités et les exemples, ce qui est d'un si grand usage et d'un si grand pouvoir dans l'éloquence, et ce qui suppose la connaissance de l'histoire; 4° ce que les anciens ont nommé *lieux communs*, c'est-à-dire les vérités de morale et d'expérience, généralement applicables à toutes les actions humaines, les considérations tirées de l'instabilité des choses de ce monde, des dangers de la prospérité, de l'ivresse de la fortune, de la pitié qu'on doit au malheur, de l'orgueil de la richesse, des inconvénients de la pauvreté, et mille autres semblables dont le détail est infini, et que l'orateur doit placer suivant l'occasion, ce qui demande des vues philosophiques sur la condition humaine; 5° enfin, les sentiments et les passions, ce que les Latins appelaient *affectus*, les Grecs παθος, et ce que nous avons extrêmement restreint par un mot qui n'en est point l'équivalent, le mot de *pathétique*, qui ne comprend que l'indignation et la pitié, au lieu que les termes génériques du grec et du latin comprennent toutes les affections de l'âme, que l'orateur peut mettre en œuvre, comme favorables à sa cause ou à son opinion; la compassion et la vengeance, l'amour et la haine, l'émulation et la honte, la crainte et l'espérance, la confiance et le soupçon, la tristesse et la joie, la présomption et l'abattement; et c'est là ce qui est spécialement du grand orateur, et ce qui dépend sur-tout des mouvements du style : c'est en cette partie que Démosthène a excellé. Il n'a point fait usage du pathétique touchant, comme Cicéron : ses sujets ne l'y portaient pas; mais il a supérieurement manié le pathétique véhément, qui est plus propre au genre délibératif, comme l'autre au genre judiciaire. Vous voyez si j'ai eu tort de faire entrer l'histoire et la philosophie dans le plan d'un cours de littérature, tel que doit le faire celui qui voudra être véritablement un homme de lettres; car un homme de lettres ne doit être nullement étranger au talent de la parole; et ce talent, pour s'élever à un certain degré, doit s'appuyer de toutes les connaissances que je viens d'indiquer.

Que sera-ce en effet qu'un orateur, s'il n'est pas logicien, s'il ne s'est pas accoutumé à saisir avec justesse la liaison ou l'opposition des idées; à marquer avec précision le point d'une question débattue; à démêler avec sagacité les erreurs plus ou moins spécieuses qui l'obscurcissent; à bien définir les termes; à bien appliquer le principe à la question, et les conséquences au principe; à rompre les filets d'un sophisme, dans lequel se retranche l'ignorance, ou s'enveloppe la mauvaise foi? Sans doute il doit laisser à la philosophie l'argumentation méthodique et la sèche dialectique, qui n'opèrent que la conviction. L'orateur prétend davantage: il veut persuader; car, si la résistance à la vérité n'est souvent qu'une erreur, plus souvent encore peut-être cette résistance est une passion, et c'est là l'ennemi le plus opiniâtre et le plus difficile à vaincre. Il faut donc que l'orateur, non-seulement nous montre le vrai, mais nous détermine à le suivre; non-seulement nous montre ce qui est honnête, mais nous détermine à le faire; et c'est pour cela que la logique oratoire doit joindre les mouvements aux raisonnements. Mais les mouvements ne seront puissants qu'autant que les raisonnements seront justes; et alors rien ne pourra résister à cette double force, faite pour tout entraîner. C'était celle de Démosthène, le plus terrible athlète qui jamais ait manié l'arme de la parole. Il se sert du raisonnement comme d'une massue dont il frappe sans cesse, et dont chaque coup fait une plaie. Je me le suis souvent rappelé, en lisant cet endroit de *l'Énéide*, où Entelle, plein de la force des dieux, fait pleuvoir sur le malheureux Darès une grêle de coups, et le pousse d'un bout de l'arène à l'autre, jetant le sang par le nez, par la bouche et par les oreilles :

Præcipitemque Daren ardens agit æquore toto.....
Creber utràque manu pulsat versatque Dareta.
(Lib. V, 456 et 460.)

C'est précisément l'image de Démosthène quand il a en tête un adversaire; et malheur à qui se trouvait sous la main de ce rude jouteur! C'est chez lui que je vais prendre d'abord des exemples de moyens et de formes oratoires : j'en tirerai ensuite de Cicéron, et vous jugerez la différente manière de ces deux grands hommes.

Dans ce fameux procès *pour la Couronne*, où Démosthène avait toute raison, Eschine s'était rejeté sur la teneur du décret de couronnement et sur le texte des lois, matière où la chicane des mots trouve toujours des ressources faciles ; et l'accusateur, homme de beaucoup de talent, les avait fait valoir avec toute l'adresse possible. Une loi défendait de couronner un comptable; il prétend que Démosthène l'est : d'où il conclut que le décret est illégal et nul. Il se fondait sur ce que Démosthène était encore chargé de l'administration des spectacles, et l'avait été de la réparation des murs d'Athènes. La première comptabilité n'avait aucun rapport au décret, qui ne couronnait Démosthène que pour la gestion qui concernait la réparation des murs. Il est vrai que pour cette dernière il n'avait rendu aucun compte; mais il en avait une fort bonne raison : c'est qu'il avait presque tout fait à ses dépens; et c'était précisément pour récompenser cette libéralité civique et reconnue, que le sénat, bien loin de lui demander des comptes, lui avait décerné une couronne d'or. Mais Eschine s'était retranché dans le texte littéral, et, de plus, avait affecté de mêler et de confondre deux comptabilités fort distinctes, celle des spectacles et celle des murs : c'était bien là une matière de pur raisonnement. Vous allez voir comme Démosthène sait la rendre oratoire, comme il la relève par la noblesse des pensées et des sentiments, en même temps qu'il fait rayonner l'évidence des principes et des faits par une logique lumineuse :

« Si je passe sous silence la plus grande partie de
« ce que j'ai fait pour le bien de la république dans
« les différentes fonctions qu'elle m'a confiées, c'est
« parce que ma conscience m'assure de la vôtre *,

---

* Cette antithèse n'est pas de Démosthène, elle est de La Harpe, à qui Boileau eût fait sans doute, en cette occasion, le même reproche qu'il adressait à Tourreil. Le grec dit seulement : « Parce que les autres actes de ma vie politique, quand même je ne les défendrais pas, auront pour eux

« et pour en venir plus tôt aux lois que l'on pré-
« tend avoir été violées par le décret de Ctésiphon.
« Eschine a tellement embarrassé et obscurci tout
« ce qu'il a dit à ce sujet, qu'en vérité je ne crois
« pas que vous l'ayez compris mieux qu'il n'a pu se
« comprendre lui-même*. A ces longues déclama-
« tions je répondrai, moi, par une déclaration nette
« et précise. Il a cent fois répété que je suis comp-
« table. Et bien! je suis si loin de le nier, que pen-
« dant ma vie entière je me tiens votre comptable,
« ô mes concitoyens! de tout ce que j'aurai fait dans
« l'administration des affaires publiques. »

Avant d'aller plus loin, arrêtons-nous un moment
(car la chose en vaut la peine) pour remarquer ce
que c'est que la véritable éloquence, celle qui vient
de l'âme : *Pectus est quod disertum facit.* Cette expression simple et franche d'un grand et beau sentiment de citoyen n'a-t-elle pas déjà fait tomber
toutes les ingénieuses arguties d'Eschine? et en même
temps, comme elle est vraiment oratoire et fondée
sur la connaissance des hommes! Comme Démosthène connaît bien ses auditeurs et ses juges! comme
il est sûr d'en obtenir tout en se mettant entre leurs
mains, et même dans celles de son adversaire, et
en offrant beaucoup plus qu'on ne peut lui demander! Et qu'on ne dise pas qu'une pareille dé-

---

la conscience de chacun de vous. » Si nous faisons cette remarque, un peu minutieuse, c'est pour faire voir par cet exemple, comment il arrive à La Harpe d'altérer par des expressions d'un tour tout-à-fait moderne, la simpli- cité antique du langage de Démosthène.   H. Patin.

* Il y a dans le grec : « que je n'ai pu le comprendre moi-même. »
H. P.

claration est bien facile, que tout le monde peut la faire. Oui, mais il s'agit de l'effet qu'elle doit produire; et il ne faut pas s'y tromper: cet effet ne tient pas seulement au talent, mais à la personne et à son caractère; pour s'exprimer ainsi avec succès, il faut être pur. Un homme dont la probité serait équivoque ne serait que ridicule en tenant ce langage; on sourirait de pitié, et un fripon reconnu serait sifflé. Aussi les anciens définissaient l'orateur, *vir bonus dicendi peritus*, « un homme de bien instruit dans l'art de la parole. » Cette déclaration ne serait donc plus oratoire, si elle n'était pas vraie. Nous aurons occasion, par la suite, de relever cette singerie maladroite, ce charlatanisme impudent des hommes pervers qu'on a vus si souvent emprunter et défigurer ces expressions du témoignage intime que peut se rendre la vertu, et qui ne sont dans leur bouche qu'un outrage de plus qu'ils osent lui faire. Il est impuni, je l'avoue, quand il s'adresse à des complices ou à des esclaves; mais quand la voix publique est libre, elle fait justice sur-le-champ de cette insolente hypocrisie. Je n'en rapporterai qu'un exemple, antérieur même à la révolution. Un homme qui n'avait point mérité la mort qu'on lui a fait subir depuis, mais dont l'immoralité servile et vénale était connue, Linguet s'avisa un jour de s'appliquer en pleine audience ce vers d'Hippolyte dans la tragédie de *Phèdre :* (act. IV, sc. 2.)

Le jour n'est pas plus pur que le fond de mon cœur.

A peine le plus honnête homme aurait-il pu, sans

être taxé de quelque jactance, se donner à lui-même en public un pareil éloge, qui n'est permis qu'à la vertu calomniée. Linguet fut accueilli par une huée universelle; il se retourna vers l'assemblée avec des regards menaçants, comme nous l'avons vu depuis montrer le poing à l'assemblée constituante. Mais ces moyens, qui, quoique très communs aujourd'hui, ne sont pas plus d'un orateur que d'un honnête homme, parce que la décence est inséparable de l'honnêteté, ne servirent qu'à faire redoubler les huées. Cela était juste, et il faut avouer que jamais citation ne fut plus malheureuse. Je reviens à Démosthène, et c'est revenir de loin; il continue ainsi :

« Mais je soutiens en même temps qu'il n'y a au-
« cune magistrature qui puisse me rendre compta-
« ble de ce que j'ai donné; entends-tu, Eschine, de
« ce que j'ai donné? Et, je vous le demande, Athé-
« niens, lorsqu'un citoyen a employé sa fortune
« pour le bien de l'état, quelle serait donc la loi
« assez inique, assez cruelle, pour le priver du mé-
« rite qu'il a pu se faire auprès de vous, pour sou-
« mettre ses libéralités à la forme rigoureuse des
« examens, et l'amener devant des réviseurs chargés
« de calculer ses bienfaits? Une pareille loi n'existe
« pas; s'il en est une, qu'on me la montre. Mais
« non, il n'y en a point; il ne saurait y en avoir. Es-
« chine a cru vous abuser par un sophisme bien
« étrange : parce que je suis comptable des deniers
« que j'ai reçus pour l'entretien des spectacles, il
« veut que je le sois aussi de mes propres deniers,
« que j'ai donnés pour la réparation de nos murs.

« — Le sénat le couronne, s'écrie-t-il, et il est en-
« core comptable! — Non, le sénat ne me couronne
« pas pour ce qui exige des comptes, mais pour ce
« qui n'en comporte même pas, c'est-à-dire pour mon
« bien, dont j'ai fait présent à la république. —
« Mais, poursuit-il, vous avez été chargé de la re-
« construction de nos murailles, donc vous devez
« compte de la dépense. — Oui, si j'en avais fait;
« mais c'est précisément parce que je n'en ai fait au-
« cune, parce que j'ai fait tout à mes dépens, que le
« sénat a cru me devoir des honneurs. Un état de
« dépense demande en effet un examen; mais pour
« des dons, pour des largesses, il ne faut point de
« registres; il ne faut que des louanges et de la re-
« connaissance. »

Prenons, dans ce même discours, un autre endroit où la logique de Démosthène avait beaucoup
plus à faire : c'était réellement le point délicat de la
cause, celui où elle se présentait sous un aspect vraiment douloureux. Démosthène, qui, sans magistrature légale, était en effet le premier magistrat d'A-
thènes, et même des républiques alliées, puisqu'il
gouvernait tout par ses conseils, et animait tout par
son éloquence, avait seul fait décréter la guerre
contre Philippe, et la guerre avait été malheureuse.
On savait bien qu'il n'y avait pas de sa faute; mais
enfin, le malheur qui aigrit les hommes ne les rend-
ils pas injustes? Le ressentiment n'est-il pas quelquefois aveugle? N'est-on pas naturellement trop porté
à s'en prendre à celui qui est la cause, innocente
ou non, de nos infortunes? Et, supposé qu'on lui

pardonne, n'est-ce pas du moins tout ce qu'on peut faire ? Est-on bien disposé d'ailleurs à le récompenser et à l'honorer ? C'était là l'espérance d'Eschine, et le fort de son accusation, le mobile de toutes ses attaques. Il paraît même qu'il n'avait osé hasarder tant de mensonges et de calomnies que dans le persuasion où il était qu'il accablerait Démosthène du poids des désastres publics, de manière à ce qu'il ne pût s'en relever; et c'est dans ce sens que la harangue *pour la Couronne* est d'autant plus admirée, qu'il y avait plus de dificultés à vaincre. Tous les évènements étaient contre l'orateur; l'essentiel était de se sauver par l'intention, ce qui n'offrait pas une matière aussi facile que celle d'Eschine. Celui-ci avait à sa disposition tous ces lieux communs qui sont si puissants dans l'éloquence, quand l'application en est sous nos yeux : le sang des citoyens répandu, la dévastation des campagnes, la ruine des villes, le deuil des familles, et tant d'autres objets déplorables qu'il étale et développe avec tout ce que l'art a de plus insidieux, tout ce que l'indignation a de plus amer, tout ce que la haine a de plus perfide. Je ne m'occupe point encore ici des moyens de toute espèce que lui oppose Démosthène; ils viendront à leur place. Je m'arrête à notre objet actuel, au raisonnement oratoire. Distinguer l'intention du fait était bien facile, mais ne suffisait pas à beaucoup près. Il fallait tellement la séparer de l'évènement, la caractériser par des traits si frappants et si nobles, que Démosthène et les Athéniens parussent encore grands quand tout avait tourné contre eux. Nous verrons ailleurs l'article qui concerne particulièrement les Athéniens; mais, pour Démosthène, il prend un parti dont la seule conception prouve la force de sa tête et les ressources de son génie. Il nie formellement qu'il ait été vaincu: il affirme qu'il a été vainqueur, qu'il a réellement triomphé de Philippe; et, ce qui est encore plus fort, il le prouve. Ecoutons-le s'adresser à Eschine :

« Malheureux! si c'est le désastre public qui te
« donne de l'audace quand tu devrais en gémir avec
« nous, essaie donc de faire voir, dans ce qui a dé-
« pendu de moi, quelque chose qui ait contribué à
« notre malheur, ou qui n'ait pas dû le prévenir.
« Partout où j'ai été en ambassade, les envoyés de
« Philippe ont-ils eu quelque avantage sur moi? Non,
« jamais; non, nulle part, ni dans la Thessalie, ni
« dans la Thrace, ni dans Bysance, ni dans Thèbes,
« ni dans l'Illyrie. Mais ce que j'avais fait par la pa-
« role, Philippe le détruisait par la force; et tu t'en
« prends à moi! et tu ne rougis pas de m'en deman-
« der compte! Ce même Démosthène, dont tu fais
« un homme si faible, tu veux qu'il l'emporte sur
« les armées de Philippe, et avec quoi? Avec la pa-
« role? car il n'y avait que la parole qui fût à moi:
« je ne disposais ni des bras, ni de la fortune de
« personne; je n'avais aucun commandement mili-
« taire, et il n'y a que toi d'assez insensé pour m'en
« demander raison. Mais que pouvait, que devait
« faire l'orateur d'Athènes? Voir le mal dans sa nais-
« sance, le faire voir aux autres, et c'est ce que j'ai

« fait; prévenir, autant qu'il était possible, les re-
« tards, les faux prétextes, les oppositions d'intérêts,
« les méprises, les fautes, les obstacles de toute es-
« pèces, trop ordinaires entre les républiques alliées
« et jalouses, et c'est ce que j'ai fait; opposer à toutes
« ces difficultés le zèle, l'empressement, l'amour du
« devoir, l'amitié, la concorde, et c'est ce que j'ai
« fait. Sur aucun de ces points, je défie qui que ce
« soit de me trouver en défaut; et si l'on me de-
« mande comment Philippe l'a emporté, tout le
« monde répondra pour moi : Par ses armes qui ont
« tout envahi, par son or qui a tout corrompu. Il
« n'était en moi de combattre ni l'un ni l'autre; je
« n'avais ni trésors ni soldats. Mais, pour ce qui
« est de moi, j'ose le dire, j'ai vaincu Philippe; et
« comment? en refusant ses largesses, en résistant
« à la corruption. Quand un homme s'est laissé
« acheter, l'acheteur peut dire qu'il a triomphé de
« lui; mais celui qui demeure incorruptible peut dire
« qu'il a triomphé du corrupteur. Ainsi donc, au-
« tant qu'il a dépendu de Démosthène, Athènes a
« été victorieuse, Athènes a été invincible. »

N'est-ce pas là le chef-d'œuvre de l'argumentation oratoire? N'entendez-vous pas d'ici les acclamations qui ont dû suivre un si beau morceau? Et ne concevez-vous pas que rien n'a dû résister à un génie de cette force? Remarquez toujours, ce que je ne saurais faire remarquer trop souvent, que, pour employer des moyens de ce genre, il faut les trouver dans son âme; elle seule peut les donner: l'art peut apprendre à les disposer et à les orner, mais il ne saurait les fournir. C'est à l'orateur sur-tout que s'applique ce mot heureux et si souvent cité de Vauvenargues : « Les grandes pensées viennent du cœur. » Je dirai donc à celui qui voudra devenir éloquent : Commencez par être bon citoyen, c'est-à-dire un honnête homme; car l'un ne va pas sans l'autre. Aimez-vous, avant tout, la patrie, la justice et la vérité? Vous sentez-vous incapable de les trahir jamais pour quelque intérêt que ce soit? La seule idée de flatter un moment le crime ou de méconnaître la vertu vous fait-elle reculer de honte et d'horreur? Si vous êtes tel, parlez, ne craignez rien. Si la nature vous a donné du talent, vous pourrez tout faire; si elle vous en a refusé, vous ferez encore quelque chose, d'abord votre devoir, ensuite un bien réel, celui de donner un bon exemple aux autres, et à la bonne cause un défenseur de plus.

Section III. Application des mêmes principes dans la *Philippique* de Démosthène, intitulée *de la Chersonèse*.

Ce qui manque à ceux qui n'ont d'autres facultés que celles de leur âme, c'est sur-tout la méthode et le raisonnement; c'est cette série d'idées fortifiées les unes par les autres, cette accumulation de preuves qui vont toujours en s'élevant, jusqu'à ce que l'orateur, dominant de haut et comme d'un centre lumineux, finisse par donner une secousse impétueuse à tout cet amas, et en écrase ses adversaires. C'est alors que les mouvements, comme je l'ai déjà indiqué, décident la victoire; mais il faut que les raisonnements l'aient préparée; sans cela, les mouvements heurtent et ne renversent pas. Que l'impérieuse vérité arrache d'abord à tous les esprits cet assentiment secret et involontaire : « Il a raison; » alors l'orateur, qui se sent le maître, commande en effet, ou plutôt la raison commande pour lui, et on obéit.

C'est la tactique de Démosthène, dans ses harangues délibératives, qui forment la plus grande partie de ses ouvrages, et qui, sous différents titres, sont toutes véritablement des *Philippiques*, puisqu'elles ont toutes le même objet, celui de réveiller l'indolence des Athéniens et de les armer contre l'artificieuse ambition de Philippe.

On doit comprendre sous ce nom, non-seulement les quatre harangues qui portent spécialement le titre de *Philippiques*, mais toutes celles qui ont pour objet les démêlés de Philippe avec les Grecs et les Athéniens, telles que les trois qu'on nomme ordinairement *les Olynthiaques*, celle qui roule *sur la Paix* proposée par le roi de Macédoine, celle qui fut prononcée à l'occasion d'une *Lettre* de ce même prince, et celle qui est intitulée *de la Chersonèse*. Cela compose dix harangues, et cette dernière est, à mon gré, la plus belle; mais toutes peuvent être regardées comme des modèles. On n'y trouve pas, il est vrai, les grands tableaux, les grands mouvements, les développements vastes de la harangue *pour la Couronne*, ni cette espèce de lutte si vive et si terrible qui appartient au genre judiciaire, où deux athlètes combattent corps à corps. Mais il faut remarquer aussi l'avantage particulier, et peut-être unique, attaché à ce dernier sujet, à cette grande querelle d'Eschine et de Démosthène; il faut se représenter toute la Grèce rassemblée pour ainsi dire dans Athènes pour entendre les deux plus fameux orateurs dans leur propre cause; et quelle cause! l'homme qui depuis vingt ans gouvernait par la parole Athènes et la Grèce, opposant aux attaques les plus malignes et les plus furieuses de la haine et de la calomnie la peinture aussi brillante que fidèle de son administration, c'est-à-dire l'histoire des Grecs en même temps que la sienne. L'intérêt des évènements se joignait ici à celui du procès. Démosthène, en défendant sa gloire, défendait celle d'Athènes et des Grecs. Son âme devait être à la fois élevée par tous les sentiments de la grandeur nationale, et échauffée par tous les mouvements d'une indignation personnelle. Il a devant lui son adversaire et la Grèce, l'une qui l'honore, et l'autre qui l'outrage. Que ne devait-il, que ne pouvait-il pas faire pour être digne de l'une, et pour triompher de l'autre! C'était vraiment entre Eschine et lui un combat à mort; car, dans Athènes et à Rome, le bannissement était une sorte de peine capitale. Cet assemblage de circonstances si importantes rendait son discours susceptible de tous les genres d'éloquence : la piquante amertume des réfutations et des récriminations, la hauteur des idées politiques, tous les feux de la gloire et du patriotisme, se réunissaient naturellement dans une plaidoirie de cette nature, et tout s'y trouve au plus haut degré. N'oublions jamais que le génie est plus ou moins porté par le sujet, et que les hommes s'agrandissent avec les choses, comme les choses avec les hommes.

Le mérite des *Philippiques* est celui qui appartient proprement à l'éloquence délibérative : une discussion animée, pressante, lumineuse; une série de raisonnements qui se fortifient les uns par les autres, et ne laissent ni le temps de respirer, ni l'idée de contredire; des formes simples, quelquefois même familières, mais de cette familiarité décente, et en quelque sorte noble, qui avec la précision, la pureté et la rapidité de la diction, composaient ce que les anciens appelaient atticisme.

J'ai cru que, même sans une connaissance parfaite des affaires de la Grèce, nécessaire seulement à qui voudra connaître à fond l'esprit de ses orateurs, quelques morceaux choisis dans leurs écrits pourraient plaire au plus grand nombre des lecteurs. Mais je n'ai pas cru pouvoir mieux faire, pour donner une idée plus étendue du plus fameux de tous ces maîtres de la parole, que de traduire en entier* une de ses *Philippiques*. J'ai choisi la sixième**, qui a pour titre *de la Chersonèse*; elle n'est pas longue, et jamais orateur ne fut moins diffus que Démosthène. Il est vrai qu'en cela le goût des Athéniens servait de règle et de mesure aux harangueurs. Ce peuple ingénieux et délicat n'aimait pas qu'on abusât de son loisir, ni qu'on se défiât de son intelligence. Il se piquait d'entendre pour ainsi dire

---

* La Harpe n'a pas traduit, comme il le dit ici, la totalité de ce discours, mais seulement la plus grande partie.   H. Patin.

* C'est la huitième dans la traduction de l'abbé Auger.   H. P.

à demi-mot, et il lui arrivait d'interrompre, à la tribune, ceux qui n'allaient pas au fait. On peut juger de cette espèce de sévérité par un mot de Phocion. Il était renommé par une concision singulière, et par une diction austère et âpre comme ses mœurs. Son laconisme énergique l'emporta plus d'une fois sur l'atticisme de Démosthène, qui disait : « C'est un lâche qui coupe mes discours. » Phocion, un jour qu'il se disposait à monter à la tribune, paraissait fort rêveur, et, comme on lui en demandait la cause : « Je songe, dit-il, comment je ferai pour abréger ce que j'ai à dire*. »

* Il y a loin de cette sobriété de paroles à la verbeuse ambition qu'affectaient parmi nous les orateurs du barreau. C'est là qu'il semblait que le mérite d'un discours se mesurât sur sa durée. L'on était aussi satisfait d'avoir parlé long-temps qu'on pourrait l'être d'avoir bien parlé. Passe encore que le commun des plaideurs en juge ainsi, et s'imagine que leur avocat n'en a jamais dit assez ; mais l'ineptie des habitués qui faisait les réputations de la cour du palais venait à l'appui de ce ridicule préjugé. On les entendait dire, avec le ton d'une admiration emphatique : *Maître un tel a parlé deux heures; l'avocat-général a parlé quatre heures.* La raison pourrait en conclure le plus souvent qu'ils avaient débité bien des inutilités; mais l'ignorance conclut tout différemment, et s'extasie.

Cette différence entre les anciens et nous tient encore à celle du gouvernement. Quand tout citoyen est admis à parler de la chose publique selon le droit et l'occasion, le dégoût de la prolixité et le mérite de la précision, se font aisément sentir ; et la mesure commune des jugements, c'est l'importance des matières et la faculté que chacun a de les traiter. Mais quand c'est le métier d'un petit nombre de parler en public, quand ce métier est circonscrit dans une sphère étroite et privée, l'on s'étend d'autant plus en paroles, qu'on est plus borné sur les objets: on se retourne en tout sens pour occuper le plus de place que l'on peut. C'est ainsi qu'une plaidoierie sur un testament ou sur une substitution est d'ordinaire beaucoup plus longue qu'aucune des harangues de Démosthène et de Cicéron sur les plus grands intérêts publics et sur les affaires les plus considérables. Des dix *Philippiques* il n'y en a pas une qui excédât une demi-heure de lecture. Les plus longs

Un court exposé sur la situation respective de Philippe et des Grecs à cette époque suffira pour mettre chacun en état de comprendre l'orateur que je vais faire parler dans notre langue.

Philippe dont l'ambition n'était point bornée par ses petits états, et dont les talents étaient fort au-dessus de sa puissance héréditaire, avait formé le hardi projet de dominer dans la Grèce. C'était beaucoup entreprendre pour un roi des Macédoniens, nation jusque-là méprisée des Grecs, qui la traitaient de barbare. Philippe, devenu à la fois politique et guerrier à l'école du Thébain Pélopidas, qui avait élevé sa jeunesse, mit à profit les leçons

plaidoyers de Cicéron ou de Démosthène ne tiendraient pas plus d'une heure ; et celui *de la Couronne*, le plus étendu de tous, ce chef-d'œuvre si riche à tous égards, qui devait renfermer et qui renferme tant d'objets, ne comporte pas un débit de plus d'une heure, si l'on en retranche la lecture des actes publics, qui étaient les pièces probantes.

Tous les avocats pourtant ne donnent pas également dans cette diffusion ; il en est qui savent se proportionner au sujet. On cite même un exemple d'une précision fort extraordinaire et fort plaisante, et qui, par cela même, réussit à cause de la rareté du fait, mais dont je serais fort éloigné de vouloir faire un modèle à suivre. Dans une petite ville de province, un mauvais peintre fut accusé d'avoir fait un enfant à une fille qui réclamait des dommages et intérêts. Ce pauvre homme avait pour tout bien, outre son talent de peindre quelques dessus de porte et quelques enseignes, la charge de *peintre de la ville*, qui lui valait, je crois, une centaine d'écus. Il était d'ailleurs fort mal partagé pour la figure et pour l'esprit. Voici le plaidoyer de son avocat, qui fut conservé par les curieux : il avait opposé ce qu'on appelle en justice *des fins de non-recevoir*.

« Mes fins de non-recevoir sont bien simples. On ne peut séduire une
« fille que par l'un de ces trois moyens, ou la figure, ou l'argent, ou l'es-
« prit. Or, celui pour qui je plaide est laid et fort laid, sot et fort sot,
« gueux et très gueux. Laid ; regardez-le : gueux ; il est peintre, et *peintre de
la ville :* sot ; interrogez-le. Je persiste dans mes conclusions. »

L'assemblée éclata de rire, et le procès fut gagné tout d'une voix.

d'un grand homme qui avait cultivé en lui des facultés naturelles. Il créa une puissance militaire, à peu près comme de nos jours Frédéric, et prépara ainsi pour son fils la conquête de l'Asie en lui soumettant la Grèce. Son armée devint bientôt redoutable; elle était composée de la phalange macédonienne, corps d'infanterie qui fut invincible jusqu'à ce qu'il se fût mesuré contre les légions romaines, et de la cavalerie thessalienne, la meilleure que l'on connût alors, et qui fit remporter à Pyrrhus sa première victoire sur les Romains. Il forma des généraux qui furent comptés depuis parmi les meilleurs d'Alexandre, tels qu'Attale et Parménion. Avec ces troupes, conduites par des chefs de ce mérite, bien entretenues et toujours en action, il se portait rapidement dans les différentes contrées de la Grèce, suivant les occasions qu'il savait faire naître, ou attendre, ou saisir; car ce fut la politique encore plus que la force qui fit ses succès. Il trouvait, il est vrai, de grandes facilités dans cet esprit de jalousie, de défiance et de rivalité, qui animait les républiques grecques les unes contre les autres, et suscitait des divisions continuelles. Philippe, prodigue de serments, de caresses et d'argent, avait partout des ministres et des orateurs à ses gages, et ils trompaient facilement la multitude, qui n'est jamais plus asservie que quand elle croit commander. C'était par le secours de ces agents mercenaires qu'il dirigeait de loin toutes les résolutions de ces divers états, les uns plus forts, les autres plus faibles; et quand il les avait brouillés, il ne manquait pas d'intervenir dans la querelle; et, sous le prétexte de secourir l'un contre l'autre, il finissait par dépouiller tous les deux. C'est ainsi qu'il était parvenu à se faire livrer le passage des Thermopyles et le pays de Phocéens, qui lui ouvrait l'Attique; qu'il s'était emparé de l'Eubée, qui, du côté de la mer, tenait en respect par sa seule position tout le territoire d'Athènes; qu'enfin il avait pris Amphipolis et beaucoup d'autres villes, soit de Thrace, soit de Thessalie. Cersoblepte, un des petits rois Thraces, redoutant ses entreprises, et voulant se ménager contre lui l'appui des Athéniens, avait pris le parti de leur céder la Chersonèse, presqu'île avantageusement située sur l'Hellespont, et qui pouvait être très utile à une nation puissante sur mer, telle qu'était alors Athènes. Cardie, l'une des villes principales de cette presqu'île, avait refusé de se soumettre, comme les autres, à la domination athénienne, et s'était mise sous la protection de Philippe, qui avait dans ce moment une armée dans la Thrace. Athènes, qui avait envoyé une colonie dans la Chersonèse, la fit soutenir par des troupes chargées d'observer Philippe. Diopithe, qui les commandait, regardant avec raison comme une hostilité la protection que ce prince accordait aux Cardiens, se jette sur les terres qu'il possédait dans la Thrace maritime, les pille, les ravage, et remporte un riche butin, qu'il met en sûreté dans la Chersonèse. Philippe, trop occupé ailleurs pour en prendre vengeance, porte de grandes plaintes aux Athéniens, sous prétexte qu'il n'y avait point entre eux et lui de déclaration de guerre. Il réclame les traités qu'il avait violés le premier, et ses créatures s'empressent d'appuyer ses réclamations et s'emportent contre Diopithe. On demande qu'il soit rappelé, qu'on envoie même contre lui un autre général pour le forcer à la soumission, en cas de résistance, et que Philippe reçoive des satisfactions. Cette lâcheté insensée devait révolter Démosthène. Il monte à la tribune, et parle ainsi :

« Il faudrait, Athéniens, que ceux qui vous par« lent dans cette tribune, tous également exempts « de complaisance ou d'animostié, ne songeassent « qu'à énoncer ce qui leur paraît le meilleur à faire, « sur-tout quand nous avons à délibérer sur de « grands intérêts publics. Mais puisque, parmi nos « orateurs, il en est qui se laissent conduire, soit « par un esprit de contention et de jalousie, soit « par d'autres motifs personnels, c'est à vous du « moins de mettre de côté toutes ces considérations « particulières, pour ne vous occuper qu'à résoudre « et exécuter ce que vous croirez utile à l'état.

« De quoi s'agit-il aujourd'hui? De la Chersonèse, « menacée par Philippe, qui depuis onze mois est « dans la Thrace avec une armée. Et de quoi nous « parlent vos orateurs? Des opérations et des en« treprises de Diopithe. Pour moi j'attache fort peu « d'importance aux accusations intentées contre un « de vos généraux, que vous pouvez, quand vous « le voudrez, poursuivre aux termes de la loi, « soit tout à l'heure, soit dans un autre temps, peu « importe; et je ne vois pas pourquoi, ni moi, ni « qui que ce soit ici, nous nous échaufferions sur

« un pareil sujet. Mais ce que cherche à nous enle-
« ver Philippe, notre ennemi, Philippe dont les
« troupes couvrent les bords de l'Hellespont; ce que
« vous ne pourrez plus ni réparer ni ressaisir, si vous
« en manquez l'occasion, voilà ce qui est pressant,
« voilà sur quoi il faut statuer sur-le-champ, sans
« permettre que de vaines et tumultueuses alterca-
« tions vous le fassent perdre de vue.

« Je n'entends pas sans étonnement, je l'avoue,
« bien des choses qui se disent dans vos assemblées.
« Mais rien ne m'a plus surpris que ce qui s'est
« dit devant moi dans le sénat, que quiconque se
« proposait de vous parler dans les circonstances
« actuelles devait déclarer formellement s'il vous
« conseillait la guerre ou la paix. Non, ce n'est plus
« là que nous en sommes. Si Philippe se tenait
« tranquille, s'il n'avait pas violé les traités, ravi vos
« possessions; s'il ne soulevait pas, s'il n'armait pas
« contre vous les peuples en même temps qu'il se les
« attache, sans contredit il ne tiendrait qu'à vous de
« rester en paix; et pour ce qui vous concerne, je
« vous y vois aussi disposés qu'il est possible de l'être.
« Mais si d'un côté nous avons sous les yeux les trai-
« tés qu'il a jurés avec nous, si de l'autre il est ma-
« nifeste qu'avant même que Diopithe partît de ces
« murs à la tête de cette colonie à qui l'on reproche
« aujourd'hui d'être la cause de la guerre, Philippe,
« contre tout droit et toute justice, s'était emparé
« déjà de ce qui vous appartient; si vos propres dé-
« crets, rendus à ce sujet, accusent authentiquement
« ces violations des engagements pris avec nous; si,

22.

« toutes les fois qu'il s'est lié avec les Grecs ou avec
« les barbares, il n'a eu évidemment d'autre objet
« que de vous faire la guerre, que signifie donc ce
« qu'on vient vous dire, qu'il faut choisir la guerre ou
« la paix? Eh! vous n'en avez plus le choix; il ne vous
« reste qu'un seul parti, qui est à la fois celui de la jus-
« tice et de la nécessité: c'est de repousser l'agresseur,
« et c'est le seul dont on ne vous parle pas! à moins ce-
« pendant qu'on ne prétende que Philippe, pour-
« vu qu'il n'attaque pas l'Attique, le Pirée, nos mu-
« railles, ne nous fait point injure et n'est pas en
« guerre avec nous. Mais je ne puis penser, Athé-
« niens, que ceux qui établiraient de semblables rè-
« gles d'équité et marqueraient ainsi les limites de
« la guerre et de la paix, vous parussent avoir l'idée
« de ce que prescrit la justice, de ce que vous pou-
« vez supporter sans honte, et de ce qu'exige votre
« sûreté. Il y a plus : ils ne s'aperçoivent pas qu'eux-
« mêmes, en parlant ainsi, justifient Diopithe qu'ils
« accusent; car enfin, pourquoi serait-il permis à
« Philippe de faire tout ce qu'il lui plaît, pourvu
« qu'il n'envahisse pas l'Attique, s'il n'est pas per-
« mis à Diopithe de secourir les Thraces sans être
« accusé d'allumer la guerre? Mais, dit-on, il ne faut
« pas souffrir que des soldats mercenaires ravagent
« les bords de l'Hellespont, ni que Diopithe, en le-
« vant des vaisseaux étrangers, fasse le métier de
« pirate. — Soit : je suis persuadé des bonnes inten-
« tions de ceux qui vous tiennent ce langage : sans
« doute ils n'ont d'autre intérêt que celui de l'équité
« et le vôtre. En ce cas je n'ai plus qu'une question

« à leur faire, et la voici : Quand ils auront dissipé
« et anéanti votre armée en diffamant le général qui
« a trouvé dans ses propres ressources les moyens
« de l'entretenir, qu'ils nous disent comment ils
« feront pour anéantir aussi l'armée de Philippe *.
« S'ils restent sans réponse, il est clair, Athéniens,
« qu'ils n'ont qu'un but; et c'est de vous ramener
« au même état de choses, qui, dans ces derniers
« temps, a porté un coup si funeste à la puissance
« d'Athènes. Vous le savez : rien n'a donné à Phi-
« lippe tant d'avantages sur nous, que d'avoir tou-
« jours une armée sur pied, qui le met à portée de
« saisir toutes les occasions : il vous prévient par-
« tout, parce qu'après avoir délibéré à loisir avec
« lui-même, il agit subitement et quand il lui plaît,
« il attaque, il renverse : nous, au contraire, ce n'est
« qu'au bruit de ses invasions que nous commen-
« çons des préparatifs longs et tumultuaires. Mais
« qu'arrive-t-il ? Ce qui doit toujours arriver à ceux
« qui s'y prennent trop tard : il garde, lui, sans
« danger, ce qu'il a pris sans obstacle ; et nous,
« après de grandes dépenses inutiles, après bien des
« efforts superflus, après avoir vainement mon-
« tré toute l'envie possible de le traverser et de lui
« nuire, que nous reste-t-il? L'impuissance et la honte.

« Mettez-vous donc bien dans l'esprit, Athéniens,
« que, tandis qu'on vous amuse ici de vaines paroles,

---

* Cette traduction est vague et même inexacte. Le grec dit : « En vous engageant à congédier l'armée qui est en ce moment au service d'Athènes, ils doivent vous prouver en même temps que Philippe congédiera la sienne, si vous déférez à leur avis. » C'est à peu près ainsi que l'abbé Auger entend et traduit ce passage. H. P.

« au fond, tout ce que l'on veut, c'est que vous restiez
« oisifs au dedans et désarmés au dehors, afin que
« Philippe, pendant ce temps, puisse faire à son aise
« tout ce qui lui conviendra. Jugez-en par ce qui se
« passe aujourd'hui. Il occupe depuis long-temps la
« Thrace et la Thessalie avec des troupes nombreu-
« ses : si, avant l'époque des vents étésiens, il assiège
« Bysance, croyez-vous que les Bysantins persistent
« dans leurs préventions contre vous, au point de
« ne pas sentir le besoin de votre secours ? Eh ! à
« votre défaut, ils appelleraient dans leurs murs
« des auxiliaires, quels qu'ils fussent (même ceux
« dont ils se méfieraient encore plus que de vous),
« plutôt que de rester à la merci de Philippe, à
« moins cependant qu'il ne vienne à bout de s'em-
« parer de leur ville avant que personne puisse le
« savoir ; et si nous n'avons point de troupes sur
« les lieux ; si, quand nous voudrons y en envoyer,
« les vents s'y opposent, n'en doutez pas, les By-
« santins sont perdus. — Mais ce sont des peuples
« qu'a égarés un mauvais génie, et leur conduite en-
« vers nous a été insensée.— Oui, mais ces insensés,
« il faut les sauver, et les sauver pour nous.

« Sommes-nous sûrs enfin que Philippe ne se
« porte pas dans la Chersonèse ? N'a-t-il pas dit
« dans sa lettre qu'il comptait se venger de ces
« peuples ? et n'est-ce pas une raison de plus pour
« y laisser une armée que nous avons là toute for-
« mée, qui pourra défendre le pays et inquiéter
« l'ennemi ? Si nous la perdons, cette armée, et que
« Philippe entre dans la Chersonèse, que ferons-nous

« alors?—Nous mettrons Diopithe en justice.—Nous
« voilà bien avancés!—Nous ferons passer des se-
« cours. — Et si la mer n'est pas tenable? — Mais
« Philippe n'attaquera pas la Chersonèse.—Et qui
« vous l'a dit? qui vous en répond? »

Voilà un modèle de précision dans le dialogue hypothétique, l'une des formes les plus piquantes que l'on puisse donner à la discussion. Mais il faut bien prendre garde à un inconvénient très dangereux, où tombent souvent ceux qui emploient ce moyen sans en connnaître le principe et les effets. Ils se font des objections faibles ou ineptes, qui ne sont nullement celles qu'on leur oppose ou qu'on peut leur opposer ; et alors ce petit artifice devient puéril et retombe sur eux. Quand on fait parler ses adversaires, il faut répondre à leur pensée, et non pas à la sienne; être bien sûr de ce qu'ils peuvent dire, et bien sûr de la réplique. Ici Démosthène ne met dans leur bouche que ce qu'ils avaient dit, ou ce qu'ils étaient obligés de dire pour n'être pas inconséquents. Trois fois il les fait parler, et trois fois il les terrasse d'un seul mot. Il reprend:

« Considérez donc, Athéniens, dans quel temps
« et dans quelle saison de l'année on vous conseille
« de retirer vos troupes de l'Hellespont, et de l'ex-
« poser sans défense aux entreprises de Philippe.
« Que dis-je? voici une considération d'une tout
« autre importance : si, revenant de la haute Thrace,
« il laisse de côté la Chersonèse et Bysance, et at-
« taque Chalcis et Mégare, comme en dernier lieu
« la ville d'Orée, aimez-vous donc mieux être obli-

« gés de l'arrêter sur vos frontières que de l'occuper
« loin de vous ? »

L'orateur, bien affermi sur les faits qu'il a exposés et sur les conséquences à en tirer, ce qui, graces à sa forte logique, a été pour lui l'affaire d'un moment, ne craint point de risquer un avis qu'il sait bien n'être point du goût de la plupart des Athéniens; mais aussi s'est-il réservé, pour le soutenir, les moyens les plus puissants, ceux qu'il va tirer des affections morales d'un peuple qu'il avait bien étudié. Il le connaissait sensible à la honte, jaloux de sa réputation et de ses lumières, très sujet à se laisser tromper par négligence, mais aussi très irascible contre ceux qu'il voyait convaincus de l'avoir trompé. Ce sont autant de leviers dont l'orateur va se servir pour mettre en mouvement cette multitude indolente et inattentive. Il a fait briller l'évidence; il va faire tonner la vérité, et vous verrez comment un citoyen parle à un peuple. On n'avait pas imaginé dans Athènes, non plus qu'en aucun endroit du monde, de donner ce titre de peuple à un ramas de brigands: ceux-là, il faut bien les flatter; comment ne pas flatter des complices? ceux-là, il faut bien les appeler un peuple *essentiellement bon :* c'était le refrain de nos tyrans. Mais Démosthène savait, comme les Athéniens, que, si les hommes étaient *essentiellement bons*, ils n'auraient pas besoin de lois; il parlait à un véritable peuple, très susceptible d'erreurs, de faiblesse, de prévention, mais qui avait une patrie, une religion, une morale et des mœurs sociales, et à qui l'on pouvait en conséquence montrer impunément la vérité, même la dure vérité, la vérité poignante, pourvu qu'il fût sûr de la bonne foi et des intentions de l'orateur. Ceux qui ne sont pas familiarisés avec les anciens, et qui ne connaissent que cette vile adulation sans cesse prodiguée parmi nous à la plus vile multitude, cet abject popularisme, nommé si improprement *popularité*, ne concevront rien à la véracité hardie et véhémente de Démosthène, à ces reproches amers et violents dont il frappe ses concitoyens pour les réveiller et les éclairer, et ils seront encore bien plus surpris de l'accueil qu'on fit à ce discours et du succès qu'il obtint.

« D'après ces faits et ces réflexions, mon avis est
« que, bien loin de licencier l'armée que Diopithe
« s'efforce de maintenir pour le service de la répu-
« blique, il faut, au contraire, lui fournir de nou-
« velles forces, de l'argent et des munitions. En
« effet, si l'on demandait à Philippe ce qu'il aime
« le mieux, que les troupes de Diopithe (de quel-
« que espèce qu'elles soient, je ne veux disputer
« là-dessus avec personne) soient autorisées, hono-
« rées, renforcées par le peuple d'Athènes, ou dis-
« persées et détruites par la malveillance de vos
« orateurs, qui doute que ce dernier parti ne fût
« celui qu'il préférât* ? Ainsi ce que notre ennemi

---

* Démosthène ne fait pas tomber ce reproche sur tous les Athéniens, mais seulement sur les orateurs qui leur donnent de si perfides conseils : « Ainsi donc, dit-il, ce que Philippe souhaiterait le plus, ce qu'il demanderait aux dieux, il y a parmi vous des hommes, qui le lui préparent. »

H. P.

« souhaiterait le plus au monde, c'est précisément
« ce que vous voulez faire!..... Et vous demanderez
« encore pourquoi nos affaires vont si mal!.... Je
« vais vous le dire nettement, Athéniens; je vais
« mettre sous vos yeux, et votre situation, et
« votre conduite: en deux mots, nous ne voulons
« ni combattre ni payer. Nous voulons attirer à nous
« les deniers publics; nous refusons à Diopithe ceux
« qui lui étaient assignés légalement, et nous le chi-
« canons encore sur ceux qu'il se procure et sur
« l'emploi qu'il en fera : c'est ainsi que nous nous
« conduisons en tout, et que nous persistons à ne
« jamais nous charger de nos propres affaires. Nous
« louons, il est vrai, tant qu'on veut, ceux qui élè-
« vent la voix pour l'honneur de la patrie; mais,
« dans le fait, nous agissons comme si nous étions
« d'accord avec ses ennemis. Vous demandez à ceux
« qui montent à cette tribune ce qu'il faut faire;
« et moi, je vous interroge à mon tour, et je vous
« demande ce qu'il faut vous dire; car, je vous le
« répète, si vous ne voulez servir l'état ni de votre
« personne ni de votre argent; si vous ne voulez ni
« faire passer à Diopithe les fonds qui lui sont dus,
« ni permettre qu'il en tire d'ailleurs; en un mot, si
« vous ne voulez pas faire vous-mêmes vos affaires,
« Athéniens, je n'ai point de conseils à vous donner.

« Eh! de quoi serviraient-ils, quand vous souf-
« frez que la licence de la calomnie aille au point
« de poursuivre Diopithe, non pas seulement sur
« ce qu'il a fait, mais même sur ce qu'il fera? Et
« c'est là ce que vous entendez patiemment, Athé-

« niens !... Mais ne faut-il que vous dire ce qu'il en
« arrivera ? Oh ! pour cela du moins je vous le dirai,
« et avec toute liberté ; car il n'est pas en moi de
« parler autrement.

« Soyez sûrs d'abord (et j'y engage ma tête) que
« tous vos commandants de vaisseaux, quels qu'ils
« soient, ne font pas autrement que Diopithe, et
« tirent de l'argent de nos alliés, des habitants de
« Chio, d'Érythrée, enfin de tous les Grecs de l'Ionie
« et des îles, les uns plus, les autres moins, selon
« le nombre des bâtiments qu'ils commandent. Et
« pourquoi les peuples fournissent-ils ces contri-
« butions ? Croyez-vous que ce soit gratuitement ?
« Non, ils ne sont pas si insensés : c'est afin que vos
« amiraux protègent leur commerce et leurs posses-
« sions : ils achètent à ce prix la sûreté de leurs na-
« vires et de leur territoire ; ils se mettent à l'abri
« des pirateries maritimes et des violences du soldat,
« quoiqu'ils assurent, comme de raison, que tout ce
« qu'ils en font n'est que par zèle et par attache-
« ment pour vous : peuvent-ils donner un autre nom
« à ces largesses intéressées ? Et doutez-vous que
« Diopithe ne fasse comme les autres ? Oui, les
« peuples lui donneront de l'argent ; car enfin, s'il
« n'en a pas, et si vous ne lui en envoyez point, où
« voulez-vous qu'il prenne de quoi payer ses soldats ?
« D'où lui viendrait-il de l'argent ? Du ciel ? Il vit,
« et il vivra sur ce qu'il pourra prendre et sur ce
« qu'il pourra se procurer par tous les moyens, soit
« dons, soit emprunts, il n'importe. Mais que font
« aujourd'hui ceux qui l'accusent auprès de vous ? Ils

« avertissent tout le monde de ne rien donnner à un
« général que vous allez mettre en justice, et pour le
« passé, et pour l'avenir. Voilà où tendent tous ces
« discours que j'entends : *il prendra des villes, il ex-*
« *pose et trahit les Grecs...* Car vous verrez que ces
« discoureurs prennent un grand intérêt aux Grecs
« d'Asie, et qu'ils sont fort empressés à défendre les
« autres, eux qui ne songent pas à sauver leur propre
« patrie. Ils parlent d'envoyer un autre général, et
« contre Diopithe !.... Où en sommes-nous, grands
« dieux ! S'il est coupable, s'il a commis de ces pré-
« varications que les lois punissent, c'est aux lois à
« le punir : il ne faut pour cela qu'un décret, et non
« une armée : ce serait le comble de la folie. C'est
« contre nos ennemis, sur qui nos lois ne peuvent
« rien ; c'est contre eux qu'il faut envoyer des flot-
« tes, des troupes, de l'argent ; c'est contre eux que
« cet appareil est nécessaire. Mais contre un de nos
« citoyens ! Une accusation et un jugement, cela
« suffit, cela est d'un peuple sage; et ceux qui vous
« parlent autrement veulent vous perdre.

« Il est triste, je l'avoue, qu'il y ait de semblables
« conseillers parmi vous; mais ce qui est plus triste
« encore, c'est que l'un d'eux n'a qu'à se présenter
« à cette tribune pour vous dénoncer ou Diopithe,
« ou Charès, ou Aristophon, comme les auteurs
« de tous nos maux, vous l'accueillez, vous l'ap-
« plaudissez comme s'il eût dit des merveilles; mais
« qu'un citoyen véridique vienne vous dire : Vous
« n'y pensez pas, Athéniens : ce n'est ni Diopithe,
« ni Charès, ni Aristophon qui vous font du mal :

« c'est Philippe : entendez-vous ? Sans son ambition,
« Athènes serait tranquille : vous ne dites pas non,
« vous ne le pouvez pas ; mais pourtant vous l'écou-
« tez avec peine, et il semble que ce soit lui qui
« agisse avec vous en ennemi. J'en sais bien la cause ;
« mais, par tous les dieux immortels, ne trouvez
« donc pas mauvais qu'on vous parle hardiment
« quand il y va de votre salut.

« Plusieurs de vos orateurs et de vos ministres
« vous ont depuis long-temps accoutumés à n'être
« à craindre que dans vos délibérations, et nulle-
« ment dans vos mesures d'exécution ; durs et em-
« portés dans vos assemblées ; faibles et mous quand
« il faut agir. Que l'on vous défère comme coupable
« de nos malheurs un de vos citoyens, dont vous
« savez qu'il ne tient qu'à vous de vous saisir, vous
« ne demandez pas mieux ; vous êtes tout prêts.
« Mais qu'on vous dénonce le seul ennemi dont vous
« ne pouvez avoir raison que par les armes, alors
« vous hésitez, vous ne savez plus quel parti prendre,
« et vous souffrez impatiemment d'être convaincus
« de la vérité qui vous déplaît. Ce devrait être tout
« le contraire, Athéniens : vos magistrats auraient
« dû vous apprendre à être doux et modérés envers
« vos concitoyens, terribles envers vos ennemis.
« Mais tel est le funeste ascendant qu'ont pris sur
« vous vos artificieux adulateurs, que vous ne pou-
« vez plus entendre que ce qui flatte vos oreilles,
« et c'est ce qui vous a mis au point de n'avoir plus
« enfin à délibérer que de votre propre salut.

« Au nom des dieux, Athéniens, je vous adjure

« ici tous : si les Grecs aujourd'hui vous deman-
« daient raison de toutes les occasions que vous avez
« perdues par votre indolence; s'ils vous disaient:
« Peuple d'Athènes, vous nous envoyez députés
« sur députés pour nous persuader que Philippe
« en veut à la liberté de tous les Grecs, que c'est
« l'ennemi commun qu'il faut surveiller sans cesse,
« et cent autres discours semblables. Nous le savons
« comme vous; mais, ô les plus lâches de tous les
« hommes (ce sont les Grecs qui vous parlent
« ainsi *) ! quand Philippe, éloigné de son pays
« depuis dix mois, arrêté par la guerre, par l'hiver,
« par la maladie, n'avait aucun moyen de retour-
« ner chez lui, avez-vous saisi ce moment pour dé-
« livrer les Eubéens ? Vous n'avez pas même songé
« à recouvrer ce qui était à vous. Lui, au contraire,
« tandis que vous étiez chez vous bien tranquilles
« et bien sains (si pourtant on peut appeler sains
« ceux qui montrent tant de faiblesse), il a établi
« dans l'île d'Eubée deux tyrans à ses ordres, l'un
« à Sciathe, l'autre à Orée, en face de l'Attique
« même, et de manière à avoir pour ainsi dire un
« pied chez vous. Et sans parler du reste, avez-
« vous du moins fait un pas pour l'en empêcher?
« Non : comme de concert avec lui, vous lui avez
« abandonné vos droits. Il est clair que, quand Phi-
« lippe mourrait dix fois pour une, vous ne vous
« remueriez pas davantage. Laissez donc là, et vos

---

* Cette parenthèse est ingénieuse, mais elle ne se trouve pas dans le texte. Démosthène n'adoucit par aucune précaution oratoire la sévérité de sa réprimande. H. P.

« ambassades, et vos accusations; laissez-nous en paix,
« puisque vous-mêmes aimez tant y rester. Eh bien!
« Athéniens, connaissez-vous quelque réponse à
« ce discours? Quant à moi, je n'en connais pas. »

Vous devez bien imaginer qu'après cette verte réprimande, l'orateur est trop habile pour ne pas verser quelque baume sur les blessures qu'il vient de faire à l'amour-propre. Après l'avoir abattu sous les reproches, il le relève bientôt, non par de grossières flatteries, mais par de légitimes louanges sur ce qu'il y avait de noble et de généreux dans le caractère national quand les Athéniens le suivaient; sur ce qu'il y avait de glorieux dans leur existence politique, parmi les Grecs accoutumés à regarder Athènes comme le rempart de leur liberté; enfin, sur cette haine même que portait Philippe aux Athéniens, et qui était pour eux un titre d'honneur. Cette seconde moitié de son discours est encore au-dessus de la première.

« Je sais que vous avez parmi vous des hommes
« qui s'imaginent avoir répondu à votre orateur
« quand ils lui ont dit: Que faut-il donc faire? Je
« pourrais leur répondre d'un seul mot, et avec au-
« tant de vérité que de justice: il faut faire tout ce
« que vous ne faites pas [*]. Mais je ne crains pas
« d'entrer dans tous les détails, je vais m'expliquer
« complètement, et je souhaite que ces hommes si
« prompts à m'interroger ne le soient pas moins à
« exécuter quand j'aurai répondu.

[*] La Harpe retourne la pensée de Démosthène, qui dit : « Il ne faut rien faire de ce que vous faites » H. P.

« Commencez par établir comme un principe
« reconnu, comme un fait incontestable, que Phi-
« lippe a rompu les traités, qu'il vous a déclaré la
« guerre ; et cessez de vous en prendre là-dessus
« les uns aux autres très inutilement. Croyez qu'il
« est l'ennemi mortel d'Athènes et de ses habitants,
« même de ceux qui se flattent d'être en faveur
« auprès de lui. S'ils doutent de ce que je leur dis
« ici, qu'ils regardent le sort des deux Olynthiens
« qui passaient pour ses meilleurs amis, Euthycrate
« et Lasthène, qui, après lui avoir vendu leur patrie,
« ont eu une fin si déplorable. Mais ce que Philippe
« hait le plus, c'est la liberté d'Athènes, c'est notre
« démocratie. Il n'a rien tant à cœur que de la dis-
« soudre, et il n'a pas tort. Il sait que, quand même
« il aurait asservi tous les autres peuples, jamais il
« ne pourra jouir en paix de ses usurpations tant
« que vous serez libres ; que s'il lui arrivait quel-
« qu'un de ces accidents où l'humanité est sujette,
« c'est dans vos bras que se jetteraient tous ceux
« qui ne sont maintenant à lui que par contrainte:
« il est vrai, Athéniens, et c'est une justice qu'il
« faut vous rendre, que vous ne cherchez point à
« vous élever sur les ruines des malheureux, mais
« que vous faites consister votre puissance et votre
« grandeur à empêcher que personne ne se fasse
« tyran de la Grèce, ou à renverser celui qui serait
« parvenu à l'être. Vous êtes toujours prêts à com-
« battre ceux qui veulent régner, à soutenir ceux
« qui ne veulent pas être esclaves. Philippe craint
« donc que la liberté d'Athènes ne traverse ses en-

« treprises ; incessamment il lui semble qu'elle le
« menace, et il est trop actif et trop éclairé pour le
« souffrir patiemment. Il en est donc l'irréconci-
« liable adversaire ; et c'est, avant tout, ce dont
« vous devez être bien convaincus pour vous déter-
« miner à prendre un parti.

« Ensuite, ce qu'il faut que vous sachiez avec la
« même certitude, c'est que, dans tout ce qu'il fait
« aujourd'hui, son principal dessein est d'attaquer
« cette ville, et que par conséquent tous ceux qui
« peuvent nuire à Philippe travaillent en effet à
« vous servir. Qui de vous serait assez simple pour
« s'imaginer que ce prince, capable d'ambitionner
« jusqu'à de misérables bicoques de la Thrace, telles
« que Mastire, Drongile, Cabyle ; capable, pour
« s'en emparer, de braver les hivers, les fatigues,
« les périls ; que ce même homme ne portera pas
« un œil d'envie sur nos ports, nos magasins, nos
« vaisseaux, nos mines d'argent, nos trésors de
« toute espèce ; qu'il nous en laissera la posses-
« sion paisible, tandis qu'il combat au milieu des
« hivers pour déterrer le seigle et le millet enfouis
« dans les montagnes de Thrace ? Non, Athéniens,
« non, vous ne le croyez pas....

« Maintenant donc, que prescrit la sagesse dans
« de pareilles conjonctures, et quel est votre de-
« voir ? De secouer enfin cette fatale léthargie qui
« a tout perdu, d'ordonner des contributions pu-
« bliques et d'en demander à nos alliés ; de prendre
« enfin toutes les mesures nécessaires pour conser-
« ver l'armée que nous avons. Puisque Philippe en

« a toujours une sur pied pour attaquer et subju-
« guer les Grecs, il faut aussi en avoir une toujours
« prête à les défendre et à les protéger. Tant que
« vous ne ferez qu'envoyer au besoin quelques
« troupes levées à la hâte, je vous le répète, vous
« n'avancerez rien. Ayez des troupes régulièrement
« entretenues, des intendants d'armée, des fonds
« affectés à la paie de vos soldats, un plan d'admi-
« nistration militaire, le mieux entendu qu'il sera
« possible; c'est ainsi que vous serez à portée de
« demander compte aux généraux de leur conduite,
« et aux administrateurs de leur gestion. Si vous
« prenez à cœur ce système de conduite, alors vous
« pourrez retenir Philippe dans de justes bornes,
« et goûter une paix véritable; alors la paix sera
« vraiment un bien, et j'avoue qu'en elle-même la
« paix est un bien; ou si Philippe s'obstine encore
« à vouloir la guerre, vous serez du moins en me-
« sure contre lui.

« On va me dire que ces résolutions exigent de
« grands frais et de grands travaux. Oui, j'en con-
« viens; mais considérez quels dangers s'approchent
« de vous, si vous ne prenez pas ce parti, et vous
« sentirez qu'il vaut mieux vous y porter de vous-
« mêmes que d'attendre à y être forcés. En effet,
« quand un oracle divin vous assurerait (ce dont
« aucun mortel ne peut vous répondre) que, même
« en restant dans votre inaction, vous ne serez point
« attaqués par Philippe, quelle honte encore ne se-
« rait-ce pas pour vous (j'en prends tous les dieux à
« témoin)! combien ne flétririez-vous pas la gloire

« de vos ancêtres et la splendeur de cet état, si, pour
« l'intérêt de votre repos, vous abandonniez les
« Grecs à la servitude! Qu'un autre vous donne ces
« indignes conseils; qu'il paraisse, s'il en est un qui
« en soit capable; écoutez-le si vous êtes capables
« de l'entendre; quant à moi, plutôt mourir mille
« fois avant qu'un pareil avis sorte de ma bouche! »

Cette espèce de provocation, cet imposant défi est un de ces mouvements dont l'effet est sûr quand l'orateur a établi ses preuves victorieusement : son objet est d'empêcher qu'on ne lui fasse perdre un moment précieux, un moment décisif, par une de ces résistances obliques et déguisées, dernières ressources de ceux qui n'osent plus lutter de front. Ils ont recours alors à des restrictions partielles, à des motions incidentes, prétextes pour prendre la parole, mais qui ne tendent qu'à remettre en discussion ce qu'on n'ose combattre, et ce qui semble convenu. C'est ainsi qu'on parvient à refroidir l'impression générale, à prolonger une délibération qui semblait terminée, jusqu'à ce que les esprits soient revenus de cette commotion produite par le pouvoir de la vérité, et que toutes les petites passions, étourdies et déconcertées un moment, aient eu le temps de se reconnaître. C'est ce qu'on a fait si souvent parmi nous par des *motions d'ordre* et des *amendements*, et ce qu'un habile orateur doit prévenir, ou en réservant ses plus grandes forces pour la réplique, ou (ce qui vaut encore mieux, et ce qui est plus sûr) en fondant, comme Démosthène, la réfutation dans les preuves, de façon à ruiner d'avance de fond en comble toutes les objections possibles, à rendre tout avis contraire, ou ridicule, ou odieux; à faire rougir les uns de le proposer, et les autres de l'entendre. Voyez ici comme Démosthène, en deux phrases, a su fermer à la fois la bouche des orateurs et l'oreille des Athéniens ! Il va multiplier les mouvements à mesure qu'il en aperçoit l'effet; il va grandir et s'élever à la vue de ses antagonistes, jusqu'à demander contre eux des peines capitales, et à les signaler comme des ennemis de l'état. Aussi restera-t-il maître du champ de bataille, comme cet athlète que nous a peint Virgile, qui, jetant un ceste énorme au milieu de l'arène, et montrant à nu ses larges épaules et ses membres musculeux, inspirait l'épouvante aux plus hardis lutteurs, et leur ôtait l'envie de se mesurer avec lui.

« Mais si mes sentiments sont les vôtres, si vous
« voyez, comme je le vois, que plus vous laissez faire
« de progrès à Philippe, plus vous fortifiez l'ennemi
« que tôt ou tard il vous faudra combattre, qui peut
« donc vous faire balancer? Qu'attendez-vous en-
« core? Pourquoi des délais, des lenteurs? Quand
« voulez-vous enfin agir? Quand la nécessité vous
« y contraindra? Et quelle nécessité voulez-vous
« dire? En est-il une autre, grands dieux ! pour
« des hommes libres, que la crainte du déshon-
« neur? Est-ce celle-là que vous attendez? Elle
« vous assiège, elle vous presse, et depuis long-
« temps. Il en est une autre, il est vrai, pour les
« esclaves..... Dieux protecteurs ! éloignez-la des
« Athéniens..... la contrainte, la violence, la vue des

« châtiments.... Athéniens, je rougirais de vous en
« parler.

« Il serait trop long de vous développer tous les
« artifices que l'on met en œuvre auprès de vous;
« mais il en est un qui mérite d'être remarqué.
« Toutes les fois qu'il est question de Philippe à
« cette tribune, il ne manque jamais de se trouver
« des gens qui se lèvent et qui s'écrient : *Quel trésor*
« *que la paix! quel fléau que la guerre*[*]*! A quoi*
« *tendent toutes ces alarmes, si ce n'est à ruiner nos*
« *finances?* C'est avec de semblables discours qu'ils
« vous endorment dans votre sécurité, et qu'ils as-
« surent à Philippe les moyens d'achever ses projets.
« C'est ainsi que chacun a ce qu'il désire : vous restez
« dans votre oisiveté chérie (et plaise au Ciel qu'un
« jour elle ne vous coûte pas cher!); votre ennemi
« s'agrandit, et vos flatteurs gagnent votre bienveil-
« lance et son argent. Pour moi, ce n'est pas à vous
« que je voudrais persuader la paix; c'est un soin
« dont on peut se reposer sur vous-mêmes; c'est à
« Philippe que je voudrais la persuader, parce que
« c'est lui qui ne respire que la guerre. A l'égard de
« nos finances, prenez garde que ce qu'il y a de plus
« fâcheux, ce n'est pas ce que vous aurez dépensé
« pour votre sûreté, c'est ce que vous aurez à perdre
« et à souffrir, si vous ne voulez rien dépenser. Il
« convient sans doute d'empêcher la dissipation de
« vos deniers, mais par le bon ordre et la surveil-

---

[*] Il y a plus de précision dans le grec : « Quel bien précieux que la paix ! qu'il est fâcheux d'avoir à entretenir des troupes nombreuses ! on veut dissiper nos finances ! »   H. P.

« lance, et non par des épargnes prises sur le salut
« public. Ce qui m'afflige encore, c'est de voir que
« ces mêmes gens qui crient contre le pillage de vos
« finances, qu'il ne tient qu'à vous de réprimer et
« de punir, trouvent fort bon que Philippe pille tout
« à son aise et la Grèce et vous. Comment se fait-il
« en effet que, tandis que le Macédonien renouvelle
« sans cesse ses invasions, tandis que de tous côtés
« il prend des villes, jamais on n'entende ces gens-là
« condamner ses injustices et réclamer contre ses
« agressions; et qu'au contraire, dès que l'on vous
« conseille de vous opposer à ses démarches, et de
« veiller sur votre liberté, sur-le-champ tous se ré-
« crient à la fois que c'est provoquer la guerre? Il
« n'est pas difficile de l'expliquer : ils veulent, si la
« guerre que l'on propose entraîne des inconvénients
« (et quelle guerre n'en entraîne pas!), tourner vos
« ressentiments, non pas contre Philippe, mais
« contre ceux qui vous ont donné d'utiles conseils;
« ils veulent en même temps pouvoir accuser l'in-
« nocence et s'assurer l'impunité de leurs crimes.
« Voilà le vrai motif de ces éternelles réclamations
« contre la guerre; car, encore une fois, qui peut
« douter qu'avant même que personne eût songé à
« vous en parler, Philippe ne vous la fît réellement,
« lui qui envahissait vos places, lui qui tout à l'heure
« a fourni contre vous ses secours aux rebelles de
« Cardie? Mais après tout, quand nous avons l'air
« de ne pas nous en apercevoir, ce n'est pas lui qui
« viendra nous en avertir et nous le prouver. Il y
« aurait de la folie de sa part : que dis-je? quand il

« sera venu jusque sur votre territoire, il soutiendra
« toujours qu'il ne vous fait pas la guerre. Et n'est-
« ce pas ce qu'il disait aux habitants d'Orée, lors même
« qu'il était sur leurs terres; à ceux de Phères, au
« moment de les assiéger; à ceux d'Olynthe, dans le
« temps qu'il marchait contre eux ? Il en sera de
« même de nous; et si nous voulons le repousser,
« ses honnêtes amis vous répèteront que c'est nous
« qui rallumons la guerre. Eh bien donc! subissons
« le joug : c'est le sort de quiconque ne veut pas se
« défendre.

« Faites encore attention, Athéniens, que vous
« courez de plus grands risques qu'aucun autre peu-
« ple de la Grèce. Philippe ne pense pas seulement
« à vous soumettre, mais à vous détruire; car il sent
« bien que vous n'êtes pas faits pour servir; que,
« quand vous le voudriez, vous ne le pourriez pas:
« vous êtes trop accoutumés à commander. Il sait
« qu'à la première occasion vous lui donneriez plus
« de peine que toute la Grèce ensemble. »

Comme il lui faut peu de mots pour éveiller dans les
Athéniens le sentiment de leur force et de leur grandeur! Avec quel air de simplicité il en parle comme
d'une chose convenue, et dont personne ne peut
douter! Pour un orateur vulgaire c'était là un beau
sujet d'amplification : en était-il un plus agréable à
traiter devant de tels auditeurs? Mais quelle amplification vaudrait ces paroles si simples et si grandes :
« Philippe sent bien que vous n'êtes pas faits pour
« servir; que, quand vous le voudriez, vous ne le
« pourriez pas; vous êtes trop accoutumés à com-

« mander. » Un des caractères de Démosthène, c'est de faire, avec des tournures qui semblent communes, avec une sorte de familiarité noble et mesurée, plus que d'autres avec des termes magnifiques.

« Combattez donc contre lui dès aujourd'hui, si
« vous voulez éviter une ruine entière. Détestez les
« traîtres qui le servent, et livrez-les au supplice.
« On ne saurait terrasser les ennemis étrangers, si
« l'on ne punit auparavant les ennemis intérieurs
« qui conspirent avec eux : sans cela vous vous brisez
« contre l'écueil de la trahison, et vous devenez la
« proie du vainqueur.

« Et pourquoi pensez-vous que Philippe ose vous
« outrager si insolemment ? Pourquoi, lorsqu'il em-
« ploie du moins contre les autres la séduction des
« promesses, et même celle des services, n'est-ce
« que contre vous seuls qu'il ose employer la me-
« nace ? Voyez tout ce qu'il a fait en faveur des Thes-
« saliens pour les mener jusqu'à la servitude ; par
« combien d'artifices il abusa les malheureux Olyn-
« thiens, en leur donnant d'abord Potidée et quel-
« ques autres places ; tout ce qu'il fait aujourd'hui
« pour gagner les Thébains, qu'il a délivrés d'une
« guerre dangereuse, et qu'il a rendus puissants dans
« la Phocide *. On sait, il est vrai, de quel prix les
« uns ont payé dans la suite ce qu'ils ont reçu, et
« quel prix aussi doivent en attendre les autres. Mais
« pour vous, sans parler de ce que vous aviez déjà

* Le texte sur lequel traduit l'abbé Auger et que j'ai sous les yeux, diffère sans doute de celui de La Harpe. Le premier dit : « En leur donnant la Béotie, » sens conforme à ce qu'on trouve plus bas. H. P.

« perdu dans la guerre, combien, même pendant
« les négociations de la paix, ne vous a-t-il pas trom-
« pés, insultés, dépouillés? Les places de la Phocide,
« celles de Thrace, Dorisque, Pyle*, Serrio, la per-
« sonne même de Cersoblepte, que ne vous a-t-il
« pas enlevé? D'où vient cette conduite si différente
« envers vous et envers les autres Grecs? C'est que
« nous sommes les seuls chez qui nos ennemis aient
« impunément des protecteurs déclarés, les seuls
« chez qui l'on puisse tout dire en faveur de Philippe
« quand on a reçu son argent, tandis qu'il prend
« celui de la république. Il n'eût pas été sûr de se
« déclarer le partisan de Philippe chez les Olynthiens,
« s'il ne les eût pas séduits en leur donnant Potidée :
« il n'eût pas été sûr de se déclarer le partisan de
« Philippe chez les Thessaliens, s'il ne les eût pas
« aidés à chasser leurs tyrans, et s'il ne leur eût pas
« rendu Pyle ** ; il n'eût pas été sûr de se déclarer le
« partisan de Philippe chez les Thébains, avant qu'il
« leur eût assujetti la Béotie en détruisant les
« Phocéens. Mais chez nous, mais dans Athènes,
« quand il s'est approprié Amphipolis et le pays de
« Cardie, quand il est près d'envahir Bysance, quand
« il a fortifié l'Eubée de manière à enchaîner l'Atti-
« que, on peut en toute sûreté élever la voix en sa
« faveur, et, de pauvres et d'obscurs qu'ils étaient,
« ses amis sont devenus riches et considérables ; et

* Il y a dans le grec Πύλος, ce qui veut dire les Thermopyles. **H. P.**

** La Harpe se trompe sur le sens du mot πυλαίαν comme plus haut sur le mot Πύλας. Il faut entendre avec l'abbé Auger. « et s'il ne les eût pas rétablis *dans leurs droits d'Amphyctions* » **H. P.**

« nous au contraire nous avons passé de la splen-
« deur à l'humiliation, et de l'opulence à la pau-
« vreté; car à mes yeux les vraies richesses d'une
« république sont dans le nombre de ses alliés, dans
« leur attachement, dans leur fidélité, et c'est là ce
« que nous avons perdu; et pendant qu'avec tant
« d'insouciance vous vous laissez ravir tant d'avan-
« tages, Philippe est devenu grand, fortuné, redou-
« table aux Grecs, aux barbares; Athènes est dans
« le mépris et dans l'abandon, riche seulement de
« ce qu'elle étale dans les marchés, pauvre de
« tout ce qui fait la gloire et la force d'un peuple
« libre *......»

On a nommé Despréaux le poète du bon sens: on peut appeler Démosthène l'orateur de la raison. Et nous en avons tant de besoin! on a tant perverti l'entendement pour étouffer la conscience! On a faussé à plaisir l'esprit humain: et que faisons-nous ici, si ce n'est de travailler à le redresser! Sans raison point de justice, et sans justice point de liberté. Nous avons bien acquis le droit de nous passionner pour la vérité: l'erreur et l'ignorance nous ont fait tant de mal!

Anéantissons la tyrannie des mots pour rétablir le règne des choses. Vous avez eu la preuve que le mot de liberté peut être écrit sur toutes les portes, quand l'oppression est sur toutes les têtes. Et quel

---

* Il est à regretter que La Harpe ait cru devoir finir ici la traduction de cette belle harangue. Les trois ou quatre pages qui la terminent ne sont point au-dessous du reste, et l'habile traducteur y eût trouvé, comme dans ce qui précède, une matière digne de ses efforts. H. P.

était alors l'homme libre, même dans les fers, même sur l'échafaud ? celui-là seul qui avait su garder l'indépendance de ses principes. C'est donc par la raison, par la justice, que l'homme peut être essentiellement libre. Il y a cela de grand dans l'homme, qu'il est par la pensée supérieur à toute puissance qui n'est pas conforme à la raison, et cela seul prouverait que toute vraie grandeur vient de Dieu, à qui nous devons la pensée et la raison. C'est par là que l'homme juste peut juger la puissance, même quand elle l'opprime : elle ne peut l'opprimer qu'un *moment*; il la juge pour toujours. Il peut la flétrir d'une parole, la confondre d'un regard, l'humilier même de son silence; ce que ne peut faire la tyrannie avec ses satellites et ses bourreaux.

Honneur donc à la raison et à l'ordre qui en est l'ouvrage! honneur à l'un et à l'autre, et d'autant plus que leur nom seul a été depuis long-temps parmi nous, d'abord un objet d'insulte, ensuite un titre de proscription. Les remettre à leur place, c'est les venger assez : dès lors celle de leurs ennemis est marquée; elle l'est sans retour.

Apprenons par l'exemple de Démosthène à ne jamais craindre de dire à nos concitoyens la vérité salutaire. On n'obtient jamais par la flagornerie démagogique qu'une influence éphémère, et une longue ignominie. Les avantages des démagogues sont fragiles et précaires, et sujets à des retours terribles. Cette vérité, pour être sentie, n'a pas même besoin des exemples sans nombre qui ont frappé vos yeux : ne l'oubliez jamais, et redites-

vous sans cesse à vous-mêmes que celui qui trompe
le peuple n'entend pas mieux ses intérêts que ceux
de la chose publique, et ne se déshonore que pour
se perdre. Je ne connais rien de si abject et de si
odieux qu'un flatteur du peuple : il l'est cent fois
plus qu'un flatteur des rois; car naturellement
le trône appelle la flatterie et repousse la vérité;
le peuple, au contraire, se laisse tromper, il est
vrai, mais il ne demande pas qu'on le trompe; il
n'en a pas besoin, il sent celui d'être instruit. Il
aime et accueille la vérité quand on ose la lui dire;
et quand il la rejette, c'est par défaut de lumières
plus que par orgueil et par corruption. Dès qu'il la
connaît, il applaudit d'autant plus, qu'on exerce
envers lui un droit qui est celui de tous. C'est aussi
ce qui rend cette vérité si haïssable et si terrible aux
yeux de ceux qui ont tant d'intérêt à ce qu'elle ne
parvienne jamais jusqu'à ce peuple, parce qu'ils
en ont tant à l'aveugler! et cette politique ordinaire
aux tyrans a dû être sur-tout celle des nôtres, qui
étaient sans talent comme sans courage. Elle a con-
sisté uniquement à donner tout pouvoir de mal
faire à cette classe d'hommes qui partout est la lie
des nations, à ceux qui n'ont rien, ne savent rien
et ne font rien; et de cet assemblage de dénuement,
de fainéantise et d'ignorance se compose ce qu'il y
a de pire dans l'espèce humaine : on en peut juger
par ce qu'ils ont fait une fois, lorsqu'une fois ils ont
régné. Mais observez en même temps que cette politique, dont le succès en a imposé un moment à
ceux que tout succès éblouit, n'était pas moins

inepte qu'atroce. Les tyrans qui ont eu du génie n'ont jamais employé que des instruments dont ils pouvaient toujours être les maîtres : la tyrannie qui n'a que des agents dont elle est l'esclave, est insensée; car elle en est toujours la victime. Et qu'y a-t-il de plus fou que d'envahir tout sans pouvoir rien garder, et de dresser des échafauds pour finir par y monter?.... Mais ceci appartient à notre histoire, et je reviens à celle de l'éloquence et des triomphes de Démosthène*.

Section IV. Exemple des plus grands moyens de l'art oratoire, dans les deux harangues *pour la Couronne*, l'une d'Eschine, l'autre de Démosthène.

Quelques notions préliminaires sont indispensables ici pour faire connaître l'importance de ce fameux procès, et le rôle considérable que Démosthène soutint si long-temps dans Athènes, où la profession d'orateur était une espèce de magistrature, et fut particulièrement pour Démosthène une puissance si réelle, que Philippe, au rapport des historiens, disait que de tous les Grecs il ne craignait que Démosthène.

Après la perte de la bataille de Chéronée, les Athéniens, craignant d'être assiégés, firent réparer leurs murailles. Ce fut Démosthène qui donna ce conseil, et ce fut lui qu'on chargea de l'exécution. Il s'en acquitta si noblement, qu'il fournit de son

* On croit devoir encore rappeler ici, pour la dernière fois, que toutes les réflexions semées dans cet ouvrage, relatives à la révolution, sont de l'année 1794, et ont été prononcées aux Écoles normales et au Lycée.

bien une somme considérable dont il fit présent à la république. Ctésiphon, son ami, proposa de l'honorer d'une couronne d'or, pour récompense de sa générosité. Le décret passa, et portait que la proclamation du couronnement se ferait au théâtre, pendant les fêtes de Bacchus, temps où tous les Grecs se rassemblaient dans Athènes pour assister à ces spectacles. Eschine était depuis long-temps le rival et l'ennemi de Démosthène. Il avait un grand talent et un très bel organe, qu'il eut occasion d'exercer ayant commencé par être comédien. Mais il avait aussi une âme vénale, et il était, presque publiquement au nombre des orateurs à gages que Philippe soudoyait dans toutes les républiques de la Grèce. Démosthène seul, aussi intègre qu'éloquent, était demeuré incorruptible, et les Athéniens ne l'ignoraient pas. Aussi n'était-ce pas la première fois qu'il avait reçu le même honneur que lui décernait Ctésiphon; mais ici la haine crut avoir trouvé une occasion favorable. La funeste bataille de Chéronée avait abattu la puissance d'Athènes et rendu Philippe l'arbitre de la Grèce : c'était Démosthène qui avait fait entreprendre cette guerre, dont l'évènement avait été si funeste. Eschine se flatta de pouvoir le rendre odieux sous ce point de vue, et de lui arracher la couronne qu'on lui offrait. Il attaqua le décret de Ctésiphon comme contraire aux lois. Son accusation roule sur trois chefs : 1º une loi d'Athènes défend de couronner aucun citoyen chargé d'une administration quelconque, avant qu'il ait rendu ses comptes; et Démosthène, chargé de la réparation des murs et de la dépense des spectacles, est encore comptable : première infraction ; 2° une autre loi défend qu'un décret de couronnement porté par le sénat soit proclamé ailleurs que dans le sénat même ; et celui de Ctésiphon, quoique rendu par le sénat, devait être, selon sa teneur, proclamé au théâtre : seconde infraction ; enfin (et c'est ici le fond de la cause), le décret porte que la couronne est décernée à Démosthène pour les services qu'il a rendus et qu'il ne cesse de rendre à la république ; et Démosthène au contraire n'a fait que du mal à la république. Ce dernier chef devait amener la censure de toute la conduite de Démosthène, depuis qu'il s'était mêlé des affaires de l'état, et c'était là le principal but de son ennemi, qui cherchait à lui ravir également et les honneurs qu'on lui accordait, et la gloire de les avoir mérités. La querelle commença deux ans avant la mort de Philippe ; mais les troubles politiques de la Grèce, l'embarras des affaires et le danger des conjonctures retardèrent la poursuite du procès, qui ne fut plaidé et jugé que six ans après, et lorsque Alexandre était déjà maître de l'Asie.

On est tenté de déplorer tout le malheureux talent qu'Eschine déploya dans une mauvaise cause. A travers son élocution facile et brillante, on démêle à tout moment la faiblesse de ses moyens, l'artifice de ses mensonges. Il donne à toutes les lois qu'il cite un sens faux et forcé, à toutes les actions de Démosthène une tournure maligne et invraisemblable ; il l'accuse de tout ce dont il est coupable lui-même; il lui reproche d'être vendu à Philippe, dont il est lui-même le pensionnaire, et plus il sent le défaut de preuves, plus il exagère les expressions; ce qui, dans tout genre de calomnie, est la méthode des détracteurs, qui espèrent ainsi faire aux autres l'illusion qu'ils ne se font pas. A l'égard de Démosthène, sa cause était belle, il est vrai: quel accusé en eut jamais une plus belle à défendre? Il s'agissait de justifier aux yeux de toute la Grèce l'opinion que le peuple d'Athènes avait de lui, et la récompense si flatteuse et si éclatante qu'on avait cru lui devoir. De plus il a pour lui le plus grand de tous les avantages, la vérité. Il ne rapporte pas un seul fait sans avoir la preuve en main, et chaque assertion est suivie de la lecture d'un acte public, qui la confirme authentiquement. Mais enfin il plaidait contre l'envie, l'envie toujours si favorablement écoutée; et il était obligé de soutenir le rôle, toujours dangereux, d'un homme qui parle de lui et qui rappelle le bien qu'il a fait. C'était la plus grande de toutes les difficultés. On verra comme il a su la vaincre; mais il est juste de citer auparavant quelques endroits du discours de son accusateur.

Quoiqu'il donne une très mauvaise interprétation, comme cela est toujours très facile, aux lois dont il prétend s'appuyer, il lui importe cependant d'établir d'abord que le respect religieux que l'on doit aux lois doit, sur-tout dans un état libre, l'emporter sur toute autre considération. C'est le fondement de son exorde, et ce morceau est traité avec la noblesse et la gravité convenables au sujet.

« Vous savez, Athéniens, qu'il y a trois sortes de
« gouvernements parmi les hommes, l'empire d'un
« seul, l'autorité d'un petit nombre, et la liberté de
« tous. Dans les deux premiers, tout se fait au gré
« du monarque, ou de ceux qui ont le pouvoir en
« main; dans le dernier, tout est soumis aux lois.
« Que chacun de vous se souvienne donc qu'au mo-
» ment où il entre dans cette assemblée pour juger
« de la violation des lois, il vient prononcer sur sa
« propre liberté. C'est pour cela que le législateur
« exige de vous ce serment: *Je jugerai suivant les*
« *lois*, parce qu'il a senti que l'observation de ces
« lois est le maintien de notre indépendance. Vous
« devez donc regarder comme votre ennemi qui-
« conque les viole, et croire que cette transgression
« ne peut jamais être un délit de peu d'importance.
« Ne souffrez pas que personne vous enlève vos droits,
« n'ayez aucun égard à la protection que vos géné-
« raux accordent trop souvent à vos orateurs, au
« grand détriment de l'état, ni aux prières des étran-
« gers, qui, plus d'une fois, ont servi à sauver des
« coupables. Mais comme chacun de vous aurait
« honte d'abandonner dans un combat le poste qui
« lui aurait été confié, vous devez aussi avoir honte
« d'abandonner le poste où la patrie vous a placés
« pour la défense des lois et de la liberté. Souvenez-
« vous que tous vos concitoyens, et ceux qui sont
« présents à ce jugement, et ceux qui n'ont pu y as-
« sister, se reposent sur votre fidélité du soin de
« maintenir leurs droits. Souvenez-vous de votre
« serment; et quand j'aurai convaincu Ctésiphon

« d'avoir proposé un décret contraire à la vérité et
« à notre législation, abrogez ce décret inique, pu-
« nissez les transgresseurs des lois, vengez et assu-
« rez à la fois la liberté qu'ils ont outragée.

Passons la discussion juridique et le narré aussi long qu'infidèle de l'administration de Démosthène, et venons à l'endroit où Eschine se flattait d'avoir le plus d'avantage. Après la bataille de Chéronée, les Athéniens étaient si loin d'attribuer le mauvais succès de la guerre à l'orateur qui l'avait conseillée, qu'ils lui déférèrent d'une commune voix l'honneur de prononcer, suivant l'usage, l'éloge funèbre des citoyens qui avaient péri dans cette fatale journée, et à qui on avait élevé un monument. Cette fonction était glorieuse; Eschine et tous les orateurs l'avaient briguée. L'accusateur, arrivé à cette époque, la rapproche de celle où Démosthène fit résoudre la guerre, et rassemble en cet endroit toutes ses forces pour l'accabler sous le poids des calamités publiques.

« C'est ici que je dois mes regrets à tous ces braves
« guerriers que Démosthène, au mépris des augures
« les plus sacrés, précipita dans un péril manifeste;
« et c'est lui cependant qui a osé prononcer l'éloge
« de ses victimes! c'est lui qui de ses pieds fugitifs, qui
« servirent sa lâcheté dans les plaines de Chéronée,
« a osé toucher le monument que vous avez élevé
« aux défenseurs de l'état! O toi, le plus faible et le
« plus inutile des hommes dès qu'il faut agir, le plus
« confiant dès qu'il faut parler, auras-tu bien le front
« de soutenir en présence de nos juges que tu mé-

« rites d'être couronné? Et, s'il l'ose dire, le suppor-
« terez-vous, Athéniens? et cet imposteur pourra-
« t-il vous ôter le jugement et la mémoire, comme il
« a ôté la vie à ses concitoyens? Imaginez-vous donc
« être transportés pour un moment de cette assem-
« blée au théâtre, voir s'avancer le héraut, et en-
« tendre prononcer le décret de Ctésiphon. Repré-
« sentez-vous les larmes que verseront alors les
« parents de tous ces illustres morts non pas sur les
« infortunes des héros de nos tragédies, mais sur
« leur propre sort et sur votre aveuglement. Quel
« est parmi les Grecs qui ont reçu quelque éduca-
« tion, quel est celui qui ne gémira pas en se rappe-
« lant ce qui se passait autrefois sur ce même théâtre
« dans des temps plus heureux, et lorsque la répu-
« blique était mieux gouvernée? Alors le héraut,
« montrant au peuple les enfants dont les pères
« avaient péri dans les combats, les revêtait d'armes
« brillantes en prononçant ces paroles, qui étaient
« à la fois l'éloge et l'encouragement de la vertu :
« *Ces enfants, dont les pères sont morts courageuse-*
« *ment pour la patrie, ont été élevés aux dépens de*
« *l'état jusqu'à l'âge de puberté : aujourd'hui la pa-*
« *trie leur donne l'armure des guerriers, et les place*
« *au premier rang dans ses spectacles* *. Voilà ce
« qu'on entendait autrefois; mais que sera-ce aujour-
« d'hui? Que dira le héraut quand il sera obligé de
« produire en public, et en présence de ces mêmes

---

* L'abbé Auger traduit : « Elle les renvoie sous d'heureux auspices à leurs affaires domestiques, et les invite à mériter les premières charges. »

H. P.

« enfants, celui qui les a rendus orphelins? S'il pro-
« fère les termes qui composent le décret de Ctési-
« phon, croyez-vous que sa voix étouffera la vérité
« et notre honte? Croyez-vous qu'on ne répondra
« pas, par une réclamation générale, que cet homme
« (si pourtant un lâche mérite ce nom), que cet
« homme, que l'on couronne pour sa vertu, est en
« effet un mauvais citoyen; que celui dont on cou-
« ronne les services a trahi sa patrie dans la tribune
« et dans le combat? Ah! par tous les dieux, Athé-
« niens, ne vous faites pas cet affront à vous-mêmes;
« n'élevez pas sur le théâtre un trophée si injurieux
« pour vous : n'exposez pas Athènes à la risée des
« Grecs, et ne rouvrez pas les blessures de vos mal-
« heureux alliés les Thébains, que vous avez reçus
« dans vos murs, bannis et fugitifs par la faute de
« Démosthène, dont l'éloquence vénale a détruit
« leurs temples et leurs monuments. Rappelez-vous
« tous les maux qu'ils ont soufferts; voyez les vieil-
« lards en pleurs et les veuves dans la désolation,
« forcés, au terme de leur vie, d'oublier qu'ils ont
« été libres, vous reprocher de mettre le comble à
« leur misère, au lieu de la venger; vous conjurer
« de ne pas couronner dans Démosthène, et leur
« destructeur, et le fléau de la Grèce, et de vous
« garantir vous-mêmes de l'influence attachée à ce
« sinistre génie, qui a perdu tous ceux qui ont été
« assez malheureux pour s'abandonner à ses conseils.
« Eh! quoi donc! lorsqu'un des pilotes qui vous
« transportent du Pirée à Salamine a le malheur d'é-
« chouer sur le bord, même sans qu'il y ait de sa

« faute, vous lui défendez par une loi de conduire
« désormais aucun navire ; vous ne voulez pas qu'il
« mette une seconde fois la vie des Grecs en péril :
« et celui qui a causé la ruine de tous les Grecs et
« la vôtre, vous lui permettez encore de gouverner ! »

On ne peut nier que ce morceau ne présente un contraste habilement imaginé. L'orateur s'y prend aussi bien qu'il est possible pour rendre son adversaire odieux. Il assemble autour de la tribune les ombres de ces infortunés citoyens, il les place entre le peuple et Démosthène, il l'investit de ces mânes vengeurs, et en forme autour de lui un rempart dont il semble lui défendre de sortir. Eh bien ! c'est précisément en cet endroit que Démosthène l'accablera dès qu'il aura pris la parole, et qu'il renversera d'une seule phrase tout cet appareil de deuil et de vengeance que son rival avait élevé contre lui.

Mais avant de passer à sa réponse, je crois devoir citer un autre morceau, où peut-être il y a plus d'art encore que dans celui qu'on vient d'entendre, parce qu'il forme un fond de vérité morale et politique très imposant, et qui n'est faux que dans l'application.

« Je dois vous avertir, Athéniens, que, si vous
« ne mettez des bornes à cette profusion de cou-
« ronnes et de récompenses que vous distribuez si
« facilement, bien loin d'inspirer de la reconnais-
« sance à ceux que vous honorez, bien loin de
« rendre la république meilleure, vous ne ferez
« que décourager les bons citoyens et encourager
« les méchants. En voulez-vous la preuve évidente ?

« Si quelqu'un vous demandait quelle est l'époque
« la plus glorieuse d'Athènes, celle dont nous som-
« mes témoins, ou celle qu'ont vue nos ancêtres;
« dans quel temps il y a eu plus de grands hommes,
« aujourd'hui ou autrefois, vous ne pourriez vous
« empêcher d'avouer que nous sommes inférieurs
« en tout à ceux qui nous ont précédés. Mainte-
« nant, à laquelle de ces deux époques a-t-on dé-
« cerné plus de couronnes, de proclamations, de
« récompenses publiques? Il faut encore en con-
« venir: ces honneurs étaient rares autrefois, et
« le nom de vertu était cependant beaucoup plus
« véritablement honoré. Aujourd'hui, vous avez
« tout prodigué, et vous décernez des couronnes
« plutôt par habitude que par choix. Croyez-vous
« que, si dans les fêtes panathénées ou dans les
« jeux olympiques on couronnait, non pas l'athlète
« qui a le mieux combattu, mais celui qui a su le mieux
« faire sa brigue; croyez-vous qu'il y eût beaucoup
« d'athlètes qui voulussent se dévouer à toutes les
« fatigues et à toutes privations qu'exige cette labo-
« rieuse profession?..... Voilà votre histoire, ô Athé-
« niens! A mesure que vous avez accumulé les hon-
« neurs sans choix et sans discernement, vous avez
« eu moins de citoyens capables de les mériter.
« Plus vous avez donné, plus vous avez été mal
« servis *. Comparez-vous ce Démosthène, qui a fui

---

* La Harpe traduit en général fort librement, et nous ne croyons pas devoir remarquer tous les changements qu'il fait à son original; mais ici il pousse cette licence jusqu'à l'excès. Peut-on reconnaître dans ce qu'on vient de lire, le passage suivant que nous empruntons à la traduction de l'abbé

« du champ de bataille de Chéronée, à Thémis-
« tocle, qui a vaincu à Salamine; à Miltiade, qui a
« triomphé à Marathon; à ceux qui ont sauvé et
« ramené dans cette ville nos concitoyens enfermés
« dans les murs de Pyle *, à ce juste Aristide ?....
« Je m'arrête : les dieux me préservent d'établir un
« parallèle si révoltant! Eh bien! que Démosthène
« nous cite un seul de ces grands hommes qui ait
« été honoré d'une couronne d'or. Quoi donc! le
« peuple d'Athènes a-t-il été ingrat? Non, il a été
« magnanime, et ces illustres citoyens ont été dignes
« de lui : ils ont pensé que ce n'était pas par des
« décrets qu'ils seraient honorés aux yeux de la pos-
« térité, mais par le souvenir de leurs grandes ac-
« tions. Ils ne se sont pas trompés, et ce souvenir
« est immortel....

« Voulez-vous savoir ce qu'ont obtenu de vos
« ancêtres ceux qui vainquirent les Mèdes aux bords
« du Strymon? Trois statues de pierre, placées sous
« le portique de Mercure. Allez voir le monument

Auger? « Imaginez-vous donc que vous êtes établis juges de la vertu des
citoyens, et considerez que si vous ne récompensez suivant les lois qu'un
petit nombre de gens qui en seront dignes, une foule d'athlètes se dispute-
ront sous vos yeux le prix de la vertu ; mais que si vous favorisez la cabale
et l'intrigue, vous pervertirez les meilleurs naturels.» Cette traduction n'est
pas bien élégante, mais elle est fidèle ; et en la comparant avec celle de La
Harpe, on pourra juger ce que se permet ce dernier en interprétant les anciens, et à quel prix il donne à ses traductions ce tour vif et facile, qu'on
y remarque.   H. PATIN.

* Ce mot de *Pyle* porte malheur à La Harpe. (Voyez plus haut p. 361.)
il y a ici dans le grec ἀπὸ Φυλῆς, de *Phylé*. C'était un fort de l'Attique
où se retirèrent, pendant la domination des trente tyrans, un grand nombre
de citoyens, ennemis de la tyrannie et partisans de la démocratie. Ils ren-
trèrent dans Athènes sous la conduite de Thrasybule et d'Archias.   H. P.

« public où est représentée la bataille de Marathon :
« le nom même de Miltiade n'y est pas : on permit
« seulement qu'il fût peint au premier rang, exhor-
« tant ses soldats. Lisez le décret rendu en faveur
« des libérateurs de Pyle* : que leur décerne-t-on ?
« Une couronne d'olivier. Lisez ensuite celui de Cté-
« siphon en faveur de Démosthène : une couronne
« d'or. Prenez-y garde, Athéniens : l'un de ces deux
« décrets anéantit l'autre. Si l'un fut honorable,
« l'autre est honteux : si les premiers ont été récom-
« pensés en proportion de leur mérite, il est évident
« que celui-ci reçoit une récompense au-dessus du
« sien. Et lui-même, que devait-il faire? Paraître de-
« vant vous, et vous dire : Ce n'est pas à moi de
« refuser la couronne que vous m'offrez, mais ce
« n'est pas non plus le temps d'une pareille procla-
« mation. Il me siérait mal de couronner ma tête
« quand la république est en deuil. Voilà ce que
« dirait un homme qui connaîtrait la véritable vertu
« et la véritable gloire ; mais Démosthène ne les con-
« naît pas **. »

C'est dommage que l'art oratoire ne soit ici autre chose que celui de la calomnie, qui, en ne montrant qu'un côté des objets, se sert du nom de la vertu pour combattre les hommes vertueux.

Les deux points principaux que traite Eschine dans la dernière partie de son discours font trop voir quel effroi inspirait l'éloquence de Démosthène.

---

* Même erreur que plus haut. Voyez à la note de la page 361. H. P.

** Ce dernier paragraphe est moins une traduction, qu'une sorte de résumé de plusieurs pages d'Eschine. H. P.

Il veut absolument lui prescrire la forme de sa défense, et que les juges lui ordonne d'y mettre le même ordre qu'il a mis dans son accusation ; ensuite il s'efforce de prouver, par toutes sortes de raisons, que c'est à Ctésiphon seul à se défendre lui-même, et qu'au moment où il dira, suivant la formule usitée : *Permettez-vous que j'appelle Démosthène, et qu'il parle pour moi?* on refuse à celui-ci de l'entendre. J'avoue que je ne reconnais plus ici l'art d'Eschine. Sa demande est révoltante, et ne pouvait que lui nuire ; il ne faut jamais demander ce qu'on est sûr de ne pas obtenir. Démosthène n'était-il pas attaqué cent fois plus que Ctésiphon ? D'un autre côté, Eschine n'était-il pas également maladroit de laisser voir la crainte que Démosthène lui inspirait, et de se persuader que les Athéniens se priveraient du plaisir de l'entendre dans sa propre cause ? Heureusement on n'eut aucun égard à cette absurde prétention : Démosthène parla. Il est temps de l'écouter ; voici son exorde :

« Je commence par demander aux dieux immor-
« tels qu'ils vous inspirent à mon égard, ô Athé-
« niens ! les mêmes dispositions où j'ai toujours été
« pour vous et pour l'état ; qu'ils vous persuadent,
« ce qui est d'accord avec votre intérêt, votre équité,
« votre gloire, de ne pas prendre conseil de mon
« adversaire pour régler l'ordre de ma défense. Rien
« ne serait plus injuste et plus contraire au serment
« que vous avez prêté, d'entendre également les
« deux parties ; ce qui ne signifie pas seulement que
« vous ne devez apporter ici ni préjugé ni faveur,

« mais que vous devez permettre à l'accusé d'établir
« à son gré ses moyens de justification. Eschine a
« déjà dans cette cause assez d'avantages sur moi ;
« oui, Athéniens, et deux sur-tout bien grands. D'a-
« bord nos risques ne sont pas égaux : s'il ne gagne
« pas sa cause, il ne perd rien ; et moi, si je perds
« votre bienveillance..... Mais non, il ne sortira pas
« de ma bouche une parole sinistre au moment où
« je commence à vous parler. L'autre avantage qu'il
« a sur moi, c'est qu'il n'est que trop naturel d'é-
« couter volontiers l'accusation et le blâme, et de
« n'entendre qu'avec peine ceux qui sont forcés à
« dire du bien d'eux-mêmes. Ainsi donc Eschine a
« pour lui tout ce qui flatte la plupart des hommes ;
« il m'a laissé ce qui leur déplaît et les blesse. Si,
« dans cette crainte, je me tais sur les actions de ma
« vie publique, je paraîtrai me justifier mal ; je ne
« serai plus celui que vous avez jugé digne de ré-
« compense. Si je m'étends sur ce que j'ai fait pour
« le service de l'état, je serai dans la nécessité de
« parler souvent de moi-même. Je le ferai du moins
« avec toute la réserve dont je suis capable ; et ce
« que je serai obligé de dire, ô Athéniens ! imputez-
« le à celui qui m'a réduit à me défendre. »

Il se garde bien de suivre le plan de défense que lui avait prescrit l'artificieux Eschine, qui prétendait l'obliger à répondre d'abord sur l'infraction des formes légales. Démosthène était trop habile pour donner dans ce piège ; il sentait bien que cette discussion juridique, déjà fort longue dans le discours d'Eschine, le paraîtrait encore bien plus dans le sien, et commencerait par ennuyer son auditoire et refroidir sa harangue. L'essentiel était de prouver qu'il avait mérité la couronne, et de se concilier les juges, en remettant sous leurs yeux tout ce qu'il avait fait pour l'état. Ce tableau de son administration, tracé avec tout l'intérêt qu'il était capable d'y mettre, devait nécessairement l'agrandir aux yeux des Athéniens en humiliant son adversaire, et placer sa cause dans le jour le plus favorable. C'est aussi par là qu'il commence. Mais avec quelle adresse il s'en tire! comme il sait bien s'insinuer dans l'esprit de ses auditeurs, en se rendant à lui-même le témoignage que se doit un honnête homme accusé, un homme public qui rend compte de sa conduite! comme il évite tout ce qui a l'air de la jactance! Il fait si bien, qu'il met les Athéniens de moitié dans sa cause. Il avait affaire à l'amour-propre de tous les juges les plus difficiles à manier, et c'est aussi celui qu'il gagne d'abord; et, si l'écueil de sa cause était le danger de blesser cet amour-propre, il faut avouer que la perfection de son éloquence est d'avoir su le mettre de son parti. Ce sont toujours les Athéniens qui ont tout fait : ses pensées, ses résolutions ont toujours été les leurs; ses avis ont toujours été d'accord avec leurs sentiments; il met toujours sa gloire sous la protection de celle d'Athènes. Qu'on juge à quel point il dut plaire à un peuple naturellement vain, et s'il est étonnant qu'il ait enlevé tous les suffrages.

Il n'est pas au tiers de son discours, que celui de son adversaire est anéanti : il n'en reste pas la moindre trace : Démosthène est dans les cieux, Eschine est dans la poussière; et si l'on ne désirait pas d'entendre un homme qui parle si bien, on le dispenserait d'en dire davantage. Cette première partie rend son apologie si complète, met dans une telle évidence tous les mensonges d'Eschine et tous les services de Démosthène, qu'il semble que le reste soit donné, non pas au besoin de la cause, mais à la vengeance de l'accusé : il foule et retourne sous ses pieds un ennemi depuis long-temps terrassé.

Lorsqu'il daigne enfin en venir aux détails juridiques, il pulvérise en quelques lignes les sophismes entassés par Eschine sur la prétendue violation des lois dans la forme du couronnement ordonné par le décret de Ctésiphon. Ce n'était qu'un prétexte de chicane pour avoir le droit d'intenter une accusation; ce qui ne pouvait jamais se faire qu'en s'appuyant sur les termes d'une loi bien ou mal interprétée : c'était aux juges à décider de l'application. Il y avait chez les Athéniens, comme par-tout ailleurs, des ordonnances qui, à ne considérer que quelques points particuliers, paraissaient contredites par d'autres ordonnances. Eschine avait saisi, en adroit chicaneur, ce qui pouvait lui être favorable. Vous avez vu précédemment comme Démosthène s'est tiré de cette partie si sèchement contentieuse de la comptabilité, et comme il sait relever et animer l'argumentation oratoire.

Je sais que la réfutation est toujours d'autant plus facile, que les objections sont plus frivoles; mais, quoiqu'on ait l'évidence de son côté, on ne lui donne pas toujours cette tournure pressante, et cette force irrésistible, qui est l'éloquence de la discussion.

Il ne lui en coûte pas plus pour réfuter le second chef légal de l'accusation. « Quant à ce qui regarde la
« proclamation sur le théâtre, je ne vous citerai pas
« tant de citoyens qu'on y a vu couronner; je ne
« vous rappellerai pas que j'y ai été proclamé moi-
« même plus d'une fois; mais es-tu si dénué de sens,
« Eschine, que tu ne comprennes pas que partout
« où un citoyen est couronné, la gloire est la même,
« et que c'est pour ceux qui le couronnent que la
« proclamation se fait sur le théâtre? C'est pour
« ceux qui l'entendent une exhortation à bien mé-
« riter de la patrie, et un sujet de louanges pour
« ceux qui distribuent ces récompenses, plus que
« pour ceux qui les reçoivent. Tel est l'esprit de la
« loi qui a été portée sur cet article. Lisez la loi :
« *Si quelqu'une de nos villes municipales couronne*
« *un citoyen d'Athènes, la proclamation se fera dans*
« *la ville qui aura décerné la couronne : si c'est le*
« *peuple athénien ou le sénat qui la décerne, la pro-*
« *clamation pourra se faire sur le théâtre, aux fêtes*
« *de Bacchus.* »

Voilà un texte formel en faveur de Démosthène. Je l'ai cité, afin que l'on pût juger de la bonne foi de son ennemi.

Démosthène n'ignorait pas quel avantage il avait sur Eschine dans l'opinion de ses concitoyens, et il s'en sert en homme supérieur dès le commencement de son discours, lorsque avant de réfuter les diffé-rents points de l'accusation intentée contre lui, il ex-pose l'état de la Grèce au moment où il s'approcha

de l'administration des affaires, l'ambition et les intrigues de Philippe, et la vénalité des orateurs tels qu'Eschine, qui servaient ce prince aux dépens de leur patrie. « La contagion était générale dans les
« villes de la Grèce : ceux qui gouvernaient se lais-
« saient corrompre par des présents; et la multitude
« s'abandonnait à eux, ou par aveuglement sur l'a-
« venir, ou par cette faiblesse qui est la suite d'une
« longue indolence. Chacun croyait que le malheur
« n'irait pas jusqu'à lui; on s'imaginait même s'é-
« lever sur les ruines des autres; et c'est ainsi que
« l'imprudente sécurité des peuples leur a fait perdre
« leur liberté, et que les magistrats qui croyaient
« livrer tout à Philippe, excepté eux-mêmes, se sont
« aperçus trop tard qu'ils s'étaient donnés aussi. Ce
« ne sont plus aujourd'hui des *amis* et des *hôtes*,
« comme on les appelait dans le temps qu'il fallait
« les séduire : les choses ont à présent leur vrai nom,
« et ce sont de vils flatteurs détestés des hommes et
« des dieux ; car il ne faut pas s'y tromper : on ne
« donne point d'argent pour enrichir un traître ; et
« quand on a obtenu ce qu'on voulait, il n'est plus
« même consulté : sans cela les traîtres seraient trop
« heureux. Mais non, il n'en est pas ainsi; et com-
« ment cela pourrait-il être? Quand celui qui vou-
« lait régner est devenu le maître, il l'est de ceux
« mêmes qui lui ont vendu les autres. Il connaît leur
« perversité, il les hait et les méprise. Rappelez-vous
« ce que vous avez vu et ce que vous voyez aujour-
« d'hui *. Lasthène a été l'*ami* de Philippe jusqu'au

---

* *Ce que vous voyez aujourd'hui* n'est pas dans le texte, et La Harpe

« moment où il lui eut vendu la ville d'Olynthe; Ti-
« molaüs, jusqu'à ce qu'il eût perdu les Thébains;
« Eudique et Simosse de Larisse, jusqu'à ce qu'ils
« lui eussent assujetti la Thessalie. Le monde entier
« est plein des mêmes exemples *. Que sont main-
« tenant Aristrate à Sycione, Périlaüs à Mégare?
« Tous sont dans l'abjection. Et sais-tu ce qui en ré-
« sulte, Eschine? c'est que tes pareils et toi, vous tous
« qui dans Athènes faites métier de la trahison,
« vous avez la plus grande obligation à ceux qui
« comme moi défendent de toutes leurs forces la ré-
« publique et la liberté. C'est là ce qui vous sou-
« tient; c'est là ce qui vous enrichit : sans nous,
« il y a long-temps qu'on ne vous paierait plus :
« sans nous, il y a long-temps que vous auriez
« fait tout ce qu'il faut pour vous perdre...... Cet
« insensé n'a-t-il pas dit quelque part que je lui
« reprochais ses liens d'hospitalité avec Alexandre?
« Non, je ne me méprends pas ainsi. Je n'ai jamais
« dit que tu fusses l'hôte de Philippe ni l'ami
« d'Alexandre. Toi! comment? à quel titre? Les es-
« claves, les mercenaires s'appellent-ils les hôtes et
« les amis de leurs maîtres? J'ai dit que tu avais été
« d'abord le mercenaire de Philippe, et que tu étais
« aujourd'hui celui d'Alexandre. Je l'ai dit, et tous
« les Athéniens le disent. Veux-tu savoir ce qu'ils en

supprime ici une phrase qu'on doit regretter. L'abbé Auger la traduit ainsi :
« Quoique les évènements soient passés, ils doivent toujours être présents
aux yeux du sage qui veut s'instruire. » H. P.

* Cette phrase manque tout-à-fait d'exactitude. Voici ce que donne le
texte et ce qui méritait d'être conservé. « Bientôt on ne vit, par toute la
terre, que traîtres chassés de leurs villes, et accablés d'outrages.» H. P.

» pensent? Ose les interroger. Tu ne l'oses pas! Eh
« bien! je vais les interroger moi-même. Athé-
« niens, que vous en semble? Eschine, est-il l'hôte
« d'Alexandre ou son mercenaire? Entends-tu leur
« réponse? »

Il est clair qu'il fallait en être sûr pour faire une pareille demande.

Mais avec quelle noblese il s'exprime sur cette guerre contre Philippe, qu'on lui reproche d'avoir conseillée! quel sublime élan d'enthousiasme patriotique! et que dans ce moment Eschine paraît petit devant lui! il rappelle ce jour terrible où se répandit dans Athènes la nouvelle de la prise d'Élatée, ville de la Phocide, qui ouvrait un passage à Philippe jusque dans l'Attique. Il n'y avait pas à balancer: il fallait que les Athéniens demeurassent exposés à une invasion, ou se réunissent avec les Thébains, leurs anciens ennemis. Rappelons-nous ici que les Grecs regardaient les Macédoniens comme des barbares, et que les différents états de la Grèce, quoique souvent divisés entre eux, se croyaient liés par une espèce de confraternité nationale dès qu'il s'agissait de combattre tout ce qui n'était pas Grec. Ce n'est qu'après le règne de Philippe, dont l'influence fut si puissante, et sous Alexandre, qui se fit nommer généralissime de la Grèce contre les Perses, que les Macédoniens se confondirent réellement avec les autres nations grecques dans la ligue générale contre leurs communs ennemis.

« Vous vous souvenez quel tumulte remplit la
« ville, lorsqu'un courrier vint, à l'entrée de la nuit,

« apprendre aux prytanes que Philippe était dans
« Élatée*. Au point du jour, le sénat était assemblé;
« vous étiez accourus à la place publique; le sénat
« s'y rend, produit devant vous le courrier, vous
« rend compte de la funeste nouvelle **. Le héraut
« demande qui veut parler. Personne ne se pré-
« sente ***. Tous vos généraux, tous vos orateurs
« étaient présents : personne ne répondait à la voix
« de la patrie demandant un citoyen qui lui indiquât
« des moyens de salut : car le héraut, prononçant
« les paroles que la loi met dans sa bouche, est-il
« autre chose en effet que l'organe de la patrie? S'il
« n'eût fallu, pour se lever alors, qu'aimer la répu-
« blique et désirer son salut, vous l'eussiez fait tous,
« Athéniens; tous vous vous seriez approchés de la
« tribune; s'il eût fallu être riche, le conseil des trois
« cents se serait levé; ceux qui, réunissant l'amour
« de la patrie et les moyens de la servir, vous ont
« depuis prodigué leurs biens, se seraient levés aussi.

* La Harpe supprime ici des détails qui peignent vivement la chose :
« A cette nouvelle, disait Démosthène, les prytanes se lèvent de table; les
uns courent sur la place publique, en chassent les marchands, mettent le
feu à leurs boutiques; les autres envoient chercher les généraux, font sonner de la trompette; la ville était pleine de trouble et de tumulte.»

H. Patin.

** Tout ceci est encore fort abrégé; c'est plutôt une analyse qu'une tra-
duction. L'empressement et l'attente du peuple sont admirablement peints
dans l'original, qu'il ne fallait pas réduire. C'est une singulière prétention,
de vouloir donner de la rapidité à Démosthène, qui n'a certainement ni len
teur ni diffusion.

H. P.

*** Ici le héraut renouvelle sa demande. C'est un détail qui ajoute beau-
coup à l'effet du récit, et que La Harpe a omis bien mal à propos comme
beaucoup d'autres passages, dont nous indiquerons le retranchement par des
points.

H. P.

« Mais un pareil jour, un pareil moment ne deman-
« dait pas seulement un bon citoyen, un homme
« sage, un homme opulent : il fallait quelqu'un qui
« connût à fond le caractère, la politique et les vues
« de Philippe. Je fus cet homme, je parus, je par-
« lai..... J'exposai les desseins de Philippe, et ce qu'il
« fallait faire pour les combattre..... Personne ne
« contredit; tous applaudirent; il fallait un décret : je
« le rédigeai. Le décret ordonnait une ambassade vers
« les Thébains ; je m'en chargeai. L'objet de l'am-
« bassade était de leur persuader qu'ils devaient ou-
« blier toute division et se réunir à vous ; je les per-
« suadai..... Eh bien, Eschine, quel fut ton rôle ce
« jour-là ? Quel fut le mien ?..... Tu ne fis rien, je fis
« tout. Si tu avais été en effet un bon citoyen, c'était
« là le moment de parler : il fallait proposer un
« avis meilleur que le mien, et ne pas attendre à ce
« jour pour l'attaquer et m'en faire un crime. Mais
« telle est la différence de celui qui conseille à celui
« qui calomnie : l'un se montre avant l'évènement,
« et s'expose aux contradictions, aux revers, aux
« ressentiments ; il prend tout sur lui : l'autre se tait
« quand il faut parler, et attend le moment d'un
« désastre pour élever le cri de la censure et de la
« haine......

« Mais enfin, puisque tu as été muet ce jour-là,
« dis-moi donc du moins aujourd'hui quel autre dis-
« cours j'ai dû tenir, quel était le bien que je pou-
« vais faire et que j'ai négligé, quelle autre alliance
« j'ai dû proposer ; quelle autre conduite j'ai dû con-
« seiller ; car c'est par-là qu'il faut juger de mon ad-

« ministration et non par l'évènement. L'évènement
« est dans la volonté des dieux : l'intention est dans
« le cœur du citoyen. Il n'a pas dépendu de moi que
« Philippe fût vainqueur ou non ; mais ce qui dé-
« pendait de moi, c'était de prendre toutes les me-
« sures que peut dicter la prudence humaine, de
« mettre dans l'exécution toute la diligence pos-
« sible, de suppléer par le zèle ce qui nous manquait
« de force*, enfin de ne rien faire qui ne fût glo-
« rieux, nécessaire et digne de la république. Prouve
« que telle n'a pas été ma conduite, et alors ce sera
« une accusation, et non pas une invective. Si le
« même foudre dont la Grèce a été accablée est aussi
« tombé sur Athènes**, que pouvais-je faire pour
« l'écarter ? Un citoyen chargé d'équiper un vaisseau
« pour l'état, le fournit de tout ce qui est nécessaire
« à sa défense : la tempête le renverse : quelqu'un
« songe-t-il à l'en accuser ? Ce n'est pas moi, dirait-
« il, qui tenais le gouvernail : et ce n'est pas moi
« non plus qui ai conduit l'armée..... Si toi seul,
« Eschine, devinais alors l'avenir, que ne l'as-tu ré-
« vélé ? Si tu ne l'as pas prévu, tu n'es, comme moi,
« coupable que d'ignorance ; et pourquoi m'accuses-
« tu quand je ne t'accuse pas ?..... Mais puisqu'il me
« presse là-dessus, Athéniens, je dirai quelque chose
« de plus fort, et je vous conjure de ne voir aucune

* Ce n'est point le sens ; le grec dit : « De montrer une activité au-dessus de mes forces. » H. PATIN.

** L'élégance de cette traduction altère en quelque chose le sens de l'auteur, qui dit simplement . « S'il est survenu un coup de foudre, une tempête, plus forte qu'Athènes, et que toute la Grèce, que pouvais-je faire ! » H. P.

« présomption dans mes paroles, mais seulement
« l'âme d'un Athénien *. Je le dirai donc : quand
« même nous aurions prévu tout ce qui est arrivé,
« quand toi-même, Eschine, qui dans ces temps n'osas
« pas ouvrir la bouche, devenu tout-à-coup pro-
« phète**, tu nous aurais prédit l'avenir, il eût fallu
« faire encore ce que nous avons fait, pour peu que
« nous eussions eu devant les yeux la gloire de nos
« ancêtres et le jugement de la postérité. En effet
« que dit-on de nous aujourd'hui ? Que nos efforts
« ont été trompés par la fortune, qui décide de tout....
« Mais devant qui oserions-nous lever les yeux, si
« nous avions laissé à d'autres le soin de défendre la
« liberté des Grecs contre Philippe ?..... Et qui donc,
« parmi les Grecs ou parmi les barbares, ignore que
« jamais dans les siècles passés Athènes n'a préféré
« une sécurité honteuse à des périls glorieux? que
« jamais elle n'a consenti à s'unir avec la puissance
« injuste, mais que dans tous les temps elle a com-
« battu pour la prééminence et pour la gloire?....
« Si je me vantais de vous avoir inspiré cette éléva-
« tion de sentiments, ce serait de ma part un or-
« gueil insupportable : mais en faisant voir que tels
« ont été toujours vos principes et sans moi et avant
« moi, je me fais un honneur de pouvoir affirmer
« que, dans cette partie des fonctions publiques
« qui m'a été confiée, j'ai été aussi pour quelque
« chose dans ce que votre conduite a eu d'hono-

---

* Ce dernier trait : « mais seulement l'âme d'un Athénien » est ajouté au texte. H. PATIN.

** « Devenu tout-à-coup prophète » est de La Harpe. H. P.

« rable et de généreux. Mon accusateur au con-
« traire, en voulant m'ôter la récompense * que
« vous m'avez décernée, ne s'aperçoit pas qu'il veut
« aussi vous priver du juste tribut d'éloges que vous
« doit la postérité ; car si vous me condamnez pour
« le conseil que j'ai donné, vous paraîtrez vous-
« mêmes avoir failli en le suivant. Mais non, Athé-
« niens, vous n'avez point failli en bravant tous les
« dangers pour le salut et la liberté de tous les Grecs ;
« vous n'avez point failli, j'en jure, et par les mânes
« de vos ancêtres qui ont péri dans les champs de
« Marathon, et par ceux qui ont combattu à Platée,
« à Salamine, à Artémise, par tous ces grands ci-
« toyens dont la Grèce a recueilli les cendres dans
« des monuments publics. Elle leur accorde à tous
« la même sépulture et les mêmes honneurs ; oui,
« Eschine, à tous ; car tous avaient eu la même
« vertu, quoique la destinée souveraine ne leur eût
« pas accordé à tous le même succès. »

C'est là le serment si célèbre dans l'antiquité,
et si souvent rappelé de nos jours. Quand on l'entend, il semble que toutes les ombres évoquées tout
à l'heure par Eschine viennent se ranger autour de
la tribune de Démosthène, et le prennent sous leur
protection. Ce n'est pas assez : voyez comme il
tourne contre Eschine cet air de triomphe qu'a eu
celui-ci en parlant de la défaite de Chéronée.

« L'avez-vous remarqué, Athéniens, lorsqu'il a

---

* Il y a ici, dans le texte, une opposition assez belle qui n'est pas rendue.
Démosthène met en contraste *cette récompense d'un jour* qui lui est décernée,
et l'éternelle gloire d'Athènes.   H. P.

« parlé de nos malheurs? Il en parlait sans rien res-
« sentir, sans rien témoigner de cette tristesse qui
« sied si bien à un citoyen honnête et sensible. Son
« visage était rayonnant d'allégresse, sa voix était
« sonore et éclatante. Le malheureux! il croyait
« m'accuser, et il s'accusait lui-même, en se mon-
« trant, dans nos revers communs, si différent de ce
« que vous êtes. »

Eschine n'avait cessé d'avertir les Athéniens de se
défier de la pernicieuse éloquence de Démosthène :
il lui avait donné sur son talent ces éloges perfides
et meurtriers auxquels la haine se condamne quelquefois elle-même, sincère sur un point pour se
rendre plus croyable sur un autre, et faisant servir
la vérité à donner du poids à la calomnie : c'est ainsi
que les passions souillent tout ce qu'elles touchent,
et tournent la louange même en poison. Démosthène,
qui ne laisse aucun article sans réponse, ne manque
pas de relever Eschine sur celui-ci : il démontre par
les faits que le talent de la parole n'a jamais été en
lui qu'un moyen de servir la république; mais il commence par s'exprimer, sur ce même talent, avec une
réserve et une modestie qui devaient flatter l'amour-
propre des Athéniens. Il n'y a pas jusqu'à son génie
qu'il ne fasse dépendre d'eux.

« Pour ce qui est de mon éloquence (puisqu'enfin
« Eschine s'est servi de ce mot), j'ai toujours vu que
« cette puissance de la parole dépendait en grande
« partie des dispositions de ceux qui écoutent, et
« que l'orateur paraît habile en proportion de la
« bienveillance que vous lui témoignez. Du moins

« cette éloquence qu'il m'attribue a été utile à tous
« dans tous les temps, et jamais nuisible à per-
« sonne *..... Mais la tienne, de quoi sert-elle à la
« patrie ? Tu viens aujourd'hui nous parler du passé.
« Que dirait-on d'un médecin qui, appelé près d'un
« malade, n'aurait pu trouver un remède à son
« mal, n'aurait pu le garantir de la mort, et ensuite
« viendrait troubler ses funérailles, et crier près de
« sa tombe qu'il vivrait si l'on avait suivi d'autres
« conseils ? »

Il fonde l'intérêt de sa péroraison ** sur l'honneur qu'on lui a fait de lui confier l'éloge funèbre
des citoyens tués à Chéronée. Eschine s'était efforcé
d'en faire contre lui un sujet de reproche, et d'autant plus qu'il avait lui-même inutilement sollicité
cette fonction. Démosthène en tire un nouveau
triomphe pour lui, et une nouvelle humiliation
pour son accusateur.

« La république, Eschine, a entrepris et exécuté
« de grandes choses par mon ministère ; mais elle
« n'a pas été ingrate. Quand il a fallu choisir, au mo-
« ment de notre disgrace, l'orateur qui devait rendre
« les derniers honneurs aux victimes de la patrie,
« ce n'est pas toi qu'on a choisi, malgré ta voix so-
« nore et malgré tes brigues : ce n'est pas Démade,
« qui venait de nous obtenir la paix, ni Hégémon,

---

* La Harpe réunit ici deux passages qui ne se suivent pas dans le texte.
H. PATIN.

** Ce passage pourrait faire croire que le discours de Démosthène se
termine par le morceau suivant ; ce qui n'est pas exact, il s'en faut de
beaucoup.   H. P.

« ni enfin aucun de ceux de ton parti : c'est moi.
« On vous vit alors, Pytoclès et toi, vomir contre
« moi, avec autant de fureur que d'impudence, les
« mêmes invectives que tu viens de répéter; et ce
« fut une raison de plus pour les Athéniens de per-
« sister dans leur choix. Tu en sais la raison aussi
« bien que moi-même; je veux pourtant te la dire :
« c'est qu'ils connaissaient également, et tout mon
« amour pour la patrie, et tous les crimes que vous
« avez commis envers elle. Ils savaient que vous ne
« deviez votre impunité qu'à ses malheurs;.... que
« si vos sentiments contre elle n'ont éclaté que dans
« le temps de sa disgrace, c'était un aveu que dans
« tous les temps vous aviez été ses ennemis secrets....
« Il convenait sans doute que celui qui devait célé-
« brer la vertu de ses concitoyens n'eût pas été le
« commensal de leurs ennemis, n'eût pas fait avec
« eux les mêmes sacrifices et les mêmes libations.
« On ne pouvait pas déférer une fonction si hono-
« rable à ceux qu'on avait vus, mêlés avec les vain-
« queurs, partager la joie insultante de leurs festins,
« et triompher de nos calamités; enfin ce n'était pas
« avec une voix mensongère qu'il fallait déplorer la
« destinée de ces illustres morts. Ces justes regrets
« ne pouvaient être que dans la bouche de celui qui
« avait aussi la douleur dans l'âme; et cette douleur,
« on savait qu'elle était dans mon cœur, et non pas
« dans le tien. Voilà ce qui a déterminé le suffrage
« du peuple; et quand les parents des morts, char-
« gés du triste soin de leur sépulture, ont donné
« le festin des funérailles, c'est encore chez moi

DÉMOSTHÈNE. 393

« qu'ils l'ont donné, chez moi, qu'ils regardaient
« comme tenant de plus près que personne à ceux
« dont nous pleurions la perte. Ils leur étaient liés
« de plus près par le sang, mais personne ne l'était
« davantage par les sentiments de citoyen; personne,
« dans la perte commune, n'avait eu à pleurer plus
« que moi *.

Rollin observe avec raison que la seule chose qui
puisse nous blesser dans cette immortelle harangue,
ainsi que dans celle d'Eschine, c'est la profusion
d'injures personnelles que, dans plus d'un endroit,
se permettent les deux concurrents. Mais il est juste
d'observer aussi qu'elles étaient autorisées par les
mœurs républicaines, moins délicates sur ce point
que les nôtres, et que par conséquent ni l'un ni
l'autre n'a manqué au précepte de l'art, qui défend
de violer les convenances reçues. Deux citoyens
ennemis, deux orateurs rivaux s'attaquaient l'un
l'autre sur tous les points, sur la naissance, sur l'é-
ducation, sur la fortune, sur les mœurs; et cette
recherche entraînait des détails qui ne sont pas
toujours bien nobles pour nous, vu la différence des
temps et du langage, mais qui alors avaient leur
effet. On les retrouve aussi dans Cicéron, quand il
parle contre Antoine, contre Pison, contre Vatinius,

---

* Nous avons mis peu de notes à ces diverses traductions de La Harpe,
ne jugeant pas nécessaire de remarquer toutes les inexactitudes et tous les
retranchements qu'il s'est volontairement permis, pour donner à sa traduction plus de rapidité, de mouvement et de vie. On ne peut nier qu'il n'ait
reproduit Démosthène dans un style très vif et très animé, et que, s'il a souvent manqué à la fidélité littérale, il n'ait presque toujours conservé l'esprit
de son auteur, genre de fidélité qui vaut bien l'autre.   H. PATIN.

qui de leur côté ne l'épargnaient pas davantage. Quand ces injures n'étaient que des mensonges, elles ne compromettaient que celui qui les avait proférées; et quand elles étaient fondées, on pensait qu'un homme libre avait droit de tout dire. Il faut bien pardonner aux citoyens de Rome et d'Athènes d'avoir cru qu'un honnête homme pouvait sans honte entendre les invectives d'un calomniateur. D'ailleurs ce n'était pas tout-à-fait sans risque qu'il était permis d'accuser et d'invectiver : dans Athènes, l'accusateur devait avoir au moins la cinquième partie des suffrages, sinon il était condamné au bannissement. C'est ce qui arriva à Eschine : il se retira dans l'île de Rhodes, où il ouvrit une école de rhétorique. Sa première leçon fut la lecture des deux harangues qui avaient causé sa condamnation. Je ne conçois pas, je l'avoue, comment il eut le courage de lire à ses disciples celle de Démosthène. On peut sans crime être moins éloquent qu'un autre; mais comment avouer, sans rougir, qu'on a été si évidemment convaincu d'être un calomniateur et un mauvais citoyen ?

Pour Démosthène, un historien dont l'autorité à cet égard a été justement contestée d'après le silence de tous les autres, prétend que cette fermeté si long-temps inébranlable, ce désintéressement si soutenu, se démentit une fois; qu'après s'être élevé contre Alexandre avec la même force qu'il avait déployée contre Philippe, il se laissa enfin corrompre, et feignit d'être malade pour ne pas monter à la tribune; que cette indigne faiblesse l'obligea de se retirer d'Athènes; mais on peut douter de sa faute, et il est sûr que sa mort fut honorable et courageuse. Revenu dans Athènes après celle d'Alexandre, il ne cessa de parler contre la tyrannie des Macédoniens, jusqu'à ce qu'Antipater, leur roi, eût obtenu, la force en main, qu'on lui livrât tous les orateurs qui s'étaient déclarés ses ennemis. Démosthène prit la fuite; mais, se voyant près d'être arrêté par ceux qui le poursuivaient, il eut recours au poison qu'il portait toujours avec lui. On a remarqué que Cicéron et lui eurent une fin également tragique, et périrent victimes de la patrie, après avoir vécu ses défenseurs*.

La Harpe, *Cours de Littérature.*

* On lit dans le *nouveau Dictionnaire historique*, à l'article de Démosthène, et à propos de cet éloge funèbre qu'il prononça, qu'Eschine ne manqua pas *de relever cette inconséquence*. On peut voir, par la réponse victorieuse de Démosthène, que j'ai traduite dans ce chapitre, ce qu'il faut penser de cette prétendue *inconséquence*, qui eût été celle des Athéniens tout autant que la sienne. Il est bien étrange de citer un reproche injuste sans dire un mot de la réfutation, sur-tout quand elle est péremptoire, et c'est venir bien tard pour se ranger du côté des détracteurs d'un grand homme et d'un excellent citoyen. On cite encore (et toujours sans réponse) la déclamation d'Eschine, qui invoque les pères et les mères de ceux qui avaient péri à Chéronée, contre les honneurs qu'on voulait rendre à Démosthène, *que l'on pouvait regarder comme leur assassin*; comme si l'orateur citoyen, qui conseille une guerre légitime et nécessaire, était l'*assassin* de ceux qui succombent glorieusement dans la cause de la liberté contre la tyrannie. Il n'est permis de rapporter de semblables reproches que pour faire voir tout ce qu'ils ont d'odieux et d'absurde. L'auteur de l'article appelle ces clameurs de la haine, *des désagréments*. Non, ce sont des attaques maladroites qui amènent le triomphe de l'accusé; ce sont des titres de gloire.

Dans ce même *Dictionnaire*, à l'article *Eschine*, il est dit que les deux harangues pour *la Couronne* pourraient s'appeler des chefs-d'œuvre, si elles *n'étaient encore plus chargées d'injures que de traits d'éloquence*. C'est en-

II.

Malgré l'adulation ou l'affirmation de Virgile*, les gens de lettre n'ont point encore prononcé unanimement entre Cicéron et Démosthène : ces deux orateurs sont l'un et l'autre au premier rang, et dans l'opinion de plusieurs rhéteurs, à peu près sur la même ligne. Cicéron a une prééminence incontestable sur son rival, en littérature et en philosophie; mais il ne lui a point arraché le sceptre de l'éloquence : il le regardait lui-même comme son maître, il le louait avec tout l'enthousiasme de la plus haute admiration. Il traduisait ses ouvrages; et si ses traductions officieuses étaient parvenues jusqu'à nous, il est probable que, en lui rendant un service trop généreux, Cicéron se serait mis lui-même pour toujours au-dessous de Démosthène.

core un jugement injuste et erroné de toute manière. D'abord, il ne fallait pas mettre sur la même ligne le discours d'Eschine et celui de Démosthène. Quoique le premier ait des beautés réelles, il ne peut pas soutenir la comparaison avec l'autre, qui est en son genre un morceau unique et achevé. Ensuite il n'est nullement vrai que les *injures*, autorisées par la nature des controverses judiciaires et par la liberté républicaine, détruisent dans ces sortes d'ouvrages le mérite de l'éloquence, et qu'un défaut, qui n'en est guère un que pour nous l'emporte sur tant de beautés.

* Quoique Auguste eût assez d'esprit et de pudeur pour dire à ses propres neveux, quand il les surprit lisant les *Philippiques*, qu'ils avaient bien raison d'admirer ces plaidoyers, et que Cicéron avait été un grand citoyen, Virgile qui ne croyait pas sans doute à la clémence des remords, n'osa jamais rappeler ce nom accusateur dans ses écrits, et le poète courtisan n'hésite point de sacrifier aux dangereuses réminiscences d'Octave, devenu souverain de son pays, l'un des plus beaux titres de gloire de sa patrie, en accordant aux orateurs de la Grèce la palme de l'éloquence sur le consul de Rome : *Orabunt alii meliùs causas*.

C'est lui-même qui nous autorise à le croire, par l'éloge le plus accompli que puisse faire d'un orateur l'exaltation du ravissement. C'est lui, c'est Cicéron qui trouve dans Démosthène non-seulement un orateur parfait, mais encore toute la perfection de l'art, et le beau idéal du genre oratoire. « Rien, « dit-il, rien ne manque à Démosthène, il ne me « laisse absolument rien à désirer; il n'a de rivaux « dans aucune partie de son art. Il remplit, ajoute-t-il, « l'idée que je me suis formée de l'éloquence, et il « atteint le degré de perfection que j'imagine. »

C'est la force irrésistible du raisonnement, c'est l'entraînante rapidité des mouvements oratoires qui caractérisent l'éloquence de l'orateur athénien : il n'écrit que pour donner du nerf, de la chaleur et de la véhémence à ses pensées, qui ne sont que les élans impétueux d'une âme ardente; il parle, non comme un écrivain élégant, mais comme un homme inspiré et passionné que la vérité tourmente, et dans lequel la haine de la tyrannie concentre et exaspère toutes ses facultés; comme un citoyen accablé ou menacé du plus grand des malheurs, et qui ne peut plus contenir la fougue de son indignation contre les ennemis de sa patrie.

L'audace de son style se compose de l'emploi, de l'alliance, ou de la simplicité hardie et pittoresque de ses expressions; et s'il ose se montrer familier, il devient sublime; son ascendant est irrésistible, et l'empire tout-puissant de l'évidence sur l'esprit humain est dans sa bouche. Tout cède devant lui à la domination de ses paroles; et sa langue conquérante s'enrichit des trésors inépuisables de sa verve et de son imagination. *Que serait-ce*, disait Eschine, son rival, aux jeunes Athéniens qui, n'ayant pu entendre sa foudroyante harangue sur la *Couronne*, la déclamaient devant lui avec l'accent et les transports de l'enthousiasme; « que serait-ce « donc, leur disait-il, si vous eussiez entendu le « monstre lui-même? »

C'est l'athlète de la raison; il la défend de toutes les forces de son âme et de son génie, et la tribune où il parle devient une arène. Il subjugue à la fois ses auditeurs, ses adversaires, ses juges; il ne paraît point chercher à vous attendrir. Écoutez-le cependant, et vous pleurerez par réflexion. Il accable ses concitoyens de reproches; mais alors il n'est que le précurseur et l'interprète de leurs remords. Réfute-t-il un argument, il ne discute point, il propose une simple question pour toute réponse, et l'objection ne reparaîtra jamais. Veut-il soulever les Athéniens contre Philippe, ce n'est plus un orateur qui parle, c'est un général, c'est un roi, c'est le prophète de l'histoire, c'est l'ange tutélaire de sa patrie; et quand il veut semer autour de lui l'épouvante de l'esclavage, on croit entendre retentir au loin, de distance en distance, le bruit des chaînes qu'apporte le tyran.

On admire depuis plus de deux mille ans, et avec toute raison, les *Philippiques* de Démosthène, et sa fameuse harangue *pour la Couronne,* en faveur de Ctésiphon*; mais il me semble que les gens de lettres et les orateurs chrétiens lisent trop peu ses autres ouvrages, son discours *sur la paix*, sa *première* et sa *seconde Olynthiaque*, sa harangue *de la Chersonèse*, et plusieurs autres chefs-d'œuvre véritablement dignes de sa renommée. C'est dans ces écrits trop négligés par les prédicateurs, et qui semblent même inutiles à la réputation de Démosthène, puisqu'on ne lui en tient aucun compte ; c'est là que l'on pourrait trouver des titres suffisants pour justifier sa gloire, si toutes ses autres productions oratoires étaient inconnues. Bornons-nous à en citer un seul trait. Les ennemis de Démosthène (c'étaient, à l'exception d'Eschine, quelques écrivains sans talent, qui osaient se croire ses rivaux, parce qu'ils faisaient dans Athènes le métier de sophistes), tous ces envieux détracteurs de Démosthène, dis-je, l'accusaient de chercher plutôt dans ses discours les applaudissements de la multitude que l'utilité publique. Ce grand homme, fier de sa conscience, outragé longtemps sans se plaindre, daigna enfin exercer envers eux la suprême justice du génie, pour confondre à ja-

---

* « Boileau ne pouvait se lasser d'admirer l'oraison de Démosthène, *pro*
« *Coronâ*. C'était, selon lui, le chef-d'œuvre de l'esprit humain. *Toutes les*
« *fois que je la lis*, dit-il, *je voudrais n'avoir jamais écrit*. Un de ses amis
« lui dit un jour : Ah ! Monsieur, je lis maintenant un auteur qui est bien
« mon homme ; c'est Démosthène. *Si c'est votre homme*, lui répondit Des-
« préaux, *ce n'est pas le mien*. Comment l'entendez-vous donc, lui répliqua
« son ami ? *C'est qu'il me fait tomber la plume des mains*. » Lettre de Boileau à Brossette, t. III, p. 212.

Or, si la lecture de Démosthène inspirait un tel découragement à un si grand poète, quelle impression ne doit donc pas faire son éloquence, sur l'esprit d'un orateur qui sait aussi en apprécier le prodigieux mérite, et peut se croire d'autant plus obligé de s'en rapprocher qu'il parcourt la même carrière ?

mais leurs insolentes clameurs, en présence de tout le peuple athénien; et voici ce qu'il leur dit dans sa harangue *de la Chersonèse* : « Je suis tellement éloi-
« gné de regarder tous ces ces vils rhéteurs comme
« des citoyens dignes de leur patrie, que si quel-
« qu'un me disait en ce moment : Et toi, Démosthène,
« quels services as-tu rendus à la république? O
« Athéniens, je ne parlerais ici ni des dépenses que
« j'ai faites pour mes concitoyens dans l'administra-
« tion de mes emplois, ni des captifs que j'ai ra-
« chetés, ni des dons que j'ai faits à la ville, ni de
« tous les monuments qui attesteront un jour mon
« zèle pour mon pays; mais voici ce que je répondrais :
« j'ai toujours eu une conduite opposée aux maximes
« de ces misérables. J'aurais pu sans doute les imiter,
« et vous flatter comme eux; mais je vous ai toujours
« sacrifié mon intérêt personnel, mon ambition, et
« même le désir d'enlever vos suffrages. Je vous ai
« parlé de manière à me mettre au-dessus de pareils
« citoyens, en vous élevant vous-même au-dessus des
« autres peuples de la Grèce. O Athéniens! il doit
« m'être permis de me rendre aujourd'hui ce témoi-
« gnage. Non, je n'ai pas cru pouvoir devenir le pre-
« mier parmi vous, si je vous rendais vous-mêmes
« les derniers de tous les hommes. » C'est à ses enne-
mis, c'est à la triste nécessité de les accabler de toute l'autorité de son génie et de sa gloire, que Démos-
thène doit ce sublime morceau, l'un des plus beaux mouvements de son éloquence. Il serait très facile de multiplier de pareilles citations quand on parle d'un si grand orateur; mais mon intention n'est point

de dispenser les prédicateurs de le lire. Je les exhorte au contraire à l'apprendre par cœur, et à transporter son énergie, sa vigueur et son pinceau, dans les compositions de la chaire qui leur présentera une foule de sujets dignes de les faire revivre. Je les exhorte sur-tout à se bien convaincre eux-mêmes, par la lecture de ses harangues, que son éloquence franche et impétueuse, dédaigne toute manière, toute afféterie, toute recherche d'esprit, et ne lui coûte pas le moindre effort, parce qu'elle ne s'abaisse jamais à aucune prétention. « Il se sert « de la parole, dit Fénélon, comme un homme mo- « deste de son habit, pour se vêtir et non pour se « parer. Il tonne, il foudroie; c'est un torrent qui « entraîne tout. »

MAURY, *Essai sur l'Éloquence de la Chaire.*

DEMOUSTIER (CHARLES-ALBERT), membre de l'Institut national de France, et de plusieurs sociétés savantes, naquit à Villers-Cotterets le 11 mars 1760. Il n'avait que six ans lorsque son père mourut; et cet évènement fit connaître la bonté naïve de son cœur. Pendant qu'il assistait à la cérémonie funèbre, les gardes-du-corps, dont son père faisait partie, tirèrent selon l'usage sur la fosse de leur camarade; Demoustier se jette à leurs pieds, et leur crie avec l'accent de la douleur: « Ne tuez pas mon père! »

Il entra au collège de Lizieux et se fit remarquer de bonne heure par des opuscules littéraires. Descendant par son père du grand Racine, et par sa mère du bon La Fontaine, il éprouvait le besoin de suivre leurs traces, et se nourrissait de leur souvenir; le goût de la poésie devenait chez lui une passion héréditaire.

Cependant au sortir du collège, il s'élança au barreau et plaida plusieurs causes avec succès. Mais comment faire sympathiser les muses avec Thémis! Bientôt il revint au premier objet de son culte, et la littérature fut désormais son unique étude.

Les *Lettres à Émilie sur la mythologie*, en prose et en vers, qu'il publia à vingt-cinq ans, obtinrent une vogue prodigieuse dans les boudoirs. C'est un tissu de madrigaux, où les dieux de la fable viennent se prosterner aux genoux de son héroïne, que l'on croit être mademoiselle Laville-le-Roulx, peintre célèbre, élève de David, maintenant épouse d'un conseiller d'état.

Les mêmes qualités et les mêmes défauts, c'est-à-dire d'un côté l'esprit et la grace, de l'autre l'afféterie et le faux brillant, se retrouvent dans tous ses ouvrages, dont voici la liste :

Lettres à Émilie sur la mythologie, 1re partie 1786, 2e 1788, etc., 6e et dernière 1798, in-8°. La meilleure édition est celle de Renouard, Paris 1809, 6 vol. in-18, in-12, in-8°, avec figures de Moreau. Elles ont été traduites en anglais.

Le Siège de Cythère, poème en vers de huit syllabes, 1re partie 1790, in-8°, contenant les six premiers chants de l'ouvrage qui devait en avoir 18, avec cette épigraphe : « Continuerai-je ? » Il ne continua pas. Folie charmante.

La Liberté du cloître, poëme, 1790, in-8°.

Le Conciliateur, ou *l'Homme aimable*, comédie en cinq actes et en vers, 1791, in-8°.

Le Divorce, comédie en deux actes, 1792, in-8°.

Les Deux Suisses ou *la Jambe de bois*, opéra en un acte, musique de Gaveaux, 1792, in-8°. On le représente encore aujourd'hui sous le titre de *l'Amour filial*. Le sujet est tiré de Gessner.

Les Femmes, comédie en cinq actes et en vers, 1795, in-8°. L'auteur réduisit sa pièce à trois actes, et supprima deux scènes qui blessaient également le goût et la décence. Dans la première, des femmes envoyaient louer des places pour voir passer un condamné à mort. Dans la seconde, des dévotes faisaient prendre du chocolat à leur directeur un jour de jeûne.

Alceste ou *le Misanthrope corrigé*, comédie en trois actes et en vers, in-8°.

La Toilette de Julie, comédie en un acte et en vers.

Les cinq pièces qui précèdent ont été recueillies sous le titre de *Théâtre* de Demoustier, 1804, in-8°, 1809, 2 vol. in-18.

Le Paria, opéra comique en un acte.

La Chaumière indienne, opéra comique en un acte.

L'ouvrage de Bernardin de Saint-Pierre a fourni le sujet de ces deux opéra.

Le Tolérant, comédie en cinq actes et en vers, 1794, in-8°. Pièce de circonstance.

Apelle et Campaspe, grand opéra en un acte, musique d'Eller. 1798, in-8°.

Constance, comédie en un acte, 1792, non imprimée.

Agnès et Félix ou *les Deux espiègles*, opéra en trois actes, musique de Devienne, 1795, non imprimé.

Les Trois fils, comédie en cinq actes et en vers, 1796, non imprimée. Le sujet est un trait de piété filiale, célèbre dans l'histoire du Japon.

La première représentation donna lieu à une scène bien étrange. Un spectateur ennuyé, demanda une clef forée à son voisin, qui la lui prêta pour siffler... son ouvrage, car ce voisin était l'auteur. Quel supplice pour l'amour propre! Pradon fit mieux encore à la représentation de son *Électre;* il se siffla lui-même.

L'anecdote de la clef forée a été mise en comédie et jouée du vivant de Demoustier.

Sophronime ou *la Reconnaissance*, opéra en un acte, 1795, in-8°.

Épicure, opéra en trois actes, musique de Méhul et de Chérubini, 1800, in-8°.

Cours de morale en prose et en vers, et *Opuscules*, 1804, in-8°, 1809, in-18.

Il a laissé en manuscrit, 1° la *Galerie du* XVIIIe *siècle;* 2° la *Première année du mariage;* 3° un poème sur *la Nature;* 4° les *Consolations*, roman philosophique; 5° *Nouvelles lettres à Émilie sur l'histoire;* 6° *Caroline de Lichthefield*, comédie en cinq actes et en vers; 7° *Pâris*, opéra; 8° *Macbeth*, opéra. Il préparait des *Lettres à Émilie sur la botanique.*

Demoustier mourut de la phtisie pulmonaire, dans sa ville natale, le 11 ventôse an 9 (2 mars 1801). Sa mère reçut ses derniers soupirs. Il disait souvent en parlant du bonheur qu'il goûtait près d'elle : « Le souvenir des soins rendus à ceux qu'on « aime est la seule consolation qui nous reste, quand « nous les avons perdus. »

Avant d'expirer, il écrivait à son Émilie : « Je sens « que je n'ai plus la force de vivre, mais j'ai encore « celle de vous aimer. »

Demoustier cultiva l'amitié de Collin-d'Harleville, de Légouvé et des littérateurs les plus aimables de son temps.

Un de ses panégyristes fait ainsi son portrait : « Toujours il savait trouver l'occasion de dire quel- « que chose d'agréable ; c'était autant l'à-propos « de son cœur que de son esprit. Jamais il ne se « permit le moindre trait de raillerie ou de mali- « gnité. On sait combien l'épiderme poétique est « sensible : la douceur du caractère de Demoustier « n'était pas même aigrie par les blessures faites à « son amour-propre. J'en cite pour exemple l'anec- « dote si connue de la *Clef forée*. Au talent de parler « avec grace et avec esprit, il joignait le talent si « rare de causer, je veux dire d'écouter et de ré- « pondre ; secret qui s'était perdu depuis Fontenelle « et le président Hénault. Assez riche de son propre « fond pour n'être jaloux de personne, il était le « premier à faire sentir les saillies et les bons mots « qu'il entendait dans la conversation. Sa bienveil- « lance naturelle engageait à s'épancher. Comme

« La Motte, il avait réservé dans sa tête un coin pour
« les opinions des autres. »

JUGEMENTS.

I.

Le Conciliateur parut en 1791, au sein des discordes civiles, au milieu des partis prêts à s'égorger. Ce grand procès entre les anciennes et les nouvelles idées, demandait pour conciliateur un puissant génie, un grand homme : le conciliateur de la comédie n'est qu'un petit bavard, qui cependant eut l'adresse de se concilier les suffrages du parterre; et j'en suis surpris, car il jetait des fleurs et des madrigaux à ces farouches républicains, nourris des motions et des harangues énergiques de la tribune populaire. De jolies phrases de boudoir, des concetti, des antithèses à l'eau rose, devaient être un aliment bien fade pour des hommes dont la manière de penser était si mâle et si grivoise. Je ne sais par quel bonheur Demoustier a pu amuser l'assemblée avec son vieux comique et son moderne jargon; par quel secret la rage de la démagogie et la rage du bel esprit, qui paraissent si incompatibles, ont-elles pu se concilier?

Ce mélange de farces grossières et d'affectation précieuse est ce qui frappe le plus dans la pièce de Demoustier : la prétention d'esprit saute aux yeux partout; partout on ne voit que des benêts et des sots, et le merveilleux Mercour exerçant l'empire de son éloquence insipide sur cette légion d'imbéciles. Il se présente toujours armé de sentences, de proverbes, de comparaisons : il fait feu de toute l'artillerie de son esprit sur le premier qu'il rencontre, et ne manque jamais de le terrasser par une tirade sentimentale qu'il lui décoche à bout portant.

Le conciliateur, placé dans un cercle de bonnes gens sans malice et sans usage du monde, a le ton et les airs d'un homme de qualité parmi des bourgeois : il impose à tous, juge les procès, apaise les querelles : il règne, il est adoré, et n'en est pas moins ridicule aux yeux des spectateurs qui ne sont pas dupes de ses épigrammes et de ses madrigaux. Si l'on a prétendu nous offrir dans le conciliateur le modèle d'un homme aimable en société, on s'est trompé lourdement; car rien n'est moins aimable que l'affectation, le persiflage, la fadeur et l'abus continuel de l'esprit.

Si l'on veut un échantillon des gentillesses du conciliateur, en voici quelques-unes que je recueille au hasard dans la foule des sottises dont il est si prodigue. Il entend Mondor se plaindre d'être obligé, en donnant sa fille, de donner encore de l'argent, et de faire ainsi deux pertes à la fois; pour le consoler, il lui répond en retournant à contre-sens un vieux proverbe :

Hélas ! c'est qu'un trésor ne va jamais sans l'autre.

C'est du Trissotin tout pur. Mondor parle-t-il de son goût pour le jardinage, voilà le conciliateur qui s'écrie avec l'enthousiasme d'un prédicateur :

> Le jardinage,
> Dans tous les siècles fut l'amusement du sage;
> Il exerce le corps et souvent parle au cœur.
> De l'herbe parasite, en dégageant la fleur,
> En redressant l'arbuste, on voit dans la nature,
> Des mœurs du cœur humain la fidèle peinture.

Ces mauvais vers où l'on ne trouve qu'un assemblage de mots vagues et insignifiants, ont cependant été applaudis par ceux qui ne les entendent pas.

La vieille madame Mondor, revêche et rechignée, dit que tous les hommes s'imaginent pouvoir réparer avec un mot tous leurs torts envers une femme. Le conciliateur observe doctement à ce sujet, que

> L'esprit croit aisément ce que le cœur désire.

Il y a peu de maximes plus usées et plus triviales, et il était difficile d'en faire une application plus niaise; cependant la force d'un apophtegme si neuf frappe le faible cerveau de Mondor; il s'écrie dans l'enchantement :

> Tenez, il a raison!...

Cette rare et merveilleuse sentence triomphe même de la mauvaise humeur de madame Mondor, et, subjuguée par le prodigieux esprit du conciliateur, elle se laisse embrasser par son mari. Quel triomphe!

Le conciliateur est tout, et sait tout; il réunit toutes les qualités, tous les talents : c'est un petit

Grandisson; et Dieu sait à quel point tant de perfection est fade! Il est politique, musicien, versificateur, et sur-tout dessinateur. Dessiner est *son bonheur suprême*; mais, selon lui, pour dessiner avec un grand plaisir, il faut être bien amoureux :

>Quel bonheur de créer sur la toile animée,
>Ces regards séduisants, et cette bouche aimée,
>Et ces traits enchanteurs, et ce front adoré ;
>De les faire rougir et sourire a son gré !
>L'heureuse main qui trace une si belle image
>Semble avec le pinceau caresser son ouvrage.

Oh! combien les femmes savantes et les précieuses ridicules se récrieraient sur ces vers si dignes de Trissotin, et si indignes de la comédie. Je dédaigne de remarquer qu'il s'agit ici d'un peintre, quoiqu'il ne fût d'abord question que d'un dessinateur. La grande faute est ce galimatias galant, cet amas d'épithètes insipides, ces faux brillants, ce style entortillé; cependant tout cela fait autant de fortune que le sonnet de Trissotin, et chacun des spectateurs exprime, à sa manière, l'admiration que lui inspirent ces vers miraculeux. Madame Mondor *les conçoit à merveille;* sa fille Lucie *les sent;* madame de Versac y trouve *du goût;* madame de Vieux-Bois *du sentiment;* et M. Mondor, qui devrait s'offenser qu'on débite de telles impertinences à sa fille, en est encore plus émerveillé que les autres; il dit, dans son transport:

>J'aime ce garçon-là...

Il le chasserait de chez lui, s'il avait l'ombre du sens commun.....

Cette rapsodie précieuse et galante que l'on joue souvent sous le titre des *Femmes*, n'est point une comédie, c'est un amphigouri de madrigaux et d'épigrammes, un réchauffé de tout le verbiage des romans et des comédies modernes sur le caractère des femmes, une galerie de vieilles peintures du manège des coquettes, des contradictions du cœur, des bizarreries du sentiment, combinées avec les mouvements réglés de l'amour physique. L'action, si pourtant il y en a, est folle et peu décente : les détails ne sont pas plus sages.

Demoustier convient lui-même, dans sa préface, qu'il aimait trop les femmes pour les bien connaître : le coup d'œil n'est pas sûr, et la main s'égare quand le peintre est amoureux de son modèle; c'est dans l'âge mûr qu'on peut apprécier et peindre les femmes; il attend, dit-il, que le calme des sens laisse à la raison tout son empire, pour nous tracer un portrait fidèle de ce sexe enchanteur. Mais pourquoi donc, en attendant l'âge mûr, prétend-il nous bercer de ses rêveries? Pourquoi faire une comédie sur les femmes, quand on ne les connaît pas?

Une jeune femme très aimable, mais qui se trompe quelquefois, reprochait au galant Demoustier cette inconséquence de vouloir peindre ce qu'on ne peut définir. Voici la réponse de l'auteur des *Femmes;* elle est curieuse, et s'il n'a pas réussi à peindre les femmes dans sa comédie, on peut dire qu'il s'est parfaitement peint dans sa préface. « Madame (dit-

« il à la jeune femme *qui se trompe quelquefois*, mais
« qui cette fois-là ne se trompait pas), Madame,
« un peintre amoureux d'une coquette, veut peindre
« jusqu'à ses caprices; son imagination court sans
« cesse après les traits fugitifs de celle qu'il adore :
« heureux d'en saisir deux ou trois entre mille, il
« les rapproche dans son ébauche: chacun d'eux
« lui rappelle un plaisir ou un tourment *plus piquant*
« *que le plaisir même*. Le pinceau rapide *brûle* et
« *anime* la toile. Le portrait est fini : la maîtresse
« est-elle ressemblante? Non, mais il s'est occupé
« d'elle. »

Assurément il n'y a que l'extrême perfection de la société qui puisse enfanter de pareilles niaiseries. Comment se fait-il qu'avec l'apparence de la chaleur, du sentiment et de l'élégance, on soit froid, plat et ridicule? Comment, avec tant de prétentions, n'a-t-on pas même d'esprit? Y a-t-il, dans tous les romans de mademoiselle Scudery, et dans tous les opéra de Quinault, rien de plus fade et de plus sot qu'*un tourment plus piquant que le plaisir même?* Comment peut-on *animer* une toile qui est *brûlée?* Pourquoi sur-tout offrir au public un portrait en lui disant qu'il n'est pas ressemblant? Que nous importe que M. Demoustier se soit *occupé de sa maîtresse?* Il fallait qu'il s'occupât de nous un peu plus, et qu'il ne nous assemblât point au théâtre pour nous présenter les chimères d'un délire amoureux. Le reproche est un peu dur, mais aussi l'impertinence est un peu forte, et c'est assurément abuser de la permission que prennent les auteurs de se moquer du public, que de l'avertir formellement, dans sa préface, qu'on s'est moqué de lui.

La femme aimable *qui se trompe quelquefois* se trompe bien grossièrement lorsqu'elle dit à l'auteur des *Femmes* qu'il aurait dû consulter Boileau; elle ignore l'antipathie des poètes galants pour cet illustre satirique. Boileau est un espèce d'ours aux yeux de nos petits rimeurs musqués. Demoustier cependant le traite avec beaucoup d'égards; il va même jusqu'à déclarer qu'*il se fera toujours gloire de le consulter pour le style* : c'est une formule de politesse qu'il ne faut pas prendre au pied de la lettre; sa manière d'écrire prouve assez que ce n'est pas Boileau qu'il a consulté pour le style. Quant au fond des idées, il s'écrie plaisamment: *Que l'amour m'en préserve!* L'amour l'a exaucé. C'est en effet un grand malheur pour un auteur de madrigaux d'être raisonnable, énergique et vrai.

Demoustier conclut que Boileau n'a pu faire qu'une satire, et non pas un portrait de femmes, par la raison que *pour peindre le mal, il suffit de l'avoir ouï dire; pour peindre le bien, il faut l'avoir vu.* Qu'il est triste de voir un homme d'esprit sacrifier toujours le bon sens et la vérité à de misérables oppositions de mots! On peut peindre le bien sans l'avoir vu : Corneille peint la clémence d'Auguste, qu'il n'avait pas vue, et nos auteurs de drames et de romans ne cessent de nous peindre des vertus héroïques que personne ne voit dans la société. Je voudrais bien savoir où Demoustier lui-même a vu une femme payer les dettes d'un amant infidèle, qui l'a abandonnée, et que le hasard lui fait retrouver quinze ans après, quand elle est veuve et mère? Où a-t-il vu des femmes de trente-cinq à quarante ans séduire un vieux ministre au premier abord, et, ce qui est peut-être plus difficile, séduire des usuriers? N'est-ce pas lui qui nous trace la carte d'un pays imaginaire? Rien n'empêchait Boileau de voir dans la société les bonnes et les mauvaises qualités des femmes, et s'il n'a parlé que des mauvaises, c'est qu'il voulait faire une satire, et non pas un panégyrique galant.

GEOFFROY.

II.

Demoustier est sans doute un écrivain agréable; mais les éloges qu'on lui prodigue forcent à dire qu'avec beaucoup d'esprit, il est trop souvent froid, précieux et maniéré. Ses *Lettres à Émilie*, semées d'idées ingénieuses et de traits brillants, ne sont en général qu'un recueil de madrigaux alambiqués, et de concetti dignes de l'hôtel de Rambouillet. La prose en est assez pure, et les vers ne manquent ni de correction, ni de précision; mais cette correction n'est point unie à la noblesse, et cette précision dégénère quelquefois en subtilité; il y a des morceaux qui sont absolument dans le goût du sonnet du *Misanthrope*, et qui rappellent la manière de Cotin. Demoustier n'était pas né poète; il faisait des vers à force de travail, d'esprit et de combinaisons; ses comédies, comme ses autres ouvrages, ne sont point dépourvues d'agrément; elles offrent quelques tableaux gracieux; mais elles font plus d'honneur au caractère de l'auteur qu'à son talent. Nulle verve, nulle énergie, beaucoup d'élégance dans le style, peu ou point d'intérêt dans le drame; le dialogue n'est pas même exempt d'une certaine afféterie sentencieuse, et de ce jargon quintessencié dont Marivaux et Dorat ont donné le premier exemple.

Dussault, *Annales littéraires.*

DÉNOUEMENT. C'est le point où aboutit et se résout une intrigue épique ou dramatique.

Le dénouement de l'épopée est un évènement qui tranche le fil de l'action, par la cessation des périls et des obstacles, ou par la consommation du malheur. La cessation de la colère d'Achille fait le dénouement de l'*Iliade;* la mort de Pompée, celui de *la Pharsale;* la mort de Turnus, celui de l'*Énéide. Voyez* ÉPOPÉE.

Le dénouement de la tragédie est souvent le même que celui du poème épique, mais communément amené avec plus d'art. Tantôt l'évènement qui doit terminer l'action semble la nouer lui-même : voyez *Alzire.* Tantôt il vient tout-à-coup renverser la situation des personnages, et rompre à la fois tous les nœuds de l'action : voyez *Mithridate.* Cet évènement s'annonce quelquefois comme le terme du malheur, et il en devient le comble : voyez *Inès.* Quelquefois il semble en être le comble, et il en devient le terme : voyez *Iphigénie.* Le dénouement le plus parfait est celui où l'action, long-temps balancée dans cette alternative, tient l'âme des spectateurs incertaine et flottante jusqu'à son achèvement : tel est celui de *Rodogune*. Il est des tragédies dont l'intrigue se résout comme d'elle-même, par une suite de sentiments qui amènent la dernière révolution sans le secours d'aucun incident : tel est *Cinna*.

L'art du dénouement consiste à le préparer sans l'annoncer. Le préparer c'est disposer l'action de manière que ce qui le précède le produise. « Il y a, « dit Aristote, une grande différence entre des in- « cidents qui naissent les uns des autres, et des inci- « dents qui viennent simplement les uns après les « autres. » Ce passage lumineux renferme tout l'art d'amener le dénouement. Mais c'est peu qu'il soit amené, il faut encore qu'il soit imprévu, au moins lorsqu'il doit être heureux. L'intérêt ne se soutient que par l'incertitude : c'est par elle que l'âme est suspendue entre la crainte et l'espérance; et c'est de leur mélange que se nourrit l'intérêt. Or plus d'espérance ni de crainte, dès qu'un dénouement heureux est prévu. Ainsi, même dans les sujets connus, le dénouement doit être caché s'il est heureux : c'est-à-dire que, quelque prévenu qu'on soit de la manière dont se terminera la pièce, il faut que la marche de l'action en écarte la réminiscence, au point que l'impression de ce qu'on voit ne permette pas de réfléchir à ce qu'on sait : telle est la force de l'illusion. C'est par là que les spectateurs sensibles pleurent vingt fois à la même tragédie : plaisir que ne goûtent jamais les vrais raisonneurs et les froids critiques.

Le dénouement, pour être imprévu, doit donc être le passage d'un état incertain à un état déterminé. La fortune des personnages intéressés dans l'intrigue est, durant le cours de l'action, comme un vaisseau battu par la tempête : ou le vaisseau fait naufrage, ou il arrive au port : voilà le dénouement.

Le choix qu'Aristote semble laisser au poète d'amener la péripétie ou nécessairement ou vraisemblablement ne doit pas être pris pour règle. Un dénouement qui n'est que vraisemblable n'en exclut aucun de possible, et entretient l'incertitude en les laissant tous imaginer. Un dénouement nécessaire ne peut laisser prévoir que lui; et l'on ne doit pas espérer qu'un succès infaillible, ou qu'un revers inévitable, échappe aux yeux des spectateurs. Plus ils se livrent à l'action, et plus leur attention se dirige vers le terme où elle aboutit : or, le terme prévu, l'action est finie. D'où vient que le dénouement de *Rodogune* est si beau? C'est qu'il était aussi vraisemblable qu'Antiochus fût empoisonné, qu'il l'est que Cléopâtre s'empoisonne. D'où vient que celui de *Britannicus* a nui au succès de cette belle tragédie? C'est qu'en prévoyant le malheur de Britannicus et le crime de Néron, on ne voit aucune ressource à l'un, ni aucun obstacle à l'autre; ce qui ne serait pas (qu'on nous permette cette réflexion), si la belle scène de Burrhus venait après celle de Narcisse.

Le dénouement doit-il être affligeant, ou peut-il être consolant? Nouvelles difficultés, nouvelles contradictions. Aristote semble donner une préférence exclusive au dénouement funeste; et pour cela il exclut de la tragédie les caractères absolument vertueux et absolument coupables. Il n'admet que des personnages coupables ou vertueux à demi, et qui soient punis à la fin de quelque crime involontaire : d'où il conclut que le dénouement doit être malheureux. Socrate et Platon voulaient au contraire que la tragédie se conformât aux lois, c'est-à-dire qu'on vît sur le théâtre l'innocence en opposition avec le crime; que l'une fût vengée, et que l'autre fût puni. *Ut bono bonè, malo malè sit.*

Aristote divise les fables en *simples, qui finissent sans reconnaissance et sans péripétie,* ou changement de fortune; et en *implexes, qui ont la péripétie ou la reconnaissance, ou toutes les deux à la fois.*

Dans la fable simple, le personnage intéressant continue d'être malheureux jusqu'à la fin, et le dénouement met le comble à son infortune. Il ne laisse pas d'y avoir, dans ces fables, des moments où la fortune semble changer de face, et ces demi-révolutions produisent des alternatives d'espérance et de crainte très pathétiques. C'est l'avantage des passions de rendre par leur flux et reflux l'action indécise et flottante. Mais dans les sujets où la fatalité domine, ce balancement est plus difficile : aussi est-il rare chez les anciens*.

* Marmontel reconnaît ici un genre que distingue Aristote, et dans lequel s'exerça Eschyle. On peut opposer ce passage à celui où La Harpe, examinant la *Poétique* du philosophe grec, refuse d'admettre la distinction qu'il établit entre *les fables implexes et les fables simples.* Voy. t. II, p. 183 de notre *Répertoire*, l'assertion de La Harpe et la note par laquelle nous avons essayé de la combattre. H. PATIN.

Dans la fable implexe, le sort des personnages change au dénouement par une révolution qu'on appelle péripétie ; et cette révolution se fait de trois manières : 1° de la prospérité au malheur; 2° du malheur à la prospérité; et dans ces deux cas elle est simple; 3° de l'un à l'autre de ces deux états, et en même temps et en sens contraire : alors la révolution est double; et celle-ci peut encore s'opérer de deux façons, ou par le malheur des méchants et le succès des bons, ou par le malheur des bons et le succès des méchants.

Si les personnages opposés dans l'action étaient tous deux bons ou tous deux méchants : dans le premier cas, nulle moralité, et un partage d'intérêt qui ne laisserait rien désirer, ni rien craindre; dans le second, nul intérêt et presque nulle moralité, puisque de la révolution qui rendrait l'un heureux et l'autre malheureux, il n'y aurait rien à conclure. Ainsi cette combinaison doit être exclue du théâtre.

Un dénouement où, après avoir tremblé pour les bons, on les verrait succomber aux méchants, serait pathétique, mais révoltant. Il y en a de grands exemples au théâtre; mais les larmes qu'ils font répandre sont amères; et la douleur dont ils déchirent l'âme n'est pas de celles qu'on se plaît à sentir.

Le dénouement qui, sans être funeste à l'innocence, serait heureux pour le crime, quoique moins odieux que le précédent, est encore plus mauvais; parce qu'il n'est point pathétique.

Un dénouement terrible à la fois et touchant est

DÉNOUEMENT.

celui où, par l'ascendant de la fatalité et sans l'entremise du crime, l'innocence, la bonté succombe, soit qu'elle vienne d'être heureuse, soit que de calamité en calamité elle arrive à l'évènement qui en est le comble. Mais cette espèce de fable n'a aucune moralité.

Un dénouement moins tragique, mais consolant après une action terrible, c'est lorsque l'innocence, long-temps menacée et persécutée, soit par le sort, soit par les hommes, sort triomphante du danger ou du malheur où elle a gémi; et la joie que cette révolution cause est encore plus vive, si en même temps que l'innocence triomphe on voit le crime succomber.

De toutes ces espèces de dénouement, on voit cependant qu'il n'en est aucun qui ne manque ou de pathétique ou de moralité; et ce n'est qu'en pallier le vice que d'attribuer les uns à la tragédie pathétique, les autres à la tragédie morale : car il n'y a point deux sortes de tragédies; et la même, pour être parfaite, doit être morale et pathétique. Or c'est ce qu'on obtenait difficilement du système ancien, et ce qui résulte tout naturellement du système moderne. L'homme malheureux par des causes qui lui sont étrangères n'est d'aucun exemple; l'homme malheureux par son crime n'est point intéressant, et quant aux fautes involontaires, qu'Aristote a imaginées pour tenir le milieu entre le crime et l'innocence, elles déguisent faiblement l'iniquité des malheurs tragiques. Mais l'homme entraîné dans le malheur par une passion qui l'égare, et qui se concilie avec un fond de bonté naturelle, est un exemple à la fois terrible, touchant et moral : il inspire la crainte sans donner de l'horreur; il excite la compassion sans révolter contre la destinée : pour faire frémir et pleurer, il n'a pas besoin d'être en butte au crime : son ennemi, son tyran, son bourreau est dans le fond de son cœur; et lorsque la passion le tourmente, l'égare et l'entraîne enfin dans un abîme de calamités, plus le tableau est terrible et touchant, plus l'exemple en est salutaire. Tel est l'avantage du système moderne sur l'ancien, à l'égard du dénouement funeste. D'un autre côté, une passion compatible avec la bonté naturelle, et dont l'égarement fait l'excuse, n'est pas odieuse dans ses excès, comme la méchanceté, qui de sang-froid médite et consomme le crime. L'homme peut donc sortir de l'abîme où l'entraîne sa passion, par un dénouement heureux, sans que l'impunité, sans que le bonheur même soit odieux et révoltant; au contraire, après l'avoir vu long-temps souffrir et avoir souffert avec lui, le spectateur respire, soulagé par sa délivrance; et ce mouvement de joie est délicieux, après de longues alternatives de crainte, d'espérance et de compassion. Ainsi, dans le système des passions humaines, ces deux sortes de dénouements, malheureux et heureux, ont chacun leur avantage : l'un d'être plus pathétique, et l'autre plus consolant : ajoutons que celui-ci même a sa moralité; car la révolution du malheur au bonheur n'arrive qu'au moment où le danger est extrême, et qu'on a eu tout le temps d'en frémir; et par l'évidence de ce danger, la passion qui en est la cause a fait son impression de crainte.

Lorsqu'on reprochait à Euripide d'avoir mis sur le théâtre un méchant, un impie comme Ixion, il répondait : « Aussi ne l'ai-je jamais laissé sortir que « je ne l'aie attaché et cloué, bras et jambes, à une « roue. » C'est en effet ainsi qu'il faut traiter sur la scène les caractères odieux : mais ceux qui sont plus dignes de pitié que de haine peuvent obtenir grace aux yeux des spectateurs; et lors même qu'une passion funeste les a rendus coupables, la tragédie peut être à leur égard moins rigoureuse que la loi.

Enfin, par la nature même des sujets anciens, l'incident qui produisait la révolution décisive venait presque toujours du dehors; au lieu que dans la constitution de la tragédie moderne, toute l'action naissant du fond des caractères et du combat des passions, c'est communément leur dernier effort et l'évènement qui en résulte qui produit le dénouement, soit qu'il arrive suivant l'attente ou contre l'attente des spectateurs; et je n'ai pas besoin de dire que celui-ci est préférable. *Voyez* RÉVOLUTION.

Un défaut capital, dont les anciens ont donné l'exemple, et que les modernes ont trop imité, c'est la langueur du dénouement. Ce défaut vient d'une mauvaise distribution de la fable en cinq actes, dont le premier est destiné à l'exposition, les trois suivants au nœud de l'intrigue, et le dernier au dénouement. Suivant cette division, le fort du péril est au quatrième acte; et l'on est obligé, pour remplir le cinquième, de dénouer l'intrigue lentement et par degré; ce qui ne peut manquer de rendre la fin traînante et froide; car l'intérêt diminue dès qu'il cesse de croître. Mais la promptitude du dénouement ne doit pas nuire à sa vraisemblance, ni sa vraisemblance à son incertitude; conditions aussi faciles à remplir séparément, que difficiles à concilier.

C'est au moyen de la péripétie, ou révolution, que le dénouement est amené.

Or de toutes les péripéties, la reconnaissance est la plus favorable au dénouement, en ce qu'elle y répand tout-à-coup la lumière, et renverse en un instant la situation des personnages et l'attente des spectateurs : aussi a-t-elle été pour les anciens une source féconde de situations intéressantes et de tableaux pathétiques. *Voyez* RECONNAISSANCE.

Aux moyens naturels d'amener le dénouement, se joint la machine ou le merveilleux: ressource dont il ne faut pas abuser, mais qu'on ne doit pas s'interdire. Le merveilleux peut avoir sa vraisemblance dans les mœurs de la pièce et dans la disposition des esprits. Il est deux espèces de vraisemblance; l'une de réflexion et de raisonnement, l'autre de sentiment et d'illusion. Un évènement naturel est susceptible de l'une et de l'autre; il n'en est pas toujours ainsi d'un évènement merveilleux. Mais l'imagination exaltée ne raisonne point : seulement il faut prendre soin qu'elle soit vivement préoccupée du merveilleux employé dans la fable; et pour cela même, une action où doit entrer le merveilleux demande plus d'élévation dans le style et dans les mœurs qu'une action toute naturelle. Il faut que le spectateur, enlevé par la grandeur du sujet, attende et souhaite l'entremise des dieux dans des périls ou des malheurs qui méritent leur assistance. Tel est le sujet de *Sémiramis*, où le murmure de la justice et de la vengeance céleste se fait entendre dès la première scène.

Nec Deus intersit, nisi dignus vindice nodus*.
(Horat. *De art. poét.*)

C'est ainsi que Corneille a préparé la conversion de Pauline; et il n'est personne qui ne dise avec Polyeucte :

Elle a trop de vertus, pour n'être pas chrétienne.
(Act. IV, sc. 3.)

On ne s'intéresse pas de même à la conversion de Félix. Corneille, de son aveu, ne savait que faire de ce personnage : il en a fait un chrétien. Ainsi, tout sujet tragique n'est pas susceptible de merveilleux : Il n'y a que ceux dont la religion est la base, et dont l'intérêt tient, pour ainsi dire, au ciel et à la terre, qui comportent ce moyen : tel est celui de *Polyeucte*, que je viens de citer; tel est celui d'*Athalie*, où les prophéties de Joad sont dans la vraisemblance, quoique peut-être hors d'œuvre ; tel est celui d'*OEdipe*, dont le premier mobile est un oracle.

Dans ceux-là, l'entremise des dieux n'est point étrangère à l'action, et je ne pense pas qu'on doive s'attacher à ce principe d'Aristote : « Si l'on se sert « d'une machine, il faut que ce soit toujours hors de « l'action de la tragédie. » Mais il ajoute : « ou pour

---

* Tu ne feras point intervenir de divinité, à moins que le dénouement n'ait besoin de son pouvoir vengeur.

« expliquer les choses qui sont arrivées auparavant
« et qu'il n'est pas possible que l'homme sache, ou
« pour avertir de celles qui arriveront dans la suite,
« et dont il est nécessaire qu'on soit instruit. » Et en
ceci peut-être a-t-il raison, quoique l'auteur de *Sémiramis* soit d'un avis opposé au sien. Je voudrais
sur-tout, dit celui-ci, « que l'intervention de ces êtres
« surnaturels ne parût pas absolument nécessaire; »
et c'est ainsi que l'ombre de Ninus vient arrêter le
mariage incestueux de Sémiramis avec Ninias, tandis que la lettre déposée dans les mains du grand-
prêtre aurait suffi pour empêcher l'inceste. Malheureusement la lettre de Ninus est nécessaire pour la
reconnaissance; et elle y produit un si grand effet,
qu'il n'est point de raison qui n'ait dû céder au
besoin qu'en avait le poète. Il ne m'appartient pas
de prononcer entre ces deux avis; cependant il me
semble que plus le prodige a paru nécessaire pour
révéler un crime ou pour en empêcher un autre,
plus il est vraisemblable que le ciel l'ait permis. Si,
par un moyen naturel, la même révolution avait pu
s'opérer, à quoi bon le prodige? Ce ne serait qu'un
jeu de théâtre, d'autant plus évident qu'il serait superflu.

La tragédie, n'étant qu'un apologue*, devrait finir

* Ce serait beaucoup rabaisser l'art, de n'y voir qu'un moyen, un instrument, quand même il serait au service de la morale. L'art est à lui-même sa propre fin. Il se propose de produire un sentiment déterminé et n'a point d'autre objet. Celui de la tragédie est d'exciter la terreur, la pitié, l'admiration. Elle est morale, en ce sens ; que ces notions sont de nature à nous élever le cœur, par la contemplation du beau. Si à cette impression générale, se joint quelque moralité particulière, et il est bien difficile qu'il en soit

par un trait frappant et lumineux, qui en serait la moralité; et je ne crains point d'en donner pour exemple cette conclusion d'une tragédie moderne, où Hécube expirante dit ces beaux vers :

Je me meurs. Rois, tremblez. Ma peine est légitime.
J'ai chéri la vertu; mais j'ai souffert le crime.

Il est bien étrange qu'au théâtre on ait supprimé cette moralité de la *Sémiramis* :

Par ce terrible exemple, apprenez tous, du moins,
Que les crimes cachés ont les dieux pour témoins.
Plus le coupable est grand, plus grand est le supplice.
Rois, tremblez sur le trône, et craignez leur justice.
(Act. V, sc. 8.)

Le dénouement de la comédie n'est, pour l'ordinaire, qu'un éclaircissement qui dévoile une ruse, qui fait cesser une méprise, qui détrompe les dupes, qui démasque les fripons, et qui achève de mettre le ridicule en évidence. Comme l'amour est introduit dans presque toutes les intrigues comiques, et que la comédie doit finir gaiement, on est convenu de la terminer par le mariage : mais dans les comédies de caractère, le mariage est plutôt l'achèvement que le dénouement de l'action; quelquefois même elle s'en passe. Voyez *le Misanthrope*.

Le dénouement de la comédie a cela de commun avec celui de la tragédie, qu'il doit être préparé de même, naître du fond du sujet et de l'enchaîne-

---

autrement, cela ne peut sans doute manquer d'ajouter au mérite de l'ouvrage; mais cela n'est point indispensable. La tragédie est bien souvent *un apologue*, mais elle ne l'est pas nécessairement.   H. PATIN.

ment des situations. Il a cela de particulier, qu'il n'a pas toujours besoin d'être imprévu : souvent même il n'est comique qu'autant qu'il est annoncé. Dans la tragédie, c'est le spectateur qu'il faut séduire; dans la comédie, c'est le personnage qu'il faut tromper; et l'un ne rit des méprises de l'autre qu'autant qu'il n'en est pas de moitié. Ainsi, lorsque Molière fait tendre à Georges Dandin le piège qui amène le dénouement, il nous met de la confidence. Dans le comique attendrissant, le dénouement doit être imprévu comme celui de la tragédie et pour la même raison. On y emploie aussi la reconnaissance; bien entendu pourtant que le changement qu'elle cause est toujours heureux dans ce genre de comédie, au lieu que dans la tragédie il est souvent malheureux.

La reconnaissance a cet avantage, soit dans le comique de caractère, soit dans le comique de situation, qu'avant que d'arriver elle laisse un champ libre aux méprises, sources de la bonne plaisanterie, comme l'incertitude est la source de l'intérêt.

Le grand mérite du dénouement comique est d'achever le tableau du ridicule par un coup de force, que la surprise rende plus vif et plus piquant, ou par une situation qui achève de rendre méprisable et risible le vice que l'on a joué : le dénouement de *l'École des Maris* en est le plus parfait modèle; celui de *Georges Dandin* et celui des *Précieuses ridicules* sont encore du meilleur comique; et quant à l'effet moral, celui du *Malade imaginaire* est supérieur à tous. Nul poète comique, dans aucun temps, n'a été

DÉNOUEMENT. 427

comparable à Molière, même dans cette partie que l'on regarde comme son côté faible. Il est vrai cependant que dans la composition si profondément réfléchie de ses intrigues, il paraît quelquefois s'être peu occupé du dénouement : mais Aristophane, Térence et Plaute s'en occupaient encore moins; et l'importance qu'on y attache est une idée de nos pédants modernes.

Le jésuite Rapin, qui faisait peu de cas de Molière, disait : « Il est aisé de lier une intrigue, c'est « l'ouvrage de l'imagination; mais le dénouement est « l'ouvrage tout pur du jugement.» Ah! père Rapin, donnez-nous-en donc des intrigues comiques bien liées, c'est ce qui nous manque; et les dénouera qui pourra.

Lorsque le dénouement comique est adroit et bien amené, c'est une beauté de plus sans doute, et une beauté d'autant plus précieuse qu'elle couronne toutes les autres. Mais Molière a pensé, comme les anciens, qu'après avoir instruit et amusé pendant deux heures; qu'après avoir bien châtié ou le vice ou le ridicule, en exposant l'un et l'autre au mépris et à la risée des spectateurs, la façon plus ou moins adroite et naturelle de terminer l'action comique n'en devait pas décider le succès; et qu'un père, un oncle, tombé des nues à la fin de la comédie de *l'Avare* ou de *l'École des femmes*, suffisait pour la dénouer. Il faut, s'il est possible, faire mieux que Molière dans cette partie, ou plutôt faire comme lui lorsqu'il a fait mieux que personne, mais ne pas attacher au tour d'adresse d'un dénouement comique un mérite comparable à celui de l'intrigue ou du *Tartufe* ou de *l'Avare. Voyez* INTRIGUE, RÉVOLUTION.

MARMONTEL, *Éléments de Littérature.*

DENYS D'HALICARNASSE. Cet historien nous apprend lui-même, dans la préface de son ouvrage, le peu que l'on sait touchant sa personne et son histoire. Il était d'Halicarnasse, ville de Carie dans l'Asie mineure, patrie du grand Hérodote. Il eut pour père Alexandre, qui n'est point connu d'ailleurs.

Il aborda en Italie vers le milieu de la CLXXXVII^e olympiade (l'an du monde 3097, 31 av. J. C.), dans le temps que César-Auguste mit fin à la guerre civile qu'il soutint contre Antoine. Il demeura vingt-deux ans à Rome, et il employa ce temps à y apprendre dans une grande exactitude la langue latine, à s'instruire de la littérature et des écrits des Romains, et sur-tout à s'informer avec soin de ce qui avait rapport à l'ouvrage qu'il méditait; car il paraît que c'était le motif de son voyage.

Pour se mettre en état d'y mieux réussir, il fit une étroite liaison avec ce qu'il y avait de plus savants hommes à Rome, et eut avec eux de fréquents entretiens. A ces conversations de vive voix, qui étaient pour lui d'un grand secours, il joignit une étude profonde des historiens romains les plus estimés, tels que Caton, Fabius Pictor, Valérius Antias, Licinius Macer, que Tite-Live cite fort souvent.

Quand il se crut suffisamment instruit de tout ce qu'il jugeait nécessaire à l'exécution de son dessein, il se mit à travailler. Le titre de son ouvrage est *Les Antiquités romaines;* et il l'appela ainsi, parce qu'en écrivant l'histoire de Rome, il remonte jusqu'à sa plus ancienne origine. Il avait conduit son histoire jusqu'au commencement de la première guerre punique, et il s'était arrêté à ce terme, parce que son plan était d'éclaircir la partie de l'histoire romaine la moins connue. Or, depuis les guerres puniques, cette histoire a été écrite par des auteurs contemporains qui étaient entre les mains de tout le monde.

Des vingt livres qui composaient *les Antiquités romaines,* nous n'avons que les onze premiers, qui ne mènent qu'à l'an 312 de la fondation de Rome. Les neuf derniers qui renfermaient ce qui se passa jusqu'à l'an 488 selon Caton, 490 selon Varron, sont péris par l'injure du temps. A chacun des auteurs anciens dont nous parlons, nous sommes presque toujours obligés de regretter la perte d'une partie de leurs ouvrages, sur-tout quand ces auteurs sont excellents, comme l'est celui dont il s'agit ici.

On a encore de lui quelques fragments au sujet des ambassades, qui sont des morceaux détachés et fort imparfaits. Les deux titres qui nous restent de Constantin-Porphyrogénète nous en ont conservé aussi plusieurs fragments:

Photius, dans sa bibliothèque, parle des vingt livres des *Antiquités,* comme d'un ouvrage entier qu'il avait lu. Il cite de plus un abrégé que Denys d'Halicarnasse avait fait de son histoire en cinq livres. Il en loue la justesse, l'élégance et la précision; et il ne fait point de difficulté de dire que cet historien, dans son *Epitome*, s'était surpassé lui-même.

Nous avons deux traductions de l'histoire de Denys d'Halicarnasse, qui ont chacune leur mérite particulier, mais dans un genre différent : je me propose d'en faire grand usage dans la composition de l'histoire romaine.

Le père Le Jay, jésuite, dans sa préface de sa traduction de Denys d'Halicarnasse, trace de cet auteur un portrait et un caractère auxquels il serait difficile de rien ajouter. Je ne ferai presque que le copier en l'abrégeant dans quelques endroits.

Tous les écrivains anciens et modernes qui ont parlé avec quelque connaissance de son histoire, reconnaissent dans lui un génie facile, une érudition profonde, un discernement exact et une critique judicieuse. Il était versé dans tous les beaux arts, bon philosophe, sage politique, excellent rhéteur. Il s'est peint dans son ouvrage sans y penser. On l'y voit ami de la vérité, éloigné de toute prévention, tempérant, plein de zèle pour sa religion, déclaré contre les impies qui niaient une providence.

Il ne se contente pas de raconter les guerres du dehors : il décrit avec le même soin les exercices de la paix, qui contribuent au bon ordre du dedans, et qui servent à entretenir l'union et la tranquillité parmi les citoyens. Il ne fatigue point par des narrations ennuyeuses : s'il s'écarte en des digressions, c'est toujours pour apprendre quelque chose de nouveau et capable de faire plaisir à ses lecteurs. Il mêle dans ses récits des réflexions morales et politiques qui sont l'âme de l'histoire et le principal fruit qu'on en doive tirer. Il traite les matières avec beaucoup plus d'abondance et d'étendue que Tite-Live; et ce que celui-ci renferme dans ses trois premiers livres, l'auteur grec en fait la matière de onze livres.

Il est constant que, sans ce qui nous reste de Denys d'Halicarnasse, nous ignorerions plusieurs choses, dont Tite-Live et les autres historiens latins ont négligé de nous instruire, et dont ils ne parlent que très superficiellement. Il est le seul qui nous ait fait connaître à fond les Romains, qui ait laissé à la postérité un détail circonstancié de leurs cérémonies, du culte de leurs dieux, de leurs sacrifices, de leurs mœurs, de leurs coutumes, de leur discipline, de leurs triomphes, de leurs comices ou assemblées, du dénombrement et de la distribution du peuple en classes et en tribus. Nous lui sommes redevables des lois de Romulus, de celles de Numa et de Servius, et de beaucoup d'autres choses pareilles. Comme il n'écrivait son histoire que pour instruire les Grecs ses compatriotes des faits et des mœurs des Romains, qui leur étaient inconnus, il s'est cru obligé à une plus grande attention sur ce point que les autres historiens latins qui n'étaient pas dans le même cas que lui.

A l'égard du style que l'historien grec et l'historien latin ont employé dans la composition de leur ouvrage, le père Le Jay se contente du jugement qu'en a porté Henri Estienne : « Que l'histoire romaine ne pouvait être mieux écrite que l'a fait en « grec Denys d'Halicarnasse, et Tite-Live en latin. »

Je suis bien éloigné de souscrire à ce jugement qui met une sorte d'égalité entre Denys d'Halicarnasse et Tite-Live, et qui semble les ranger tous deux sur une même ligne par rapport au style. Je trouve entre eux sur ce point une différence infinie. Chez l'auteur latin, les descriptions, les harangues, tout est plein de beauté, de noblesse, de grandeur, de force, de vivacité : chez le grec, en comparaison de l'autre, tout est faible, prolixe, languissant. Je voudrais que les bornes de mon ouvrage me permissent d'insérer ici l'un des plus beaux faits de l'histoire ancienne de Rome, c'est le combat des Horaces et des Curiaces, et de comparer ensemble les deux récits. Dans Tite-Live, le lecteur croit assister réellement au combat. Au premier aspect des épées nues, au bruit et au cliquetis des armes, à la vue du sang qui coule des blessures des combattants, il se sent pénétré d'horreur : il partage avec les Romains et les Albains les divers sentiments de crainte, d'espérance, de douleur, de joie, qui se succèdent alternativement de part et d'autre. Il est continuellement en suspens dans l'attente inquiète du succès qui va décider du sort des peuples. Le récit de Denys d'Halicarnasse, qui est beaucoup plus long, ne cause dans le lecteur presque aucun de ces mouvements. On le parcourt de sang-froid, sans sortir de sa situation tranquille et naturelle, et on n'est point comme enlevé hors de soi-même par les violentes secousses que l'on sent dans Tite-Live à chaque changement qui arrive dans le sort des combattants. Denys d'Halicarnasse peut avoir par d'autres côtés plusieurs avantages sur Tite-Live; mais, pour le style, il me semble qu'il ne peut lui être comparé.

Rollin, *Histoire ancienne.*

L'édition la plus recherchée de Denys d'Halicarnasse est celle d'Hudson, Oxford, 1704, 2 volumes in-folio; mais elle est moins correcte que celle imprimée à Leipsick, 1774—1777, 6 vol. in-8°, avec les notes de Reiske. La traduction la plus estimée des *Antiquités romaines* est celle de l'abbé Bellenger, 1723, 2 vol. in-4°.

JUGEMENT.

Dans l'érudition et dans la critique, il est juste de distinguer Denys d'Halicarnasse, dont nous avons rappelé les travaux dans l'histoire. (*V.* historiens.) Médiocre dans le style et dans la narration, il a, dans ses *Antiquités romaines,* un mérite particulier, qui fait regretter davantage ce qu'on en a perdu; c'est d'être, de tous les anciens, celui qui a répandu le plus de lumières sur les premiers siècles de Rome, et travaillé avec le plus de succès à concilier les diverses traditions, et à éclaircir l'un par l'autre les premiers annalistes qu'elle ait eus, de manière à fonder la certitude historique. Il avait passé vingt ans à Rome du temps d'Auguste, et avait été à portée d'y amasser les matériaux de son ouvrage, et de recueillir des instructions et des autorités. Il suit, comme Tite-Live, les quatre auteurs les plus accrédités pour l'histoire des premiers âges de Rome, Fabius Pictor, Cencius, Caton le censeur, et Valerius Antias, dont il ne nous reste rien ; mais il a plus de critique que Tite-Live, et n'adopte rien qu'avec examen. Aussi a-t-il écarté plus d'une fois le merveilleux que l'orgueil national ou la crédulité superstitieuse avait mêlé aux origines romaines, aux événements les plus remarquables de ces époques reculées, et que Tite-Live, au contraire, paraît avoir pris plaisir à orner d'un coloris dramatique. De ce nombre est, par exemple, le trait fameux de Mutius approchant sa main d'un brasier. Denys n'en dit pas un mot, et raconte le fait de manière que Mutius est ferme et intrépide, sans férocité et sans fureur. Mais, pour ce qui concerne le gouvernement intérieur dans toutes ses parties, la religion, le culte, les cérémonies publiques, les jeux, les triomphes, la distribution du peuple en différentes classes, le cens, les revenus publics, les comices, l'autorité du sénat et du peuple, c'est chez lui qu'il faut en chercher la connaissance la plus parfaite ; c'est là ce qu'il traite avec le plus de détail, comme étant son objet principal. Il arrive de là, il est vrai, que l'intérêt de la narration est chez lui fort négligé, parce qu'à tout moment les recherches et les discussions coupent le récit des faits, au point qu'il a étendu dans treize livres ce qui n'en tient que trois dans Tite-Live. Mais ce n'est pas un reproche à lui faire, si nous lui avons l'obligation de savoir ce que les historiens latins ne se sont pas souciés de nous apprendre, uniquement occupés de leurs concitoyens, et fort peu du reste du monde et de la postérité. C'est en effet à deux Grecs, Polybe et Denys, que nous devons les notions les plus assurées et les plus fructueuses sur tout ce qui regarde le civil et le militaire des Romains; et sans doute il est bon que les uns se soient occupés de ce qu'avaient omis les autres.

Je devais ici ce témoignage à Denys d'Halicarnasse, dont la qualité distinctive a été l'érudition critique dans le genre de l'histoire : en fait de littérature et de goût, il n'a guère été, ce me semble, que ce que les anciens appelaient un grammairien; car, si Quintilien n'est pour nous que le premier des rhéteurs, parce que nous n'avons pas les plaidoyers où, suivant le témoignage unanime de ses contemporains, il avait fait revivre la saine éloquence et l'honneur du barreau romain, Denys, dans ce qu'il a composé sur la rhétorique, est à une si grande distance de Quintilien, et encore plus de Cicéron, que ceux-ci semblent avoir écrit pour les gens de goût de tous les temps, et celui-là pour des écoliers. Ce n'est pas qu'en général ses principes ne soient bons, et ses jugements assez équitables; mais sans parler même de ses éternelles redites, qui font rentrer presque tous ses Traités les uns dans les autres, et pour le fond et pour les détails, il paraît n'avoir guère considéré dans l'élo-

28.

quence qu'une seule partie, celle qui était contenue, chez les anciens, dans le mot générique de *composition* pour les Latins, et pour les Grecs σύνθεσις, et qui comprenait tous les éléments de la diction, la construction, les tours de phrase, l'arrangement des mots, soit pour le sens, soit pour l'oreille. Il en résulte qu'une partie de son travail est de peu d'usage pour nous, et tellement propre à son idiome, que nous ne pouvons pas toujours savoir si les reproches qu'il fait aux grands écrivains, dont il épluche les phrases mot à mot, sont aussi fondés que le ton en est affirmatif. Il est difficile de ne pas voir dans ce genre de censure, qui tient chez lui une si grande place, une sorte de pédantisme, sur-tout quand il s'agit d'écrivains de la première classe, et dont il semble reconnaître plutôt la renommée que sentir tout le mérite. Nous trouvons dans Cicéron et dans Quintilien quelques observations de ce genre, mais en très petit nombre, et toujours choisies, de manière que tout le monde peut les comprendre; au lieu que celles de Denys ne sont le plus souvent à la portée que des nationaux. Or vous vous souvenez que c'était là précisément l'office du grammairien, qui enseignait aux jeunes gens à lire les poètes et les orateurs de façon à connaître les procédés de la langue et du style, et l'effet du nombre et du choix. Denys ne va guère au-delà de ces objets, et paraît aller souvent au-delà de leur importance, qui doit toujours être en proportion avec le reste. Homère et Démosthène sont seuls à l'abri de sa férule; mais il maltraite fort Thucydide et Platon, et revient sans cesse sur le premier avec une sorte d'acharnement. Partout il fait profession de rendre justice à leur talent supérieur ; mais pourtant il en faudrait rabattre beaucoup, s'il y avait dans ses critiques autant d'évidence qu'il veut y mettre de gravité. Pour Thucydide en particulier, nous sommes du moins en état d'apprécier les reproches les plus sérieux, ceux qui tombent sur l'ordre, la méthode et la narration; car tout cela est soumis aux mêmes règles dans toutes les langues, et ne pèche point du tout par les endroits que Denys y trouve répréhensibles. Il le blâme d'avoir pris pour division de son récit les hivers et les étés; mais Thucydide fait l'histoire d'une guerre, et il la divise par campagnes, comme cela est assez naturel, et comme il est même d'usage en pareille matière chez les modernes. Il n'y a point de faute dans cette disposition : il y en a encore moins dans le choix du sujet; et, quoiqu'il y ait même, en fait d'histoire quelque chose à considérer dans la nature des sujets, qui ne sont pas tous aussi favorables, soit pour l'intérêt, soit pour l'instruction, on a peine à concevoir ce qu'à voulu dire Denys d'Halicarnasse, quand il fait presque un crime à Thucydide d'avoir travaillé sur cette guerre du Péloponèse, époque désastreuse de tous les crimes et de tous les maux qui peuvent naître de l'ambition, de la jalousie et de la discorde, et que Denys met en opposition avec l'époque que choisit Hérodote, qui fut celle de la constance et de la magnanimité des Grecs. Mais l'histoire n'est-elle instructive et digne d'attention que dans les tableaux des prospérités et de la grandeur? Les exemples qu'elle trace, dans le mal comme dans le bien, ne sont-ils pas également une leçon pour les âges suivants? Et serait-il moins utile d'inspirer l'horreur des crimes que l'émulation des vertus? Si Hérodote avait fait voir combien les Grecs avaient été grands dans la concorde et l'union, que pouvait faire de mieux Thucydide, que de montrer ce qu'ils s'étaient fait de mal et de déshonneur dans leurs opiniâtres dissensions et leurs atroces rivalités? Et n'était-ce pas encore un avantage d'avoir à peindre ce qu'il avait vu? Le critique est-il plus raisonnable quand il le reprend très aigrement de sa sévérité à marquer toutes les fautes des différents partis, souillés tour à tour ou tout à la fois par la perfidie, l'injustice et la cruauté, comme si c'était l'historien qui dût supporter l'odieux de ce qu'il est obligé de rapporter? Toute cette mauvaise humeur est fort étrange dans un homme qui d'ailleurs paraît naturellement judicieux. Il avoue et répète en plusieurs endroits que Platon et Thucydide jouissent de la plus haute réputation, et sont regardés comme des modèles à suivre, l'un parmi les philosophes, l'autre parmi les historiens; et il croit réfuter cette opinion en opposant sans cesse les défauts de leur diction à la perfection de Démosthène. Mais d'abord le mérite propre de l'historien et du philosophe, même dans le style, n'est pas celui de l'orateur, et c'est ce que Denys paraît avoir oublié; et à l'amertume de ses censures, on dirait qu'il est choqué de l'admiration qu'on a pour eux. Je ne l'accuse pas pourtant d'une partialité prouvée : il peut avoir eu quelques préventions particulières : il est si rare de n'en avoir aucune ? Le bon Plutarque a fait un Traité *de la malignité d'Hérodote;* et Denys, compatriote de ce dernier, nous assure qu'Hérodote *est partout un homme simple et bon.* Ce qu'on aperçoit ici de plus avéré, c'est que Denys d'Halicarnasse, quoiqu'en général d'un jugement sain, n'a pas les conceptions assez nettes. Le jugement se montre en ce que, Platon et Thucydide exceptés, il caractérise les poètes, les orateurs, les historiens, les philosophes de la Grèce, avec assez de justesse pour que Quintilien l'ait suivi en cette partie de très près, et quelquefois même l'ait presque répété. Mais le défaut de netteté dans les vues générales ne se manifeste pas moins dans le vague de ses divisions et classifications, trop susceptibles d'équivoque, et quelquefois de contrariété, au moins apparente, et dans ce qu'il appelle ses résumés, qui ne sont que de longues et fastidieuses répétitions, qui reproduisent les mêmes choses, sans les fortifier ou les éclaircir. Comme écrivain, Denys, dans ses ouvrages didactiques, est lâche, traînant, diffus, sans agrément, sans variété, sans élévation. Comme critique, toutes ses théories se réduisent à une seule idée, dont le fond est vrai, mais qui n'est point du tout exposée comme elle devrait l'être, et qui s'obscurcit encore en se perdant au milieu de ses prolixes et minutieuses citations. En voici la substance : Platon, Isocrate, Thucydide, ont les beautés et les défauts du style figuré : tous trois pèchent par l'affectation, l'un de la grandeur, l'autre du nombre, le dernier de la pensée ; ce qui fait que le premier est quelquefois enflé, le second souvent monotone ; et le troisième souvent obscur. Parmi ceux qui ont préféré le style simple, Lysias a eu toutes les graces de la simplicité sans tomber jamais, mais aussi sans jamais s'élever. Entre ces deux sortes d'extrêmes, Denys établit ce qu'il appelle très improprement, ce me semble, *le genre moyen*, qui joint tout le mérite d'une pureté soutenue et d'une simplicité attique à ce sublime des figures de pensée et des mouvements du discours, sans aucune affectation ni dans le discours ni dans la pensée ; et ce *genre moyen* est celui de Démosthène. Telle est la substance d'un gros volume de rhétorique, qui pouvait être abrégé des trois quarts, et devait être mieux conçu et mieux expliqué. Il est hors de toute convenance de faire deux extrêmes, c'est-à-dire deux exemples vicieux de deux classes d'écrivains, dont l'une, celle de Lysias, d'Eschine, d'Hypéride, est, de l'aveu même de Denys, le modèle du genre auquel ils se sont attachés, et n'a d'autre défaut que de n'être pas sublime, et dont l'autre n'a péché que par l'abus de qualités éminentes, telles que celles qui dominent dans Platon, dans Isocrate, dans Thucydide, c'est-à-dire dans l'un, la noblesse et la richesse des idées ; dans l'autre, l'harmonie et l'éclat du style ; dans le dernier la force et la profondeur des pensées. Tout ce qu'il y a ici de vrai, c'est qu'en effet toute perfection est entre deux excès, et que Démosthène est habituellement plus près de l'une et plus loin des autres qu'aucun des écrivains grecs. Mais quand il est simple et pur, il l'est comme Lysias ; quand il est grand, il l'est comme Platon ; quand il est fort, il l'est comme Thucydide ; et Denys lui-même l'avait senti, puisqu'il dit que Démosthène a imité ce qu'il y avait de meilleur dans tout ce qui l'avait précédé. Cela est vrai, et n'offre point du tout l'idée d'un *genre moyen*, mais celle d'un excellent esprit qui profite habilement de tous les autres esprits, en se rapprochant de ce qu'ils ont de meilleur, et s'éloignant de ce qu'ils ont de défectueux.

LA HARPE, *Cours de Littérature.*

DESCARTES (RENÉ), naquit à La Haye, en Touraine, le 30 mars 1596, d'un conseiller au parlement de Bretagne. Comme il était d'une complexion très faible, les médecins ne manquèrent pas de dire qu'il mourrait fort jeune ; cependant il les trompa au moins d'une quarantaine d'années. Son père ne voulut point fatiguer des organes encore faibles, par des études prématurées ; mais l'esprit de Descartes allait au devant des instructions. Il n'avait pas encore huit ans, et déjà on l'appelait *le philosophe.* Il demandait les causes et les effets de tout, et savait ne pas entendre ce qui ne signifiait rien. En 1604, il fut mis au collège de la Flèche. Son imagination vive et ardente fut la première faculté de son âme qui se développa : il cultiva la poésie avec transport ; il créait des images, en attendant qu'il pût créer des idées. Ce goût de la poésie lui demeura toujours, et peu de temps avant sa mort, il fit des vers français à la cour de Suède. C'est une ressemblance qu'il eut avec Platon, et que Leibnitz eut avec lui. Il fit, en philosophie, des progrès étonnants, qui annoncèrent son génie; car, au lieu d'apprendre, il doutait. La logique de ses maîtres lui parut chargée d'une foule de préceptes ou inutiles ou dangereux; il s'occupait à l'en séparer, « comme le sta-« tuaire, dit-il lui-même, travaille à tirer une Minerve « d'un bloc de marbre qui y est informe. » Les mathématiques seules le satisfirent; il y trouva l'évidence qu'il cherchait partout. Il s'y livra en homme qui avait besoin de connaître. Quelques auteurs prétendent qu'il inventa, étant encore au collège, sa fameuse *Analyse;* ce serait un prodige bien plus étonnant que celui de Newton, qui à vingt-cinq ans, avait trouvé le calcul de l'infini.

Descartes termina ses études en 1612. Le fruit ordinaire de ces premières études est de s'imaginer savoir beaucoup: Descartes était déjà assez avancé pour voir qu'il ne savait rien. En se comparant avec tous ceux qu'on nommait savants, il apprit à mépriser ce nom. De là au mépris des sciences il n'y a qu'un pas : il oublia donc et les lettres, et les livres, et l'étude, et s'abandonna aux plaisirs; mais son génie le ramena bientôt. Il renonça brusquement à toutes ses habitudes, et passa deux ans dans la retraite la plus absolue : il employa ce temps à l'étude de la géométrie.

Descartes avait vingt-un ans lorsqu'il sortit de France pour la première fois. C'était en 1617. Il alla d'abord en Holland, où il resta deux ans; puis il passa en Allemagne, visita successivement la Hongrie, la France, l'Italie, la Suisse, le Tyrol, Venise et Rome. Ce fut, en 1625, au retour de son voyage d'Italie, qu'il fit ses observations sur la cime des Alpes. Il est peu d'âmes sensibles ou fortes, à qui la vue de ses montagnes n'inspire de grandes idées; Descartes y composa une partie de son système sur les grêles, les neiges, les tonnerres et les tourbillons de vent.

Descartes fut très long-temps incertain sur le genre de vie qu'il devait embrasser. D'abord il prit le parti des armes; il servit en Hollende et en Allemagne; mais au bout de quatre ans, il se dégoûta de cette profession; et, après avoir passé dix ou douze ans à observer tous les états, il finit par n'en choisir aucun: il résolut de garder son indépendance, et de s'occuper tout entier de la recherche de la vérité. Sur la fin de mars 1629, Descartes partit pour aller s'établir en Hollande; il avait alors trente-trois ans. Comme sa résolution aurait paru extraordinaire, il n'en avertit ni ses parents, ni ses amis; il se contenta de leur écrire avant son départ. Il nous rend compte lui-même des motifs qui l'engagèrent à quitter la France. Le premier fut la raison du climat; il craignit que la chaleur, en exaltant un peu trop son imagination, ne lui ôtât une partie du sang-froid et du calme nécessaires pour les découvertes philosophiques. Le climat de Hollande lui parut plus favorable à ses desseins; mais son principal motif fut la passion qu'il avait pour la retraite et le désir de vivre dans une solitude profonde. Il prit toutes sortes de moyens pour ne pas être découvert: il ne confia sa demeure qu'à un seul ami chargé de sa correspondance; jamais il ne datait ses lettres du lieu où il demeurait, mais de quelque grande ville où il était sûr qu'on ne le trouverait pas. Pendant plus de vingt ans qu'il demeura en Hollande, il changea très souvent de séjour, fuyant sa réputation partout où elle le poursuivait, et se dérobant aux importuns qui voulaient seulement l'avoir vu.

La *Géométrie* de Descartes parut en 1637, avec le *Traité de la méthode*, son *Traité des météores*, et sa *Dioptrique*. Ces quatre traités réunis ensemble formaient ses *Essais de philosophie.* Sa *Géométrie* était si fort au-dessus de son siècle, qu'il n'y avait réellement que très peu d'hommes en état de l'entendre. Une particularité remarquable, c'est que cette *Géométrie* si étonnante fut faite à la hâte; Descartes la composa dans le temps qu'on imprimait ses *Météores*, et il en inventa même une partie pendant ce temps-là. Quatre ans après, il publia ses *Méditations métaphysiques*. Il ne donna cet ouvrage au public que par principe de conscience : ennuyé des tracasseries qu'on lui suscitait depuis trois ans pour ses *Essais de Philosophie*, il avait résolu de ne plus rien imprimer. « J'aurais, dit-il, une vingtaine d'approbateurs, « et des milliers d'ennemis; ne vaut-il pas mieux « me taire et m'instruire en silence? » Il crut cependant qu'il ne devait pas supprimer un ouvrage qui pouvait fournir de nouvelles preuves sur l'existence de Dieu, ou de nouvelles lumières sur la nature de l'âme. Mais, avant de le risquer, il le communiqua à tous les hommes les plus savants de l'Europe, recueillit leurs objections, et y répondit. Il fit imprimer toutes ces objections avec les réponses, à la suite des *Méditations;* et, pour leur donner encore plus de poids, le philosophe dédia son ouvrage à la Sorbonne. « Je veux m'appuyer de l'autorité, disait-« il, puisque la vérité est si peu de chose, quand « elle est seule. » Il s'en faut de beaucoup que le *Traité de mécanique* de Descartes soit complet. Il le composa à la hâte, en 1636, pour faire plaisir à un de ses amis, père du fameux Huygens. C'était un présent que le génie offrait à l'amitié. Il espérait dans la suite refondre cet ouvrage, et lui donner une juste étendue ; mais il n'en eut point le temps. On le fit imprimer après sa mort, en 1668. Descartes composa son *Traité des passions* pour l'usage particulier de la princesse Élisabeth : il l'avait envoyé manuscrit à la reine de Suède, sur la fin de 1647. Deux ans après, il le fit imprimer à la sollicitation de ses amis. C'est une chose remarquable que Descartes ait eu pour disciples les deux femmes les plus célèbres de son temps, Élisabeth de Bohême et Christine, reine de Suède. Il dédia à la première ses *Principes*. Cette dédicace n'est point un monument de flatterie ; l'homme qui loue y paraît toujours un philosophe qui pense. « Comment, dit-il, à la « tête d'un ouvrage, où je jette les fondements de « la vérité, oserais-je la trahir? » Il continua jusqu'à la fin de sa vie un commerce de lettres avec cette princesse.

Depuis que Descartes se fut établi en Hollande, il fit trois voyages en France, en 1644, 1647 et 1648, dans le premier, il vit très peu de monde, et n'apprit qu'à se dégoûter de Paris. Ceux qui l'avaient appelé, furent curieux de le voir, non pour l'entendre et profiter de ses lumières, mais pour connaître sa figure. « Je m'aperçus, dit-il, dans une de « ses lettres, qu'on voulait m'avoir en France, à « peu près comme les grands seigneurs veulent « avoir dans leur ménagerie un éléphant, ou un « lion, ou quelques animaux rares. » Ce qu'il y eut d'heureux pour Descartes dans ce voyage, ce fut la connaissance qu'il fit de M. Chamet, depuis ambassadeur en Suède. Comme leurs âmes se convenaient, leur amitié fut bientôt très vive. Quelques années plus tard, ce fut M. Chamet qui engagea Christine à lire les ouvrages de Descartes. En 1649, cette reine lui fit faire les plus vives instances pour l'engager à venir à Stockholm. Le philosophe, avant de quitter sa retraite hésita long-temps; il est probable qu'il fut décidé par toutes les persécutions qu'il essuyait en Hollande. Il n'y avait pas plus de quatre mois qu'il y était, lorsqu'il fut attaqué de la maladie dont il mourut. Il eut la consolation de voir le tendre intérêt qu'on prenait à sa santé : la reine envoyait savoir deux fois par jour de ses nouvelles; M. et madame Chamet lui prodiguèrent les soins les plus tendres et les plus officieux. Mais ses forces s'épuisant par degrés, il mourut le 11 février 1650, âgé de près de cinquante-quatre ans. Seize ans après, ses restes furent transportés en France, et déposés dans l'église de Sainte-Geneviève, à Paris.

Descartes est un enfant du XVIe siècle. Ce n'est plus un poète de la Grèce, un savant de l'Égypte; c'est un homme moderne, un Européen actif et inquiet, qui, après avoir connu la vie, la réalité, et les affaires, aborde les grands problèmes de l'humanité, sans illusions et sans superstitions, décidé à voir clair s'il est possible, à se rendre compte avec sévérité de ses propres idées et à s'entendre avec lui-même. Tel fut et dut être Descartes. Un souffle heureux porte sans cesse et doucement Platon vers les régions supérieures; ce qui le caractérise est l'élévation. Un vaste savoir rattache perpétuellement les méditations de Proclus à celles des sages des différents siècles et des différents peuples; ce qui le caractérise est l'étendue. Je ne sais qu'elle vigueur secrète tient toujours Descartes aux prises avec la réalité; ce qui le caractérise est la force. Il tire tout de là, et sa méthode et ses principes et ses résultats, son système et l'exposition de ce système. La force qui l'anime se contient elle-même; elle ne s'échappe jamais, mais on la sent toujours et partout. Descartes ne développe pas, il se résume; mais sa brièveté est pleine et féconde. C'est un besoin pour lui de tout décomposer, de tout réduire, et en même temps de tout enchaîner avec l'audace et la sévérité de la géométrie et de l'algèbre. Un tel esprit, si conforme à celui de son siècle, si fait pour la révolution qui se préparait, devait la déterminer et l'accomplir. Aussi Descartes, élevant d'abord une méthode, puis au lieu de la laisser stérile comme

Bacon, ou d'en faire des applications fausses et ridicules, l'appliquant successivement et avec le plus brillant succès à la géométrie, à la physique, à la métaphysique, à la physiologie, à la médecine, à la morale, à toutes les questions qui avaient alors de l'intérêt, créant des sciences nouvelles, reculant celles qu'il rencontrait sur sa route, marchant sans cesse de prodige en prodige dans une vie philosophique assez courte, jeta un immense éclat, ébranla et vivifia tous les esprits, créa une école, et, ce qui vaut mieux, un grand mouvement. L'école a pu passer, le mouvement est immortel. Descartes est le père de la philosophie moderne et par les génies qu'il a suscités autour de lui et sur ses traces, Malebranche, Spinosa, Leibnitz, et sur-tout par l'esprit indestructible qu'il a déposé dans la philosophie européenne, et qui désormais la suivra dans toutes ses vicissitudes. L'ignorance ou l'envie ont beau prétendre que l'esprit français n'est pas propre à la métaphysique, la France peut se contenter de répondre qu'elle a donné Descartes à l'Europe et à l'humanité.

Mais tandis que Descartes créait la philosophie moderne, et remplissait l'Europe de la gloire de son nom et de celle de sa patrie, cette patrie l'oubliait peu à peu; et la philosophie de Hobbes, qu'il avait foudroyée avec tant de force, reprise en sous-œuvre et développée par Locke, transportée d'Angleterre en France par Voltaire et Condillac, s'y répandit rapidement, et en moins d'un quart de siècle substitua à un système sérieux et profond ce système frivole et mesquin qui, pour réduire l'intelligence humaine à la sensation, lui enlève ses plus hautes et ses plus nobles facultés. Chose étonnante! nulle discussion ne fut instituée, nul ne se présenta ni pour ni contre Descartes. Depuis 1724 il n'a été fait aucune édition de Descartes; on n'a pas même réimprimé un seul de ses ouvrages. Le *Discours sur la Méthode*, si étincelant de style, de verve et d'originalité, n'arrêta les regards d'aucun bel esprit du temps. Les *Méditations*, et toute cette belle polémique contre Hobbes et Gassendi, qui même aux esprits les plus inattentifs aurait montré les vices et les lacunes de la nouvelle théorie, semblèrent d'un consentement tacite convaincues de folies et déclarées indignes d'examen. Il n'y a pas d'exemple dans l'histoire entière de la philosophie d'une pareille victoire sans le plus léger combat. Jamais système n'a triomphé plus à son aise, n'a régné avec moins de contradiction, et l'on peut affirmer, sans aucune exagération, que pendant un siècle la France semble avoir oublié qu'elle avait produit Descartes.

Descartes a écrit tantôt en latin, tantôt en français. Mais chacun de ses ouvrages latins ayant été traduit sous ses yeux, souvent enrichi de sa main d'additions précieuses, enfin reconnu et accepté comme sien par lui-même, il était aisé de donner une bonne édition française de ses ouvrages, semblable à l'édition latine de Hollande, connue sous le titre de *Opera omnia*, Amsterdam, 1690, 1701, 1713, 9 vol. in-8°. L'édition française in-12 de 1724 n'est qu'une suite de publications différentes, tantôt chez un libraire, et tantôt chez un autre, sans ordre, sans plan, sans unité.

C'est ce qui nous a engagés à en donner une qui est véritablement la première édition française de Descartes. Elle est précédée de l'*Éloge* de ce philosophe par Thomas; éloge qui a remporté le prix de l'Académie française, en 1765. On a conservé les notes qui le suivent; elles renferment des détails curieux tirés de Baillet et des autres biographes de Descartes : c'est de ces notes que nous avons en partie extrait cette notice.

Victor Cousin.

JUGEMENTS.

I.

A la tête de tous ceux qui, dans le dernier siècle, ont vraiment mérité le nom de philosophes, il faut sans doute placer Descartes. Sa *Dioptrique* et l'application de l'algèbre à la géométrie, découverte qui l'a mis au rang des inventeurs en mathématiques, n'appartiennent qu'aux sciences exactes, qui sont étrangères à notre objet. Mais personne n'ignore les obligations que nous lui avons sous des rapports bien plus étendus, puisque, par la révolution qu'il opéra dans la philosophie spéculative, il fut véritablement le réformateur de l'esprit humain. On doit à son heureuse hardiesse d'avoir pu briser enfin le lourd sceptre du pédantisme scolastique, qui avait produit depuis plusieurs siècles un très mauvais effet, celui de n'éveiller la dispute qu'en assoupissant la raison. L'époque où l'on avait découvert les ouvrages d'Aristote étant celle de l'ignorance, il avait imprimé tant d'étonnement et de respect, que l'on crut avoir trouvé la science universelle et infaillible; et ce qu'on avait alors d'esprit étant plutôt tourné vers une finesse frivole que vers le jugement solide, la physique générale d'Aristote, toute composée d'hypothèses gratuites mais substituant aux faits des définitions, des divisions et des subdivisions fort régulières, et sa métaphysique presque toute formée d'abstractions très savamment chimériques, furent embrassées avec avidité par des hommes qui avaient assez d'esprit pour argumenter sur des mots, et pas assez pour chercher les choses. Ainsi l'on n'avait pris d'abord que les erreurs d'un grand homme; et ce ne fut que longtemps après que l'on sut profiter de ce qu'il avait fait de beau et de bon, en régularisant les notions essentielles du raisonnement, de l'éloquence et de la poésie. Aristote avait pris dans toute l'Europe un tel ascendant, qu'il y était presque regardé comme un Père de l'Église : sa philosophie était une religion; ses discours étaient des oracles; et l'on n'oubliera jamais ce mot qui servait de réponse à tout, ce mot reçu constamment dans les écoles modernes, comme il l'avait été autrefois dans celle de Pythagore, ce mot qui est le sceau de l'esclavage des esprits : *Le maître l'a dit*. Descartes ne voulut de maître que l'évidence; il la chercha par son doute méthodique, aussi sensé que le doute des pyrrhoniens était extravagant. Il apprit aux hommes à n'affirmer sur chaque objet que ce qui était clairement renfermé dans l'idée même de cet objet. C'est ainsi qu'il trouva les meilleures preuves que l'on eût encore données de l'existence d'un premier être, de l'immatérialité des esprits et de l'immortalité de l'âme; et son excellent livre de *la Méthode* réduisit en démonstration des vérités de sentiment. Il lui fallait, pour achever cette révolution, non-seulement le courage de l'esprit, mais celui de l'âme ; car, quoiqu'il n'ait jamais été persécuté par le gouvernement, comme on l'a prétendu, il le fut par ceux qu'il contredisait, et qui trouvèrent des protecteurs de leurs thèses dans les magistrats qui condamnaient celles de Descartes. Le ministère lui offrit même des places et des pensions; mais il aima mieux philosopher en liberté chez l'étranger. Il eut de bonne heure des disciples et des admirateurs ; il fit même des martyrs, puisque ceux qui osèrent les premiers enseigner sa philosophie dans les classes furent destitués de leurs places. Les tribunaux s'armèrent en faveur d'Aristote, et prohibèrent le cartésianisme, qui ensuite eut à son tour le sort du péripatétisme, car il domina dans les écoles, et y établit tout ensemble la vérité et l'erreur. On crut à la mauvaise physique de Descartes, parce qu'il était bon métaphysicien, comme on avait cru à celle d'Aristote, parce qu'il était bon dialecticien. Descartes, comme tant de grands esprits, n'avait pu se défendre de la tentation de faire un monde, et n'y avait pas mieux réussi. Mais on adopta ses éblouissantes chimères après avoir combattu ses vérités; et quand Newton, sans chercher comment le monde avait été formé, découvrit les lois mathématiques qui le gouvernent, cette nouvelle lumière fut long-temps repoussée. On ne se rendit qu'avec peine au calcul et à l'expérience, qui firent voir enfin que des principes dans lesquels se trouvent renfermée la régularité nécessaire du mouvement de tous les corps, étaient incontestablement les meilleurs.

La Harpe, *Cours de Littérature*.

II.

C'est un spectacle aussi curieux que philosophique, de suivre toute la marche de l'esprit de Descartes, et de voir tous les degrés par où il passa pour parvenir à changer la face des sciences. Heureusement, en nous donnant ses découvertes, il nous a indiqué la route qui l'y avait amené. Il serait à souhaiter que tous les inventeurs eussent fait de même; mais la plupart nous ont caché leur marche, et nous n'avons que le résultat de leurs travaux. Il semble qu'ils aient craint ou de trop instruire les hommes, ou de s'humilier à leurs yeux, en se montrant eux-mêmes luttant contre les difficultés. Quoi qu'il en soit, voici la marche de Descartes. Dès l'âge de quinze ans, il commença à douter. Il ne trouvait dans les leçons de ses maîtres que des opinions, et il cherchait des vérités. Ce qui le frappait le plus, c'est qu'il voyait qu'on disputait sur tout. A dix-sept ans, ayant fini ses études, il s'examina sur ce qu'il avait appris : il rougit de lui-même, et puisqu'il avait eu les plus habiles maîtres, il conclut que les hommes ne savaient rien, et qu'apparemment ils ne pouvaient rien savoir. Il renonça pour jamais aux sciences. A dix-neuf, il se remit à l'étude des mathématiques qu'il avait toujours aimées. A vingt-un, il se mit à voyager pour étudier les hommes. En voyant chez tous les peuples mille choses extravagantes et fort approuvées, il apprenait, dit-il, à se défier de l'esprit humain, et à ne point regarder l'exemple, la coutume et l'opinion comme des autorités. A vingt-trois, se trouvant dans une solitude profonde, il employa trois ou quatre mois de suite à penser. Le premier pas qu'il fit, fut d'observer que tous les ouvrages composés par plusieurs mains, sont beaucoup moins parfaits que ceux qui ont été conçus, entrepris et achevés par un seul homme : c'est ce qu'il est aisé de voir dans les ouvrages d'architecture, dans les statues, dans les tableaux, et même dans les plans de législation et de gouvernement. Son second pas fut d'appliquer cette idée aux sciences. Il les vit comme formées d'une infinité de pièces de rapport, grossies des opinions de chaque philosophe, tous d'un esprit et d'un caractère différent. Cet assemblage, cette combinaison d'idées souvent mal liées et mal assorties, peut-elle autant approcher de la vérité, que le feraient les raisonnements justes et simples d'un seul homme? Son troisième pas fut d'appliquer cette même idée à la raison humaine. Comme nous sommes enfants avant que d'être hommes, notre raison n'est que le composé d'une foule de jugements souvent contraires, qui nous ont été dictés par nos sens, par notre nourrice et par nos maîtres. Ces jugements n'auraient-ils pas plus de vérité et plus d'unité, si l'homme, sans passer par la faiblesse de l'enfance, pouvait juger en naissant, et composer lui seul toutes ses idées? Parvenu jusque-là, Descartes résolut d'ôter de son esprit toutes les opinions qui y étaient, pour y en substituer de nouvelles, ou y remettre les mêmes, après qu'il les aurait vérifiées; et ce fut son quatrième pas. Il voulait, pour ainsi dire, recomposer sa raison, afin qu'elle fût à lui, et qu'il pût s'assurer, pour la suite, des fondements de ses connaissances. Il ne pensait point encore à réformer les sciences pour le public; il regardait tout changement comme dangereux. Les établissements une fois faits, disait-il, sont comme ces grands corps dont la chute ne peut être que très rude, et qui sont encore plus difficiles à relever, quand ils sont abattus, qu'à retenir quand ils sont ébranlés. Mais comme il serait juste de blâmer un homme qui entreprendrait de renverser toutes les maisons d'une ville, dans le seul dessein de les rebâtir sur un nouveau plan, il doit être permis à un particulier d'abattre la sienne, pour la reconstruire sur des fondements plus solides. Il entreprit donc d'exécuter la première partie de ses desseins, qui consistait à détruire; et ce fut son cinquième pas. Mais il éprouva bientôt les plus grandes difficultés. « Je m'aperçus, dit-il, qu'il n'est « pas aussi aisé à un homme de se défaire de ses « préjugés, que de brûler sa maison. » Il y travailla constamment plusieurs années de suite, et il crut à la fin en être venu à bout. Je ne sais si je me trompe, mais cette marche de l'esprit de Descartes me paraît admirable. Continuons de le suivre. A l'âge de vingt-quatre ans, il entendit parler en Allemagne d'une société d'hommes qui n'avait pour but que la recherche de la vérité; on l'appelait la confrérie des Rose-croix. Un de ses principaux statuts était de demeurer cachée. Elle avait, à ce qu'on dit, pour fondateur un Allemand, né dans le XIVe siècle. On raconte de cet homme des choses merveilleuses. Il avait profondément étudié la magie, qui était alors une science fort importante. Il avait voyagé en Arabie, en Turquie, en Afrique, en Espagne, avait vu sur la terre des sages et des cabalistes, avait appris plusieurs secrets de la nature, et s'était retiré enfin en Allemagne, où il vécut solitaire dans une grotte jusqu'à l'âge de cent six ans. On se doute bien qu'il fit des prodiges pendant sa vie, et après sa mort. Son histoire ne ressembla pas mal à celle d'Apollonius de Tyane. On imagina un soleil dans la grotte où il était enterré, et ce soleil n'avait d'autre fonction que celle d'éclairer son tombeau. La confrérie fondée par cet homme extraordinaire, était, dit-on chargée de réformer les sciences dans tout l'univers. En attendant, elle ne paraissait pas; et Descartes, malgré toutes ses recherches, ne put trouver un seul homme qui en fût. Il y a cependant apparence qu'elle existait, car on en parlait beaucoup dans toute l'Allemagne; on écrivait pour et contre; et même en 1623, on fit l'honneur à ces philosophes de les jouer à Paris sur le théâtre de l'hôtel de Bourgogne. Descartes, déchu de l'espérance de trouver dans cette société quelques secours pour ses desseins, résolut désormais de se passer des livres et des savants. Il ne voulait plus lire que dans ce qu'il appelait *le grand livre du monde*, et s'occupait à ramasser des expériences. A vingt-sept ans, il éprouva une secousse qui lui fit abandonner les mathématiques et la physique; les unes lui paraissaient trop vides, l'autre trop incertaine. Il voulut ne plus s'occuper que de la morale; mais à la première occasion, il retournait à l'étude de la nature. Emporté comme malgré lui, il s'enfonça de nouveau dans les sciences abstraites. Il les quitta encore pour revenir à l'homme. Il espérait trouver plus de secours pour cette science; mais il reconnut bientôt qu'il s'était trompé. Il vit que dans Paris, comme à Rome et dans Venise, il y avait encore moins de gens qui étudiaient l'homme que la géométrie. Il passa trois ans dans ces alternatives, dans ce flux et reflux d'idées contraires, entraîné par son génie, tantôt vers un objet, tantôt vers un autre, inquiet et tourmenté, et combattant sans cesse avec lui-même. Ce ne fut qu'à trente-deux ans, que tous ces orages cessèrent. Alors il pensa sérieusement à refaire une philosophie nouvelle; mais il résolut de ne point embrasser de secte, et de travailler sur la nature même. Voilà par quel degré Descartes parvint à cette grande révolution; il y fut conduit par le doute et l'examen. Il serait à souhaiter que tous les hommes imitassent son exemple. Il ne dépend pas de nous de n'être pas trompés dans l'enfance, et de n'avoir pas reçu une foule d'opinions : mais tout philosophe doit, au moins une fois dans sa vie, faire l'examen et la revue de ses idées, et juger tout ce qui est dans son âme. Cette méthode épargnerait bien des préjugés à la terre.

La *Géométrie* de Descartes, son *Traité de la Méthode*, son *Traité des Météores*, et sa *Dioptrique* parurent en 1637, sous le titre d'*Essais de philosophie*. Outre que sa *Géométrie* était très profonde et entièrement nouvelle, parce qu'il avait commencé où les autres avaient fini, il avoue lui-même dans une de ses lettres, qu'il n'avait pas été fâché d'être un peu obscur, afin de mortifier un peu ces hommes qui savent tout. Si on l'eût entendu trop aisément, on n'aurait pas manqué de dire qu'il n'avait rien écrit de nouveau, au lieu que la vanité humiliée était forcée de lui rendre hommage. Dans le *Traité de la Méthode*, Descartes indique les moyens qu'il a suivis pour tâcher de parvenir à la vérité, et ce qu'il faut faire encore pour aller plus avant. On y trouva une profondeur de méditation inconnue jusqu'alors : c'est là qu'est l'histoire de son fameux doute. Il a depuis répété cette histoire dans deux autres ouvrages, dans le premier livre de ses *Principes* et dans la première de ses *Méditations métaphysiques*. Il fallait qu'il sentît bien vivement l'importance et la nécessité du doute, pour y revenir jusqu'à trois fois, lui qui était si avare de paroles. Mais il regardait le doute comme la base de la philosophie, et le garant sûr des progrès qu'on pourrait y faire dans tous les siècles. Il faut remarquer que Descartes commença par où les anciens avaient fini. Ils s'étaient servis du doute pour renverser toutes les sciences; Descartes s'en servit pour les reconstruire.

Il n'est pas nécessaire d'avertir que le doute philosophique de Descartes ne s'étendit jamais aux vérités révélées : on sait qu'il les respecta toute sa vie, comme il le devait. Il les regardait comme d'un ordre trop supérieur à la raison, pour vouloir les y assujettir. On voit partout dans ses ouvrages et dans ses lettres, qu'il distinguait le philosophe du chrétien; et que, s'il parlait avec audace sur tous les objets de la raison, il ne parlait qu'avec soumission sur tous les objets de la foi.

Le *Traité des Météores*, fut un des ouvrages de Descartes qui éprouva le moins de contradiction. Au reste, ce ne serait pas une manière toujours sûre de louer un ouvrage philosophique; mais quelquefois aussi les hommes font grace à la vérité. C'est le premier morceau de physique que Descartes donna. On fut étonné de la manière nouvelle dont il expliquait les phénomènes, et l'on commença à croire qu'il pouvait y avoir autre chose que des mots dans la physique. Depuis on a été beaucoup plus loin, mais on ne doit pas moins honorer celui qui a fait les premiers pas dans la carrière.

Le *Traité de la Dioptrique* est le plus bel ouvrage de Descartes après sa *Géométrie*. Il n'en a fait aucun où il y ait si peu d'erreurs et autant de vérités. Sur plusieurs des objets qu'il y traite, on n'a point encore été plus loin que lui. On peut donner deux raisons de la supériorité de cet ouvrage : l'une est que partout il est observateur, et qu'il ne s'y livre presque jamais à cet esprit de système qui l'a, si souvent égaré; l'autre, qu'il n'abandonne presque point le fil de la géométrie, qu'il l'applique continuellement à la physique.

Les *Méditations métaphysiques* sont de tous ses ouvrages celui qu'il estimait le plus. Il le louait avec un enthousiasme de bonne foi; car il croyait avoir trouvé le moyen de démontrer les vérités métaphysiques d'une manière plus évidente que les démonstrations de géométrie. Ce qui caractérise sur-tout cet ouvrage, c'est qu'il contient sa fameuse démonstration de Dieu par l'idée, démonstration si répétée depuis, adoptée par les uns et rejetée par les autres, et qu'il est le premier où la distinction de l'esprit et de la matière soit parfaitement développée : car, avant Descartes, on n'avait point encore bien approfondi les preuves philosophiques de la spiritualité de l'âme.

Presque toute la physique de Descartes est renfermée dans son livre des *Principes*. Cet ouvrage, est divisé en quatre parties. La première est toute métaphysique, et contient les principes des connaissances humaines. La seconde est sa physique générale, et traite des premières lois de la nature, des éléments de la matière, des propriétés de l'espace et du mouvement. La troisième est l'explication particulière du système du monde et de l'arrangement des corps célèstes. La quatrième contient tout ce qui concerne la terre. On a tâché de présenter, avec autant de clarté qu'il est possible dans un discours, le tableau général de ses idées sur tous ces grands objets. Quoique aujourd'hui il soit resté peu de chose de sa physique, il y a peu de ses erreurs qui n'aient influé sur les vérités nouvelles, et dans les idées mêmes qui sont les plus abandonnées, on retrouve encore un génie inventeur, qui sert au moins à faire connaître l'homme, s'il ne sert point à instruire le philosophe. Ce qui caractérise le plus Descartes dans sa physique, c'est d'avoir le premier envisagé l'univers comme une grande machine, et d'avoir voulu tout expliquer par les lois du mécanisme. Cette idée ne peut être que celle d'un grand homme, et a donné la clef de mille découvertes.

Son dessein, en composant un *Traité des Passions*, était d'essayer si la physique pourrait lui servir à établir des fondements certains dans la morale : aussi n'y traite-t-il guère les passions qu'en physicien. C'était encore un ouvrage nouveau et tout-à-fait original. On y voit, presque à chaque pas, l'âme et le corps agir et réagir l'un sur l'autre, et l'on croit, pour ainsi dire, toucher les liens qui les unissent.

Tout le monde connaît Descartes comme métaphysicien, comme physicien et comme géomètre : mais peu de gens savent qu'il fut encore un très grand anatomiste. Comme le but général de ses travaux était l'utilité des hommes, au lieu de cette philosophie vaine et spéculative, qui jusqu'alors avait régné dans les écoles, il voulait une philosophie pratique, où chaque connaissance se réalisât par un effet, et qui se rapportât tout entière au bonheur du genre humain. Les deux branches de cette philosophie devaient être la médecine et la mécanique. Par l'une, il voulait affermir la santé de l'homme, diminuer ses maux, étendre son existence, et peut-être affaiblir l'impression de la vieillesse : par l'autre, faciliter ses travaux, multiplier ses forces, et le mettre en état d'embellir son séjour. Descartes était surtout épouvanté du passage rapide et presque instantané de l'homme sur la terre. Il crut qu'il ne serait peut-être pas impossible d'en prolonger l'existence. Si c'est un songe, c'est du moins un beau songe, et il est doux de s'en occuper. Il y a même un coin de grandeur dans cette idée ; et les moyens que Descartes proposa pour l'exécution de ce projet, n'étaient pas moins grands : c'était de saisir et d'embrasser tous les rapports qu'il y a entre tous les éléments, l'eau, l'air, le feu, et l'homme ; entre toutes les productions de la terre et l'homme ; entre toutes les influences du soleil et des astres et l'homme ; entre l'homme enfin, et tous les points de l'univers les plus rapprochés de lui : idée vaste, qui accuse la faiblesse de l'esprit humain, et ne paraît toucher à des erreurs, que parce que, pour la réaliser, ou peut-être même pour la bien concevoir, il faudrait une intelligence supérieure à la nôtre. On voit par là dans quelle vue il étudiait la physique. On peut aussi juger de quelle manière il pensait sur la médecine actuelle. En rendant justice aux travaux d'une infinité d'hommes célèbres qui se sont appliqués à cet art utile et dangereux, il pensait que ce qu'on savait jusqu'à présent n'était presque rien, en comparaison de ce qui restait à savoir. Il voulait donc que la médecine, c'est-à-dire la physique appliquée au corps humain, fût la grande étude de tous les philosophes. « Qu'ils « se liguent tous ensemble, disait-il dans un de ses « ouvrages ; que les uns commencent où les autres « auront fini. En joignant ainsi les vies de plusieurs « hommes, et les travaux de plusieurs siècles, on « formera un vaste dépôt de connaissances, et l'on « assujettira enfin la nature à l'homme. » Mais le premier pas était de bien connaître la structure du corps humain. Il commença donc l'exécution de son plan par l'étude de l'anatomie. Il y employa tout l'hiver de 1629 : il continua cette étude pendant plus de douze ans, observant tout et expliquant tout par les causes naturelles. Il ne lisait presque point, comme on l'a déjà dit plus d'une fois; c'était dans le corps qu'il étudiait les corps. Il joignit à cette étude celle de la chimie, laissant toujours les livres et regardant la nature. C'est d'après ces travaux qu'il composa son *Traité de l'homme*. Dès qu'il parut, on le mit au nombre de ses plus beaux ouvrages. Il n'y en a peut-être même aucun dont la marche soit aussi hardie et aussi neuve. La manière dont il explique tout le mécanisme et tout le jeu des ressorts, dut étonner le siècle *des qualités occultes* et *des formes substantielles*. Avant lui, on n'avait point osé assigner les actions qui dépendent de l'âme, et celles qui ne sont que le résultat des mouvements de la machine. Il semble qu'il ait voulu poser les bornes entre les deux empires. Cet ouvrage n'était point achevé quand Descartes mourut; il ne fut imprimé que dix ans après sa mort.

Après avoir parcouru le tableau général des découvertes et des pensées de Descartes sur toutes les sciences, il ne serait peut-être pas inutile d'indiquer en peu de mots quelle a été la source de ses erreurs, et comment un homme d'un génie si extraordinaire a pu s'égarer. On a vu qu'il avait commencé par douter de tout. Il était vivement frappé de cet amas d'erreurs qui composaient, pour ainsi dire, la raison des hommes. La plupart de ces préjugés lui paraissaient nés du rapport des sens; et ce n'était que par des méditations profondes et des spéculations intellectuelles, qu'il était parvenu lui-même à s'en délivrer. Il commença par croire que les sens étaient des guides trompeurs pour la raison humaine, et que leur rapport ne pouvait assurer d'aucune vérité. Ce fut là, si on ose le dire, la première erreur de ce grand homme, et celle qui le mena à toutes les autres. Un peu plus de réflexion lui aurait aisément fait voir que ce ne sont pas nos sens qui nous trompent, mais le jugement que nous portons de nos sensations, jugement tout-à-fait étranger aux sensations mêmes. Descartes, persuadé que les sens ne pouvaient être un moyen assuré de connaître, remonta plus haut. Il crut qu'il y avait dans l'âme des principes fixes, auxquels toutes les vérités étaient attachées, et d'après lesquels elle devait juger et rectifier tous les rapports de ses sens. L'âme n'avait pu se donner ces principes à elle-même; ils étaient donc l'ouvrage de Dieu. Parvenu ainsi aux idées innées, Descartes dut se tromper sur la nature des idées simples, et cette erreur était encore de la plus grande conséquence; car, puisqu'il faut que l'esprit humain, dans ses opérations, aille toujours du plus simple au plus composé, il est très important de savoir quelles sont ces idées simples par où il faut commencer. La vraie métaphysique nous apprend que les idées simples sont les premières qui résultent des sens et de la réflexion. Descartes, au contraire, devait croire, d'après son système, que c'étaient des notions abstraites, c'est-à-dire des principes. Dès-lors il dut rejeter l'étude des faits pour les principes. Il dut commencer par les causes, au lieu de commencer par les effets : aussi telle a été sa marche. Il commença la chaîne de sa philosophie par la première cause, qui est Dieu. De ce sommet élevé, il crut embrasser toutes les causes générales; et liant toujours ses idées les unes aux autres, il s'imagina pouvoir de quelques principes déduire toutes les vérités possibles. Celui qui avait d'abord douté de tout, voulut alors tout expliquer. Le plaisir oisif de la méditation entraîna ce grand homme; et laissant à d'autres le travail obscur et lent des observations, il ne s'occupa plus qu'à voir l'univers en grand; mais malheureusement la vérité n'est pour l'homme que le résultat d'une infinité de détails. Dès ce moment, il est aisé de voir comment, de conséquence en conséquence, Descartes dut parvenir à des erreurs bien enchaînées. D'abord les grands principes de la nature sont et seront peut-être éternellement cachés à l'homme.

Comment les deviner? comment lier ensuite toutes les parties du système de l'univers, sans qu'il y ait jamais de vide? Quand Descartes trouvait la chaîne interrompue, n'était-il pas obligé d'y suppléer par la conjecture? Dès-lors l'esprit de système prenait la place de la vérité. Enfin, suivant cette marche, il fallait commencer par définir pour connaître. Mais la notion générale n'étant que la collection des idées particulières, comment rassembler ces idées, que par l'étude des faits? On voit donc qu'il était nécessaire que Descartes se trompât. C'est l'abus des notions abstraites, c'est une fausse application de la métaphysique à l'étude de la nature qui l'a égaré, comme elle avait égaré avant lui Pythagore, Aristote et Platon. Je ne finirai point cet article sans remarquer que Descartes est parti du même point que Bacon, du doute général, ou du renversement de toutes les idées anciennes. Mais tous deux ont pris des routes opposées : l'un, celle des connaissances acquises par les sens; l'autre, celle des spéculations intellectuelles. Newton est venu, qui, averti par la logique de Descartes, a repris la route de Bacon; et c'est aujourd'hui celle que l'on suit en Europe.

THOMAS, *Essai sur les Éloges*.

DESCRIPTIF. Ce qu'on appelle aujourd'hui en poésie le genre descriptif n'était pas connu des anciens. C'est une invention moderne, que n'approuvent guère, à ce qu'il me semble, ni la raison ni le goût.

Dans l'épopée, en racontant, il est naturel que le poète décrive. Le lieu, le temps, les circonstances qui accompagnent l'action, et les accidents qui s'y mêlent, sont autant de sujets de descriptions; et comme le poète est peintre, son récit n'est lui-même qu'une description variée. L'action de l'épopée n'est qu'un vaste tableau.

Dans le poème didactique, les préceptes ou les conseils roulent sur des objets qu'il faut exposer, définir, analyser; or, en poésie, exposer, définir, analyser, c'est décrire ou peindre: la raison même du poète est presque toujours colorée par son imagination: sa plume est un pinceau. *Voyez* DESCRIPTION.

La poésie dramatique elle-même donne lieu aux descriptions, toutes les fois que l'acteur qui parle est vivement ému de l'objet qui l'occupe, et qu'il veut le rendre sensible et comme présent à l'esprit de l'interlocuteur.

Enfin dans tous les genres analogues à ces trois genres primitifs, dans l'élégie, l'ode, l'idylle, l'épître même, la description peut trouver place. Mais qu'un poème sans objet, sans dessein, soit une suite de descriptions que rien n'amène; que le poète, en regardant autour de lui, décrive tout ce qui se présente pour le seul plaisir de décrire; s'il ne se lasse pas lui-même, il peut être assuré de lasser bientôt ses lecteurs.

L'imitation poétique est l'art de faire avec plus d'agrément ce qui se fait dans la nature. Or il arrive à tous les hommes de décrire en parlant, pour rendre plus sensibles les objets qui les intéressent ; et la description est liée avec un récit qui l'amène, avec une intention d'instruire ou de persuader, avec un intérêt qui lui sert de motif. Mais ce qui n'arrive à personne, dans aucune situation, c'est de décrire pour décrire, et de décrire encore après avoir décrit, en passant d'un objet à l'autre, sans autre cause que la mobilité du regard et de la pensée, et comme en nous disant : « Vous venez de voir la tempête ; « vous allez voir le calme et la sérénité. »

Qu'on demande aux poètes didactiques quel est leur dessein ; l'un répondra : C'est de détruire la superstition, et de tout expliquer dans la nature par le mouvement des atomes ; l'autre : C'est d'inspirer de l'estime et du goût pour les travaux rustiques, et de les ennoblir en les développant ; l'autre : C'est de faire aimer la campagne à cette foule oisive et ennuyée des riches habitants des villes ; l'autre : C'est de graver plus nettement dans les esprits les leçons de l'art que j'enseigne, etc. Mais qu'on demande au poète descriptif, à l'auteur, par exemple, des *Plaisirs de l'imagination*, quel est le but qu'il se propose, il répondra : C'est de rêver, et de vous décrire mes songes. Or un volume de rêves ne saurait être intéressant. Que si vous voulez parcourir le vaste champ de l'imagination, parlez-nous de ses influences : vous aurez des vérités morales et politiques à faire entendre ; vos tableaux en seront le développement. Vous aurez décrit pour instruire ; et, comme Pope, vous n'aurez fait qu'animer la raison et que colorer la pensée.

Toute composition raisonnable doit former un ensemble, un tout, dont les parties soient liées, dont le milieu réponde au commencement, et la fin au milieu : c'est le précepte d'Aristote et d'Horace. Or dans le poème descriptif, nul ensemble, nul ordre, nulle correspondance : il y a des beautés, je le crois, mais des beautés qui se détruisent par leur succession monotone, ou leur discordant assemblage. Chacune de ces descriptions plairait si elle était seule : elle ressemblerait du moins à un tableau de paysage. Mais cent descriptions de suite ne ressemblent qu'à un rouleau ou les études de Vernet seraient collées l'une à l'autre. Et en effet, un poème descriptif ne peut être considéré que comme le recueil des études d'un poète qui exerce ses crayons, et qui se prépare à jeter dans un ouvrage régulier et complet les richesses et les beautés d'un style pittoresque et harmonieux*.

MARMONTEL, *Éléments de Littérature.*

* En convenant de la justesse de ces observations, on peut objecter cependant qu'il est assez rare, qu'un poème descriptif décrive seulement pour décrire; que les descriptions dont se composent ces sortes d'ouvrages, se trouvent le plus souvent rattachées, comme développements, à une idée ou à un sentiment moral, et que ce concours de diverses parties vers un même but suffit pour former un ensemble, un tout.

Mais ce but est ordinairement trop vague, trop indéterminé, pour que l'ensemble offre un intérêt bien vif.

En second lieu cet intérêt n'est pas de nature à se prolonger, et tant de descriptions doivent à la fin fatiguer et par la répétition monotone des mêmes émotions, et par l'uniformité des moyens employés pour les produire.

L'uniformité est donc le défaut principal du genre ; aussi Saint-Lambert dans une espèce de poétique du poème descriptif, qui précède *les Saisons*, ne donne-t-il guère d'autre précepte que de chercher la variété. H. PATIN.

On peut encore consulter sur la poésie descriptive le premier chapitre du

DESCRIPTION. Boileau a dit : *Virgile peint, et le Tasse décrit*. Certes, décrire comme le Tasse, c'est mériter le nom de peintre.

En poésie et en éloquence, la description ne se borne pas à caractériser son objet; elle en présente le tableau dans ses détails les plus intéressants et avec les couleurs les plus vives [*]. Si la description ne

cinquième livre du *Génie du Christianisme*, un discours en vers de M. J. Chénier *sur les poèmes descriptifs*, et l'*Épître* de La Harpe au comte de Schowlow. Delille, dans le chant IV de *l'Homme des Champs*, a aussi donné en fort jolis vers les règles de ce genre de poésie où il a excellé. F.

[*] La description est la grande épreuve de l'imagination d'un poète : c'est elle qui distingue un génie original d'un esprit du second ordre. Lorsqu'un écrivain d'un mérite médiocre essaie de décrire la nature, il la trouve épuisée par ceux qui l'ont précédé dans la même carrière. Il n'aperçoit rien de nouveau ou d'original dans l'objet qu'il veut peindre ; ses idées sont vagues et indécises, et par conséquent sa diction faible et sans coloris. Il prodigue des mots plutôt que des pensées ; nous reconnaissons bien, il est vrai, le langage de la description poétique, mais nous ne concevons pas clairement ce qu'il décrit : au lieu qu'un vrai poète nous fait croire que nous avons l'objet sous nos yeux ; il en saisit les traits distinctifs ; il lui donne les couleurs de la vie et de la réalité; il le place dans son vrai jour, en sorte qu'un peintre pourrait le copier d'après lui. Cet heureux talent est dû sur-tout à une imagination puissante, qui reçoit d'abord une vive impression de l'objet ; puis, en employant un choix convenable de circonstances pour le décrire, transmet cette impression dans toute sa force à l'imagination des autres.

C'est dans ce choix des circonstances que consiste le grand art des descriptions pittoresques. D'abord il faut que les circonstances ne soient pas communes et vulgaires, telles qu'elles ne méritent point d'être remarquées : elles doivent, autant qu'il est possible, être neuves et originales, capables d'attacher l'esprit et d'exciter l'attention. En second lieu, elles doivent caractériser l'objet décrit, et le peindre fortement. Aucune description perdue dans des généralités ne peut être bonne ; car nous ne concevons clairement aucune abstraction : toutes nos idées distinctes se forment sur des objets individuels. En troisième lieu, toutes les circonstances employées doivent être en harmonie; c'est-à-dire que, lorsque nous décrivons un objet important, toutes les circonstances que nous présentons aux spectateurs doivent met pas son objet comme sous les yeux, elle n'est ni oratoire ni poétique : les bons historiens eux-mêmes, comme Tite-Live et Tacite, en ont fait des tableaux vivants; et soit qu'on parle du combat des Horaces ou du convoi de Germanicus, on dira qu'il est peint, comme on dira qu'il est décrit.

Mais les descriptions du poète seront encore plus animées; et comme il est plus libre dans sa composition, c'est sur-tout à lui de choisir l'objet, le point de vue, le moment favorable, les traits les plus intéressants, et les contrastes qui peuvent rendre son objet plus sensible encore.

Le choix de l'objet doit se régler sur l'intention du poète. Le tableau doit-il être gracieux ou sombre, pathétique ou riant? Cela dépend de la place qu'il lui destine, et de l'effet qu'il en attend.

Omnia consiliis prævisa animoque volenti.
(VIDA, *Poet.* II, 161.)

Le point de vue est relatif de l'objet au spectateur : l'aspect de l'un, la situation de l'autre concourent à rendre la description plus ou moins intéressante; mais ce qu'il est important de remarquer, c'est que, toutes les fois qu'elle a des auditeurs en scène, le

---

contribuer à l'agrandir; quand nous décrivons un objet gai et plaisant, tout doit tendre à l'embellir; en sorte que l'impression reste dans l'imagination, complète et entière. Enfin les circonstances d'une description doivent être exprimées avec concision et simplicité; car lorsqu'elles sont ou trop exagérées, ou trop développées et trop étendues, elles ne manquent jamais d'affaiblir l'impression qu'elles devraient produire. La brièveté contribue presque toujours à la vivacité. Ces règles générales seront mieux éclaircies par des preuves puisées dans des exemples particuliers.
BLAIR, *Cours de rhétorique.*

lecteur se met à leur place, et c'est de là qu'il voit le tableau. Lorsque Cinna répète à Émilie ce qu'il a dit aux conjurés pour les animer à la perte d'Auguste, nous nous mettons pour l'écouter à la place d'Émilie; au lieu que, s'il vient à décrire les horreurs des proscriptions,

>Je les peins dans le meurtre à l'envi triomphants;
>Rome entière noyée au sang de ses enfants;
>Les uns assassinés dans les places publiques,
>Les autres dans le sein de leurs dieux domestiques;
>Le méchant par le prix au crime encouragé;
>Le mari par sa femme en son lit égorgé;
>Le fils tout dégouttant du meurtre de son père,
>Et sa tête à la main demandant son salaire.
>(Act. I, sc. 3.)

ce n'est plus à la place d'Émilie que nous sommes, c'est à la place des conjurés.

Tous les grands poètes ont senti l'avantage de donner à leurs descriptions des témoins qu'elles intéressent, bien sûrs que l'émotion qui règne sur la scène se répand dans l'amphithéâtre, et que mille âmes n'en font qu'une quand l'intérêt les réunit.

Mais abstraction faite de cette émotion réfléchie, le point de vue direct de l'objet à nous est plus ou moins favorable à la poésie, comme à la peinture, selon qu'il répond plus ou moins à l'effet qu'elle veut produire. Un poète fait-il l'éloge d'un guerrier? il le voit comme Hermione voit Pyrrhus,

>Intrépide et partout suivi de la victoire.
>(Rac. *Androm.* act. III, sc. 3.)

Il oublie que son héros est un homme, et que ce sont des hommes qu'il fait égorger. Sa valeur, son activité, son audace, le don de prévoir, de disposer, de maîtriser seul les évènements, l'influence d'une grande âme sur des milliers d'âmes vulgaires qu'elle remplit de son ardeur : voilà ce qui le frappe. Mais veut-il lui reprocher ses triomphes, tout change de face, et l'on voit

> Des murs que la flamme ravage ;
> Des vainqueurs fumants de carnage ;
> Un peuple au fer abandonné ;
> Des mères, pâles et sanglantes,
> Arrachant leurs filles tremblantes
> Des bras d'un soldat effréné.
> (J.-B. Rousseau, *Ode à la Fortune*.)

Ainsi, cette Hermione, qui dans Pyrrhus admirait un héros intrépide, un vainqueur plein de charmes, n'y voit bientôt qu'un meurtrier impitoyable, et même lâche dans sa fureur.

> Du vieux père d'Hector la valeur abattue,
> Aux pieds de sa famille expirant à sa vue,
> Tandis que dans son sein votre bras enfoncé
> Cherche un reste de sang que l'âge avait glacé ;
> Dans des ruisseaux de sang Troie ardente plongée :
> De votre propre main Polyxène égorgée,
> Aux yeux de tous les Grecs indignés contre vous :
> Que peut-on refuser à ces généreux coups ?
> (Rac. *Androm.* act. IV, sc. 5.)

Ce changement de face dans l'objet que l'on peint dépend sur-tout du moment que l'on choisit et des détails que l'on emploie. Comme presque toute la nature est mobile, et que tout y est composé, l'imitation peut varier à l'infini dans les détails; et c'est une étude assez curieuse que celle des tableaux divers qu'un même sujet a produits, imités par des mains savantes. Que l'on compare les assauts, les batailles, les combats singuliers, décrits par les plus grands poètes anciens et modernes : avec combien d'intelligence et de génie chacun d'eux a varié ce fond commun, par des circonstances tirées des lieux, des temps et des personnes! Combien, par la seule nouveauté des armes, l'assaut des faubourgs de Paris diffère de l'attaque des murs de Jérusalem, et de celle du camp des Grecs!

Indépendamment de ces variations que les arts et les mœurs ont produites, les aspects de la nature, ses phénomènes, ses accidents diffèrent d'eux-mêmes par des circonstances qui se combinent à l'infini, et se prêtent mutuellement plus de force par leurs contrastes.

Les contrastes ont le double avantage de varier et d'animer la description. Non-seulement deux tableaux opposés de ton et de couleur se font valoir l'un l'autre; mais dans le même tableau, ce mélange d'ombre et de lumière détache les objets et les relève avec plus d'éclat.

Combien, dans la peinture que fait le Tasse de la sécheresse brûlante qui consume le camp de Godefroi, le tourment de la soif et la pitié qu'il inspire s'accroissent par le souvenir des ruisseaux, des claires fontaines dont on avait quitté les bords délicieux!

DESCRIPTION.

Un exemple de l'effet des contrastes, après lequel il ne faut rien citer, c'est celui des enfants de Médée caressant leur mère qui va les égorger, et souriant au poignard levé sur leur sein : c'est le sublime dans le terrible.

Mais il faut observer, dans le contraste des images, que le mélange en soit harmonieux. Il en est de ces gradations comme de celles du son, de la lumière et des couleurs : rien n'est terminé, tout se communique, tout participe de ce qui l'approche. Un accord n'est si doux à l'oreille, l'arc-en-ciel n'est si doux à la vue, que parce que les sons et les couleurs s'allient par un doux mélange.

La poésie a donc ses accords ainsi que la musique, et ses reflets ainsi que la peinture. Tout ce qui tranche est dur et sec. Mais jusqu'à quel point les objets opposés doivent-ils se ressentir l'un de l'autre? L'influence est-elle réciproque, et dans quelle proportion ? Voilà ce qu'il n'est pas facile de déterminer; et cependant la nature l'indique. Il y a, dans tous les tableaux que la poésie nous présente, l'objet dominant auquel tout est soumis : c'est celui dont l'influence doit être la plus sensible, comme dans un tableau l'objet le plus coloré, le plus brillant, est celui qui communique le plus de sa couleur à ce qui l'environne. Ainsi, lorsque le gracieux ou l'enjoué contraste avec le grave ou le pathétique, le gracieux ne doit pas être aussi fleuri, ni l'enjoué aussi plaisant, que s'il était seul et comme en liberté. La douleur permet tout au plus de sourire. Que Virgile compare un jeune guerrier expirant à une fleur qui vient de tomber sous le tranchant de la charrue, il ne dit de la fleur que ce qui est analogue à la pitié que le jeune homme inspire : *languescit moriens.* Dans les descriptions des grands poètes, on peut voir qu'en opposant des images riantes à des tableaux douloureux, ils n'ont pris des unes que les traits qui s'accordaient avec les autres, c'est-à-dire ce qui s'en retrace naturellement à l'esprit d'un homme qui souffre les maux opposés à ces biens.

De même, dans un tableau où domine la joie, les choses les plus tristes en doivent prendre une teinte légère. C'est ainsi que les poètes lyriques, dans leurs chansons voluptueuses, parlent gaiement des peines de l'amour, des revers de la fortune, des approches de la mort. Mais où le contraste est le plus difficile à concilier avec l'harmonie, c'est du pathétique au plaisant. Dans *l'Enfant prodigue*, la gaieté de Jasmin a cette teinte que je désire : elle est d'accord avec la tristesse noble du jeune Euphémon, et avec le ton général de cette pièce si touchante. Je ne dis pas la même chose de Croupillac et de Rondon.

Dans le contraste, l'objet dominant est soumis lui-même aux lois de l'harmonie ; c'est-à-dire, par exemple, que pour soutenir le contraste d'une gaieté douce et riante, le pathétique doit être modéré. Hector sourit en voyant Astyanax effrayé de son casque : mais quoi qu'en dise Homère, il n'est pas naturel qu'Andromaque ait souri. L'attendrissement d'Hector est compatible avec le sentiment qui le fait sourire ; au lieu que le cœur d'Andromaque est trop ému pour se faire un plaisir de la frayeur de son enfant. Les amours peuvent se jouer avec la massue d'Hercule, tandis que ce héros soupire aux pieds d'Omphale; mais ni sa mort ni son apothéose ne comportent rien de pareil. Ainsi le sujet principal doit lui-même se concilier avec les contrastes qu'on lui oppose; ou plutôt on ne doit lui opposer que les contrastes qu'il peut souffrir.

La description est à l'épopée ce que la décoration et la pantomime sont à la tragédie. Il faut donc que le poète se demande à lui-même : Si l'action que je raconte se passait sur un théâtre qu'il me fût libre d'agrandir et de disposer d'après nature, comment serait-il le plus avantageux de le décorer, pour l'intérêt et l'illusion du spectacle? Le plan idéal qu'il s'en fera lui-même sera le modèle de la description; et s'il a bien vu le tableau de l'action en la décrivant, en la lisant on le verra de même.

Il en est des personnages comme du lieu de la scène : toutes les fois que leurs vêtements, leur attitude, leurs gestes, leur expression, soit dans les traits du visage, soit dans les accents de la voix, intéressent l'action que le poète veut peindre, il doit nous les rendre présents. Lorsque Vénus se montre aux yeux d'Énée, Virgile nous la fait voir comme si elle était sur la scène. Il fait voir de même Camille lorsqu'elle s'avance au combat.

> Ut regius ostro
> Velet honos leves humeros; ut fibula crinem
> Auro internectat; lyciam ut gerat ipsa pharetram,

Et pastoralem præfixâ cuspide myrtum*.
(*Æneid.* VII, 813.)

On voit un bel exemple de la pantomime exprimée par le poète dans la dispute d'Ajax et d'Ulysse pour les armes d'Achille. (*Métam.* XIII.) Si les deux personnages étaient sur la scène, il ne nous seraient pas plus présents. Mais le modèle le plus sublime de l'action théâtrale exprimée dans le récit du poète, c'est la peinture de la mort de Didon :

Illa, graves oculos conata attollere, rursus
Deficit : infixum stridet sub pectore vulnus.
Ter sese attollens cubitoque adnixa levavit,
Ter revoluta toro est; oculisque errantibus, alto
Quæsivit cœlo lucem, ingemuit que repertâ **.
(*Æneid.* IV, 688.)

Le talent distinctif du poète épique étant celui d'exposer l'action qu'il raconte, son génie consiste à inventer des tableaux avantageux à peindre, et son goût à ne peindre de ces tableaux que ce qu'il

* De son manteau royal la pourpre éblouissante
Son carquois lycien, l'or en flexibles nœuds
Sur son front avec grace attachant ses cheveux,
Son myrte armé de fer, qui dans ses mains légères
Fait ressembler sa lance au sceptre des bergères.
Trad. de DELILLE.

** Didon rouvre en mourant ses yeux appesantis;
Sa force l'abandonne; au fond de sa blessure,
Son sang en bouillonnant forme un triste murmure.
Trois frois, avec effort, sur un bras se dressant,
Trois fois elle retombe, et d'un œil languissant
Levant un long regard vers le céleste empire,
Cherche un dernier rayon, le rencontre, et soupire.
Trad. de DELILLE.

est intéressant d'y voir. Homère peint plus en détail, c'est le talent du poète, dit le Tasse : Virgile peint à plus grandes touches, c'est le talent du poète héroïque; et c'est en quoi le style de l'épopée diffère de celui de l'ode, laquelle, n'ayant que de petits tableaux, les finit avec plus de soin.

J'ai dit que le contraste des tableaux, en variant les plaisirs de l'âme, les rendait plus vifs, plus touchants : c'est ainsi qu'après avoir traversé des déserts affreux, l'imagination n'en est que plus sensible à la peinture du palais d'Armide. C'est ainsi qu'au sortir des enfers, où Milton vient de nous mener, nous respirons avec volupté l'air pur du jardin de délices. Que le poète se ménage donc avec soin des passages du clair à l'obscur, du gracieux au terrible; mais que cette variété soit harmonieuse, et qu'elle ne prenne jamais rien sur l'analogie du lieu de la scène avec l'action qui doit s'y passer. Ce n'est point un riant ombrage qu'Achille doit chercher pour pleurer la mort de Patrocle; mais le rivage aride et solitaire d'une mer en silence, ou dont les mugissements répondent à sa douleur.

On ne sait pas assez combien l'imagination ajoute quelquefois au pathétique de la chose; et c'est un avantage inestimable de l'épopée que de pouvoir donner un nouveau fond à chaque tableau qu'elle peint. Mais une règle bien essentielle, et dont j'exhorte les poètes à ne jamais s'écarter, c'est de réserver les peintures détaillées pour les moments de calme et de relâche : dans ceux où l'action est vive et rapide, on ne peut trop se hâter de peindre à grandes touches ce qui est de spectacle et de décoration. Je n'en citerai qu'un exemple. Le lever de l'aurore, la flotte d'Énée voguant à pleines voiles, le port de Carthage vide et désert; Didon, qui du haut de son palais voit ce spectacle, et qui, dans sa douleur, s'arrache les cheveux et se meurtrit le sein; tout cela est exprimé dans l'*Énéide* en moins de cinq vers :

Regina e speculis ut primum albescere lucem
Vidit, et æquatis classem procedere velis,
Littoraque et vacuos sensit sine remige portus ;
Terque quaterque manu pectus percussa decorum ,
Flaventesque abscissa comas : Proh Jupiter ! ibit
Hic, ait, et nostris illuserit advena regnis * !
(*Æneid.* IV, 585.)

On sent que Virgile était impatient de faire parler Didon, et de lui céder le théâtre. C'est ainsi que le poète doit en user toutes les fois que l'action le presse de faire place à ses acteurs; et c'est là ce qui fait que le style même du poète est plus ou moins grave, plus ou moins orné dans l'épopée, selon que la situation des choses lui permet ou lui interdit les détails.

* Didon, du haut des tours jetant les yeux sur l'onde,
  Les voit voguer au gré du vent qui les seconde.
  Le rivage désert, les ports abandonnés,
  Frappent d'un calme affreux ses regards consternés.
  Aussitôt, arrachant sa blonde chevelure,
  Se meurtrissant le sein : « O dieux ! quoi ! ce parjure,
  « Quoi ! ce lâche étranger aura trahi mes feux,
  « Aura bravé mon sceptre, et fuira de ces lieux ! »
  Trad. de DELILLE.

En général, si la description est peu importante, touchez légèrement; si elle est essentielle, appuyez davantage : mais choisissez les traits les plus intéressants. Le défaut du cinquième livre de l'*Énéide* est d'être aussi détaillé que le second. L'exemple du même défaut, joint à la plus grande beauté, se fait sentir dans le récit de Théramène. Celui de l'assemblée des conjurés dans Cinna, et de la rencontre des deux armées dans les *Horaces*, sont des modèles du récit dramatique. *Voyez* NARRATION, ESQUISSE.

Autant le poète est prodigue de descriptions, autant l'orateur doit en être sobre. Sa règle, à lui, est que non-seulement la description soit un moyen de sa cause, mais que chaque trait qu'il y emploie serve à fortifier ce moyen. Tout ce qui dans la description oratoire n'intéresse que l'imagination, est superflu et vicieux. Un modèle de ce genre est la description du supplice de Gavius dans la cinquième des *Verrines*.

MARMONTEL, *Éléments de Littérature.*

NOTE A. (Page 250.)

LE CURÉ DE VILLAGE.

Tu le veux, j'y consens ; d'un pinceau véridique
Je vais te dessiner mon logement rustique,
Et t'offrir à la fois, dans le même tableau,
Et l'état du pasteur, et celui du troupeau.
Dans un pareil sujet n'attends pas de ma muse
De brillantes couleurs ; le sujet s'y refuse.
Non, je ne prétends pas, en l'ornant de faux traits,
Changer en or mon plomb, mon taudis en palais.
D'abord, pour en saisir nettement la structure,
Conçois dans ton esprit une antique masure,
Dont les murs décrépits, et battus par les vents,
Branlent au moindre choc sur leurs vieux fondements :
Malheur quand l'aquilon du fond de la Norwège,
Accourt poussant sur nous ses tourbillons de neige !
Contre une telle rage où chercher des abris ?....
Envain de mes volets je rejoins les débris :
Hélas ! leurs gonds rouillés soutiennent avec peine
Quatre ais demi-pourris dont la chûte est prochaine.
Mais c'est bien pis encor quand de noirs ouragans
Sur mon toît dépouillé répandent leurs torrents ;
L'eau qui perce aisément une si faible entrave,
Inonde mon salon qui la rend à la cave ;
Et, chassés de leurs trous, jusque sur mon pallier
Les rats viennent chercher un gîte hospitalier.

L'hiver vient... Dans les plis d'une ample redingotte
J'ai beau m'ensevelir, près du feu je grelotte ;
Car l'air dans mon manoir circule en liberté,
Glacial en hiver, et brûlant en été.
Un bon rhume, en novembre, y fixe son empire,
Et jamais il ne part qu'au retour du Zéphire.

Ne cherche pas ici ce que dans le bon temps
On pouvait appeler l'atelier des gourmands :
D'un pauvre desservant la modeste cuisine
Étale peu de mets : content pourvu qu'il dîne.
Il peut manger son bien sans le secours d'autrui ;
Le tourne-broche même est un luxe pour lui ;
Point de goûts recherchés, de meubles inutiles :
Une marmite, un pot, voilà ses ustensiles.

Revenons à ma chambre, elle est salle ou salon,
L'usage que j'en fais détermine son nom :
La nuit chambre à coucher, le jour salle où l'on dîne,
Et quand la bise souffle, elle devient cuisine.....
. . . .
. . . .

Passons au revenu : cinq cents francs pour l'année ;
Ce qui fait vingt-sept sous, six deniers par journée ;
A quelqu'obole près, qu'on pourrait contester,
Barême, conviens en, ne saurait mieux compter.
C'est peu ; pourtant on croit que chez nous tout abonde ;
Que l'Église est pour nous une mine féconde ;
Que la dévotion, prodigue en ses tributs,
Remplit nos sacs de grains, et nos bourses d'écus ;
Qu'enfin nous rançonnons les morts jusqu'en leurs bières ;
Qu'à beaux deniers comptants, nous vendons les prières,
Et qu'avec les docteurs, bien d'accord sur le gain,
Nous bénissons les coups de leur art assassin.

NOTE. 485

Ah! pauvre desservant voilà comme on te traite!
Cours par monts et par vaux armé de la houlette;
Brave, comme un apôtre, et la plaine et les vents;
Partage ton pain bis avec les indigents;
Prodigue leur des soins qui manquent à toi-même:
Pour prix de tes bienfaits n'espère pas qu'on t'aime:
Mais crains à chaque instant qu'une furtive main
Ne dîme ta volaille ou les choux du jardin;
Et crains, ah! crains sur-tout les propos des commères,
Ce sont de tes travaux les plus sûrs honoraires:
Car ne te flatte pas qu'un titre révéré
A l'abri du caquet puisse mettre un curé.
Jadis on révérait le pasteur du village:
Aujourd'hui ce n'est plus qu'un serviteur à gage,
Qui dans chaque manant rencontre son rival;
Tout, jusqu'au marguillier, veut marcher son égal.
Il faut qu'un desservant pour éviter la guerre,
Flatte le magister et l'adjoint et le maire:
Du fond d'un cabaret ces petits souverains
Gouvernent la paroisse et règlent nos destins.

Je veux à ce sujet te conter une histoire
Qui vient tout à propos s'offrir à ma mémoire.
Un village souffrait de se voir sans curé:
J'en veux un, dit le maire, ou de force ou de gré.
Il monte sa jument, et d'un air de conquête,
Va droit chez le prélat présenter sa requête.
Mais la fortune veut qu'il rencontre en chemin
Le pauvre desservant d'un village voisin,
Portant fort lestement tout son petit bagage
Au bout de son bâton compagnon de voyage.
Mon ami, lui dit-il, je vois votre dessein,
Vous quittez votre cure...— Oui, j'y mourrais de faim.
Bon, dit-il à part soi, voilà bien mon affaire:

Puis tout haut : écoutez, j'ai besoin d'un vicaire,
Et le Ciel semble exprès vous offrir à mes yeux ;
Venez dans mon village où vous serez des mieux.
Vous pourrez dès ce soir coucher au presbytère,
Nous sommes bonnes gens, vous êtes bon compère,
Allez, tout ira bien, comptez sur cinq cents francs,
Sur nos œufs, notre beurre, et nos fromages blancs.
Le curé que ces mots parviennent à séduire,
Se résout, monte en croupe et se laisse conduire...
Ils arrivent... voilà le pasteur installé,
Carillonné, fêté, mais fort mal régalé.
La mairesse au souper servit pour tout potage
Du lard flanqué de choux, suivi d'un vieux fromage,
Quoiqu'elle eût convié pour la gloire de Dieu
L'adjoint, le marguillier, et le docteur du lieu.

Bientôt, grace au pasteur, le culte s'organise,
De clercs, de sacristains il pourvoit son église ;
Le choix déplut au maire... on s'était dispensé
De prendre son avis ; il se crut offensé.
Dimanche arrive enfin, le pasteur officie,
Monte en chaire et se bat contre l'ivrognerie.
Grand bruit au cabaret... tous les vieux bourgeonnés
Qui portent leurs exploits bien écrits sur leur nez,
Contre le sermoneur éclatent en murmures.
Jurant par mille B..... de venger ses injures.
Le pasteur interdit par le mauvais succès,
Promet à l'avenir de laisser boire en paix.

Cependant, nouveau prône au bout de la quinzaine,
L'éloquent orateur cette fois se déchaîne
Contre les vanités du sexe féminin ;
Jette au feu le linon, la soie et le basin ;
Et damne sans pitié la mère de famille

NOTE.

Pour ses frivolités et celles de sa fille.
Ce sermon acheva de tout mettre en rumeur,
Et l'orage créva sur le prédicateur.
De leur bruyant caquet les mamans l'accablèrent,
Les filles, les garçons contre lui se liguèrent :
Sa cuisine en souffrit; on ne lui porta plus
Ni le lait, ni la crême, ordinaires tributs.
Bref, le pauvre pasteur se vit couper les vivres,
Adieu le casuel, adieu les cinq-cents livres :
Il réclamait l'échu de son premier quartier,
Chacun le refusa, le maire le premier ;
Son altesse était fière, et sujette à rancune.....

Partons, dit le curé, cherchons ailleurs fortune.....
Il est temps; aussitôt il reprend son bâton,
Son paquet, son bréviaire, et vide la maison,
Maudissant de grand cœur, adjoint, maire et commune,
Et se promettant bien de n'en servir aucune.

L'abbé C***.

FIN DU DIXIÈME VOLUME.

Contraste insuffisant
NF Z 43-120-14

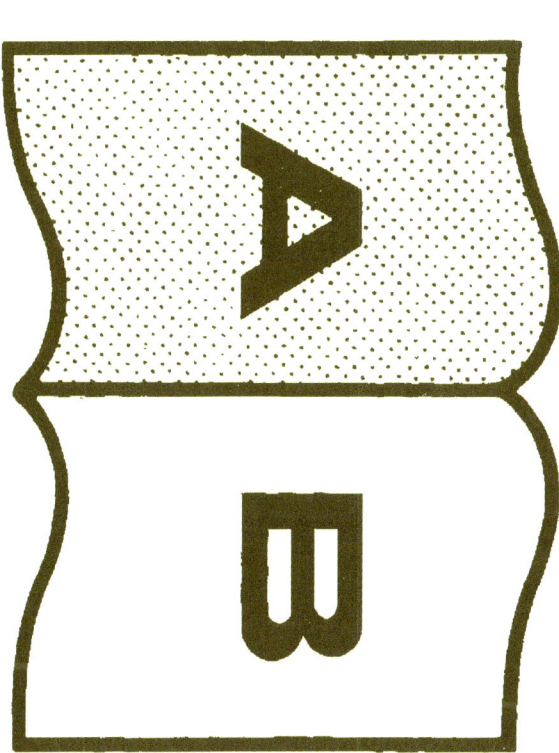

www.ingramcontent.com/pod-product-compliance
Lightning Source LLC
Chambersburg PA
CBHW060231230426
43664CB00011B/1617